Kritik der Figur des Aufklärungsgehilfen im Betäubungsmittelstrafrecht (§ 31 BtMG)

Frankfurter kriminalwissenschaftliche Studien

Herausgegeben von
Professor Dr. Friedrich Geerds
Professor Dr. Winfried Hassemer
Professor Dr. Herbert Jäger
Professor Dr. Wolfgang Naucke
Professor Dr. Klaus Lüderssen
Professor Dr. Ernst Amadeus Wolff

Bd./Vol. 22

Verlag Peter Lang
Frankfurt am Main · Bern · New York · Paris

Michael Buttel

Kritik der Figur des Aufklärungsgehilfen im Betäubungsmittelstrafrecht (§ 31 BtMG)

Verlag Peter Lang
Frankfurt am Main · Bern · New York · Paris

CIP-Titelaufnahme der Deutschen Bibliothek

Buttel, Michael:

Kritik der Figur des Aufklärungsgehilfen im Betäubungsmittelstrafrecht (§ 31 BtMG) / Michael Buttel. - Frankfurt am Main ; Bern ; New York ; Paris : Lang, 1988
(Frankfurter kriminalwissenschaftliche Studien ; Bd. 22)
Zugl.: Frankfurt (Main), Univ., Diss., 1987
ISBN 3-8204-1194-1

NE: GT

Gedruckt mit Unterstützung der
Professor Dr. Dietrich Lang-Hinrichsen-
Stiftung in Mainz.

D 30
ISSN 0170-6918
ISBN 3-8204-1194-1

Meinen Eltern

V O R W O R T

Diese Arbeit hat dem Fachbereich Rechtswissenschaft der Johann Wolfgang Goethe-Universität in Frankfurt am Main im Sommersemester 1987 als Dissertation vorgelegen.

Mein besonderer Dank gilt Herrn Professor Dr. Wolfgang Naucke für die Betreuung der Arbeit und deren Förderung durch wertvolle Anregungen und seine persönliche Anteilnahme.

Ferner danke ich Herrn Professor Dr. Ernst-Walter Hanack für die Unterstützung und die Rücksichtnahme, welche er seinem Assistenten während der Erstellung der Arbeit entgegengebracht hat.

Den Herausgebern der Frankfurter kriminalwissenschaftlichen Studien danke ich für die Aufnahme der Arbeit in diese Reihe.

Frankfurt am Main, im November 1987 Michael Buttel

INHALTSVERZEICHNIS

Seite

Seite

L I T E R A T U R V E R Z E I C H N I S*

ACHENBACH, Hans
- Kriminalpolitische Tendenzen in den jüngeren Reformen des Besonderen Strafrechts und des Strafprozeßrechts, JuS 1980, S. 81 ff.
- Individuelle Zurechnung, Verantwortlichkeit, Schuld, in Grundfragen des modernen Strafrechtssystems, hrsg. von Bernd Schünemann, Berlin/New York 1984, S. 135 ff. (in Grundfragen des modernen Strafrechtssystems)

ALTERNATIV-ENTWURF EINES STRAFGESETZBUCHES,
Allgemeiner Teil, vorgelegt von Jürgen Baumann, Anne Eva Brauneck u.a., 2. Auflage, Tübingen 1969 (AE, Allgemeiner Teil, Begründung)

AMELUNG, Knut
Zur Kritik des kriminalpolitischen Strafrechtssystems von Roxin, in Grundfragen des modernen Strafrechtssystems, hrsg. von Bernd Schünemann, Berlin/New York 1984, S. 85 ff. (in Grundfragen des modernen Strafrechtssystems)

AMELUNXEN, Clemens
Besprechung von Cornelius Prittwitz, Der Mitbeschuldigte im Strafprozeß, Frankfurt am Main 1984, GA 1986, S. 388

ARNDT, Adolf
- Die Verfassungsbeschwerde wegen Verletzung des rechtlichen Gehörs, NJW 1959, S. 1297 ff.
- Umwelt und Recht, NJW 1960, S. 1191 ff.

ARNTZEN, Friedrich
Psychologie der Zeugenaussage, System der Glaubwürdigkeitsmerkmale, 2. Auflage, München 1983 (Psychologie der Zeugenaussage)

ARTZT, Heinz
Begründung der Beschuldigten-Eigenschaft, Am Beispiel der Ermittlungsverfahren wegen NS-Verbrechen, Kriminalistik 1970, S. 379 ff.

ARZT, Gunther
Strafrecht, Besonderer Teil, Delikte gegen die Person, Lehrheft 1, Bielefeld 1977 (BT 1)

BACKES, Otto
- Abschied vom Zeugen vom Hörensagen, in Festschrift für Ulrich Klug, Köln 1983, S. 447 ff. (Festschrift für Klug)
- Kriminalpolitik ohne Legitimität, KritV 1986, S. 315 ff.

---

* Die Zitierweise für längere Buchtitel ist jeweils in Klammern angegeben.

BADER, Karl S.
Zur Stellung des Staatsanwalts in der heutigen Strafrechtspflege, NJW 1949, S. 737 ff.

BAUMANN, Jürgen
- Die Bedeutung des Artikels 2 GG für die Freiheitsbeschränkungen im Strafprozeß, in Festschrift für Eberhard Schmidt, Göttingen 1961, S. 525 ff. (Festschrift für Eb. Schmidt)
- Grabgesang für das Legalitätsprinzip, ZRP 1972, S. 273 ff.
- Minima Non Curat Praetor, in Festschrift für Karl Peters, Tübingen 1974, S. 3 ff. (Festschrift für Peters)
- Straffreiheit für den Kronzeugen?, JuS 1975, S. 342 ff.
- Strafrecht, Allgemeiner Teil, 8. Auflage, Bielefeld 1977 (AT)
- Grundbegriffe und Verfahrensprinzipien des Strafprozeßrechts, 3. Auflage, Stuttgart/Berlin/Köln/Mainz 1979 (Grundbegriffe und Verfahrensprinzipien)

BAUMANN, Jürgen/WEBER, Ulrich
Strafrecht, Allgemeiner Teil, 9. Auflage, Bielefeld 1985 (AT)

BECKER, Walter
Das neue Betäubungsmittelgesetz, MDR 1972, S. 656 ff.

BEMMANN, Günter
Zur Frage der objektiven Bedingungen der Strafbarkeit, Göttingen 1957

BENDA, Ernst
Der soziale Rechtsstaat, in Ernst Benda/Werner Maihofer/Hans-Jochen Vogel (Hrsg.) unter Mitwirkung von Konrad Hesse, Handbuch des Verfassungsrechts der Bundesrepublik Deutschland, Berlin/New York 1983, S. 477 ff.
(Benda in Benda/Maihofer/Vogel, Handbuch des Verfassungsrechts der BRD)

BENDER, Rolf/RÖDER, Susanne/NACK, Armin
Tatsachenfeststellungen vor Gericht, Band I: Glaubwürdigkeits- und Beweislehre, Band II: Vernehmungslehre, München 1981 (Tatsachenfeststellungen vor Gericht, Bd. I; Bd. II)

BENNECKE, Hans/BELING, Ernst
Lehrbuch des Deutschen Reichs-Strafprozeßrechts, 2. Auflage, Breslau 1900 (Reichs-Strafprozeßrecht)

BERZ, Ulrich
Formelle Tatbestandsverwirklichung und materialer Rechtsgüterschutz, Eine Untersuchung zu den Gefährdungs- und Unternehmensdelikten, München 1986 (Formelle Tatbestandsverwirklichung und materialer Rechtsgüterschutz)

BEULKE, Werner
Der Verteidiger im Strafverfahren, Funktionen und Rechtsstellung, Frankfurt am Main 1980 (Verteidiger)

BIRKMEYER, Karl
Beiträge zur Kritik des Vorentwurfs zu einem Deutschen Strafgesetzbuch, Dritter Beitrag: Das Absehen von Strafe nach dem Vorentwurf, Leipzig 1910
(Das Absehen von Strafe nach dem Vorentwurf)

BLANKENBURG, Erhard/SESSAR, Klaus/STEFFEN, Wiebke
Die Staatsanwaltschaft im Prozeß strafrechtlicher Sozialkontrolle, Berlin 1978 (Staatsanwaltschaft)

BLECKMANN, Albert
Staatsrecht II, Allgemeine Grundrechtslehren, 2. Auflage, Köln/Berlin/Bonn/München 1985 (Staatsrecht II)

BLEI, Hermann
Strafrecht I, Allgemeiner Teil, 18. Auflage, München 1983 (AT)

BLOY, René
- Die dogmatische Bedeutung der Strafausschließungs- und Strafaufhebungsgründe, Berlin 1976
(Strafausschließungs- und Strafaufhebungsgründe)
- Zur Systematik der Einstellungsgründe im Strafverfahren, GA 1980, S. 161 ff.

BOCKELMANN, Paul
- Niederschriften über die Sitzungen der Großen Strafrechtskommission, Band 2, Bonn 1958, S. 329 ff.
- Willensfreiheit und Zurechnungsfähigkeit, ZStW 75 (1963), S. 372 ff.
- Strafrecht, Allgemeiner Teil, 3. Auflage, München 1979 (AT)

BÖCKENFÖRDE, Ernst-Wolfgang
- Verfassungsfragen der Richterwahl, Dargestellt anhand der Gesetzentwürfe zur Einführung der Richterwahl in Nordrhein-Westfalen, Berlin 1974 (Verfassungsfragen der Richterwahl)
- Grundrechtstheorie und Grundrechtsinterpretation, NJW 1974, S. 1529 ff.
- Die Methoden der Verfassungsinterpretation - Bestandsaufnahme und Kritik, NJW 1976, S. 2089 ff.

BÖLLINGER, Lorenz
Drogenrecht, Drogentherapie, Frankfurt/Main 1983

BOGS, Harald
Die verfassungskonforme Auslegung von Gesetzen unter besonderer Berücksichtigung der Rechtsprechung des Bundesverfassungsgerichts, Stuttgart/Berlin/Köln/Mainz 1966
(Die verfassungskonforme Auslegung von Gesetzen)

BOTTKE, Wilfried
Strafrechtswissenschaftliche Methodik und Systematik bei der Lehre vom strafbefreienden und strafmildernden Täterverhalten, Ebelsbach 1979 (Strafrechtswissenschaftliche Methodik)

BRUCKMANN, Ernst-Otto
Vorschlag zur Reform des Strafzumessungsrechts, ZRP 1973, S. 30 ff.

BRUNS, Hans-Jürgen
- Zur Feststellungswirkung des rechtskräftigen Strafurteils, Gibt es eine Bindung an "rechtskräftige" präjudizielle Tatfeststellungen im Strafprozeß?, in Festschrift für Eberhard Schmidt, Göttingen 1961, S. 602 ff. (Festschrift für Eb. Schmidt)
- Zum "Toleranzbereich" bei der revisionsgerichtlichen Kontrolle des Strafmaßes, in Festschrift für Heinrich Henkel, Berlin/New York 1974, S. 287 ff. (Festschrift für Henkel)
- Alte Grundfragen und neue Entwicklungstendenzen im modernen Strafzumessungsrecht, in Festschrift für Hans Welzel, Berlin/New York 1974, S. 739 ff. (Festschrift für Welzel)
- Strafzumessungsrecht, Gesamtdarstellung, 2. Auflage, Köln/Berlin/Bonn/München 1974 (Strafzumessungsrecht)
- Der "Verdächtige" als schweigeberechtigte Auskunftsperson und als selbständiger Prozeßbeteiligter neben dem Beschuldigten und Zeugen?, in Festschrift für Erich Schmidt-Leichner, München 1977, S. 1 ff. (Festschrift für Schmidt-Leichner)
- "Stellenwerttheorie" oder "Doppelspurige Strafhöhenbemessung", in Festschrift für Eduard Dreher, Berlin/New York 1977, S. 251 ff. (Festschrift für Dreher)
- Der "Bestimmtheitsgrad" der Punktstrafe im Strafzumessungsrecht, NJW 1979, S. 289 ff.
- Leitfaden des Strafzumessungsrechts, Eine systematische Darstellung für die strafrichterliche Praxis, 1. Auflage, Köln/Berlin/Bonn/München 1980 (Leitfaden des Strafzumessungsrechts)
- Richterliche Rechtsfortbildung oder unzulässige Gesetzesänderung der Strafdrohung für Mord?, Eine Besprechung des Beschlusses des Großen Senates des BGH vom 19.5.1981 - GSSt 1/81, JR 1981, S. 358 ff.
- Neue Wege zur Lösung des strafprozessualen "V-Mann-Problems", Durch "schriftliche Befragung" des Zeugen nach § 251 II StPO?, Baden-Baden 1982 (Neue Wege zur Lösung des strafprozessualen "V-Mann-Problems")
- Das Recht der Strafzumessung, Eine systematische Darstellung für die Praxis, 2. Auflage, Köln/Berlin/Bonn/München 1985 (Das Recht der Strafzumessung)

BURKHARDT, Björn
Das Unternehmensdelikt und seine Grenzen, JZ 1971, S. 352 ff.

BURMEISTER, Joachim
Die Verfassungsorientierung der Gesetzesauslegung, Verfassungskonforme Auslegung oder vertikale Normendurchdringung, Berlin/Frankfurt am Main 1966
(Die Verfassungsorientierung der Gesetzesauslegung)

CHODZIDLO, Josef Anton
Das polnische Strafgesetzbuch mit der Verordnung betreffend Übertretungen und den Einführungsvorschriften, Berlin 1940 (Band 7 der Sammlung polnischer Gesetze in deutscher Übersetzung im Auftrage des Osteuropa-Instituts in Breslau, hrsg. von Heinz Meyer)

CLASS, Wilhelm
Generalklauseln im Strafrecht, in Festschrift für Eberhard Schmidt, Göttingen 1961, S. 122 ff.
(Festschrift für Eb. Schmidt)

COING, Helmut
Juristische Methodenlehre, Berlin/New York 1972

CRAMER, Peter
- Das Strafensystem des StGB nach dem 1. April 1970, Ein Beitrag zur Rechtsentwicklung durch das 1. StrRG, JurA 1970, S. 183 ff.
- Ahndungsbedürfnis und staatlicher Sanktionsanspruch, Bemerkungen zu einer Reform der Verfahrenseinstellung aus Gründen der Opportunität, in Festschrift für Reinhart Maurach, Karlsruhe 1972, S. 487 ff. (Festschrift für Maurach)

DAHM, Georg
Deutsches Recht, Die geschichtlichen und dogmatischen Grundlagen des geltenden Rechts, Eine Einführung, 2. Auflage, Stuttgart 1963 (Deutsches Recht)

DAHS, Hans
- Das rechtliche Gehör im Strafprozeß, München/Berlin 1965
- Das "Anti-Terroristen-Gesetz" - eine Niederlage des Rechtsstaats, NJW 1976, S. 2145 ff.
- Besprechung von Klaus Rogall, Der Beschuldigte als Beweismittel gegen sich selbst, Ein Beitrag zur Geltung des Satzes "Nemo tenetur seipsum prodere" im Strafprozeß, Berlin 1977, GA 1978, S. 89 f.
- Zur Verteidigung im Ermittlungsverfahren, NJW 1985, S. 1113 ff.

DEAL, Detlef (Pseudonym)
Der strafprozessuale Vergleich, Strafverteidiger 1982, S. 545 ff.

DENCKER, Friedrich
- Die Bagatelldelikte im Entwurf eines EGStGB, JZ 1973, S. 144 ff.
- Verwertungsverbote im Strafprozeß, Köln/Berlin/Bonn/München 1977

- Zur Zulässigkeit staatlich gesteuerter Deliktsbeteiligung, in Festschrift für Hanns Dünnebier, Berlin/New York 1982, S. 447 ff. (Festschrift für Dünnebier)

DENNINGER, Erhard
- Staatsrecht, Band 1, Hamburg 1973
- Rechtsstaat, in Axel Görlitz (Hrsg.), Handlexikon zur Rechtswissenschaft, Band 2, Reinbek bei Hamburg 1974, S. 344 ff. (in Görlitz, Handlexikon zur Rechtswissenschaft, Bd. 2)

DIELMANN, Heinz J.
"Guilty Plea" und "Plea Bargaining" im amerikanischen Strafverfahren - Möglichkeiten für den deutschen Strafprozeß?, GA 1981, S. 558 ff.

DÖHRING, Erich
Die Erforschung des Sachverhalts im Prozeß - Beweiserhebung und Beweiswürdigung, Ein Lehrbuch, Berlin 1964 (Die Erforschung des Sachverhalts im Prozeß)

DÖRKEN, Georg/SCHERER, Werner
Das Militärstrafgesetzbuch und die Kriegssonderstrafrechtsverordnung mit Erläuterungen, 5. Auflage, Berlin 1944 (MilStGB)

DÖRR, Dieter
Faires Verfahren, Gewährleistung im Grundgesetz der Bundesrepublik Deutschland, Kehl am Rhein/Straßburg 1984 (Faires Verfahren)

DOLDERER, Ottmar
Der Beweis durch Urkunden im Strafprozeß, §§ 249-256 StPO, unter besonderer Berücksichtigung der Grundsätze der Mündlichkeit und der Unmittelbarkeit, Tübingen 1956 (Urkundenbeweis)

DREHER, Eduard
- Über die gerechte Strafe, Eine theoretische Untersuchung für die deutsche strafrechtliche Praxis, Heidelberg 1947 (Über die gerechte Strafe)
- Das Dritte Strafrechtsänderungsgesetz, JZ 1953, S. 421 ff.
- Die Behandlung der Bagatell-Kriminalität, in Festschrift für Hans Welzel, Berlin/New York 1974, S. 917 ff. (Festschrift für Welzel)
- Rationalere Strafzumessung?, in Pönometrie - Rationalität oder Irrationalität der Strafzumessung, Köln 1977, S. 37 ff. (Pönometrie)
- Über Strafrahmen, in Festschrift für Hans-Jürgen Bruns, Köln/Berlin/Bonn/München 1978, S.141 ff. (Festschrift für Bruns)
- Staatsanwalt und Verteidiger, Eine Gegenüberstellung, in Festschrift für Theodor Kleinknecht, München 1985, S. 91 ff. (Festschrift für Kleinknecht)

DREHER, Eduard/TRÖNDLE, Herbert
Strafgesetzbuch und Nebengesetze, 42. Auflage, München 1985
(Dreher/Tröndle, StGB)

DRIENDL, Johannes
Berichte über die Tagung für Rechtsvergleichung 1975, Arbeitssitzung der Fachgruppe für Strafrechtsvergleichung, JZ 1975, S. 708 f.

DROST, Heinrich
- Das Ermessen des Strafrichters, Zugleich ein Beitrag zu dem allgemeinen Problem Gesetz und Richteramt, Berlin 1930 (Das Ermessen des Strafrichters)
- Das Ermessen des Strafrichters als Problem der Strafrechtsreform, NJW 1955, S. 1255 ff.

DÜNNEBIER, Hanns
- Die Bindung des Staatsanwalts ans Gesetz, JZ 1961, S. 312 ff.
- Die Verbindung von Strafsachen nach §§ 2 bis 4, 13 StPO, JR 1975, S. 1 ff.

EBERT, Udo
Tendenzwende in der Straf- und Strafprozeßgesetzgebung?, JR 1978, S. 136 ff.

EBERTH, Alexander/MÜLLER, Eckhart
- Betäubungsmittelrecht, München 1982 (BtMR)
- Verteidigung in Betäubungsmittelsachen, Heidelberg 1985

ECHTERHÖLTER, Rudolf
Die Europäische Menschenrechtskonvention im Rahmen der verfassungsmäßigen Ordnung, JZ 1955, S. 689 ff.

ECKARDT, Wolf-Dieter
Die verfassungskonforme Gesetzesauslegung, Ihre dogmatische Berechtigung und ihre Grenzen im deutschen Recht, Berlin 1964 (Die verfassungskonforme Gesetzesauslegung)

ECKL, Peter
Legalitätsprinzip in der Krise?, ZRP 1973, S. 139 ff.

EILSBERGER, Rupert
Rechtstechnische Aspekte der verfassungskonformen Strafrechtsanwendung, JuS 1970, S. 321 ff.

ELLSCHEID, Günter
Das Naturrechtsproblem, Eine systematische Orientierung, in Arthur Kaufmann/Winfried Hassemer, Einführung in die Rechtsphilosophie und Rechtstheorie der Gegenwart, 4. Auflage, Heidelberg 1985, S. 125 ff.
(in Kaufmann/Hassemer, Einführung in die Rechtsphilosophie und Rechtstheorie der Gegenwart)

ENDRISS, Rainer/MALEK, Klaus
Betäubungsmittelstrafrecht, München 1986

ENGISCH, Karl
- Die Idee der Konkretisierung in Recht und Rechtswissenschaft unserer Zeit, Heidelberg 1953
- Karl Peters und der Ermessensbegriff, in Festschrift für Karl Peters, Tübingen 1974, S. 15 ff. (Festschrift für Peters)
- Einführung in das juristische Denken, 8. Auflage, Stuttgart/ Berlin/Köln/Mainz 1983

ENTWURF EINES STRAFGESETZBUCHES MIT BEGRÜNDUNG
Bundestagsvorlage, Bonn 1962 (E 1962, Begründung)

ERBS, Georg
Unzulässige Vernehmungsmethoden, Probleme des § 136a StPO, NJW 1951, S. 386 ff.

ERBS, Georg/KOHLHAAS, Max
Strafrechtliche Nebengesetze, Kurzkommentar, Band I, München 1986 (Bearbeiter in Erbs/Kohlhaas, Strafrechtliche Nebengesetze, Bd. I)

ESER, Albin
- Absehen von Strafe - Schuldspruch unter Strafverzicht, Rechtsvergleichend kriminalpolitische Bemerkungen, namentlich im Blick auf das DDR-Strafrecht, in Festschrift für Reinhart Maurach, Karlsruhe 1972, S. 257 ff. (Festschrift für Maurach)
- Strafrecht I, Juristischer Studienkurs, 3. Auflage, München 1980 (Strafrecht I)
- Einführung in das Strafprozeßrecht, München 1983 (Strafprozeßrecht)

ESSER, Josef
Vorverständnis und Methodenwahl in der Rechtsfindung, Frankfurt/Main 1970 (Vorverständnis)

FALLER, Hans
Verfassungsrechtliche Grenzen des Opportunitätsprinzips im Strafprozeß, in Festgabe für Theodor Maunz, München 1971, S. 69 ff. (Festgabe für Maunz)

FEZER, Gerhard
Grundfälle zum Verlesungs- und Verwertungsverbot im Strafprozeß, JuS 1977, S. 234 ff.

FISCHER, Jürgen
Zum Rollentausch zwischen Zeugen und Angeklagten, Strafverteidiger 1981, S. 85 ff.

FÜLLKRUG, Michael
Freiheit für den "Kronzeugen"?, Die Grenzen zulässiger Vorteilsversprechung zur Erlangung von Täteraussagen, Kriminalistik 1985, S. 410 ff.

FÜNFSINN, Helmut
Der Aufbau des fahrlässigen Verletzungsdelikts durch Unterlassen im Strafrecht, Frankfurt am Main/Bern/New York 1985 (Fahrlässiges Unterlassungsdelikt)

FUSS, Ernst-Werner
Normenkontrolle und Gleichheitssatz, Die Rechtsprechung des Bundesverfassungsgerichts zu Art. 3 I GG, JZ 1962, S. 565 ff.

FREIBERG, Bruno
Der Kronzeuge, ZStW 59 (1940), S. 33 ff.

FRISCH, Wolfgang
Revisionsrechtliche Probleme der Strafzumessung, Eine Untersuchung über die Struktur und Revisibilität des richterlichen Ermessens bei der Strafzumessung, Köln/Berlin/Bonn/München 1971 (Revisionsrechtliche Probleme)

GEERDS, Friedrich
- Gnade, Recht und Kriminalpolitik, in Recht und Staat, Band 228/229, Tübingen 1960 (RuS Bd. 228/229)
- Über den Unrechtsgehalt der Bestechungsdelikte und seine Konsequenzen für Rechtsprechung und Gesetzgebung, Eine strafrechtliche und kriminologische Studie, Tübingen 1961 (Bestechungsdelikte)
- "Maximen des Strafprozesses", Gedanken zur Funktion der Prozeßgrundsätze im deutschen Strafverfahrensrecht, SchlHA 1962, S. 181 ff.
- Die Kriminalität als soziale und als wissenschaftliche Problematik, in Recht und Staat, Band 315/316, Tübingen 1965 (RuS Bd. 315/316)
- Auskunftsverweigerungsrecht oder Schweigebefugnis?, Zur Problematik der §§ 55, 56 StPO, in Festschrift für Ulrich Stock, Würzburg 1966, S. 171 ff. (Festschrift für Stock)
- Zur Problematik der strafrechtlichen Deliktstypen, in Festschrift für Karl Engisch, Frankfurt am Main 1969, S. 406 ff. (Festschrift für Engisch)
- Besprechung von Wolfgang Knapp, Der Verteidiger - ein Organ der Rechtspflege?, Köln/Berlin/Bonn/München 1974, GA 1975, S. 347 f.
- Vernehmungstechnik, 5. Auflage, Lübeck 1976
- Über Vorhalt und Urkundenbeweis mit Vernehmungsprotokollen, in Festschrift für Günter Blau, Berlin/New York 1985, S. 67 ff. (Festschrift für Blau)

GEISSER, Hans
Das Anklagemonopol der Staatsanwaltschaft und die Gewährsperson als Aufklärungsmittel im Ermittlungs- und als Beweismittel im Strafverfahren, GA 1983, S. 385 ff.

GEITMANN, Roland
Bundesverfassungsgericht und "offene" Normen, Zur Bindung des Gesetzgebers an Bestimmtheitserfordernisse, Berlin 1971 (Bundesverfassungsgericht und "offene" Normen)

GENTZ, Manfred
Zur Verhältnismäßigkeit von Grundrechtseingriffen, NJW 1968, S. 1600 ff.

GEPPERT, Klaus
- Der Grundsatz der Unmittelbarkeit im deutschen Strafverfahren, Berlin/New York 1979 (Unmittelbarkeit)
- Die Ahndung von Verkehrsverstößen durchreisender ausländischer Kraftfahrer, GA 1979, S. 281 ff.

GERLACH, Jürgen von
- Die Begründung der Beschuldigteneigenschaft im Ermittlungsverfahren, NJW 1969, S. 776 ff.
- Anmerkung zum Urteil des BGH vom 14.5.1968 - I StR 552/67 (JR 1969, S. 148 f.), JR 1969, S. 149 ff.

GERLAND, Heinrich
Der deutsche Strafprozeß, Mannheim/Berlin/Leipzig 1927 (Strafprozeß)

GIMBERNAT ORDEIG, Enrique
Hat die Strafrechtsdogmatik eine Zukunft?, ZStW 82 (1970), S. 379 ff.

GLATZEL, Johann
Zur Vernehmungsfähigkeit beschuldigter Drogenabhängiger, Strafverteidiger 1981, S. 191 ff.

GÖHLER, Erich
Gesetz über Ordnungswidrigkeiten, Kurzkommentar, unter Mitarbeit von Hans Buddendiek, 7. Auflage, München 1984 (OWiG)

GOERLICH, Helmut
Wiedereinsetzung und erster Zugang zu Gericht, NJW 1976, S. 1526 ff.

GÖSSEL, Karl Heinz
- Strafrechtsgewinnung als dialektischer Prozeß, in Festschrift für Karl Peters, Tübingen 1974, S. 41 ff. (Festschrift für Peters)
- Strafverfahrensrecht, Stuttgart/Berlin/Köln/Mainz 1977
- Überlegungen zur Überprüfung des Beweisgangs im Strafprozeß in Zwischenverfahren, in Festschrift für Theodor Kleinknecht, München 1985, S. 131 ff. (Festschrift für Kleinknecht)

GOLDSCHMIDT, James
Der Prozeß als Rechtslage, Eine Kritik des prozessualen Denkens, Berlin 1925 (Prozeß)

GRASNICK, Walter
Besprechung von Hans-Jürgen Bruns, Das Recht der Strafzumessung, 2. Auflage, Köln/Berlin/Bonn/München 1985, GA 1986, S. 130 ff.

GRASSBERGER, Roland
Psychologie des Strafverfahrens, 2. Auflage, Wien/New York 1968

GROPP, Walter
Tagungsbericht - Diskussionsbeiträge der Strafrechtslehrertagung 1985 in Frankfurt a.M., ZStW 97 (1985), S. 919 ff.

GROSS, Hans/GEERDS, Friedrich
Handbuch der Kriminalistik, Wissenschaft und Praxis der Verbrechensbekämpfung, Band 2: Kriminaltaktik, Organisation der Verbrechensbekämpfung, 10. Auflage, Berlin 1978 (Handbuch der Kriminalistik, Bd. 2)

GRÜNWALD, Gerald
- Bedeutung und Begründung des Satzes "nulla poena sine lege", ZStW 76 (1964), S. 1 ff.
- Das Rechtsfolgensystem des Alternativ-Entwurfs, ZStW 80 (1968), S. 89 ff.
- Anmerkung zum Beschluß des BGH vom 30.4.1968 - 1 StR 625/67 (JZ 1968, S. 750 ff.), JZ 1968, S. 752 ff.
- Anmerkung zum Beschluß des BVerfG vom 21.1.1976 - 2 BvR 941/75 (JZ 1976, S. 766 f.), JZ 1976, S. 767 ff.
- Der Niedergang des Prinzips der unmittelbaren Zeugenvernehmung, in Festschrift für Hanns Dünnebier, Berlin/New York 1982, S. 347 ff. (Festschrift für Dünnebier)
- Die Verfahrensrolle des Mitbeschuldigten, in Festschrift für Ulrich Klug, Köln 1983, S. 493 ff. (Festschrift für Klug)

GÜNTHER, Hans-Ludwig
Strafrichterliche Beweiswürdigung und schweigender Angeklagter, JR 1978, S. 89 ff.

GUNDLACH, Rainer
Die Vernehmung des Beschuldigten im Ermittlungsverfahren, Frankfurt am Main/Bern/New York/Nancy 1984

GURADZE, Heinz
Die Europäische Menschenrechtskonvention, Konvention zum Schutze der Menschenrechte und Grundfreiheiten nebst Zusatzprotokollen, Berlin/Frankfurt am Main 1968 (Die Europäische Menschenrechtskonvention)

HAAG, Karl
Rationale Strafzumessung, Ein entscheidungstheoretisches Modell der strafrechtlichen Entscheidung, Saarbrücken 1969 (Rationale Strafzumessung)

HABER, Günter
Probleme der Strafprozeßgeschichte im Vormärz - Ein Beitrag zum Rechtsdenken des aufsteigenden Bürgertums, ZStW 91 (1979), S. 590 ff.

HAFFKE, Bernhard
Rückfall und Strafzumessung, in Grundfragen des modernen Strafrechtssystems, hrsg. von Bernd Schünemann, Berlin/New York 1984, S. 197 ff. (in Grundfragen des modernen Strafrechtssystems)

HAFT, Fritjof
- Generalklauseln und unbestimmte Begriffe im Strafrecht, JuS 1975, S. 477 ff.
- Juristische Rhetorik, Freiburg/München 1978
- Der Rücktritt des Beteiligten bei Vollendung der Straftat, JA 1979, S. 306 ff.
- Strafrecht, Allgemeiner Teil, 2. Auflage, München 1984 (Strafrecht, AT)

HAHN, Carl
Die gesamten Materialien zur Strafprozeßordnung und dem Einführungsgesetz zu derselben vom 1. Februar 1877, Auf Veranlassung des kaiserl. Reichs-Justizamts herausgegeben von Carl Hahn, Abteilung 1, 2, Berlin 1880/1881 (Die gesamten Materialien zur Strafprozeßordnung)

HAMANN, Andreas
Grundgesetz und Strafgesetzgebung, Neuwied/Berlin 1963

HAMANN, Andreas/LENZ, Helmut
Das Grundgesetz für die Bundesrepublik Deutschland vom 23. Mai 1949, 3. Auflage, Neuwied/Berlin 1970 (Hamann/Lenz, GG)

HAMM, Rainer
Entwicklungstendenzen der Strafverteidigung, in Festschrift für Werner Sarstedt, Berlin/New York 1981, S. 49 ff. (Festschrift für Sarstedt)

HANACK, Ernst-Walter
- Der Ausgleich divergierender Entscheidungen in der oberen Gerichtsbarkeit, Eine prozeßrechtliche Studie insbesondere zur Vorlegungspflicht und der Rechtsmittelzulässigkeit wegen Abweichung, Hamburg/Berlin 1962 (Der Ausgleich divergierender Entscheidungen in der oberen Gerichtsbarkeit)
- Zur verfassungsmäßigen Bestimmtheit und strafrechtlichen Auslegung des Begriffs "unzüchtige Schrift" (§ 184 Abs. 1 Nr. 1 StGB, Art. 103 Abs. 2 GG), JZ 1970, S. 41 ff.
- Das Legalitätsprinzip und die Strafrechtsreform, Bemerkungen zu §§ 153a des Entwurfs für ein Erstes Gesetz zur Reform des Strafverfahrensrechts vom 13.4.1972, in Festschrift für Wilhelm Gallas, Berlin/New York 1973, S. 339 ff. (Festschrift für Gallas)
- Protokollverlesungen und -vorhalte als Vernehmungsbehelf, in Festschrift für Erich Schmidt-Leichner, München 1977, S. 83 ff. (Festschrift für Schmidt-Leichner)

HASS, Gerhard
Die Entstehungsgeschichte der objektiven Strafbarkeitsbedingung, Eine literärgeschichtliche Darstellung, München 1969 (Die Entstehungsgeschichte der objektiven Strafbarkeitsbedingung)

HASSEMER, Raimund/HIPPLER, Gabriele
Informelle Absprachen in der Praxis des deutschen Strafverfahrens, Strafverteidiger 1986, S. 360 ff.
(R. Hassemer/Hippler)

HASSEMER, Winfried
- Tatbestand und Typus, Köln/Berlin/Bonn/München 1968
- Automatisierte und rationale Strafzumessung, in Gesetzesplanung, Beiträge der Rechtsinformatik, EDV und Recht, Band 4, Berlin 1972, S. 95 ff. (in Gesetzesplanung)
- Theorie und Soziologie des Verbrechens, Ansätze zu einer praxisorientierten Rechtsgutslehre, Frankfurt/Main 1973 (Theorie und Soziologie des Verbrechens)
- Strafrechtsdogmatik und Kriminalpolitik, Reinbek bei Hamburg 1974
- Konstanten kriminalpolitischer Theorie, in Festschrift für Richard Lange, Berlin/New York 1976, S. 501 ff. (Festschrift für Richard Lange)
- Die Formalisierung der Strafzumessungsentscheidung, ZStW 90 (1978), S. 64 ff.
- Generalprävention und Strafzumessung, in Winfried Hassemer/Klaus Lüderssen/Wolfgang Naucke, Hauptprobleme der Generalprävention, Frankfurt am Main 1979, S. 29 ff. (in Hassemer/Lüderssen/Naucke, Hauptprobleme der Generalprävention)
- Das "Absehen von Strafe" als kriminalpolitisches Instrument, in Festschrift für Werner Sarstedt, Berlin/New York 1981, S. 65 ff. (Festschrift für Sarstedt)
- Einführung in die Grundlagen des Strafrechts, München 1981 (Strafrecht)
- Die "Funktionstüchtigkeit der Strafrechtspflege" - ein neuer Rechtsbegriff?, Strafverteidiger 1982, S. 275 ff.
- Strafziele im sozialwissenschaftlich orientierten Strafrecht, in Winfried Hassemer/Klaus Lüderssen/Wolfgang Naucke, Fortschritte im Strafrecht durch die Sozialwissenschaften?, Heidelberg 1983, S. 39 ff. (in Hassemer/Lüderssen/Naucke, Fortschritte im Strafrecht durch die Sozialwissenschaften?)
- Kronzeugenregelung bei terroristischen Straftaten, Thesen zu Art. 3 des Entwurfs eines Gesetzes zur Bekämpfung des Terrorismus, Strafverteidiger 1986, S. 550 ff.

HASSEMER, Winfried/STEINERT, Heinz/TREIBER, Hubert
Soziale Reaktion auf Abweichung und Kriminalisierung durch den Gesetzgeber, in Winfried Hassemer/Klaus Lüderssen (Hrsg.), Sozialwissenschaften im Studium des Rechts, Band III: Strafrecht, München 1978, S. 1 ff. (in Hassemer/Lüderssen, Sozialwissenschaften im Studium des Rechts, Bd. III)

HAUSER, Robert
Der Zeugenbeweis im Strafprozeß mit Berücksichtigung des Zivilprozesses, Zürich 1974 (Zeugenbeweis)

HECK, Philipp
Das Problem der Rechtsgewinnung - Gesetzesauslegung und Interessenjurisprudenz, redigiert von Roland Dubischar, mit einem Nachwort von Josef Esser, Bad Homburg v.d.H./Berlin/Zürich 1968 (Rechtsgewinnung)

HEINITZ, Ernst
- Der Entwurf des Allgemeinen Teils des Strafgesetzbuches vom kriminalpolitischen Standpunkt aus, ZStW 70 (1958), S. 1 ff.
- Die Individualisierung der Strafen und Maßnahmen in der Reform des Strafrechts und des Strafprozesses, Berlin 1960 (Individualisierung)

HEISSLER, Udo
Die Unmittelbarkeit der Beweisaufnahme im Strafprozeß unter besonderer Berücksichtigung des Zeugnisses vom Hörensagen, Tübingen 1973 (Unmittelbarkeit)

HELGERTH, Roland
Der "Verdächtige" als schweigeberechtigte Auskunftsperson und selbständiger Prozeßbeteiligter neben dem Beschuldigten und dem Zeugen, Erlangen/Nürnberg 1976 (Der "Verdächtige")

HENKEL, Heinrich
- Die Zulässigkeit und die Verwertbarkeit von Tonbandaufnahmen bei der Wahrheitserforschung im Strafverfahren, JZ 1957, S. 148 ff.
- Strafverfahrensrecht, Ein Lehrbuch, 2. Auflage, Stuttgart/Berlin/Köln/Mainz 1968 (Strafverfahrensrecht)
- Die "richtige" Strafe, in Recht und Staat, Band 381/382, Tübingen 1969 (Die "richtige" Strafe)

HERRMANN
Erfahrungen mit den Neuregelungen des Betäubungsmittelrechts, insbesondere Absehen von der Anklageerhebung und "kleine Kronzeugenregelung", Die Kriminalpolizei 6/1984, S. 35 ff.

HERRMANN, Joachim
Die Reform der deutschen Hauptverhandlung nach dem Vorbild des anglo-amerikanischen Strafverfahrens, Bonn 1971 (Reform)

HESSE, Konrad
- Das Grundgesetz in der Entwicklung der Bundesrepublik Deutschland; Aufgabe und Funktion der Verfassung, in Ernst Benda/Werner Maihofer/Hans-Jochen Vogel (Hrsg.) unter Mitwirkung von Konrad Hesse, Handbuch des Verfassungsrechts der Bundesrepublik Deutschland, Berlin/New York 1983, S. 3 ff. (Hesse in Benda/Maihofer/Vogel, Handbuch des Verfassungsrechts der BRD)
- Grundzüge des Verfassungsrechts der Bundesrepublik Deutschland, 15. Auflage, Heidelberg 1985 (Verfassungsrecht)

HEUBEL, Horst
Der "fair trial" - ein Grundsatz des Strafverfahrens?, Zugleich ein Beitrag zum Problem der "verfassungskonformen" Rechtsfortbildung im Strafprozeß, Berlin 1981 (Der "fair trial" - ein Grundsatz des Strafverfahrens?)

HEYDE, Wolfgang
Die Rechtsprechung, in Ernst Benda/Werner Maihofer/Hans-Jochen Vogel (Hrsg.) unter Mitwirkung von Konrad Hesse, Handbuch des Verfassungsrechts der Bundesrepublik Deutschland, Berlin/New York 1983, S. 1199 ff.
(Heyde in Benda/Maihofer/Vogel, Handbuch des Verfassungsrechts der BRD)

HEYDEBRECK, Tessen von
Die Begründung der Beschuldigteneigenschaft, Göttingen 1974 (Beschuldigteneigenschaft)

HEYDEN, Frank
Grundlagen und Verwirklichung des Legalitätsprinzips und des Opportunitätsprinzips, Winterthur 1961 (Legalitäts- und Opportunitätsprinzip)

HIPPEL, Reinhard von
- Untersuchungen über den Rücktritt vom Versuch, zugleich ein Beitrag zur allgemeinen Versuchslehre, Berlin 1966 (Untersuchungen über den Rücktritt vom Versuch)
- Die Strafzumessung und ihr Ruf, in Festschrift für Richard Lange, Berlin/New York 1976, S. 285 ff. (Festschrift für Richard Lange)

HIPPEL, Robert von
Der deutsche Strafprozeß, Marburg 1941 (Strafprozeß)

HIRSCH, Hans Joachim
- Soziale Adäquanz und Unrechtslehre, ZStW 74 (1962), S. 78 ff.
- Zur Reform der Reform des Widerstandsparagraphen (§ 113 StGB), in Festschrift für Ulrich Klug, Köln 1983, S. 235 ff. (Festschrift für Klug)

HIRSCHBERG, Max
Das Fehlurteil im Strafprozeß, Zur Pathologie der Rechtsprechung, Stuttgart 1960 (Das Fehlurteil im Strafprozeß)

HOEHL, Wilhelm
Das "Absehen von Strafe" in den Strafgesetzentwürfen Deutschlands, Österreichs und der Schweiz, GS 91 (1925), S. 147 ff.

HORN, Eckhard
Zum Stellenwert der "Stellenwerttheorie", in Festschrift für Hans-Jürgen Bruns, Köln/Berlin/Bonn/München 1978, S. 165 ff. (Festschrift für Bruns)

HORSTKOTTE, Hartmuth
Tendenzen in der Entwicklung des heutigen Strafrechts: Die Gesetzgebung, in Hartmuth Horstkotte/Günter Kaiser/Werner Sarstedt, Tendenzen in der Entwicklung des heutigen Strafrechts, Frankfurt 1973, S. 7 ff.
(in Horstkotte/Kaiser/Sarstedt, Tendenzen in der Entwicklung des heutigen Strafrechts)

HÜBNER, Claudia
Allgemeine Verfahrensgrundsätze, Fürsorgepflicht oder fair trial?, Ein Beitrag zur Darstellung nichtpositiver Belehrungspflichten im Strafprozeß, Tübingen 1983
(Allgemeine Verfahrensgrundsätze, Fürsorgepflicht oder fair trial?)

HÜGEL/JUNGE
Deutsches Betäubungsmittelrecht, bearbeitet von Wilfried K. Junge, Peter-Hannes Meyer und Karl-Rudolf Winkler, 6. Auflage mit 2. Ergänzungslieferung, Stuttgart 1984
(Hügel/Junge, BtMR)

IPSEN, Jörn
Richterrecht und Verfassung, Berlin 1975 (J. Ipsen)

JAEGER, Michael
Der Kronzeuge unter besonderer Berücksichtigung von § 31 BtMG, Frankfurt am Main/Bern/New York 1986 (Der Kronzeuge)

JAHRREISS, Hermann
Zum Ruf nach dem sogenannten Kronzeugen, Das Mitglied einer Bande von Staatsverbrechern als "Staats-Zeuge" mit zugesicherter Belohnung für rechtsförderliche Aussage, in Festschrift für Richard Lange, Berlin/New York 1976, S. 765 ff.
(Festschrift für Richard Lange)

JAKOBS, Günther
- Schuld und Prävention, in Recht und Staat, Band 452/453, Tübingen 1976 (Schuld und Prävention)
- Strafrecht - Allgemeiner Teil, Die Grundlagen und die Zurechnungslehre, Berlin/New York 1983 (AT)
- Kriminalisierung im Vorfeld einer Rechtsgutsverletzung, ZStW 97 (1985), S. 751 ff.

JANDA, Axel
Die Entwicklung von Militärstrafrecht und Militärstrafgerichtsbarkeit unter besonderer Berücksichtigung der Mißhandlung Untergebener in der Kaiserlichen Deutschen Marine, Köln 1981
(Entwicklung von Militärstrafrecht und -gerichtsbarkeit)

JESCHECK, Hans-Heinrich
- Beweisverbote im Strafprozeß, Rechtsvergleichendes Generalgutachten für den 46. Deutschen Juristentag, Verhandlungen des 46. Deutschen Juristentages, Band I, Teil 3 B, S. 1 ff., München und Berlin 1966 (Gutachten für den 46. DJT)

- Strafrecht, Allgemeiner Teil, 3. Auflage, Berlin 1978 (AT)

JOACHIMSKI, Jupp
Betäubungsmittelrecht, 3. Auflage, Stuttgart/München/Hannover 1982; 4. Auflage, Stuttgart/München/Hannover 1985 (BtMR, 3. Aufl.; 4. Aufl.)

JUNG, Heike
- Straffreiheit für den Kronzeugen?, Köln/Berlin/Bonn/München 1974 (Kronzeuge)
- Bilanz der Reform des Strafverfahrensrechts zum 1.1.1975, JuS 1975, S. 261 ff.
- Der Kronzeuge - Garant der Wahrheitsfindung oder Instrument der Überführung?, ZRP 1986, S. 38 ff.

KAISER, Günther
Strategien und Prozesse strafrechtlicher Sozialkontrolle, Legitimation, Wirklichkeit und Alternativen, Frankfurt/Main 1972 (Sozialkontrolle)

KARLSRUHER KOMMENTAR ZUR STRAFPROZESSORDNUNG
und zum Gerichtsverfassungsgesetz, hrsg. von Gerd Pfeiffer, München 1982 (KK-Bearbeiter, StPO)

KATHOLNIGG, Oskar
Neue Verfahrensmaßnahmen in Betäubungsmittelstrafsachen, NStZ 1981, S. 417 ff.

KAUFMANN, Arthur
- Das Schuldprinzip, Eine strafrechtlich-rechtsphilosophische Untersuchung, 1. Auflage, Heidelberg 1961 (Schuldprinzip)
- Dogmatische und kriminalpolitische Aspekte des Schuldgedankens im Strafrecht, JZ 1967, S. 553 ff.
- Analogie und "Natur der Sache", 2. Auflage, Heidelberg 1982

KAUFMANN, Hilde
Strafanspruch - Strafklagerecht, Die Abgrenzung des materiellen vom formellen Strafrecht, Göttingen 1968 (H. Kaufmann, Strafanspruch - Strafklagerecht)

KAUSCH, Erhard
Der Staatsanwalt - Ein Richter vor dem Richter?, Untersuchungen zu § 153a StPO, Berlin 1980 (Der Staatsanwalt)

KIEHL, Walter-Hermann
Strafrechtliche Toleranz wechselseitiger Ehrverletzungen, Zur ratio legis der §§ 199, 233 Strafgesetzbuch, Frankfurt am Main 1986

KIELWEIN, Gerhard
Grundgesetz und Strafrechtspflege, in Zehn Jahre Grundgesetz, Saarbrücken 1960, S. 127 ff. (Grundgesetz und Strafrechtspflege)

KLEINKNECHT, Theodor
- Der Vollzug der Untersuchungshaft, JZ 1953, S. 531 ff.
- Die Anwendung unmittelbaren Zwanges bei der Blutentnahme nach § 81a StPO, NJW 1964, S. 2181 ff.
- Die Beweisverbote im Strafprozeß, Gedanken zu einem Thema des 46. Deutschen Juristentages, NJW 1966, S. 1537 ff.
- Das Legalitätsprinzip nach Abschluß des gerichtlichen Strafverfahrens, in Festschrift für Hans-Jürgen Bruns, Köln/Berlin/Bonn/München 1978, S. 475 ff. (Festschrift für Bruns)

KLEINKNECHT, Theodor/MEYER, Karlheinz
Strafprozeßordnung, Gerichtsverfassungsgesetz, Nebengesetze und ergänzende Bestimmungen, 37. Auflage, München 1985 (Kleinknecht/Meyer, StPO, GVG bzw. MRK)

KLUG, Ulrich
- Sozialkongruenz und Sozialadäquanz im Strafrechtssystem, in Festschrift für Eberhard Schmidt, Göttingen 1961, S. 249 ff. (Festschrift für Eb. Schmidt)
- Das Verhältnis zwischen der Europäischen Menschenrechts-Konvention und dem Grundgesetz, in Gedächtnisschrift für Hans Peters, Berlin/Heidelberg/New York 1967, S. 434 ff. (Gedächtnisschrift für Hans Peters)
- Beweisverbote im Strafprozeß, Verhandlungen des 46. Deutschen Juristentages, Band II, Teil F, S. 30 ff., München und Berlin 1967 (Verhandlungen des 46. DJT, Bd. II)

KLUGE, Friedrich
Etymologisches Wörterbuch der deutschen Sprache, 18. Auflage, Berlin 1960 (Etymologisches Wörterbuch)

K M R
Kommentar zur Strafprozeßordnung und zum Gerichtsverfassungs- und Ordnungswidrigkeitengesetz, hrsg. von Hermann Müller und Walter Sax, 6. Auflage, Darmstadt 1966 (K M R - Bearbeiter, StPO)

KNAPP, Wolfgang
Der Verteidiger - ein Organ der Rechtspflege?, Köln/Berlin/Bonn/München 1974 (Der Verteidiger)

KOCH, Hans-Joachim/RÜSSMANN, Helmut
Juristische Begründungslehre, Eine Einführung in Grundprobleme der Rechtswissenschaft, München 1982 (Juristische Begründungslehre)

KÖRNER, Harald Hans
- Bekämpfung von Drogensucht und internationalem Drogenhandel, ZRP 1980, S. 57 ff.
- Neuordnung des Betäubungsmittelrechts, NJW 1982, S. 673 ff.
- Der Aufklärungsgehilfe nach § 31 BtMG, 5. Rechtsprechungsübersicht zum BtMG, Strafverteidiger 1984, S. 217 ff.
- Betäubungsmittelgesetz, Deutsches und internationales Betäubungsmittelrecht, 2. Auflage, München 1985 (BtMG)

- Anmerkung zum Urteil des BGH vom 31.10.1984 - 2 StR 467/84 (JR 1985, S. 427), JR 1985, S. 427 ff.
- Anmerkung zum Urteil des BGH vom 28.11.1984 - 2 StR 608/84 (BGHSt 33, 80), MDR 1985, S. 687 f.

KOFFKA, Else
Literaturbericht: Strafprozeßrecht, ZStW 81 (1969), S. 954 ff.

KOHLHAAS, Max
Zulässigkeit, Brauchbarkeit und Preisgabe vertraulicher Gewährsleute im Strafverfahren, JR 1957, S. 41 ff.

KOHLMANN, Günter
- Der Begriff des Staatsgeheimnisses und das verfassungsrechtliche Gebot der Bestimmtheit von Strafvorschriften, Köln 1969 (Staatsgeheimnis)
- Waffengleichheit im Strafprozeß?, in Festschrift für Karl Peters, Tübingen 1974, S. 311 ff. (Festschrift für Peters)
- Steuerstraf- und Steuerordnungswidrigkeitenrecht einschließlich Verfahrensrecht, Kommentar zu den §§ 369-412 AO 1977, 3. Auflage, Köln-Marienburg 1980 (Steuerstraf- und Steuerordnungswidrigkeitenrecht)

KORIATH, Gerold
Betäubungsmittelrecht, Texte und Erläuterungen für die Polizeipraxis, Heidelberg 1982 (BtMR)

KRAHL, Matthias
Die Rechtsprechung des Bundesverfassungsgerichts und des Bundesgerichtshofs zum Bestimmtheitsgrundsatz im Strafrecht (Art. 103 Abs. 2 GG), Frankfurt am Main/Bern/New York 1986 (Bestimmtheitsgrundsatz)

KRAINZ, Klaus W.
Über den Zeugen vom Hörensagen, Zur strafprozessualen Problematik im Lichte kriminalpolitischer Erkenntnisse, GA 1985, S. 402 ff.

KRAUSE, Dietmar
- Anmerkung zum Urteil des BGH vom 11.5.1976 - 1 StR 166/76 (NJW 1976, S. 1546), NJW 1976, S. 2029 (D. Krause)
- Einzelfragen zum Anwesenheitsrecht des Verteidigers im Strafverfahren, Strafverteidiger 1984, S. 169 ff. (D. Krause)

KRAUSE, Friedrich-Wilhelm
- Zum Urkundenbeweis im Strafprozeß, Hamburg 1966 (F.-W. Krause, Urkundenbeweis)
- Dreierlei Beweis im Strafverfahren, Jura 1982, S. 225 ff. (F.-W. Krause)

KRAUSS, Detlef
Der Grundsatz der Unschuldsvermutung im Strafverfahren, in Heinz Müller-Dietz (Hrsg.), Strafrechtsdogmatik und Kriminalpolitik, Köln/Berlin/Bonn/München 1971, S. 153 ff. (in Müller-Dietz, Strafrechtsdogmatik und Kriminalpolitik)

KREHL, Christoph
Die Ermittlung der Tatsachengrundlage zur Bemessung der Tagessatzhöhe bei der Geldstrafe, Frankfurt am Main/Bern/New York 1985 (Geldstrafe)

KREUZER, Arthur
Reform des Drogenstrafrechts, Kritik des Novellierungsantrags zum Betäubungsmittelgesetz, ZRP 1975, S. 206 ff.

KREUZER, Arthur/GEBHARDT, Christoph/MAASSEN, Marcel/STEIN-HILBERS, Marlene
Drogenabhängigkeit und Kontrolle, Wiesbaden 1981

KREY, Volker
- Studien zum Gesetzesvorbehalt im Strafrecht, Eine Einführung in die Problematik des Analogieverbots, Berlin 1977 (Gesetzesvorbehalt)
- Keine Strafe ohne Gesetz, Einführung in die Dogmengeschichte des Satzes "nullum crimen, nulla poena sine lege", Berlin/New York 1983 (Keine Strafe ohne Gesetz)

KRIELE, Martin
Theorie der Rechtsgewinnung - entwickelt am Problem der Verfassungsinterpretation, 1. Auflage, Berlin 1967 (Theorie der Rechtsgewinnung, 1. Aufl.)

KRIES, August von
- Das Prinzip der Unmittelbarkeit im Beweisverfahren der deutschen Prozeßordnungen, ZStW 6 (1886), S. 88 ff.
- Lehrbuch des deutschen Strafprozeßrechts, Freiburg 1892 (Strafprozeßrecht)

KRIMINALITÄT UND PRÄVENTION,
DRiZ 1985, S. 408 f.

KRÖGER, Klaus
Grundrechtstheorie als Verfassungsproblem, Baden-Baden 1978

KRÜMPELMANN, Justus
Die Bagatelldelikte, Berlin 1966 (Bagatelldelikte)

KUBE, Edwin
Prävention von Wirtschaftskriminalität (unter Berücksichtigung der Umweltkriminalität) - Möglichkeiten und Grenzen, 2. Auflage, Wiesbaden 1985 (Prävention von Wirtschaftskriminalität)

KÜHNE, Hans Heiner
Strafprozeßlehre, Eine Einführung, 2. Auflage, Kehl am Rhein/Straßburg 1982 (Strafprozeßlehre)

KÜPER, Wilfried
Die Richteridee der Strafprozeßordnung und ihre geschichtlichen Grundlagen, Berlin 1967

KUHLMANN, Goetz-Joachim
Ausschließung und Ablehnung des Staatsanwalts, DRiZ 1976, S. 11 ff.

KUMLEHN, Rolf
Die gerichtliche Fürsorgepflicht im Strafverfahren, Darstellung der nicht normierten Prozeßpflichten insbesondere des Strafgerichtes gegenüber dem Angeklagten, Göttingen 1976 (Die gerichtliche Fürsorgepflicht im Strafverfahren)

LACKNER, Karl
- § 13 StGB - eine Fehlleistung des Gesetzgebers?, in Festschrift für Wilhelm Gallas, Berlin/New York 1973, S. 117 ff. (Festschrift für Gallas)
- Über neue Entwicklungen in der Strafzumessungslehre und ihre Bedeutung für die richterliche Praxis, Heidelberg/Karlsruhe 1978 (Neue Entwicklungen)
- Anmerkung zum Beschluß des Großen Senats des BGH vom 19.5.1981 - GSSt 1/81 (NStZ 1981, S. 344 ff.), NStZ 1981, S. 348 ff.
- Strafgesetzbuch mit Erläuterungen, 16. Auflage, München 1985 (StGB)

LANGE, Regina
Fehlerquellen im Ermittlungsverfahren, Heidelberg 1980

LANGE, Richard
- Die Systematik der Strafdrohungen, in Materialien zur Strafrechtsreform, 1. Band, Bonn 1954, S. 69 ff. (in Materialien zur Strafrechtsreform, 1. Bd.)
- Niederschriften über die Sitzungen der Großen Strafrechtskommission, Band 1, Bonn 1956, S. 115 ff. (Niederschriften, Bd. 1)
- Das Rätsel Kriminalität, Was wissen wir vom Verbrechen?, Berlin 1970 (Das Rätsel Kriminalität)

LANGER, Winrich
Das Sonderverbrechen, Eine dogmatische Untersuchung zum Allgemeinen Teil des Strafrechts, Berlin 1972 (Das Sonderverbrechen)

LANG-HINRICHSEN, Dietrich
Bemerkungen zum Begriff der "Tat" im Strafrecht unter besonderer Berücksichtigung der Strafzumessung, des Rücktritts und der tätigen Reue beim Versuch und der Teilnahme (Normativer Tatbegriff), in Festschrift für Karl Engisch, Frankfurt am Main 1969, S. 353 ff. (Festschrift für Engisch)

LARENZ, Karl
Methodenlehre der Rechtswissenschaft, 5. Auflage, Berlin/Heidelberg/New York/Tokyo 1983 (Methodenlehre)

LEIBHOLZ, Gerhard/RINCK, Hans-Justus/HESSELBERGER, Dietrich
Grundgesetz für die Bundesrepublik Deutschland - Kommentar an Hand der Rechtsprechung des Bundesverfassungsgerichts,

6. Auflage, Köln ab 1979, Stand: November 1984
(Leibholz/Rinck/Hesselberger, GG)

LEIPZIGER KOMMENTAR
Strafgesetzbuch, Großkommentar, - 9. Auflage, Berlin/New York 1970-1974, herausgegeben von Paulheinz Baldus und Günther Willms (LK-Bearbeiter, StGB, 9. Aufl.)
- 10. Auflage, Berlin/New York 1978 ff., herausgegeben von Hans-Heinrich Jescheck, Wolfgang Ruß und Günther Willms (LK-Bearbeiter, StGB)

LEMMEL, Hans-Peter
Unbestimmte Strafbarkeitsvoraussetzungen im Besonderen Teil des Strafrechts und der Grundsatz nullum crimen sine lege, Berlin 1970 (Unbestimmte Strafbarkeitsvoraussetzungen)

LENCKNER, Theodor
- Wertausfüllungsbedürftige Begriffe im Strafrecht und der Satz "nullum crimen sine lege", JuS 1968, S. 249 ff., 304 ff.
- Mitbeschuldigter und Zeuge, in Festschrift für Karl Peters, Tübingen 1974, S. 333 ff. (Festschrift für Peters)

LENZEN, Karl
Zuständigkeit für das Strafrecht kraft Sachzusammenhangs, JR 1980, S. 133 ff.

LIERMANN, Stephan
Die Tonbandaufnahme als Beweismittel im Strafprozeß, Bonn 1963 (Tonbandaufnahme)

LINSTOW, Bernhard von
Berechenbares Strafmaß, Eine neue Methode der Strafzumessung am Beispiel wichtiger Verkehrsdelikte, Berlin 1974 (Berechenbares Strafmaß)

LÖBBECKE, Bernfried von
Fürsorgepflichten im Strafprozeß?, GA 1973, S. 200 ff.

LÖHR, Holle Eva
Der Grundsatz der Unmittelbarkeit im deutschen Strafprozeßrecht, Berlin 1972 (Unmittelbarkeit)

LÖWE, Ewald/ROSENBERG, Werner
Die Strafprozeßordnung und das Gerichtsverfassungsgesetz, Großkommentar, - 23. Auflage, bearbeitet von Hanns Dünnebier, Walter Gollwitzer, Karlheinz Meyer, Lutz Meyer-Goßner, Karl Schäfer und Günter Wendisch, Berlin/New York 1976 ff. (Bearbeiter in Löwe-Rosenberg, StPO)
- 24. Auflage, bearbeitet von Hans Dahs, Walter Gollwitzer, Karl Heinz Gössel, Ernst-Walter Hanack, Klaus Lüderssen, Peter Rieß, Gerhard Schäfer, Karl Schäfer und Günter Wendisch, Berlin/New York 1985 (Bearbeiter in Löwe-Rosenberg, StPO, 24. Aufl.)

LÜDERSSEN, Klaus
- Die strafrechtsgestaltende Kraft des Beweisrechts, ZStW 85 (1973), S. 288 ff.
- Einführung, in Klaus Lüderssen/Fritz Sack (Hrsg.), Seminar: Abweichendes Verhalten I, Die selektiven Normen der Gesellschaft, Frankfurt am Main 1975, S. 7 ff.
  (in Lüderssen/Sack, Abweichendes Verhalten, Bd. I)
- Einleitung, in Klaus Lüderssen/Fritz Sack (Hrsg.), Abweichendes Verhalten II, Die gesellschaftliche Reaktion auf Kriminalität, Frankfurt am Main 1975, S. 7 ff.
  (in Lüderssen/Sack, Abweichendes Verhalten, Bd. II)
- Einleitung (zu II. Die Konkretisierung von Strafrechtsnormen), in Klaus Lüderssen/Fritz Sack (Hrsg.), Abweichendes Verhalten II, Die gesellschaftliche Reaktion auf Kriminalität, Frankfurt am Main 1975, S. 215 ff.
  (in Lüderssen/Sack, Abweichendes Verhalten, Bd. II)
- Einleitung: Rechtsstaatlicher Strafprozeß und öffentliche Meinung, in Erhard Denninger/Klaus Lüderssen, Polizei und Strafprozeß im demokratischen Rechtsstaat, Frankfurt am Main 1978, S. 24 ff.
  (in Denninger/Lüderssen, Polizei und Strafprozeß)
- Was ist das - ein "Rechtsstaat"?, Gedanken über Entwicklungen in der Bundesrepublik Deutschland seit 1945, in Erhard Denninger/Klaus Lüderssen, Polizei und Strafprozeß im demokratischen Rechtsstaat, Frankfurt am Main 1978, S. 79 ff.
  (in Denninger/Lüderssen, Polizei und Strafprozeß)
- Grenzen des Legalitätsprinzips im effizienzorientierten modernen Rechtsstaat. Schluckt das Verfahrensrecht die sichernden Funktionen des materiellen Rechts?, Die strafrechtsgestaltende Kraft des Beweisrechts, in Erhard Denninger/Klaus Lüderssen, Polizei und Strafprozeß im demokratischen Rechtsstaat, Frankfurt am Main 1978, S. 188 ff.
  (in Denninger/Lüderssen, Polizei und Strafprozeß)
- Verbrechensprophylaxe durch Verbrechensprovokation?, Grundsätzliche Bemerkungen, in Erhard Denninger/Klaus Lüderssen, Polizei und Strafprozeß im demokratischen Rechtsstaat, Frankfurt am Main 1978, S. 238 ff.
  (in Denninger/Lüderssen, Polizei und Strafprozeß)
- Prävention - Konflikt zwischen öffentlichem und privatem Interesse?, in Erhard Denninger/Klaus Lüderssen, Polizei und Strafprozeß im demokratischen Rechtsstaat, Frankfurt am Main 1978, S. 292 ff.
  (in Denninger/Lüderssen, Polizei und Strafprozeß)
- Erfolgszurechnung und "Kriminalisierung", Die Jurisprudenz vor den Toren der Soziologie - Forschungsfragen an die Adresse der Kriminologen, in Festschrift für Paul Bockelmann, München 1979, S. 181 ff. (Festschrift für Bockelmann)
- Der Freiheitsbegriff der Psychoanalyse und seine Folgen für das moderne Strafrecht, in Winfried Hassemer/Klaus Lüderssen/Wolfgang Naucke, Fortschritte im Strafrecht durch die Sozialwissenschaften?, Heidelberg 1983, S. 67 ff.
  (in Hassemer/Lüderssen/Naucke, Fortschritte im Strafrecht durch die Sozialwissenschaften?)

- Rollenkonflikte im Verfahren: Zeuge oder Beschuldigter, wistra 1983, S. 231 ff.
- Die V-Leute-Problematik ... oder: Zynismus, Borniertheit oder "Sachzwang"?, Jura 1985, S. 113 ff.
- Anmerkung zum Beschluß des BVerfG vom 27.11.1984 - 2 BvR 236/84 (Strafverteidiger 1985, S. 177 f.), Strafverteidiger 1985, S. 178 ff.

LÜDERSSEN, Klaus (Hrsg.)
V-Leute, Die Falle im Rechtsstaat, Frankfurt am Main 1985

LÜTTGER, Hans
Der "genügende Anlaß" zur Erhebung der öffentlichen Klage, GA 1957, S. 193 ff.

LUHMANN, Niklas
Rechtssoziologie, Band 1; Band 2, Reinbek bei Hamburg 1972 (Rechtssoziologie, Bd. 1; Bd. 2)

LUNDT, P.V./SCHIWY, P.
Betäubungsmittelrecht, Suchtbekämpfung, Kommentar, Loseblatt, 15. Ergänzungslieferung, Stand: 1. Juni 1986 (BtMR)

MAAS, Sally
Der Grundsatz der Unmittelbarkeit in der Reichsstrafprozeßordnung, Breslau 1907 (Unmittelbarkeit)

MACHE, Hans Michael
Die Zulässigkeit des Einsatzes von agents provocateurs und die Verwertbarkeit der Ergebnisse im Strafprozeß, Frankfurt am Main 1984

MAIWALD, Manfred
- Das Absehen von Strafe nach § 16 StGB, ZStW 83 (1971), S. 663 ff.
- Zum fragmentarischen Charakter des Strafrechts, in Festschrift für Reinhart Maurach, Karlsruhe 1972, S. 9 ff. (Festschrift für Maurach)
- Zur gerichtlichen Fürsorgepflicht im Strafprozeß und ihren Grenzen, in Festschrift für Richard Lange, Berlin/New York 1976, S. 745 ff. (Festschrift für Richard Lange)

MANGAKIS, Georgios-Alexandros
Über die Wirksamkeit des Satzes "nulla poena sine lege", ZStW 81 (1969), S. 997 ff.

MARXEN, Klaus
- Der Kampf gegen das liberale Strafrecht, Eine Studie zum Antiliberalismus in der Strafrechtswissenschaft der zwanziger und dreißiger Jahre, Berlin 1975 (Liberales Strafrecht)
- Straftatsystem und Strafprozeß, Berlin 1984
- Rechtliche Grenzen der Amnestie, Heidelberg 1984
- Strafgesetzgebung als Experiment?, Gesetzesexperimente in strafrechtlicher Sicht, GA 1985, S. 533 ff.

MAUL, Heinrich
Gesetz gegen Terrorismus und Rechtsstaat, DRiZ 1977, S. 207 ff.

MAUNZ, Theodor/DÜRIG, Günter/HERZOG, Roman/SCHOLZ, Rupert
Grundgesetz, Kommentar, Band I (Art. 1-15), Band II (Art. 16-82), Band III (Art. 83-146), München 1983
(Bearbeiter in Maunz/Dürig/Herzog/Scholz, GG)

MAUNZ, Theodor/ZIPPELIUS, Reinhold
Deutsches Staatsrecht, 26. Auflage, München 1985

MAURACH, Reinhart
Deutsches Strafrecht, Allgemeiner Teil, 4. Auflage, Karlsruhe 1971 (AT)

MAURACH, Reinhart/ZIPF, Heinz
Strafrecht, Allgemeiner Teil, Teilband 1, 6. Auflage, Heidelberg 1983 (AT 1)

MAURACH, Reinhart/GÖSSEL, Karl Heinz/ZIPF, Heinz
Strafrecht, Allgemeiner Teil, Teilband 2, 6. Auflage, Heidelberg 1984 (AT 2)

MAYER, Hellmuth
- Zum Aufbau des Strafprozesses, GS 104 (1934), S. 302 ff.
- Der Verbrechensbegriff, Ein Forschungsbericht, DStR 1938, S. 73 ff.
- Das Analogieverbot im gegenwärtigen deutschen Strafrecht, SJZ 1947, Spalten 12 ff.
- Strafrecht, Allgemeiner Teil, Stuttgart/Köln 1953 (AT)
- Klageerzwingungsverfahren und Opportunitätsprinzip, JZ 1955, S. 601 ff.
- Strafrechtsreform für heute und morgen, Berlin 1962 (Strafrechtsreform)

MEINBERG, Volker
Geringfügigkeitseinstellungen von Wirtschaftsstrafsachen, Eine empirische Untersuchung zur staatsanwaltschaftlichen Verfahrenserledigung nach § 153a Abs. 1 StPO, Freiburg 1985
(Geringfügigkeitseinstellungen von Wirtschaftsstrafsachen)

MEYER, Jürgen
Brauchen wir den Kronzeugen?, ZRP 1976, S. 25 ff. (J. Meyer)

MEYER, Karlheinz
Anmerkung zum Beschluß des LG Nürnberg-Fürth vom 20.12.1982 - 13 KLs 342 Js 32400/81 (JR 1983, S. 257), JR 1983, S. 257 ff. (K. Meyer)

MICHAEL, Andreas
Der Grundsatz in dubio pro reo im Strafverfahrensrecht, Zugleich ein Beitrag über das Verhältnis von materiellem Recht und Prozeßrecht, Frankfurt am Main/Bern 1981
(In dubio pro reo)

MICHALKE-DETMERING, Astrid
Die Mindestanforderungen an die rechtliche Begründung des erstinstanzlichen Strafurteils, Zur Auslegung des § 267 StPO, Frankfurt am Main/Bern/New York 1987

MICHEL, Helmut
Die verfassungskonforme Auslegung, JuS 1961, S. 274 ff.

MIDDENDORFF, Wolf
Der Kronzeuge, Historisch-kriminologisches Gutachten, ZStW 85 (1973), S. 1102 ff.

MIEBACH, Klaus
Der Ausschluß des anonymen Zeugen aus dem Strafprozeß, Vorschlag zur Korrektur der Entscheidung des Großen Senats für Strafsachen des BGH, ZRP 1984, S. 81 ff.

MITTERMAIER, C.J.A.
Die Lehre vom Beweise im deutschen Strafprozesse nach der Fortbildung durch Gerichtsgebrauch und deutsche Gesetzbücher in Vergleichung mit den Ansichten des englischen und französischen Strafverfahrens, Darmstadt 1834
(Die Lehre vom Beweise)

MÖRSCH, Richard
Zur Rechtsstellung des Beschuldigten und seines Verteidigers im Vorverfahren unter Berücksichtigung der Aufgaben des gesamten Strafverfahrens, Mainz 1967 (Rechtsstellung)

MONTENBRUCK, Axel
- "Entlassung aus der Zeugenrolle" - Versuch einer Fortentwicklung der materiellen Beschuldigtentheorie, ZStW 89 (1977), S. 878 ff.
- Tatverdächtiger Zeuge und Aussagenotstand - Zugleich zu BGH, Urteil vom 23.3.1984 - 4 StR 781/83 = JZ 1984, S. 587, JZ 1985, S. 976 ff.

MÜLLER, Egon
- Der Grundsatz der Waffengleichheit im Strafverfahren, NJW 1976, S. 1063 ff. (E. Müller)
- Strafverteidigung, NJW 1981, S. 1801 ff. (E. Müller)
- Bemerkungen zu den Grundlagen der Reform des Ermittlungsverfahrens, AnwBl. 1986, S. 50 ff. (E. Müller)

MÜLLER, Friedrich
Juristische Methodik, 1. Auflage, Berlin 1971 (F. Müller)

MÜLLER, Wolfgang
Die Honorierung eines Kronzeugen - ein Prozeßbericht, Strafverteidiger 1981, S. 638 ff. (W. Müller)

MÜLLER-DIETZ, Heinz
- Grenzen des Schuldgedankens im Strafrecht, Karlsruhe 1967
- Verfassungsbeschwerde und richterliche Tatbestandsauslegung im Strafrecht, in Festschrift für Reinhart Maurach, Karlsruhe 1972, S. 41 ff. (Festschrift für Maurach)

- Absehen von Strafe (§ 60 StGB n.F.), Dogmatische und kriminalpolitische Probleme einer neuen Rechtsfigur, in Festschrift für Richard Lange, Berlin/New York 1976, S. 303 ff. (Festschrift für Richard Lange)
- Die Stellung des Beschuldigten im Strafprozeß, ZStW 93 (1981), S. 1177 ff.

MÜNCH, Ingo von (Hrsg.)
Kommentar zum Grundgesetz, Band 1 (Präambel bis Art. 20 GG), 3. Auflage, München 1985 (Bearbeiter in v. Münch, GG)

NAUCKE, Wolfgang
- Zur Lehre vom strafbaren Betrug, Ein Beitrag zum Verhältnis von Strafrechtsdogmatik und Kriminologie, Berlin 1964 (Strafbarer Betrug)
- Rückwirkende Senkung der Promillegrenze und Rückwirkungsverbot (Art. 103 Abs. 2 GG), NJW 1968, S. 2321 ff.
- Der Nutzen der subjektiven Auslegung im Strafrecht, in Festschrift für Karl Engisch, Frankfurt/Main 1969, S. 274 ff. (Festschrift für Engisch)
- Der Begriff der "geringen Schuld" (§ 153 StPO) im Straftatsystem, in Festschrift für Reinhart Maurach, Karlsruhe 1972, S. 197 ff. (Festschrift für Maurach)
- Über Generalklauseln und Rechtsanwendung im Strafrecht, in Recht und Staat, Band 417, Tübingen 1973 (Generalklauseln)
- Über das Verhältnis von Strafrechtswissenschaft und Strafrechtspraxis, ZStW 85 (1973), S. 399 ff.
- Der Aufbau des § 330c StGB, Zum Verhältnis zwischen Allgemeinem und Besonderem Teil des Strafrechts, in Festschrift für Hans Welzel, Berlin/New York 1974, S. 761 ff. (Festschrift für Welzel)
- Tendenzen in der Strafrechtsentwicklung, Karlsruhe 1975 (Tendenzen)
- Empfiehlt es sich, in bestimmten Bereichen der kleineren Eigentums- und Vermögenskriminalität, insbesondere des Ladendiebstahls, die strafrechtlichen Sanktionen durch andere, zum Beispiel zivilrechtliche Sanktionen abzulösen, gegebenenfalls durch welche?, Verhandlungen des 51. Deutschen Juristentages, Band I, Teil D, S. 1 ff., München 1976 (Gutachten für den 51. DJT)
- Straftatsystem und Widerstand gegen Vollstreckungsbeamte (§ 113 Abs. 3 und 4 StGB), in Festschrift für Eduard Dreher, Berlin/New York 1977, S. 459 ff. (Festschrift für Dreher)
- Grundlinien einer rechtsstaatlich-praktischen allgemeinen Straftatlehre, Wiesbaden 1979 (Allgemeine Straftatlehre)
- Auf der Grenze zwischen Strafbarkeit und Straflosigkeit, Jura 1979, S. 426 ff.
- Die Dogmatisierung von Rechtsproblemen bei Kant, Zur Geschichte der Strafrechtsdogmatik im 19. Jahrhundert, ZNR 1979, S. 3 ff.
- Strafrecht, Eine Einführung, 4. Auflage, Frankfurt am Main 1982 (Strafrecht)
- Die Sozialphilosophie des sozialwissenschaftlich orientierten Strafrechts, in Winfried Hassemer/Klaus Lüderssen/Wolfgang Naucke, Fortschritte im Strafrecht durch die Sozialwissenschaften?, Heidelberg 1983, S. 1 ff.

(in Hassemer/Lüderssen/Naucke, Fortschritte im Strafrecht durch die Sozialwissenschaften?)
- Über deklaratorische, scheinbare und wirkliche Entkriminalisierung, GA 1984, S. 199 ff.
- Die Wechselwirkung zwischen Strafziel und Verbrechensbegriff, Sitzungsberichte der Wissenschaftlichen Gesellschaft an der Johann-Wolfgang-Goethe-Universität Frankfurt am Main, Band 21, Nr. 5, Stuttgart 1985, S. 165 ff. (Wechselwirkung)
- Versuch über den aktuellen Stil des Rechts, KritV 1986, S. 189 ff.

NEDELMANN, Carl
Die Reform des Rechtsgüterschutzes unter dem Dogma des Strafprinzips, in Kritik der Strafrechtsreform, hrsg. von Carl Nedelmann, Frankfurt am Main 1968, S. 15 ff.
(in Kritik der Strafrechtsreform)

NEUFELDER, Martin
Schuldbegriff und Verfassung, GA 1974, S. 289 ff.

NICKEL, Egbert
Die Problematik der unechten Unterlassungsdelikte im Hinblick auf den Grundsatz "nullum crimen sine lege" (Art. 103 Abs. 2 GG), Berlin 1972

NIEMÖLLER, Martin/SCHUPPERT, Gunnar Folke
Die Rechtsprechung des Bundesverfassungsgerichts zum Strafverfahrensrecht, AöR 107 (1982), S. 387 ff.

NOLL, Peter
Prinzipien der Gesetzgebungstechnik, in Festschrift für Oscar Adolf Germann, Bern 1969, S. 159 ff.
(Festschrift für Germann)

OSSENBÜHL, Fritz
Die Interpretation der Grundrechte in der Rechtsprechung des Bundesverfassungsgerichts, NJW 1976, S. 2100 ff.

OSTENDORF, Heribert
- Auf Generalprävention kann noch nicht verzichtet werden, Über die Ziele kriminalrechtlicher Maßnahmen, ZRP 1976, S. 281 ff.
- Das Recht zum Hungerstreik, Verfassungsmäßige Absicherung und strafrechtliche Konsequenzen, Frankfurt am Main 1983
(Das Recht zum Hungerstreik)

OSTENDORF, Heribert/MEYER-SEITZ, Christian
Die strafrechtlichen Grenzen des polizeilichen Lockspitzel-Einsatzes, Strafverteidiger 1985, S. 73 ff.

OSTERMEYER, Helmut
Anmerkung zum Urteil des OLG Oldenburg vom 28.1.1969 - 4 Ss 365/68 (NJW 1969, S. 806), NJW 1969, S. 1187

OSTLER, Fritz
Der Rechtsanwalt als Strafverteidiger, Erfahrungen aus der Vergangenheit, Betrachtungen aus der Gegenwart, Wünsche für die Zukunft, JR 1959, S. 121 ff.

OTTO, Harro
- Strafwürdigkeit und Strafbedürftigkeit als eigenständige Deliktskategorien?, Überlegungen zum Deliktsaufbau, in Gedächtnisschrift für Horst Schröder, München 1978 (Gedächtnisschrift für Schröder)
- Grundkurs Strafrecht, Allgemeine Strafrechtslehre, 2. Auflage, Berlin/New York 1982 (AT)

PAGANO, Mario
Principii del codice penale e logica dei probabili, 1824

PETERS, Karl
- Die kriminalpolitische Stellung des Strafrichters bei der Bestimmung der Strafrechtsfolgen, Berlin 1932
- In welcher Weise empfiehlt es sich, die Grenzen des strafrichterlichen Ermessens im künftigen Strafgesetzbuch zu regeln (Ermessensfreiheit oder gesetzliche Bindung des Richters bei der Verhängung der Strafe und sonstiger Unrechtsfolgen)?, Verhandlungen des 41. Deutschen Juristentages, Band I, 2. Halbband, S. 1 ff., Tübingen 1955 (Gutachten für den 41. DJT, Bd. I, 2. Hbbd.)
- Die Parallelität von Prozeß- und Sachentscheidungen, ZStW 68 (1956), S. 374 ff.
- Die Begrenzung des Strafrechts bei zivilrechtlichen Verhältnissen als materiellrechtliches und prozessuales Problem, Eine kriminalpolitische Studie, in Festschrift für Eberhard Schmidt, Göttingen 1961, S. 488 ff. (Festschrift für Eb. Schmidt)
- Die strafrechtsgestaltende Kraft des Strafprozesses, in Recht und Staat, Band 276/277, Tübingen 1963 (RuS Bd. 276/277)
- Beweisverbote im deutschen Strafverfahren, Verhandlungen des 46. Deutschen Juristentages, Band I, Teil 3 A, S. 91 ff., München und Berlin 1966 (Gutachten für den 46. DJT)
- Fehlerquellen im Strafprozeß, Eine Untersuchung der Wiederaufnahmeverfahren in der Bundesrepublik Deutschland, 2. Band: Systematische Untersuchungen und Folgerungen, Karlsruhe 1972 (Fehlerquellen im Strafprozeß, 2. Bd.)
- Der neue Strafprozeß, Darstellung und Würdigung, Karlsruhe 1975 (Der neue Strafprozeß)
- Besprechung von Heike Jung, Straffreiheit für den Kronzeugen?, Köln/Berlin/Bonn/München 1974, MschrKrim 1975, S. 122 f.
- Die ethischen Grundlagen des Strafprozesses, in Festschrift für Thomas Würtenberger, Berlin 1977, S. 77 ff. (Festschrift für Würtenberger)
- Strafprozeß, Ein Lehrbuch, - 2. Auflage, Karlsruhe 1966 (Strafprozeß, 2. Aufl.)
  - 3. Auflage, Heidelberg/Karlsruhe 1981 (Strafprozeß, 3. Aufl.)
  - 4. Auflage, Heidelberg 1985 (Strafprozeß)

PETZOLDT, Rolf
Die Problematik der Generalklauseln im Nebenstrafrecht und im Ordnungswidrigkeitenrecht, Kiel 1968
(Problematik der Generalklauseln)

PEUKERT, Wolfgang
Die Garantie des "fair trial" in der Straßburger Rechtsprechung, Die Auslegung des Art. 6 EMRK durch die Organe der Europäischen Menschenrechtskonvention, EuGRZ 1980, S. 247 ff.

PLACK, Arno
Plädoyer für die Abschaffung des Strafrechts, München 1974

PLÖTZ, Winfried
Die gerichtliche Fürsorgepflicht im Strafverfahren, Lübeck 1981

POPITZ, Heinrich
Über die Präventivwirkung des Nichtwissens, Dunkelziffer, Norm und Strafe, in Recht und Staat, Band 350, Tübingen 1968 (Über die Präventivwirkung des Nichtwissens)

PRITTWITZ, Cornelius
- Der Mitbeschuldigte - ein unverzichtbarer Belastungszeuge?, Sachverhaltsaufklärung durch Rollenmanipulation, NStZ 1981, S. 463 ff.
- Anmerkung zum Beschluß des OLG Düsseldorf vom 4.3.1982 - I Ws 174/82 (Strafverteidiger 1982, S. 344), Strafverteidiger 1982, S. 344 ff.
- Anmerkung zum Urteil des BGH vom 29.3.1984 - 4 StR 781/83 (Strafverteidiger 1984, S. 361 f.), Strafverteidiger 1984, S. 362 f.
- Der Mitbeschuldigte im Strafprozeß, Frankfurt/Main 1984

PUPPE, Ingeborg
List im Verhör des Beschuldigten, GA 1978, S. 289 ff.

QUEDENFELD, Hans Dietrich
Beweisantrag und Verteidigung in den Abschnitten des Strafverfahrens bis zum erstinstanzlichen Urteil, in Festgabe für Karl Peters, Heidelberg 1984, S. 215 ff.
(Festgabe für Peters)

REBMANN, Kurt
Der Zeuge vom Hörensagen im Spannungsverhältnis zwischen gerichtlicher Aufklärungspflicht, Belangen der Exekutive und Verteidigungsinteressen, NStZ 1982, S. 315 ff.

RICHTER II, Christian
- Praktische Theorie. Immer noch einmal: Der Mitbeschuldigte als Zeuge - Zur Revisionsbegründungsfrist - Die Zeugenvernehmung durch den Verteidiger, in Festgabe für Karl Peters, Heidelberg 1984, S. 235 ff. (Festgabe für Peters)
- Zum Bedeutungswandel des Ermittlungsverfahrens - Bestandsaufnahme und Reformtendenzen, Strafverteidiger 1985, S. 382 ff.

RIEHLE, Eckart
Funktionstüchtige Strafrechtspflege contra strafprozessuale Garantien, KJ 1980, S. 316 ff.

RIESS, Peter
- Prolegomena zu einer Gesamtreform des Strafverfahrensrechts, in Festschrift für Karl Schäfer, Berlin/New York 1980, S. 155 ff. (Festschrift für Schäfer)
- Die Vernehmung des Beschuldigten im Strafprozeß, JA 1980, S. 293 ff.
- Die Zukunft des Legalitätsprinzips, NStZ 1981, S. 2 ff.
- Die Rechtsstellung des Verletzten im Strafverfahren, Verhandlungen des 55. Deutschen Juristentages, Band I, Teil C, S. 1 ff., München 1984 (Gutachten für den 55. DJT)

RINCK, Hans-Justus
Die höchstrichterliche Rechtsprechung zum Gleichheitssatz in der Bundesrepublik, der Schweiz, Österreich, Italien, den USA und Indien, JöR 10 (1961), S. 269 ff.

RÖDIG, Jürgen
Zur Problematik des Verbrechensaufbaus, in Festschrift für Richard Lange, Berlin/New York 1976, S. 39 ff. (Festschrift für Richard Lange)

RÖMER, Josef
Kooperatives Verhalten der Rechtspflegeorgane im Strafverfahren?, in Festschrift für Erich Schmidt-Leichner, München 1977, S. 133 ff. (Festschrift für Schmidt-Leichner)

ROGALL, Klaus
- Der Beschuldigte als Beweismittel gegen sich selbst, Ein Beitrag zur Geltung des Satzes "Nemo tenetur seipsum prodere" im Strafprozeß, Berlin 1977 (Der Beschuldigte)
- Der "Verdächtige" als selbständige Auskunftsperson im Strafprozeß, NJW 1978, S. 2535 ff.

ROSETT, Arthur/CRESSEY, Donald Ray
Justice by consent, Philadelphia 1976

ROXIN, Claus
- Verwerflichkeit und Sittenwidrigkeit als unrechtsbegründende Merkmale im Strafrecht, JuS 1964, S. 373 ff.
- Sinn und Grenzen staatlicher Strafe, JuS 1966, S. 377 ff.
- Über den Rücktritt vom unbeendeten Versuch, in Festschrift für Ernst Heinitz, Berlin/New York 1972, S. 251 ff. (Festschrift für Heinitz)
- Kriminalpolitik und Strafrechtssystem, 2. Auflage, Berlin/New York 1973
- Strafzumessung im Lichte der Strafzwecke, in Festschrift für Hans Schultz, Bern 1977, S. 463 ff. (Festschrift für Schultz)
- Prävention und Strafzumessung, in Festschrift für Hans-Jürgen Bruns, Köln/Berlin/Bonn/München 1978, S. 183 ff. (Festschrift für Bruns)

- Zur Problematik des Schuldstrafrechts, ZStW 96 (1984), S. 641 ff.
- Strafverfahrensrecht, Ein Studienbuch, 19. Auflage, München 1985 (Strafverfahrensrecht)

RUDOLPHI, Hans-Joachim
- Literaturbericht: Strafrecht - Allgemeiner Teil, ZStW 83 (1971), S. 761 ff.
- Literaturbericht: Strafrecht - Allgemeiner Teil, ZStW 86 (1974), S. 68 ff.
- Strafprozeß im Umbruch, Eine Bilanz der strafverfahrensrechtlichen Reformen seit Kriegsende, ZRP 1976, S. 165 ff.
- Die Gesetzgebung zur Bekämpfung des Terrorismus, JA 1979, S. 1 ff.
- Der Zweck staatlichen Strafrechts und die strafrechtlichen Zurechnungsformen, in Grundfragen des modernen Strafrechtssystems, hrsg. von Bernd Schünemann, Berlin/New York 1984, S. 69 ff. (in Grundfragen des modernen Strafrechtssystems)

RÜCKEL, Christoph
Die Notwendigkeit eigener Ermittlungen des Strafverteidigers, in Festgabe für Karl Peters, Heidelberg 1984, S. 265 ff. (Festgabe für Peters)

RÜPING, Hinrich
- Theorie und Praxis des Strafverfahrens, Grundriß für Praxis und Studium, Bonn 1979 (Theorie und Praxis des Strafverfahrens)
- Das Strafverfahren, 2. Auflage, München 1983

RÜTHERS, Bernd
Die unbegrenzte Auslegung, Zum Wandel der Privatrechtsordnung im Nationalsozialismus, 2. Auflage, Frankfurt am Main 1973 (Die unbegrenzte Auslegung)

SANDERMANN, Almut
"Waffengleichheit" im Strafprozeß, Zu den rechtlichen Grundlagen dieses Rechtsinstituts, Köln 1975 ("Waffengleichheit" im Strafprozeß)

SARSTEDT, Werner
- In welcher Weise empfiehlt es sich, die Grenzen des strafrichterlichen Ermessens im künftigen Strafgesetzbuch zu regeln (Ermessensfreiheit oder gesetzliche Bindung des Richters bei der Verhängung der Strafe und sonstiger Unrechtsfolgen)?, Verhandlungen des 41. Deutschen Juristentages, Band II, Teil D, S. 29 ff., Tübingen 1956 (Verhandlungen des 41. DJT, Bd. II)
- Die Revision in Strafsachen, 4. Auflage, Essen 1962

SAUER, Wilhelm
Allgemeine Strafrechtslehre, Eine lehrbuchmäßige Darstellung, 3. Auflage, Berlin 1955 (Allgemeine Strafrechtslehre)

SAVIGNY, Friedrich Karl von
- System des heutigen römischen Rechts, Band I, Berlin 1840
- Juristische Methodenlehre, Nach der Ausarbeitung des Jakob Grimm, hrsg. von Gerhard Wesenberg, Stuttgart 1951 (Juristische Methodenlehre)

SAX, Walter
- Das strafrechtliche "Analogieverbot", Eine methodologische Untersuchung über die Grenze der Auslegung im geltenden deutschen Strafrecht, Göttingen 1953 (Das strafrechtliche "Analogieverbot")
- Grundsätze der Strafrechtspflege, in Karl August Bettermann/ Hans Carl Nipperdey/Ulrich Scheuner (Hrsg.), Die Grundrechte, Handbuch der Theorie und Praxis der Grundrechte, 3. Band, 2. Halbband (Rechtspflege und Grundrechtsschutz), 2. Auflage, Berlin 1972, S. 909 ff. (Sax in Bettermann/Nipperdey/Scheuner, Die Grundrechte, 3. Bd., 2. Hbbd.)
- "Tatbestand" und Rechtsgutverletzung, Überlegungen zur Neubestimmung von Gehalt und Funktion des "gesetzlichen Tatbestandes" und des "Unrechtstatbestandes", JZ 1976, S. 9 ff., 80 ff.
- Der verbrechenssystematische Standort der Indikation zum Schwangerschaftsabbruch nach § 218a StGB, JZ 1977, S. 326 ff.

SCHACK, Friedrich
Die verfassungskonforme Auslegung, JuS 1961, S. 269 ff.

SCHÄFER, Karl
Strafprozeßrecht, Eine Einführung, Berlin/New York 1976 (Strafprozeßrecht)

SCHAEFER, Siegbert
Zeugnis vom Hörensagen und freie Beweiswürdigung im Strafprozeß, Breslau/Neukirch 1933 (Zeugnis vom Hörensagen)

SCHAFFSTEIN, Friedrich
Spielraum-Theorie, Schuldbegriff und Strafzumessung nach den Strafrechtsreformgesetzen, in Festschrift für Wilhelm Gallas, Berlin/New York 1973, S. 99 ff. (Festschrift für Gallas)

SCHICK, Peter J.
Historische Skizzen zu einer Systematik des Verbrechensaufbaues in Österreich, ZStW 85 (1973), S. 1033 ff.

SCHILD, Wolfgang
Die strafrechtsdogmatischen Konsequenzen des rechtsfreien Raumes, JA 1978, S. 449 ff., 570 ff., 630 ff.

SCHLÜCHTER, Ellen
Das Strafverfahren, 2. Auflage, Köln/Berlin/Bonn/München 1983

SCHMID, Richard
Vorwort, in Kritik der Strafrechtsreform, hrsg. von Carl Nedelmann, Frankfurt am Main 1968, S. 7 ff. (in Kritik der Strafrechtsreform)

SCHMIDHÄUSER, Eberhard
- Objektive Strafbarkeitsbedingungen, ZStW 71 (1959), S. 545 ff.
- Freikaufverfahren mit Strafcharakter im Strafprozeß?, JZ 1973, S. 529 ff.
- Strafrecht, Allgemeiner Teil, Lehrbuch, 2. Auflage, Tübingen 1975 (AT)
- Strafrecht, Allgemeiner Teil, Studienbuch, unter Mitarbeit von Heiner Alwart, Tübingen 1982 (Studienbuch)

SCHMIDT, Eberhard
- Probleme staatlichen Strafens in der Gegenwart, SJZ 1946, Spalten 204 ff. (Eb. Schmidt)
- Anmerkung zum Urteil des BGH vom 1.4.1960 - 4 StR 36/60 (JR 1961, S. 70 f.), JR 1961, S. 71 f. (Eb. Schmidt)
- Lehrkommentar zur Strafprozeßordnung und zum Gerichtsverfassungsgesetz, - Teil I (Die rechtstheoretischen und die rechtspolitischen Grundlagen des Strafverfahrensrechtes), 2. Auflage, Göttingen 1964
(Eb. Schmidt, Lehrkommentar zur StPO, Teil I)
- Teil II (Erläuterungen zur Strafprozeßordnung und zum Einführungsgesetz der Strafprozeßordnung), Göttingen 1957
(Eb. Schmidt, Lehrkommentar zur StPO, Teil II)
- Nachträge und Ergänzungen zu Teil II (Strafprozeßordnung), Nachtragsband I (StPO), Göttingen 1967, Nachtragsband II (StPO), Göttingen 1970
(Eb. Schmidt, Lehrkommentar zur StPO, Nachträge zu Teil II)
- Zur Rechtsstellung und Funktion der Staatsanwaltschaft als Justizbehörde, MDR 1964, S. 629 ff., 713 ff. (Eb. Schmidt)
- Besprechung von Hans Dahs, Das rechtliche Gehör im Strafprozeß, München/Berlin 1965, JZ 1965, S. 733 ff.
(Eb. Schmidt)

SCHMIDT, Gerhard
Schuldspruch und Rechtskraft, JZ 1966, S. 89 ff. (G. Schmidt)

SCHMIDT, Hans Wolfgang
- Reform des § 153 Abs. 3 StPO?, SchlHA 1961, S. 326 ff. (H.W. Schmidt)
- Fragen des Betäubungsmittelstrafrechts, MDR 1984, S. 6 ff. (H.W. Schmidt)

SCHMIDT, Walter
Grundrechtstheorie im Wandel der Verfassungsgeschichte, Jura 1983, S. 169 ff. (Walter Schmidt)

SCHMIDT, Wolfgang
Mitbeschuldigten- und Zeugenrolle im Strafverfahren, Göttingen 1982 (Wolfgang Schmidt, Mitbeschuldigten- und Zeugenrolle)

SCHMIDT-BLEIBTREU, Bruno/KLEIN, Franz
Kommentar zum Grundgesetz für die Bundesrepublik Deutschland, 6. Auflage, Neuwied/Darmstadt 1983
(Bearbeiter in Schmidt-Bleibtreu/Klein, GG)

SCHMIDT-HIEBER, Werner
- Vereinbarungen im Strafverfahren, NJW 1982, S. 1017 ff.
- Der strafprozessuale "Vergleich" - eine illegale Kungelei?, Strafverteidiger 1986, S. 355 ff.
- Verständigung im Strafverfahren, Möglichkeiten und Grenzen für die Beteiligten in den Verfahrensabschnitten, München 1986 (Verständigung im Strafverfahren)

SCHMIDT-LEICHNER, Erich
Strafverfahrensrecht 1975 - Fortschritt oder Rückschritt?, NJW 1975, S. 417 ff.

SCHMIED, Erich
Das Tschechoslowakische Strafgesetzbuch vom 12. Juli 1950, 2. Auflage, Berlin 1958
(Nr. 57 der Sammlung Außerdeutscher Strafgesetzbücher in deutscher Übersetzung, hrsg. von Hans-Heinrich Jescheck und Gerhard Kielwein)

SCHMITT, Antje
Untersuchungen zu Wesen und Anwendungsbereich des § 16 StGB, Freiburg 1974 (A. Schmitt)

SCHMITT, Rudolf
- Das Strafverfahren zweiter Klasse - Eine Abschiedsgabe für die Kollegen vom Alternativkreis, ZStW 89 (1977), S. 639 ff. (R. Schmitt)
- Der Anwendungsbereich von § 1 Strafgesetzbuch (Art. 103 Abs. 2 Grundgesetz), in Festschrift für Hans-Heinrich Jescheck, Berlin 1985, S. 223 ff.
(R. Schmitt, Festschrift für Jescheck)

SCHNEIDER, Rolf
Verfassungsrechtliche Grundlagen des Anwaltsberufs, NJW 1977, S. 873 ff.

SCHÖCH, Heinz
- Grundlage und Wirkungen der Strafe, Zum Realitätsgehalt des § 46 Abs. 1 StGB, in Festschrift für Friedrich Schaffstein, Göttingen 1975, S. 255 ff. (Festschrift für Schaffstein)
- Die Rechtsstellung des Verletzten im Strafverfahren, NStZ 1984, S. 385 ff.
- Anmerkung zum Urteil des BGH vom 19.12.1984 - 2 StR 438/84 (NStZ 1985, S. 422), NStZ 1985, S. 422 f.

SCHÖNEBORN, Christian
Das Problem der Rollenvertauschung und des Zeugnisverweigerungsrechts bei mehreren Mitbeschuldigten in vergleichender Betrachtung, ZStW 86 (1974), S. 921 ff.

SCHÖNKE, Adolf/SCHRÖDER, Horst
- Strafgesetzbuch, Kommentar, bearbeitet von Horst Schröder, 17. Auflage, München 1974 (Schönke-Schröder, StGB, 17. Aufl.)
- Strafgesetzbuch, Kommentar, bearbeitet von Theodor Lenckner, Peter Cramer, Albin Eser und Walter Stree, 19. Auflage, München 1978 (Schönke-Schröder-Bearbeiter, StGB, 19. Aufl.);

22. Auflage, München 1985
(Schönke-Schröder-Bearbeiter, StGB)

SCHOLLER, Heinrich
Die Interpretation des Gleichheitssatzes als Willkürverbot oder als Gebot der Chancengleichheit, Berlin 1969

SCHOREIT, Armin
Vergehen gegen das Betäubungsmittelgesetz - Rechtsprechungsübersicht 1981, NStZ 1982, S. 63 ff.

SCHORN, Hubert
- Die Europäische Konvention zum Schutze der Menschenrechte und Grundfreiheiten und ihr Zusatzprotokoll in Einwirkung auf das deutsche Recht, Text und Kommentar, Frankfurt am Main 1965
(Die Europäische Konvention zum Schutze der Menschenrechte und Grundfreiheiten)
- Die Fürsorgepflicht im Strafverfahren, MDR 1966, S. 639 ff.

SCHREIBER, Hans-Ludwig
- Gesetz und Richter, Zur geschichtlichen Entwicklung des Satzes nullum crimen, nulla poena sine lege, Frankfurt am Main 1976 (Gesetz und Richter)
- Verfahrensrecht und Verfahrenswirklichkeit, ZStW 88 (1976), S. 117 ff.
- Tendenzen der Strafprozeßreform, in Hans-Ludwig Schreiber (Hrsg.), Strafprozeß und Reform, Eine kritische Bestandsaufnahme, Neuwied/Darmstadt 1979, S. 15 ff.
(in Schreiber, Strafprozeß und Reform)

SCHROEDER, Friedrich-Christian
- Die Bestimmtheit von Strafgesetzen am Beispiel des groben Unfugs, JZ 1969, S. 775 ff.
- Legalitäts- und Opportunitätsprinzip heute, in Festschrift für Karl Peters, Tübingen 1974, S. 411 ff.
(Festschrift für Peters)
- Moabiter Landrecht oder Hamburger juristische Spökenkiekerei?, NJW 1980, S. 920 ff.
- Die Straftaten gegen das Strafrecht, Berlin/New York 1985

SCHRÖDER, Horst
- Gesetz und Richter im Strafrecht, Kiel 1953
(Gesetz und Richter)
- In welcher Weise empfiehlt es sich, die Grenzen strafrichterlichen Ermessens im künftigen Strafgesetzbuch zu regeln (Ermessensfreiheit oder gesetzliche Bindung des Richters bei der Verhängung der Strafe und sonstiger Unrechtsfolgen)?, Verhandlungen des 41. Deutschen Juristentages, Band I, Halbband 2, S. 57 ff., Tübingen 1955
(Verhandlungen des 41. DJT, Bd. I, Hbbd. 2)
- Anmerkung zum Urteil des OLG Celle vom 23.4.1964 - I Ss 98/64 (JR 1964, S. 391), JR 1964, S. 392

- Die Koordinierung der Rücktrittsvorschriften, in Festschrift für Hellmuth Mayer, Berlin 1965, S. 377 ff. (Festschrift für H. Mayer)
- Anmerkung zum Urteil des OLG Hamm vom 26.5.1966 - 2 Ss 1624/65 (JZ 1966, S. 648 f.), JZ 1966, S. 649 ff.
- Die Unternehmensdelikte, in Festschrift für Eduard Kern, Tübingen 1968, S. 457 ff. (Festschrift für Kern)

SCHROERS, Marlene
Das Absehen von Strafe nach § 60 StGB, Heidelberg 1975 (Absehen von Strafe)

SCHROTH, Hans-Jürgen
Der Vorhalt eigener protokollierter Aussagen an den Angeklagten, ZStW 87 (1975), S. 103 ff. (H.-J. Schroth)

SCHROTH, Ulrich
Probleme und Resultate der Hermeneutik-Diskussion, in Arthur Kaufmann/Winfried Hassemer, Einführung in die Rechtsphilosophie und Rechtstheorie der Gegenwart, 1. Auflage, Heidelberg/Karlsruhe 1977, S. 188 ff.
(U. Schroth, in Kaufmann/Hassemer, Einführung in die Rechtsphilosophie und Rechtstheorie der Gegenwart)

SCHÜNEMANN, Bernd
- Das strafprozessuale Wiederaufnahmeverfahren propter nova und Grundsatz "in dubio pro reo", ZStW 84 (1972), S. 870 ff.
- Summum ius = summa iniuria in der Strafzumessung, in Pönometrie, Rationalität oder Irrationalität der Strafzumessung, Köln 1977, S. 73 ff. (in Pönometrie)
- Nulla poena sine lege, Rechtstheoretische und verfassungsrechtliche Implikationen der Rechtsgewinnung im Strafrecht, Berlin/New York 1978 (Nulla poena sine lege)
- Einführung in das strafrechtliche Systemdenken, in Grundfragen des modernen Strafrechtssystems, hrsg. von Bernd Schünemann, Berlin/New York 1984, S. 1 ff.
(in Grundfragen des modernen Strafrechtssystems)
- Die Funktion des Schuldprinzips im Präventionsstrafrecht, in Grundfragen des modernen Strafrechtssystems, hrsg. von Bernd Schünemann, Berlin/New York 1984, S. 153 ff.
(in Grundfragen des modernen Strafrechtssystems)
- Der polizeiliche Lockspitzel - Kontroverse ohne Ende?, Kritische Anmerkungen zum Vorlagebeschluß des 2. Strafsenats vom 4.6.1985, Strafverteidiger 1985, S. 424 ff.
- Die deutschsprachige Strafrechtswissenschaft nach der Strafrechtsreform im Spiegel des Leipziger Kommentars und des Wiener Kommentars, 2. Teil: Schuld und Kriminalpolitik, GA 1986, S. 293 ff.
- Zur Stellung des Opfers im System der Strafrechtspflege, NStZ 1986, S. 193 ff., 439 ff.

SCHÜRER, Karl-Heinz
Die Entwicklung des Legalitätsprinzips seit der Emmingerschen Verordnung, Hamburg 1965

SCHULTHEISZ, Emil
Das ungarische Militärstrafgesetzbuch, Bonn 1940 (Heft 14 der Rechtsvergleichenden Untersuchungen zur Gesamten Strafrechtswissenschaft, hrsg. von Erich Schwinge)

SCHULZ, Burkhard
Bericht aus Bonn, ZRP 1976, S. 123 ff.

SCHUMANN, Karl F.
Der Handel mit Gerechtigkeit, Funktionsprobleme der Strafjustiz und ihre Lösungen - am Beispiel des amerikanischen plea bargaining, Frankfurt am Main 1977
(Der Handel mit Gerechtigkeit)

SCHWAB, Karl Heinz/GOTTWALD, Peter
Verfassung und Zivilprozeß, in Walther J. Habscheid, Effektiver Rechtsschutz und verfassungsmäßige Ordnung, Die Generalberichte zum VII. Internationalen Kongreß für Prozeßrecht (Würzburg 1983), Bielefeld 1983, S. 1 ff.
(Schwab/Gottwald in Habscheid, Effektiver Rechtsschutz und verfassungsmäßige Ordnung)

SCHWALM, Georg
- Schuld und Schuldfähigkeit im Licht der Strafrechtsreformgesetze vom 25.6. und 4.7.1969, des Grundgesetzes und der Rechtsprechung des Bundesverfassungsgerichts, JZ 1970, S. 487 ff.
- Der objektivierte Wille des Gesetzgebers, in Festschrift für Ernst Heinitz, Berlin 1972, S. 47 ff.
(Festschrift für Heinitz)

SCHWINGE, Erich
Militärstrafgesetzbuch, 5. Auflage, Berlin 1943 (MilStGB)

SEEBODE, Manfred/SYDOW, Fritz
"Hörensagen ist halb gelogen", Das Zeugnis vom Hörensagen im Strafprozeß, JZ 1980, S. 506 ff.

SEELMANN, Kurt
Zur materiell-rechtlichen Problematik des V-Mannes, Die Strafbarkeit des Lockspitzels und des Verlockten, ZStW 95 (1983), S. 797 ff.

SEIFERT, Karl-Heinz/HÖMIG, Dieter (Hrsg.)
Grundgesetz für die Bundesrepublik Deutschland, Taschenkommentar, Baden-Baden 1982
(Bearbeiter in Seifert/Hömig, Grundgesetz)

SLOTTY, Martin
- Neuer Anlauf zur Neuordnung des Betäubungsmittelrechts, Zwischenbemerkungen und Änderungsvorschläge zum Fraktionsentwurf, ZRP 1981, S. 60 ff.
- Das Betäubungsmittelgesetz 1982, Kurzbericht für die Strafrechtspraxis, NStZ 1981, S. 321 ff.

SPENDEL, Günter
Wahrheitsfindung im Strafprozeß, JuS 1964, S. 465 ff.

STAB, Ulrike
Mitteilungen über den 8. Strafverteidigertag, NJW 1984, S. 2808

STACKELBERG, Curt F. von
Der Anwalt im Strafprozeß, AnwBl. 1959, S. 190 ff.

STARCK, Christian
Die Grundrechte des Grundgesetzes, Zugleich ein Beitrag zu den Grenzen der Verfassungsauslegung, JuS 1981, S. 237 ff.

STEIN, Ekkehart
Staatsrecht, 10. Auflage, Tübingen 1986

STEINKE, Wolfgang
- Das organisierte Verbrechen, Eine kriminalistisch/kriminologische Analyse, Kriminalistik 1982, S. 78 ff.
- Sondergesetz "Legge Pentiti" aufgehoben, Ein Plädoyer gegen Kronzeugenregelungen?, Kriminalistik 1983, S. 240

STERN, Klaus
- Gesetzesauslegung und Auslegungsgrundsätze des Bundesverfassungsgerichts, München 1956 (Gesetzesauslegung)
- Das Staatsrecht der Bundesrepublik Deutschland, Band I (Grundbegriffe und Grundlagen des Staatsrechts; Strukturprinzipien der Verfassung), 2. Auflage, München 1984 (Staatsrecht, Bd. I);
  Band II (Staatsorgane, Staatsfunktionen, Finanz- und Haushaltsverfassung, Notstandsverfassung), München 1980 (Staatsrecht, Bd. II)

STOCK, Ulrich
Strafprozeßrecht (Grundriß), Tübingen 1952 (Strafprozeßrecht)

STRATE, Gerhard
Zur Kompetenzordnung im Hauptverfahren, Zugleich eine Anmerkung zur V-Mann-Entscheidung des 5. Strafsenats, Strafverteidiger 1985, S. 337 ff.

STRATE, Gerhard/VENTZKE, Klaus-Ulrich
Unbeachtlichkeit einer Verletzung des § 137 Abs. 1 S. 1 StPO im Ermittlungsverfahren?, Strafverteidiger 1986, S. 30 ff.

STRATENWERTH, Günter
- Objektive Strafbarkeitsbedingungen im Entwurf eines Strafgesetzbuchs 1959, ZStW 71 (1959), S. 565 ff.
- Tatschuld und Strafzumessung, in Recht und Staat, Band 406/407, Tübingen 1972 (Tatschuld und Strafzumessung)
- Die Stufen des Verbrechensaufbaus, in Klaus Lüderssen/Fritz Sack, Abweichendes Verhalten, Band II, Frankfurt am Main 1975, S. 251 ff.
  (in Lüderssen/Sack, Abweichendes Verhalten, Bd. II)

- Strafrecht, Allgemeiner Teil 1, 3. Auflage, Köln/Berlin/ Bonn/München 1981 (AT 1)

STREE, Walter
Deliktsfolgen und Grundgesetz, Zur Verfassungsmäßigkeit der Strafen und sonstigen strafrechtlichen Maßnahmen, Tübingen 1960 (Deliktsfolgen und Grundgesetz)

STÜRNER, Rolf
- Die Einwirkungen der Verfassung auf das Zivilrecht und den Zivilprozeß, NJW 1979, S. 2334 ff.
- Verfahrensgrundsätze des Zivilprozesses und Verfassung, in Festschrift für Fritz Baur, Tübingen 1981, S. 647 ff. (Festschrift für Baur)

STURM, Richard
Zur Bekämpfung terroristischer Vereinigungen - Ein Beitrag zum Gesetz vom 18. August 1976, MDR 1977, S. 6 ff.

SYDOW, Fritz von
Kritik der Lehre von den Beweisverboten, Würzburg 1976 (Beweisverbote)

SYSTEMATISCHER KOMMENTAR ZUM STRAFGESETZBUCH
- Band I, Allgemeiner Teil (§§ 1-79b), 4. Auflage, Stand: 5. Lieferung, Frankfurt am Main 1985;
- Band II, Besonderer Teil (§§ 80-358), 3. Auflage, Stand: 7. Lieferung, Frankfurt am Main 1985; bearbeitet von Hans-Joachim Rudolphi, Eckhard Horn und Erich Samson (SK-Bearbeiter, StGB)

TAGUNGSBERICHT ÜBER DEN 10. STRAFVERTEIDIGERTAG
vom 25. bis 27.4.1986 in Bremen mit dem Generalthema: Die Polizei - Herrin des Strafverfahrens?, Strafverteidiger 1986, S. 271 ff.

TETTINGER, Peter J.
Fairneß und Waffengleichheit, Rechtsstaatliche Direktiven für Prozeß und Verwaltungsverfahren, München 1984 (Fairneß und Waffengleichheit)

THOMAS, Sven
Erweiterte Teilhaberechte der Verteidigung im reformierten Ermittlungsverfahren, AnwBl. 1986, S. 56 ff.

TIEDEMANN, Klaus
- Zur verfassungsrechtlichen Bedeutung der Vernehmung mittelbarer Zeugen im Strafprozeß, MDR 1963, S. 456 ff.
- Strafrecht und Wahlrecht, NJW 1967, S. 1013 f.
- Tatbestandsfunktionen im Nebenstrafrecht, Tübingen 1969
- Objektive Strafbarkeitsbedingungen und die Reform des deutschen Konkursstrafrechts, ZRP 1975, S. 129 ff.
- Wirtschaftsstrafrecht und Wirtschaftskriminalität, Band 2, Besonderer Teil, Reinbek bei Hamburg 1976 (Wirtschaftsstrafrecht und Wirtschaftskriminalität, Bd. 2)

- Stand und Tendenzen von Strafrechtswissenschaft und Kriminologie in der Bundesrepublik Deutschland, JZ 1980, S. 489 ff.
- Die Auslegung des Strafprozeßrechts, in Festgabe für Karl Peters, Heidelberg 1984, S. 131 ff. (Festgabe für Peters)

TRÖNDLE, Herbert
Besprechung der Festschrift für Ulrich Klug, Köln 1983, JR 1986, S. 306 f.

ULSENHEIMER, Klaus
Grundfragen des Rücktritts vom Versuch in Theorie und Praxis, Berlin/New York 1976 (Rücktritt vom Versuch)

VARGHA, Julius
Die Vertheidigung in Strafsachen, Wien 1879

VERHANDLUNGEN DES 2. DEUTSCHEN JURISTENTAGES
hrsg. von dem Schriftführer-Amt der ständigen Deputation, Band II, Berlin 1862

VOLK, Klaus
- Prozeßvoraussetzungen im Strafrecht, Zum Verhältnis von materiellem Recht und Prozeßrecht, Ebelsbach 1978 (Prozeßvoraussetzungen)
- Entkriminalisierung durch Strafwürdigkeitskriterien jenseits des Deliktsaufbaus, ZStW 97 (1985), S. 871 ff.
- Verfahrensfehler und Verfahrenshindernisse - Zugleich Besprechung von AG Mannheim vom 16.1.1985 - 5 Ls 45/84 (nr) = Strafverteidiger 1985, S. 276, Strafverteidiger 1986, S. 34 ff.

VOLLER, Thomas
Der Staat als Urheber von Straftaten, Zur Berechtigung des Einsatzes von Lockspitzeln und zur Verwendbarkeit der durch sie geschaffenen Beweise, Darmstadt 1983 (Der Staat als Urheber von Straftaten)

WACH
Der Vorentwurf zu einem Deutschen Strafgesetzbuch, Einleitende Erörterung, DJZ 15 (1910), Spalten 9 ff., 108 ff.

WAGNER, Heinz
Die selbständige Bedeutung des Schuldspruchs im Strafrecht, insbesondere beim Absehen von Strafe gemäß § 16 StGB, GA 1972, S. 33 ff. (H. Wagner)

WAGNER, Joachim
Terrorismus, Hochverrat und Abhörgesetz, NJW 1980, S. 913 ff. (J. Wagner)

WAGNER, Walter
Aus der Rechtsprechung im Staatsschutzverfahren - Hochverrat - , GA 1960, S. 4 ff. (W. Wagner)

WAIBLINGER, Max
Der rechtliche Charakter und die Bedeutung der Schuldigerklärung im Strafprozeß, Das Problem der Teilrechtskraft, in Festschrift für Hans Felix Pfenninger, Zürich 1956, S. 157 ff. (Festschrift für Pfenninger)

WALTER, Gerhard
Freie Beweiswürdigung - Eine Untersuchung zu Bedeutung, Bedingungen und Grenzen der freien richterlichen Überzeugung, Tübingen 1979 (Freie Beweiswürdigung)

WARDA, Günter
Dogmatische Grundlagen des richterlichen Ermessens im Strafrecht, Köln/Berlin/Bonn/München 1962

WEBER, Helmuth von
- Zur Revisibilität der Strafzumessung, MDR 1949, S. 389 ff.
- Das Absehen von Strafe, MDR 1956, S. 705 ff.
- Die richterliche Strafzumessung, Karlsruhe 1956

WEIDER, Hans-Joachim
- Zur Problematik des polizeilichen V-Mannes, Strafverteidiger 1981, S. 151 ff.
- Die Strafmilderung für den Aufklärungsgehilfen nach § 31 Nr. 1 BtMG, NStZ 1984, S. 391 ff.
- Die neue Rechtsprechung zum Aufklärungsgehilfen nach § 31 BtMG, NStZ 1985, S. 481 ff.

WEIGEND, Thomas
- Anklagepflicht und Ermessen, Die Stellung des Staatsanwalts zwischen Legalitäts- und Opportunitätsprinzip nach deutschem und amerikanischem Recht, Baden-Baden 1978 (Anklagepflicht und Ermessen)
- Strafzumessung durch die Parteien - Das Verfahren des plea bargaining im amerikanischen Recht, ZStW 94 (1982), S. 200 ff.
- Anmerkungen zur Diskussion um den Kronzeugen aus der Sicht des amerikanischen Rechts, in Festschrift für Hans-Heinrich Jescheck, Berlin 1985, S. 1333 ff. (Festschrift für Jescheck)

WEIHRAUCH, Matthias
Verteidigung im Ermittlungsverfahren, 2. Auflage, Heidelberg 1985

WEIS, Kurt/MÜLLER-BAGEHL, Renate
Private Strafanzeigen, Kriminologisches Journal 1971, S. 185 ff.

WELP, Jürgen
Probleme des Akteneinsichtsrechts, in Festgabe für Karl Peters, Heidelberg 1984, S. 309 ff. (Festgabe für Peters)

WELZEL, Hans
- Studien zum System des Strafrechts, ZStW 58 (1939), S. 491 ff.
- Naturrecht und materiale Gerechtigkeit, 4. Auflage, Göttingen 1962
- Die deutsche strafrechtliche Dogmatik der letzten 100 Jahre und die finale Handlungslehre, JuS 1966, S. 421 ff.
- Das Deutsche Strafrecht, Eine systematische Darstellung, 11. Auflage, Berlin 1969 (Lehrbuch)
- Zur Dogmatik im Strafrecht, in Festschrift für Reinhart Maurach, Karlsruhe 1972, S. 3 ff. (Festschrift für Maurach)

WESSELS, Johannes
- Schweigen und Leugnen im Strafverfahren, JuS 1966, S. 169 ff.
- Strafrecht, Allgemeiner Teil, Die Straftat und ihr Aufbau, 15. Auflage, Heidelberg 1985 (AT)

WIDMAIER, Gunter
Der strafprozessuale Vergleich, Strafverteidiger 1986, S. 357 ff.

WIEACKER, Franz
Gesetz und Richterkunst, Zum Problem der außergesetzlichen Rechtsordnung, Karlsruhe 1958 (Gesetz und Richterkunst)

WINTRICH, Josef M.
Die Bedeutung der "Menschenwürde" für die Anwendung des Rechts, BayVerwBl. 1957, S. 137 ff.

WOESNER, Horst
- Generalklauseln und Garantiefunktion der Strafgesetze, NJW 1963, S. 273 ff.
- Strafrechtlicher und sittlicher Schuldvorwurf, NJW 1964, S. 1 ff.

WOLTER, Jürgen
- Objektive und personale Zurechnung zum Unrecht, Zugleich ein Beitrag zur aberratio ictus (und objektiven Strafbarkeitsbedingung), in Grundfragen des modernen Strafrechtssystems, hrsg. von Bernd Schünemann, Berlin/New York 1984, S. 103 ff. (in Grundfragen des modernen Strafrechtssystems)
- Strafverfahrensrecht und Strafprozeßreform, GA 1985, S. 49 ff.
- Tatidentität und Tatumgestaltung im Strafprozeß - Zur Begründung eines normativ-funktionalen Tatbegriffs, GA 1986, S. 143 ff.

WÜRTENBERGER, Thomas
Akzente des künftigen Strafvollzugsgesetzes, JZ 1970, S. 452 ff.

WULF, Peter
Strafprozessuale und kriminalpraktische Fragen der polizeilichen Beschuldigtenvernehmung auf der Grundlage empirischer Untersuchungen, Heidelberg 1984 (Polizeiliche Beschuldigtenvernehmung)

ZACHARIÄ, Heinrich Albert
- Die Gebrechen und die Reform des deutschen Strafverfahrens, Dargestellt auf der Basis einer consequenten Entwicklung des inquisitorischen und des accusatorischen Prinzips, Göttingen 1846
(Die Gebrechen und die Reform des deutschen Strafverfahrens)
- Handbuch des deutschen Strafprozesses, Systematische Darstellung des auf den Quellen des gemeinen Rechts und der neueren deutschen Gesetzgebung beruhenden Criminal-Verfahrens, in wissenschaftlicher Begründung und Verbindung, Band 1, Göttingen 1868 (Handbuch des deutschen Strafprozesses, Bd. 1)

ZICKENDRAHT-WENDELSTADT, Gunnar
Straffreierklärung und Absehen von Strafe, Hamburg 1973

ZIEGLER, Wolfgang
Zweckmäßigkeitstendenzen in der höchstrichterlichen Auslegung des Beweisrechts im Strafverfahren, Tübingen 1969 (Beweisrecht)

ZIERL, Gerhard
Der Vergleich im Strafverfahren - Oder "Tausche Geständnis gegen Bewährung", AnwBl. 1985, S. 505

ZINN, Georg August/STEIN, Erwin (Hrsg.)
Die Verfassung des Landes Hessen, Kommentar, unter Mitarbeit von Berthold Barwinski, Wiltraut von Brünneck und Hans-Joachim Reh, Band 1, Bad Homburg v.d.H. und Berlin 1954 (Bearbeiter in Zinn/Stein, Die Verfassung des Landes Hessen, Bd. 1)

ZIPF, Heinz
- Die Strafmaßrevision, Eine strafrechtsdogmatische Untersuchung über den systematischen Aufbau der Strafzumessung und ihrer Revisibilität im Erwachsenen- und Jugendstrafrecht, München 1969 (Die Strafmaßrevision)
- Rechtskonformes und sozialadäquates Verhalten im Strafrecht, ZStW 82 (1970), S. 633 ff.
- Kriminalpolitische Überlegungen zum Legalitätsprinzip, in Festschrift für Karl Peters, Tübingen 1974, S. 487 ff. (Festschrift für Peters)
- Die Strafzumessung, Heidelberg/Karlsruhe 1977
- Strafprozeßrecht, 2. Auflage, Berlin/New York 1977
- Kriminalpolitik, Heidelberg/Karlsruhe 1980
- Empfiehlt es sich, die Vorschriften über die Öffentlichkeit des Strafverfahrens neu zu gestalten, insbesondere zur Verbesserung der Rechtsstellung des Beschuldigten weitere nicht-öffentliche Verfahrensgänge zu entwickeln?, Verhandlungen des 54. Deutschen Juristentages, Band I, Teil C, S. 1 ff., München 1982 (Gutachten für den 54. DJT)

ZIPPELIUS, Reinhold
Juristische Methodenlehre, Eine Einführung, 4. Auflage, München 1985 (Juristische Methodenlehre)

A B K Ü R Z U N G S V E R Z E I C H N I S

a.A.	andere(r) Ansicht
a.a.O.	am anderen Ort
abl.	ablehnend(er)
Abs.	Absatz
Abt.	Abteilung
AE	Alternativ-Entwurf eines Strafgesetzbuches
a.F.	alte Fassung
Anm.	Anmerkung
AnwBl.	Anwaltsblatt
AO	Abgabenordnung
AöR	Archiv des öffentlichen Rechts
Art.	Artikel
AT	Allgemeiner Teil
Aufl.	Auflage
AuslG	Ausländergesetz
BayVerwBl	Bayerische Verwaltungsblätter
Bd.	Band
BDSG	Bundesdatenschutzgesetz
BGBl.	Bundesgesetzblatt
BGH	Bundesgerichtshof
BGHSt	Entscheidungen des Bundesgerichtshofs in Strafsachen
BGHZ	Entscheidungen des Bundesgerichtshofs in Zivilsachen
BRAK	Bundesrechtsanwaltskammer
BRAO	Bundesrechtsanwaltsordnung
BRD	Bundesrepublik Deutschland
BR-Drs.	Bundesratsdrucksache
BT	Besonderer Teil; Bundestag
BT-Drs.	Bundestagsdrucksache
BtMG	Gesetz über den Verkehr mit Betäubungsmitteln (Betäubungsmittelgesetz)
BtMR	Betäubungsmittelrecht
BVerfG	Bundesverfassungsgericht
BVerfGE	Entscheidungen des Bundesverfassungsgerichts
BVerwGE	Entscheidungen des Bundesverwaltungsgerichts
bzgl.	bezüglich
bzw.	beziehungsweise
CDU	Christlich-Demokratische Union (Deutschlands)
CSU	Christlich-Soziale Union
DDR	Deutsche Demokratische Republik
dens.	denselben
ders.	derselbe
d.h.	das heißt
dies.	dieselben
DJT	Deutscher Juristentag
DJZ	Deutsche Juristenzeitung
DRiG	Deutsches Richtergesetz
DRiZ	Deutsche Richterzeitung
DStR	Deutsches Strafrecht
E	Entscheidung

E 1962	Entwurf eines Strafgesetzbuches 1962
Einl.	Einleitung
etc.	et cetera
EuGRZ	Europäische Grundrechte Zeitung
f.	folgende
ff.	folgenden
FAZ	Frankfurter Allgemeine Zeitung
FDP	Freie Demokratische Partei (Deutschlands)
Fn.	Fußnote
FNP	Frankfurter Neue Presse
GA	Goltdammer's Archiv für Strafrecht
GG	Grundgesetz
ggfls.	gegebenenfalls
GjS	Gesetz über die Verbreitung jugendgefährdender Schriften
grds.	grundsätzlich
Gr.Sen.	Großer Senat
GS	Der Gerichtssaal
GVG	Gerichtsverfassungsgesetz
Hbbd.	Halbband
h.M.	herrschende Meinung
Hrsg.	Herausgeber
hrsg.	herausgegeben
i.e.	id est
insbes.	insbesondere
i.S.	im Sinne
i.V.m.	in Verbindung mit
i.w.S.	im weiteren Sinne
JA	Juristische Arbeitsblätter
JGG	Jugendgerichtsgesetz
JöR	Jahrbuch des öffentlichen Rechts
JR	Juristische Rundschau
Jura	Juristische Ausbildung
JurA	Juristische Analysen
JuS	Juristische Schulung
JZ	Juristenzeitung
Kap.	Kapitel
KJ	Kritische Justiz
KK	Karlsruher Kommentar zur Strafprozeßordnung und zum Gerichtsverfassungsgesetz
KMR	Kommentar zur Strafprozeßordnung und zum Gerichtsverfassungs- und Ordnungswidrigkeitengesetz
KritV	Kritische Vierteljahresschrift für Gesetzgebung und Rechtswissenschaft
LG	Landgericht
LK	Leipziger Kommentar, Strafgesetzbuch
m.a.W.	mit anderen Worten
M.B.	Michael Buttel
MDR	Monatsschrift für Deutsches Recht
m.E.	meines Erachtens
MilStGB	Militärstrafgesetzbuch
m.(v.)N.	mit (vielen) Nachweisen
m.(v.)w.N.	mit (vielen) weiteren Nachweisen
MRK	(Europäische) Konvention zum Schutze der Menschenrechte und Grundfreiheiten (Menschenrechtskonvention)

MschrKrim	Monatsschrift für Kriminologie und Strafrechtsreform
n.F.	neue Fassung
NJW	Neue Juristische Wochenschrift
Nr.	Nummer
NStZ	Neue Zeitschrift für Strafrecht
NTV	Nachtatverhalten
o.g.	oben genannte
OLG	Oberlandesgericht
OWiG	Gesetz über Ordnungswidrigkeiten
PreußMilStGB	Preußisches Militärstrafgesetzbuch
PrStGB	Preußisches Strafgesetzbuch
RG	Reichsgericht
RGBl.	Reichsgesetzblatt
RGSt	Entscheidungen des Reichsgerichts in Strafsachen
Rn.	Randnummer
Rspr.	Rechtsprechung
(R)StGB	(Reichs-)Strafgesetzbuch
RuS	Recht und Staat in Geschichte und Gegenwart
s.	siehe
S.	Seite
SchlHA	Schleswig-Holsteinische Anzeigen
SJZ	Süddeutsche Juristenzeitung
SK	Systematischer Kommentar zum Strafgesetzbuch
sog.	sogenannt
StGB	Strafgesetzbuch
StPO	Strafprozeßordnung
st. Rspr.	ständige Rechtsprechung
StVRG	Gesetz zur Reform des Strafverfahrensrechts
StVollzG	Gesetz über den Vollzug der Freiheitsstrafe und der freiheitsentziehenden Maßregeln der Besserung und Sicherung (Strafvollzugsgesetz)
u.a.	unter anderem; und andere
USA	United States of America
usw.	und so weiter
u.U.	unter Umständen
v.	von
VereinsG	Gesetz zur Regelung des öffentlichen Vereinsrechts (Vereinsgesetz)
Verf.	Verfasser(s)
vgl.	vergleiche
VRS	Verkehrsrechts-Sammlung
wistra	Zeitschrift für Wirtschaft, Steuer, Strafrecht
w.N.	weitere Nachweise
WStG	Wehrstrafgesetz
z.B.	zum Beispiel
ZDG	Gesetz über den Zivildienst der Kriegsdienstverweigerer (Zivildienstgesetz)
ZRP	Zeitschrift für Rechtspolitik
ZStW	Zeitschrift für die gesamte Strafrechtswissenschaft
z.T.	zum Teil

Einleitung

I. Gegenstand, Ziel und Gang der Untersuchung

Die vorliegende Arbeit beschäftigt sich - kritisch - mit einer etwas versteckt geregelten Vorschrift des Nebenstrafrechtes.

Diese Vorschrift ist § 31 BtMG (Strafmilderung oder Absehen von Strafe) und lautet:
"Das Gericht kann die Strafe nach seinem Ermessen mildern (§ 49 Abs. 2 des Strafgesetzbuches) oder von einer Bestrafung nach § 29 Abs. 1, 2, 4 oder 6 (BtMG) absehen, wenn der Täter
1. durch freiwillige Offenbarung seines Wissens wesentlich dazu beigetragen hat, daß die Tat über seinen eigenen Tatbeitrag hinaus aufgedeckt werden konnte, oder
2. freiwillig sein Wissen so rechtzeitig einer Dienststelle offenbart, daß Straftaten nach § 29 Abs. 3, § 30 Abs. 1, von deren Planung er weiß, noch verhindert werden können." [1)]

Speziell zur Regelung des § 31 BtMG gibt es in der strafrechtlichen Literatur bisher nur wenige Stellungnahmen. [2)] Größere Abhandlungen fehlen - abgesehen von einem rechtsvergleichenden Beitrag Weigends [3)] - bisher. [4)]

---

1) Gesetz über den Verkehr mit Betäubungsmitteln (Betäubungsmittelgesetz - BtMG) vom 28. Juli 1981, BGBl. I, S. 681

2) So nur eine Rechtsprechungsübersicht zu § 31 BtMG von Körner, Strafverteidiger 1984, 217 ff., zwei - allerdings weiterführende - Aufsätze von Weider, NStZ 1984, 391 ff. (zu § 31 Nr. 1 BtMG) und Herrmann, Die Kriminalpolizei 6/1984, 35 ff. und eine neuere Rechtsprechungsübersicht von Weider, NStZ 1985, 481 ff.

3) in der Festschrift für Jescheck, S. 1333 ff.

4) Inzwischen erschien zudem die Dissertation von Jaeger, Der Kronzeuge unter besonderer Berücksichtigung von § 31 BtMG, die - neben zwei allgemeinen Teilen über den Kronzeugen ("Geschichte" und "dogmatische Schwierigkeiten bei der Einführung" in Deutschland) und zwei rechtsvergleichenden Teilen (hinsichtlich des amerikanischen Rechtskreises) - auch einen Teil betreffend die Regelung des § 31 BtMG enthält: Dieser Teil behandelt - ausgehend von einer Aktenuntersuchung in Baden-Württemberg (s. S. 106 ff.,

Daneben finden sich lediglich noch die Kommentarliteratur [5], die zur Auslegung und zum Anwendungsbereich des § 31 BtMG meistens nur wenig [6] aussagt [7] und einige Bemerkungen über § 31 BtMG in allgemeinen Stellungnahmen zum Betäubungsmittelrecht. [8]
Ausführlichere und grundlegende literarische Stellungnahmen gibt es weiterin zur Problematik des Kronzeugen [9] im deutschen Strafrecht, die jedoch zumeist vor Kodifizierung des § 31 BtMG im Jahre 1981 abgegeben wurden. [10], [11]
Weil insoweit hinsichtlich § 31 BtMG ein Defizit besteht und bei Regelungen des Nebenstrafrechtes - im Vergleich zu solchen des Kernstrafrechtes im StGB [12] - oft sowieso das Fehlen vertiefter wissenschaftlicher Auseinandersetzung zu beklagen ist [13], möchte die vorliegende Arbeit ein Beitrag zur Verringerung dieses Defizits sein.

---

305 ff.) und einer Fragebogenauswertung im Bereich des gesamten Bundesgebietes (vgl. näher S. 114 ff., 311 ff.) - im wesentlichen die "praktischen Erfahrungen mit § 31 BtMG", indem die "Vor- und Nachteile" dieser Vorschrift "an Hand eines Falles" dargestellt werden (S. 129 ff.) und sodann "verfassungsrechtliche" (S. 147 ff.), "strafprozessuale" (S. 152 ff.) und "kriminalpolitische" (S. 162 ff.) "Aspekte des § 31 BtMG aus der Praxis" erwähnt werden. Diese Arbeit stellt damit in Bezug auf § 31 BtMG vorwiegend die praktische Seite dieser Vorschrift und die aus dem genannten Aktenstudium und der Befragung gewonnenen praktischen Erkenntnisse dar.

5) vgl. insbes. Körner, BtMG; Eberth/Müller, BtMR; Lundt/Schiwy, BtMR; Joachimski, BtMR; Koriath, BtMR; Pelchen in Erbs/Kohlhaas, Strafrechtliche Nebengesetze, Bd. I, BtMG; Kommentarcharakter bezüglich § 31 BtMG hat auch die "Verteidigung in Betäubungsmittelsachen" von Eberth/Müller

6) über die Rechtsprechungsnachweise kaum hinausgehendes

7) Körner, BtMG, 2. Auflage ist hier als Ausnahme besonders hervorzuheben; s. nunmehr auch Endriß/Malek, Betäubungsmittelstrafrecht

8) z.B. von Slotty, NStZ 1981, 326 f.; Körner, NJW 1982, 676; H.W. Schmidt, MDR 1984, 6 f.

9) Zur Abgrenzung der Regelung des § 31 BtMG vom Institut des Kronzeugen und zu den Unterschieden s. die anschließende Begriffsklärung, II. der Einleitung, S. 6 ff.

10) s. Jung, Kronzeuge (1974); Middendorff, ZStW 85 (1973), S. 1102 ff.; J. Meyer, ZRP 1976, 25 ff.; Jahrreiß, Festschrift für Richard Lange, S. 765 ff.; s. auch den aufschlußreichen Aufsatz von Freiberg, ZStW 59 (1940), S. 33 ff. aus der nationalsozialistischen Zeit über das Instrument des Kronzeugen.

Das Interesse auch des Lesers an der Regelung des § 31 BtMG dürfte bereits dadurch geweckt werden, daß diese eine Strafmilderung oder sogar Straffreiheit in Aussicht stellt, wenn der Täter gewissermaßen auf den Boden der Rechtsordnung zurückkehrt, indem er z.B. die anderen Tatbeteiligten, seine früheren Komplizen, verrät!

Die Aufgabe der Arbeit besteht darin, im Wege einer umfassenden Untersuchung der Regelung des § 31 BtMG herauszufinden, ob eine Vorschrift mit solcher - eben beispielhaft dargestellter - Intention im gegenwärtigen System von Straf-, Strafprozeß- und Verfassungsrecht überhaupt (verfassungs-)rechtlich zulässig ist. Fraglich ist dabei, ob den in diesem Zusammenhang aufkommenden Bedenken gegenüber einer solchen Norm über die Honorierung einer Hilfe bei der über den eigenen Tatbeitrag hinausführenden Tataufdeckung Rechnung getragen werden kann; sollte diese Frage zu bejahen sein [14], stellt sich die nächste dahingehend, auf welche Weise dies wirksam geschehen kann.

---

11) Für die Zeit nach Einführung des § 31 BtMG vgl. insbes. wieder Jung, ZRP 1986, 38 ff. und Jaeger, Der Kronzeuge (S. 39 ff., zusammenfassend S. 104 f.), der jedoch auf weiten Strecken der Darstellung und den Ergebnissen von Jung, Kronzeuge (zusammenfassend S. 100 ff.) folgt.

12) Zur umstrittenen Abgrenzung der beiden Regelungsgebiete voneinander vgl. einerseits Kreuzer, ZRP 1975, 207, andererseits Tiedemann, Tatbestandsfunktionen im Nebenstrafrecht, S. 63 ff. m.w.N.; vgl. auch Naucke, Strafrecht, S. 136 f. - Die Ansiedelung von Strafvorschriften außerhalb des StGB kann erfahrungsgemäß nachteilige Folgen haben: Zu besorgen ist bei der gesetzgeberischen Beratung vergleichsweise geminderte Sorgfalt und begriffliche Schärfe sowie übereiltes Handeln, mangelnde Berücksichtigung des kriminologischen und strafrechtsdogmatischen Hintergrundes und zu einseitige und vordergründige Ausrichtung an - möglicherweise auch fehlerhaft interpretierten - Daten kriminalstatistischer Art und die Diskussion beherrschenden kriminalistischen Vorstellungen und kriminaltaktischen Maßnahmen, vgl. zum Ganzen Kreuzer, ZRP 1975, 207

13) vgl. dazu Tiedemann, a.a.O., S. 3 f. und Kreuzer, ZRP 1975, 207 (mit Fn. 9); dies gilt gerade für § 31 BtMG, s. dazu Jaeger, Der Kronzeuge, S. 35 ff. und unten S. 16 Fn. 12)

14) Im gegenteiligen Falle läge die Unzulässigkeit der Vorschrift schon nahe.

In diesem Falle ist damit zu rechnen, daß die einzelnen Untersuchungskriterien Aufschluß darüber geben werden, wie hinsichtlich der bestehenden Zweifel und Vorbehalte gegenüber § 31 BtMG Abhilfe geschaffen werden kann. Die dadurch gewonnenen Ergebnisse sollen dann der Konturierung des vagen Anwendungsbereiches von § 31 BtMG dienen und die Frage klären, ob dessen Anwendungsvoraussetzungen extensiv oder restriktiv ausgelegt werden müssen oder unter welchen Maßgaben oder Richtlinien die Anwendung der Vorschrift des § 31 BtMG stattfinden darf.

Im zweiten Teil dieser Einleitung findet sich eine Begriffsklärung, die notwendig ist, um den "Charakter" der Regelung des § 31 BtMG exakt zu erfassen, die die Art der Vorschrift von gesetzlich vorhandenen oder möglichen anderen Regelungstypen abgrenzt und dem Leser damit sowohl die Möglichkeit der gedanklichen Einstimmung als auch eine Orientierungshilfe an die Hand geben soll.

Die Nützlichkeit der vorangehenden Begriffsklärung zeigt sich sogleich im 1. Teil der Arbeit, wenn die Regelung des § 31 BtMG in ihren geschichtlichen Bezügen und in dem gegenwärtigen Zusammenhang mit ähnlichen Vorschriften des StGB und des Nebenstrafrechts dargestellt wird.
Dabei wird der Versuch unternommen, die Gründe für das Vorhandensein solcher Vorschriften zu eruieren. Diese werden den Blick für die Einschätzung des heute geltenden Straf- und Strafprozeßrechts schärfen und die Gesetzgebungstechnik des modernen Gesetzgebers beleuchten.

Der 2. Teil der Untersuchung beschäftigt sich daran anschließend mit strafprozessualen Grundfragen und -problemen, die im Zusammenhang mit der Vorschrift des § 31 BtMG brisant werden können und gibt außerdem eine Antwort auf die Frage, ob § 31 BtMG - gegebenenfalls unter welchen Voraussetzungen - den Anforderungen des Grundgesetzes genügt: es wird sich zeigen, ob die "Systemkonformität" [15] der Figur des zu Aussage und Mithilfe bereiten Täters zu bejahen ist.

Unter dieser Voraussetzung dient dieser Teil dann insbesondere dazu, die Rahmenbedingungen für die Anwendung der Vorschrift des § 31 BtMG in prozessualer und verfassungsrechtlicher Hinsicht abzustecken.

Der 3. Teil der Arbeit knüpft insbesondere an die Feststellungen und Ergebnisse des 1. Teils an und prüft die Möglichkeit der Einordnung des § 31 BtMG in das Straftatsystem.
Dabei werden auch Aufgabe, Nutzen sowie notwendige Beschaffenheit des Straftatsystems erörtert.

Bezugnehmend auf die Ergebnisse des 2. Teiles der Untersuchung, die insbesondere Bedeutung für die im ersten Abschnitt der Schlußbetrachtung zu ziehenden praktischen Folgerungen hinsichtlich des Anwendungsbereiches der Regelung des § 31 BtMG gewinnen, soll diese Erörterung eine Hilfe für den praktischen Umgang mit der Vorschrift des § 31 BtMG darstellen und anhand eines Vergleiches mit der derzeitigen Anwendungspraxis des § 31 BtMG die Frage ihrer Übereinstimmung mit den hier gewonnenen Grundlagen klären.

Die Bestimmung der praktischen Bedeutung solcher Vorschriften ist um so wichtiger, als möglicherweise zu erwarten ist, daß § 31 BtMG vergleichbare Regelungen bzw. Kronzeugenregelungen künftig einen erweiterten Anwendungsbereich finden werden. [16)]
Die vorliegende Arbeit verfolgt daher auch das Ziel, dem Leser in dieser hochaktuellen Frage eine Entscheidungshilfe für die Bildung einer eigenen Auffassung zur Vorschrift des § 31 BtMG

---

15) Jung, Kronzeuge, S. 41 (ff.)

16) vgl. z.B. aus dem Jahre 1985 die Empfehlung des stellvertretenden CDU/CSU-Fraktionsvorsitzenden im Bundestag Miltner, zur besseren Bekämpfung des Terrorismus die Kronzeugenregelung einzuführen (FAZ und FNP vom 10.8.1985); der Bundestag hat dann am 19.12.1986 in Folge der jüngsten terroristischen Gewalttaten ein Gesetz zur Bekämpfung des Terrorismus der Regierungskoalition von CDU/CSU und FDP beschlossen (vgl. BGBl. I, S. 2566), das zu Beginn des Jahres 1987 in Kraft getreten ist und u.a. - vor dem Abrücken der FDP von diesem Teil des Entwurfs aufgrund eines

an die Hand zu geben; sie soll zudem - auf dem Hintergrund eines rechtsstaatlich-liberalen Strafrechts - ein Beitrag zur Diskussion um die Einführung oder Abschaffung einer echten Kronzeugenregelung oder § 31 BtMG ähnlicher Vorschriften über die Aufklärungshilfe sein, der sich insofern primär an den Gesetzgeber richtet.

II. Begriffsklärung: Der Aufklärungsgehilfe der Regelung des § 31 BtMG - Abgrenzung zu ähnlichen Vorschriften und zum Institut des Kronzeugen

Anlaß für Überlegungen hinsichtlich einer Begriffsklärung für die Figur des sich zu Aussage und Mitwirkung bereiterklärenden Täters in der Vorschrift des § 31 BtMG ist dessen teilweise [17] zu unreflektierte Bezeichnung als Kronzeuge. [18]

Das Institut des Kronzeugen, dessen Verwendung in der Praxis [19] älter als der Gebrauch des aus der englischen Sprache übernommenen Wortes [20] ist, unterscheidet sich von der Figur des aussagenden und bei der Ermittlung behilflichen Täters der Vorschrift

---

Parteitagsbeschlusses (s. dazu FAZ vom 25.11.1986) - eine sog. "Kronzeugenregelung" (vgl. den geplanten Wortlaut in BT-Drs. 10/6286, Art. 3 des Entwurfs oder etwa in der FAZ vom 24.10.1986) hinsichtlich terroristischer Straftaten, die zudem künftig eine deutliche Erweiterung gemäß § 129a StGB n.F. (vgl. dazu BGBl. I, S. 2566) erfahren sollen, enthielt; dieser Gesetzentwurf war und ist insbesondere hinsichtlich dieser sog. "Kronzeugenregelung" höchst umstritten und wurde auch von der großen Mehrzahl der Sachverständigen und allen juristischen Berufsorganisationen abgelehnt (vgl. den Bericht in der FAZ vom 15.11.1986 über deren Anhörung im Rechtsausschuß des Bundestages sowie jetzt die Veröffentlichung der Thesen der Stellungnahme von Hassemer im Rahmen der öffentlichen Anhörung im Rechtsausschuß, Strafverteidiger 1986, 550 ff. und der Stellungnahme des Deutschen Richterbundes in DRiZ 1987, 28); s. ferner die Erwartungen für den Bereich der Wirtschaftskriminalität bei Tiedemann, Wirtschaftsstrafrecht und Wirtschaftskriminalität, Bd. 2, S. 190 f. sowie die Mitteilungen bei Driendl, JZ 1975, 708 f.

17) vgl. z.B. BT-Drs. 10/843, S. 25; Herrmann, Die Kriminalpolizei 6/1984, 35; Slotty, NStZ 1981, 326 sowie dessen Nachweis über die Äußerung des BT-Abgeordneten Hartmann (CDU/CSU) vom 1.4.1981: "Es wird die Kronzeugenregelung geben", a.a.O., S. 326 Fn. 100; zwar gebraucht Slotty - neben

des § 31 BtMG dadurch, daß der aus dem anglo-amerikanischen Rechtskreis bekannte Kronzeuge, der als "klassischer" [21] oder echter bezeichnet werden soll, den oder die Mitangeklagten durch seine Zeugenaussage überführt, d.h. die gerichtliche Überführung der Tatbeteiligten als Zeuge herbeiführt [22], während der Täter, der die Vergünstigung des § 31 BtMG erreichen will, "nur" zu der weiteren Tataufklärung durch die Ermittlungsbehörden wesentlich beitragen muß (§ 31 Nr. 1 BtMG) bzw. durch seine Offenbarung einen solchen Beitrag leisten muß, daß die genannten Straftaten noch verhindert werden können (§ 31 Nr. 2 BtMG). [23]

---

mehrfacher Bezeichnung als Kronzeugenregelung im Text und in der Abschnittsüberschrift - auch einmal die Bezeichnung als sog. Kronzeugenregelung, doch wird nicht klar hervorgehoben, daß es sich nicht um die eigentliche, echte Figur des Kronzeugen aus dem anglo-amerikanischen Rechtskreis handelt; neuerdings wieder Jaeger, Der Kronzeuge, S. 5, der § 31 BtMG als "kleine Kronzeugenregelung" bezeichnet; vgl. weiter den Text.

18) so ausdrücklich auch Schoreit, NStZ 1982, 66

19) vgl. ausführlich Jung, Kronzeuge, S. 1 ff. mit Beispielen aus der Deutschen Geschichte; speziell zur Verwendung des Kronzeugen in England, Jung, a.a.O., S. 28 ff.; Middendorff, ZStW 85 (1973), S. 1102 ff.; s. auch Weigend, Festschrift für Jescheck, S. 1333 ff.

20) Seit 1876 ist der Begriff Kronzeuge als Übersetzung der englischen Bezeichnung "to turn the king's evidence" verbürgt, vgl. Kluge, Etymologisches Wörterbuch, Stichwort: Kronzeuge; Weigend, a.a.O., S. 1334 und Freiberg, ZStW 59 (1940), S. 38 m.N., S. 48

21) Weigend, Festschrift für Jescheck, S. 1335

22) vgl. Freiberg, ZStW 59 (1940), S. 38 m.N., S. 48

23) vgl. zu dieser Unterscheidung Eberth/Müller, Verteidigung in Betäubungsmittelsachen, S. 65 f.; Middendorff, ZStW 85 (1973), S. 1123 f.; Weigend, Festschrift für Jescheck, S. 1134 f.; Lundt/Schiwy, BtMR, § 31 BtMG; Körner, BtMG, § 31, Rn. 24; ders., Strafverteidiger 1984, 218 f.; Schoreit, NStZ 1982, 66 und Freiberg, ZStW 59 (1940), S. 38; unzutreffend Jung, ZRP 1986, 38 ff., der die Unterschiede - ganz zu Unrecht - einebnet und so die notwendige Differenzierung umgeht; ebenso Jaeger, Der Kronzeuge, S. 39

Insofern ist eine strenge, auch begriffliche Unterscheidung beider Institute angebracht [24]; dieser ist es abträglich, die Regelung des § 31 BtMG als Kronzeugenregelung oder auch als sog. Kronzeugenregelung [25] zu bezeichnen [26], da mit diesem Begriff doch - und sei es auch nur unbewußt - das Bild des "klassischen" Kron*zeugen* aus dem anglo-amerikanischen Rechtskreis verbunden wird. [27], [28]

Zwar sollen die Ähnlichkeit beider Figuren [29] und die "ersten Ansätze" [30] auf dem Wege zu einer "klassischen" Kronzeugenregelung [31] nicht geleugnet werden; die Regelung des § 31 BtMG setzt aber jedenfalls - wie schon der Wortlaut eindeutig erkennen läßt [32], [33] - nicht voraus, daß der Täter sein Wissen

---

24) Ausdrücklich richtig erkannt z.B. von Schoreit, NStZ 1982, 66; Eberth/ Müller, Verteidigung in Betäubungsmittelsachen, S. 65 und Körner, BtMG, § 31, Rn. 24; s. die weiteren Nachweise unten in Fn. 34

25) bzw. "Kronzeugenregelung" oder beschränkte bzw. "kleine Kronzeugenregelung" (Lundt/Schiwy, BtMR, § 31; Steinke, Kriminalistik 1983, 240; Jaeger, a.a.O., S. 5) oder "deutsche Version der Kronzeugenregelung" (Jung, ZRP 1986, 38); Lundt/Schiwy, a.a.O., treffen jedoch inhaltlich den Kern (s. auch schon Fn. 23), wenn ausgeführt wird, daß § 31 BtMG nicht verlangt, "daß der Täter zu einer Verwirklichung des staatlichen Strafanspruchs beiträgt".

26) explizit Schoreit, NStZ 1982, 66 (: "irrtümlich so genannte Kronzeugenregelung des § 31 BtMG")

27) Nicht überzeugend daher die Begründung Jungs (Kronzeuge, S. 39 Fn. 113) für die Beibehaltung des Begriffes. Ebenso unzutreffend Jung, ZRP 1986, 38 ff., s. dazu schon oben in Fn. 23; das gilt auch für Jaeger, a.a.O., S. 2: eine "begriffliche Unschärfe" soll hier gerade nicht in Kauf genommen werden, sie steht der *notwendigen* Unterscheidung (vgl. dazu auch den weiteren Text) entgegen.

28) Um die Unterschiede beider Institute, andererseits aber auch ihre Gemeinsam- oder Ähnlichkeiten herauszustellen, geht der Verfasser bei entsprechender Gelegenheit im Text oder in den Fußnoten auf diese ein.

29) Diese besteht u.a. darin, daß beide aus der Szene kommen und ihr Wissen zur Verfügung stellen.

30) Weigend, Festschrift für Jescheck, S. 1334

31) die auch bei §§ 129 Abs. 6, 129a Abs. 5 StGB schon zu beobachten sind, vgl. auch Weigend, a.a.O., S. 1334; eine § 31 BtMG entsprechende Regelung war schon im Rahmen der Terroristengesetzgebung für § 129a StGB erwogen, dann aber doch abgelehnt worden, vgl. Eberth/Müller, BtMR, § 31, Rn. 2

als Zeuge vor Gericht in einer Hauptverhandlung gegen weitere Tatbeteiligte offenbaren muß. [34] Nur in diesem Falle sollte aber von einer Kron z e u g e n regelung gesprochen werden. [35]

Gleichwohl ist festzustellen, daß § 31 BtMG bisher diejenige Regelung ist, die - im Vergleich zu den anderen Regelungen über das Absehen von Strafe [36] - am weitesten insofern reicht, als sie nicht, wie z.B. §§ 129 Abs. 6, 129a Abs. 5 StGB, auch das ernsthafte Bemühen, das entsprechende Ziel zu erreichen, aus-

---

32) nach diesem soll der Täter dazu beitragen, daß "die Tat über seinen eigenen Tatbeitrag hinaus aufgedeckt werden" kann (§ 31 Nr. 1 BtMG), was nicht denknotwendig die gerichtliche Überführung und Verurteilung des Tatbeteiligten einschließt, denn die Tataufdeckung ist zunächst nur Voraussetzung der Anklageerhebung gegen einen Tatbeteiligten, die sonst nicht erfolgen könnte; bei § 31 Nr. 2 BtMG ist eine Straftat noch gar nicht verübt worden, es handelt sich vielmehr noch um eine Vorstufe, nämlich die Verhinderung einer bisher lediglich geplanten Tat durch die rechtzeitige Offenbarung des Wissens des Täters gegenüber einer Dienststelle.

33) Verfehlt ist daher die a.A. von Jaeger, Der Kronzeuge, S. 179 f., der "für die Aufdeckung der Tat grundsätzlich eine Kundgabe in gerichtsverwertbarer Form, also ein gerichtliches Geständnis oder eine Zeugenaussage" verlangt. Jaeger verkennt dabei u.a. den Unterschied zwischen hinreichender Bedingung und notwendiger Bedingung der Anwendung des § 31 BtMG. Daraus, daß "das Gesetz ... diesbezüglich keine Einschränkungen (trifft)" (S. 180), kann doch nicht auf eine grundsätzliche Zeugenpflicht des Täters geschlossen werden. Wenn der Täter die Tat über seinen eigenen Tatbeitrag hinaus schon im Wege seiner Angaben vor der Polizei aufgedeckt hat, ist dies ausreichend. Sollte sich der Täter erst im Laufe der gegen ihn gerichteten Hauptverhandlung zur Aussage entscheiden, muß er freilich vor Gericht seine diesbezügliche Aussage machen, falls er § 31 BtMG noch erlangen möchte; diese Entscheidung liegt jedoch bei ihm, es gilt das Auskunftsverweigerungsrecht des § 55 StPO. Der Wortlaut kann ebensowenig wie die ratio des § 31 BtMG, die bei kriminalpolizeilicher Tataufdeckung im übrigen genauso erfüllt ist wie bei einer Aussage in der Hauptverhandlung, zur Begründung der o.g. Aussage herangezogen werden, die das Regel-Ausnahme-Verhältnis hinsichtlich der Form der Tataufdeckung verkehrt; dies alles zeigt deutlich das fehlerhafte Verständnis von einer Kronzeugenregelung hinsichtlich § 31 BtMG.

34) vgl. BGH vom 11.4.1984 - 2 StR 134/84 (zitiert nach Körner, JR 1985, 428); OLG Düsseldorf, Strafverteidiger 1983, 67; 153; Weigend, a.a.O., S. 1334 f.; Schoreit, NStZ 1982, 66; Weider, NStZ 1984, 395; Lundt/Schiwy, BtMR, § 31 BtMG; Eberth/Müller, Verteidigung in Betäubungsmittelsachen, S. 65 f.; dies., BtMR, § 31 BtMG, Rn. 1; Pelchen in Erbs/Kohlhaas, Strafrechtliche Nebengesetze, Bd. I, BtMG, § 31, Anm. 1; Körner, BtMG, § 31, Rn. 24 sowie ders., Strafverteidiger 1984, 218 f.,

reichen läßt, sondern vielmehr die vergleichweise höchsten Anforderungen an den Täter stellt, indem gemäß § 31 Nr. 1 BtMG verlangt wird, daß er wesentlich dazu beigetragen hat, daß die Tat "über seinen eigenen Tatbeitrag hinaus" aufgedeckt werden konnte; d.h. hier wird die Möglichkeit der Strafbefreiung oder der Strafmilderung gezielt an die Ermittlung von Tatbeteiligten, Auftraggebern oder Hinterleuten oder aber auch an die Aufdeckung von Lagern für Rauschgifte bzw. deren Sicherstellung etc., also an einen Erfolg [37], geknüpft; die Preisgabe solchen Wissens, das zur weiteren Aufklärung der Tat führt, ist also zur unabdingbaren Voraussetzung für die Erlangung der Vergünstigung des § 31 BtMG durch den Gesetzgeber gemacht worden. [38]

---

der auch - zu Recht - gegen die a.A. von Joachimski, BtMR (3. Aufl.), § 31, Anm. 3, dem Herrmann, Die Kriminalpolizei 6/1984, 37 f. gefolgt ist, überzeugend argumentiert; keinen Grund zur Kritik liefert nunmehr Joachimski, BtMR (4. Aufl.), § 31, Anm. 3, der diese Meinung inzwischen ganz zu Recht wieder aufgegeben hat; unzutreffend daher nun Jaeger, Der Kronzeuge, S. 179 f., dazu soeben Fn. 33

35) Will man nicht, nur weil der Täter zur weiteren Tataufdeckung beitragen muß und sich insoweit im Vergleich zu den bisher üblichen Regelungen höhere Anforderungen stellen (vgl. dazu den folgenden Text), daran die Bezeichnung Kron z e u g e festmachen und so eine nicht sinnvolle Umdefinition vornehmen. - Die Bezeichnung als Kron z e u g e kann - begrifflich sauber - nur für eine solche Regelung gelten, die als Voraussetzung zur Erlangung von Straffreiheit oder Strafmilderung die Zeugenaussage vor Gericht bzw. eine andere zulässige gerichtsverwertbare Form der Kundgabe aufstellt; die Einordnungen als "prozessuale Lösung" und "materielle Lösung" bzw. - entsprechendermaßen - als sog. "große Kronzeugenregelung" bzw. sog. "kleine Kronzeugenregelung" (s. zu beiden Jaeger, a.a.O., S. 39 bzw. S. 5) sagen über eine solche Ausgestaltung, auf die es hier aber entscheidend ankommt, überhaupt nichts aus. - Weil der Informant auch nach dem ursprünglichen Gesetzentwurf der Bundesregierung im Bereich der Terrorismusbekämpfung (vgl. dazu BT-Drs. 10/6286 und schon oben Fn. 16) nicht verpflichtet war, als Zeuge vor Gericht zu erscheinen, haben die Sachverständigen übereinstimmend im Rahmen der Anhörung im Rechtsausschuß des Bundestages den Gesetzgeber aufgefordert, die Bezeichnung als Kronzeugenregelung fallen zu lassen (vgl. FAZ vom 15.11.1986).

36) vgl. dazu die Zusammenstellung unten im 1. Teil, 3. Kapitel, S. 23 in Fn. 3 und 5

Somit ergibt sich eine Stufenfolge hinsichtlich der Anforderungen an die Intensität des Täterverhaltens zur Erlangung von Straffreiheit oder Strafmilderung:
Während z.B. bei §§ 129 Abs. 6, 129a Abs. 5 StGB u.a. das freiwillige und ernsthafte Bemühen im Hinblick auf die Verhinderung des Fortbestehens der Vereinigung ausreicht und der Täter auch dann nicht bestraft wird, wenn dieses Ziel ohne sein Bemühen erreicht wird, geht § 31 BtMG in seinen Anforderungen erheblich darüber hinaus, da ein E r f o l g der Tätigkeit des Täters insofern verlangt wird, als die geschehene Tat über dessen eigenen Tatbeitrag hinaus aufgedeckt werden mußte bzw. eine geplante Tat noch verhindert werden konnte. Ein bloßes Bemühen des Täters ohne kausale Verknüpfung hinsichtlich der Tataufdeckung bzw. -verhinderung wird hier also überhaupt nicht honoriert.
Die echte Kronzeugenregelung geht noch weiter, indem sie belastende Z e u g e n aussagen vor Gericht in der Hauptverhandlung verlangt, die die Ü b e r f ü h r u n g und damit die Bestrafung des angeklagten Tatbeteiligten zur Folge haben. Erst dadurch kann dem Kronzeugen des anglo-amerikanischen Rechtskreises Strafmilderung oder Straffreiheit zuteil werden.

Wie ist nun derjenige zu bezeichnen, der sich die Vergünstigung des § 31 BtMG verdient hat?

Eingebürgert hat sich inzwischen schon die generelle Bezeichnung des aussagewilligen und kooperationsbereiten Täters als A u f - k l ä r u n g s g e h i l f e [39), 40)]. Dieser allgemein getroffenen Bezeichnung soll auch keine andere entgegengesetzt werden. [41)]

---

37) vgl. Körner, BtMG, § 31, Rn. 18; Koriath, BtMR, § 31, Rn. 2; Joachimski, BtMR, § 31, Anm. 3; Eberth/Müller, Verteidigung in Betäubungsmittelsachen, S. 67; BGH Strafverteidiger 1983, 63 f.; 1984, 287; OLG Düsseldorf, Strafverteidiger 1984, 205; dazu kritisch Weider, NStZ 1984, 393 f.

38) vgl. dazu Weigend, a.a.O., S. 1335; Körner, BtMG, § 31, Rn. 19; ders., Strafverteidiger 1984, 218 f.

39) so in der Sache schon Jung, Kronzeuge, S. 8 und 10 ("Aufklärungs-" bzw.

Es soll hier aber näher die Wirkungsweise der Regelung des § 31 BtMG betrachtet werden; außerdem sollen die Unterschiede zwischen der Ziffer 1 und der Ziffer 2 des § 31 BtMG offengelegt werden. Für die noch zu ermittelnde(n) weitere(n) an der Tat beteiligte(n) Person(en) handelt es sich - streng genommen - um eine Belastung.[42]
Hier soll jedoch, obwohl die Bezeichnung Belastungsgehilfe naheliegt, wenn man auf die rein tatsächliche Tätigkeit und deren Wirkungen für den - vielleicht zu Unrecht - Beschuldigten abstellt, der von vornherein mit negativen Assoziationen beladene Begriff des Belastungsgehilfen nicht verwendet werden, um dadurch nicht die persönliche Einstellung zur Regelung des § 31 BtMG zu beeinflussen bzw. ein Ergebnis durch die Wahl eines bestimmten Begriffes zu präjudizieren.
Für die Ermittlungsbehörden stellt sich die Ziffer 1 des § 31 BtMG als Aufdeckungshilfe im Hinblick auf eine bereits geschehene Tat dar, es geht also um eine repressive Tataufklärung eines in der Vergangenheit liegenden Sachverhalts, so daß es sich in der Sache um eine Tatbeitrags- oder Tatumstandsaufdeckungshilfe[43] handelt. Die Ziffer 2 des § 31 BtMG setzt eine

---

"Ermittlungshilfe"); explizit Körner, BtMG, § 31, Rn. 3, 24; ders., Strafverteidiger 1984, 217, 219; Weider, NStZ 1984, 391 ff.; ders., NStZ 1985, 481 ff.; Eberth/Müller, Verteidigung in Betäubungsmittelsachen, S. 65 - Auch möglich wäre die Kennzeichnung als Mitwirkungs- oder Kooperationsgehilfe.

40) Die neuerliche Kritik von Jung (ZRP 1986, 38 Fn. 4) an der Bezeichnung als "Aufklärungsgehilfe" ist nicht nur unberechtigt, sondern sogar ganz unverständlich, wenn er äußert, daß man die "Problematik" "durch die Wahl eines anderen Begriffes" (als den des Kronzeugen) "aus der Welt schaffen" wolle; dies soll gar nicht geschehen; vielmehr geht es gerade um die exakte Erfassung der Problematik der Regelung des § 31 BtMG - nämlich im Vergleich zu einer echten Kronzeugenregelung; richtig daher z.B. Körner, Strafverteidiger 1984, 219; ders., BtMG, § 31, Rn. 24; Schoreit, NStZ 1982, 66 und Eberth/Müller, a.a.O., S. 65 f. sowie soeben S. 6 ff. m.w.N.

41) Daß die Bezeichnung als "Kronzeugenregelung" usw. (vgl. oben Fn. 25) von vornherein ausscheidet, wurde schon erörtert, s. S. 8

42) vgl. Jung, Kronzeuge, S. 8 Fn. 26 ("Belastungshilfe"), der darauf hinweist, daß der Beschuldigte ja gerade durch diese Aussage "überführt" werden soll.

zukünftige, geplante Straftat gemäß §§ 29 Abs. 3, 30 Abs. 1 BtMG voraus [44], die noch vollständig verhindert werden können muß, also eine präventive Erfolgsverhinderung, so daß sie eine T a t e r f o l g s v e r h i n d e r u n g s h i l f e darstellt.

Die Unterschiede zwischen beiden Ziffern des § 31 BtMG sollten hier herausgestellt werden; sie zeigen deren verschiedene Zielrichtung. Allerdings liegt das Schwergewicht ausschließlich auf der Ziffer 1 des § 31 BtMG, da dessen Ziffer 2 tatsächlich ein Schattendasein führt. [45]

Auch aus diesem Grunde rechtfertigt sich der Begriff des Aufklärungsgehilfen für den zu Aussage und Mithilfe bei der Tataufdeckung bereiten Täter; denn die Ziffer 1 des § 31 BtMG verleiht der Vorschrift ihr maßgebliches Gepräge.

Deshalb ist es insgesamt angebracht, an der generellen Bezeichnung als A u f k l ä r u n g s gehilfe festzuhalten, die auch sprachlich imstande ist, den Unterschied zur echten Kronzeugenregelung deutlich zu machen.

---

43) bzw. -aufklärungs- oder -ermittlungshilfe

44) vgl. auch Eberth/Müller, Verteidigung in Betäubungsmittelsachen, S. 73 und Körner, BtMG, § 31, Rn. 28

45) vgl. z.B. die Kommentierung des § 31 Ziffer 2 BtMG in nur einer Randnummer bei Körner, BtMG, § 31, Rn. 28; ebenso kurz Eberth/Müller, Verteidigung in Betäubungsmittelsachen, S. 73 f.; andere Veröffentlichungen oder Urteile zu dieser Ziffer 2 sind bisher - soweit ersichtlich - nicht erschienen. Dies kann auch nicht verwundern, da im Regelfall die Erlangung der Vergünstigungen des § 31 BtMG für einen Tatbeteiligten erst im Falle der gegen ihn selbst gerichteten Ermittlung durch die Strafverfolgungsbehörden und die drohende Bestrafung interessant wird. Die obige Einschätzung wird jetzt auch durch die empirischen Daten von Jaeger, Der Kronzeuge, S. 114 und 178 bestätigt; s. dazu auch unten S. 204 mit Fn. 292

1. Teil: Der Aufklärungsgehilfe des § 31 BtMG: Eine Neuheit im Deutschen Strafrecht?

1. Kapitel: Die Motive des Gesetzgebers zur Einführung dieser Vorschrift (sowie verwandter Regelungen)

§ 31 BtMG sowie verwandte Regelungen [1] sind entstanden aus der Behandlung der deliktspezifischen Schwierigkeiten der Strafverfolgungsbehörden, sog. organisierte Verbrechen - insbesondere im Bereich der Rauschmittelkriminalität und des Terrorismus [2] - in zufriedenstellendem Maße aufzuklären bzw. zu verhindern.[3], [4] Deshalb sollte durch die Möglichkeit des Erlangens von Strafmilderung oder Straffreiheit für Aufklärungsgehilfen ein Anreiz zur Aussagebereitschaft geschaffen werden. [5]

Mit Hilfe einer solchen Regelung soll versucht werden, über die Aussage von vor allem [6] Randfiguren der Rauschgiftszene, wie sie die drogenabhängigen Endverbraucher [7] und auch die Kleindealer (hier gerade hinsichtlich der Ermöglichung der Finanzierung ihres

---

1) z.B. §§ 129 Abs. 6, 129a Abs. 5 StGB, vgl. dazu Weigend, Festschrift für Jescheck, S. 1334 und Körner, BtMG, § 31, Rn. 1

2) Denkbar wäre eine derartige Regelung z.B. ferner im Bereich der Wirtschaftskriminalität, s. auch dazu die Nachweise oben auf S. 6 in Fn. 16; für eine Ausweitung in einem speziellen Bereich der Umweltkriminalität Kube, Prävention von Wirtschaftskriminalität, S. 38; die Gefahr der Ausweitung dieser Regelung besorgen aber Eberth/Müller, BtMR, § 31, Rn. 2 und Jaeger, Der Kronzeuge, S. 193

3) vgl. Jung, Kronzeuge, S. 19, der für das Institut des Kronzeugen auf "floskelhafte Randbemerkungen" des Schrifttums, wie z. B. "Beweisnot", "Informationsmangel" u.ä. (z.B. "Ermittlungsnotstand", vgl. etwa J. Meyer, ZRP 1976, 27) als Begründungen hinweist; Joachimski, BtMR, § 31, Anm. 1, führt die Aufklärungsschwierigkeiten auch darauf zurück, daß es an einem sofort erkennbaren Schaden fehle.

4) Aus diesem Grunde beschränken sich die Strafverfolgungsbehörden auch schon lange nicht mehr auf die herkömmlichen kriminalistischen Methoden, wie z.B. die häufige Verwendung polizeilicher Lockspitzel gerade bei Betäubungsmitteldelikten belegt, vgl. Lüderssen, in Denninger/Lüderssen, Polizei und Strafprozeß, S. 239 (dort auch grundlegend zu der strafprozessualen Behandlung der durch diesen Einsatz entstehenden Probleme; s. zu diesem Problemkreis ferner die Angaben unten auf S. 58 in Fn. 45);

eigenen Bedarfes an Rauschmitteln) darstellen [8], an Mitglieder nationaler wie internationaler Rauschgifthandelsorganisationen heranzukommen und diese zu überführen sowie die Organisationsstruktur solcher Vereinigungen zu zerschlagen. [9]

Die Frage, ob dieses kriminaltaktische Mittel ein aussichtsreiches darstellt, wird freilich unterschiedlich beurteilt. [10] Jedenfalls versprach sich der Gesetzgeber des 9. Deutschen Bundestages [11] diesen Erfolg von § 31 BtMG [12], während noch der 7. und 8. Deutsche Bundestag eine solche Regelung aus diversen Gründen ablehnte. [13]

Möglicherweise war dem Gesetzgeber daneben auch daran gelegen, eine rechtliche Grundlage für die bisherige "hinlänglich bekannte Praxis von Staatsanwaltschaften und Rauschgiftmitteldezernaten, Kronzeugen zu honorieren" [14], zu schaffen.

---

zu den Tätigkeiten der Aufklärungsgehilfen als V-Leute und deren Umfang vgl. Jaeger, Der Kronzeuge, S. 185 f., 190

5) vgl. dazu auch BGH NStZ 1983, 416 und BGHSt 33, 167

6) Die Regelung des § 31 BtMG ist freilich nicht in dieser Hinsicht beschränkt; sie gilt vielmehr für alle Tatbeteiligte, also z.B. auch für Großdealer; vgl. dazu auch Körner, Strafverteidiger 1984, 217

7) vgl. die Möglichkeit des Absehens von der Bestrafung beim Eigenverbrauch von geringen Mengen an Betäubungsmitteln gemäß § 29 Abs. 5 BtMG

8) also die sog. "Opfer" der Rauschgiftkriminalität

9) vgl. z.B. Slotty, NStZ 1981, 321, 326; Körner, ZRP 1980, 57, 61; ders., NJW 1982, 673, 676 f. sowie BGH NStZ 1983, 416; BGHSt 33, 81

10) vgl. die gegensätzlichen Stellungnahmen im Rahmen einer öffentlichen Anhörung des Rechtsausschusses bei Schulz, ZRP 1976, 123 f. sowie Eberth/Müller, BtMR, § 31, Rn. 2; Slotty, NStZ 1981, 326 und Sturm, MDR 1977, 8; s. auch BT-Drs. 10/843, S. 25 - Zur Aussagebereitschaft Beschuldigter und deren Motiven s. Kreuzer/Gebhardt/Maassen/Stein-Hilbers, Drogenabhängigkeit und Kontrolle, S. 342 ff. und zur Vernehmungsfähigkeit Drogenabhängiger vgl. Glatzel, Strafverteidiger 1981, 193 ff.; zur Glaubwürdigkeitsbeurteilung s. unten im 2. Teil, 1. Kapitel, VII., S. 121 ff.

11) im Anschluß an eine Forderung des Bundesrates, vgl. BT-Drs. 8/3551, S. 47, während ursprünglich eine wesentlich engere, nur auf § 30 Abs. 1 Nr. 1 BtMG

2. Kapitel: Geschichte und Herkunft des § 31 BtMG: Vorläufer dieser Regelung im Deutschen Militärstrafrecht sowie verwandte Regelungen im Strafrecht ausländischer Staaten

I. Die Vorläuferregelungen im Deutschen Militärstrafrecht

Schon die Vorschriften der §§ 129 Abs. 6, 129a Abs. 5 des geltenden StGB als verwandte Regelungen [1] des § 31 BtMG zeigen, daß es zumindest schon Vorstufen auf dem Wege zur Regelung des § 31 BtMG gibt. [2]

Ob es auch schon eine § 31 BtMG in ihrer Intensität im Hinblick auf die Anforderungen an das Verhalten des Täters zur Erlangung von Strafmilderung oder Straffreiheit entsprechende Regelung in der historischen Deutschen [3] Strafgesetzgebung gab, soll hier herausgefunden werden.

---

bezogene, auf Strafmilderung beschränkte Vorschrift über tätige Reue vorgesehen war, vgl. Pelchen, in Erbs/Kohlhaas, Strafrechtliche Nebengesetze, Bd. I, BtMG, § 31, Anm. 1

12) Jaeger, Der Kronzeuge, S. 37 bezeichnet § 31 BtMG zu Recht als "Zufallsprodukt", "das - früher lange verschmäht - durch die Hektik und die damit verbundene Oberflächlichkeit des Gesetzgebers im Schutze anderer, breit erörterter Vorschriften des neuen Betäubungsmittelgesetzes Eingang in das deutsche Betäubungsmittelrecht gefunden hat".

13) vgl. zu den Gründen BT-Drs. 7/5401, S. 5 f.; Middendorff, ZStW 85 (1973), S. 1102 ff. und unten im 2. Teil der Arbeit, insbes. im 1. Kapitel, I., S. 61 ff. und VII., S. 121 ff., im 2. Kapitel, I., S. 144 ff. und II., S. 167 ff.; zur Entstehungsgeschichte des § 31 BtMG vgl. weiterhin Körner, BtMG, § 31, Rn. 2; ders., NJW 1982, 673; Slotty, NStZ 1981, 321 f., 326; ders., ZRP 1981, 60; s. auch die Darstellung der chronologischen Entwicklung in den Gesetzesentwürfen bei Jaeger, Der Kronzeuge, S. 23 ff.

14) W. Müller, Strafverteidiger 1981, 638, der einen eindrucksvollen Prozeßbericht über die bis dahin praktizierte Honorierung eines "Kronzeugen" gibt; vgl. auch Körner, BtMG, § 31, Rn. 3; ders., NJW 1982, 676; Kühne, Strafprozeßlehre, S. 281; Backes, Festschrift für Klug, S. 456 mit Fn. 29 und anschließend Fn. 2

1) vgl. dazu schon oben S. 14 Fn. 1, freilich mit unterschiedlicher Intensität hinsichtlich der Anforderungen an das Täterverhalten, s. dazu oben S. 8 f.

1. Fälle in der historischen Rechtspraxis

Es soll an dieser Stelle aufgezeigt werden, daß die Figur des Aufklärungsgehilfen, dem die Möglichkeit der Strafmilderung oder sogar des Absehens von Strafe in Aussicht gestellt wird, zum einen auch in Deutschland eine "gewisse 'Tradition'" [4] insofern hat, als sich - wenn auch nur anhand spärlicher Hinweise über mehrere hundert Jahre - belegen läßt, daß es Fälle gab, in denen versucht wurde, auf diesem Wege Tatbeteiligte zu ermitteln und zu verurteilen. [5], [6]

2. Gesetzlich geregelte Vorläuferbestimmungen

Zum anderen soll hier belegt werden, daß es auch gesetzlich geregelte Vorläufer des § 31 BtMG und vergleichbarer Vorschriften gab.

Nach § 61 des Militärstrafgesetzbuches (MilStGB) für das Deutsche Reich vom 20. Juni 1872 [7] galt: "Straflosigkeit tritt für den an dem Vorhaben eines Kriegsverraths (i.e. §§ 57-59 [8]) Betheiligten ein, wenn er von demselben zu einer Zeit, wo die Dienstbehörde nicht schon anderweit davon unterrichtet ist [9], in einer

---

2) Dies zeigt auch die jüngere Praxis: Anfang 1972 sicherte der Generalbundesanwalt Mitgliedern und Helfern der Baader-Meinhof-Gruppe Anträge auf Absehen von Strafe gemäß § 129 Abs. 6 StGB für den Fall zu, daß der sich freiwillig Stellende nur wegen der Mitgliedschaft in einer kriminellen Vereinigung strafbar sei. Dies geschah im Falle Ruhland, der nach rechtskräftigem Urteil Zeuge im Prozeß gegen Mahler wurde und inzwischen begnadigt worden ist, so die Mitteilungen von Baumann, JuS 1975, 342; s. auch Middendorff, ZStW 85 (1973), S. 1117 und - mit weiteren Beispielen - die Sendung des Ersten Deutschen Fernsehens am 29.10.1986 aus der Reihe "Im Brennpunkt" mit dem Thema "Wunderwaffe Kronzeuge - Neue Wege in der Terrorbekämpfung", das richtigerweise mit einem Fragezeichen zu versehen ist, sowie den Bericht in der FAZ vom 6.11.1986 ("Eine Art Kronzeuge - vor wenigen Jahren") über den Belastungszeugen im Stammheimer Terroristenprozeß Gerhard Müller.

3) Betrachtet wird hier - wegen der notwendigen begrifflichen Unterscheidung beider Figuren (vgl. dazu oben S. 6 ff.) - nicht mehr der "klassische" Kronzeuge des anglo-amerikanischen Rechtskreises; vgl. zu diesem die umfassenden rechtsvergleichenden Ausführungen von Jung, Kronzeuge, S. 13-39, das historisch-kriminologische Gutachten von Middendorff, ZStW 85 (1973),

Weise Anzeige macht, daß die Verhütung eines Verbrechens möglich ist." [10)]

Eine dem § 61 entsprechende Regelung galt nach § 105 des MilStGB für den an einer Meuterei Beteiligten. [11)]

Neben diesen beiden völlige Straflosigkeit gewährenden Vorschriften findet sich in § 88 des MilStGB von 1872 eine Vorschrift, die sowohl eine Strafmilderungsmöglichkeit als auch die Möglichkeit des gänzlichen Absehens von der Bestrafung bei hervorragendem Mutbeweise nach der Tat vorsieht. [12)]

Lediglich eine Strafmilderungsmöglichkeit findet sich in § 75 MilStGB (betreffend die Fahnenflucht) [13)] und in § 109 MilStGB (betreffend die an einem militärischen Aufruhr Beteiligten). [14), 15)]

S. 1102 ff. sowie die Ausführungen von Weigend, Festschrift für Jescheck, S. 1333 ff.; den historischen Ursprung des echten Kronzeugen sieht Freiberg, ZStW 59 (1940), S. 39 in dem Gegenzeugen des fränkischen Rechts, nach dem es zur Erhöhung der Glaubwürdigkeit der Aussage eines Zeugen gestattet war, solche Gegenzeugen aufzustellen, vgl. Freiberg, ebenda.

4) vgl. Jung, a.a.O., S. 1

5) vgl. die ausführlichen Schilderungen von Jung, a.a.O., S. 1 ff. und auch von Middendorff, ZStW 85 (1973), S. 1117 m.w.N., die ein weiteres Eingehen auf dieses Anschauungsmaterial hier erübrigen.

6) In der nationalsozialistischen Zeit empfahl Freiberg, ZStW 59 (1940), S. 33 ff. die Anwendung des Instituts des Kronzeugen unter Berufung auf Freisler (S. 34).

7) vgl. RGBl. 1872, S. 174 ff.

8) Anm. des Verfassers

9) Dieser Teilsatz fiel später weg, vgl. Militärstrafgesetzbuch vom 10. Oktober 1940 (RGBl. I 1940, S. 1348), weil damit der Anreiz zur Umkehr erhöht werden sollte, vgl. Schwinge, MilStGB, § 61. Dies galt freilich nicht im Falle der Kenntnis des Täters von der Unterrichtung der Dienstbehörde, vgl. Schwinge, ebenda

10) vgl. RGBl. 1872, S. 185; eine solche Regelung enthielt bereits § 90 Teil I Preuß. MilStGB vom 3. April 1845, vgl. Janda, Entwicklung von Militärstrafrecht und -gerichtsbarkeit, S. 99, der die Entwicklungsgeschichte des Militärstrafrechts ausführlich beschreibt und darauf hinweist, daß vor Inkrafttreten des MilStGB für das Deutsche Reich 1872 mehrere MilStGB - außer dem preußischen das bayerische, das sächsische und das württembergische - nebeneinander galten, vgl. Janda, a.a.O., S. 74

Der älteste auffindbare deutsche Beleg für eine nicht mehr ganz vereinzelte derartige Vorläuferregelung findet sich - soweit ersichtlich [16] - in Art. 31 Satz 3 des Großherzoglich Hessischen Militär-Strafgesetzbuches von 1822. [17]

Danach "hat derjenige Theilnehmer eines Complotts [18], welcher dasselbe zeitig genug anzeigt und die Mitschuldigen namhaft macht, Milderung seiner Strafe, - bei offenbar aufrichtiger Reue aber oder wenn durch die Entdeckung großer Schaden abgewendet worden ist, selbst gänzliche Straflosigkeit zu erwarten". [19] Somit zeigt sich, daß es in der Geschichte des Deutschen Militärstrafrechtes eine Reihe von Vorschriften gab, die § 31 BtMG (und verwandten Vorschriften) ähneln, indem sie sowohl den Eintritt von Straflosigkeit oder zumindest die Möglichkeiten einer Strafmilderung für den Täter unter bestimmten Voraussetzungen in Aussicht stellten als auch diese Rechtsfolgen daran anknüpften, daß die Tat noch verhindert werden konnte. [20]

---

11) vgl. RGBl. 1872, S. 193; s. dazu auch Dörken/Scherer, MilStGB, § 105, Anm. 2

12) vgl. RGBl. 1872, S. 190

13) vgl. RGBl. 1872, S. 187

14) vgl. ebenda, S. 194

15) Sowohl § 75 als auch § 109 fielen bei der Neufassung des MilStGB vom 10. Oktober 1940 (RGBl. I 1940, S. 1348) weg.

16) Jedenfalls stellten sich - trotz eingehender Suche - keine weiteren einsehbaren Funde mehr ein.

17) erschienen Darmstadt 1822

18) "zu einem in dem Militärstrafgesetze verpönten Verbrechen (das heißt wenn drei oder mehrere nach vorheriger Verabredung eines dieser Verbrechen begehen)", Art. 31 Satz 1 des Großherzoglich Hessischen Militär-Strafgesetzbuches

19) vgl. ebenda

20) Die Möglichkeit des Absehens von Strafe durch das Gericht findet sich im derzeit geltenden WStG vom 24. Mai 1974 (BGBl. I, S. 1213), geändert durch Gesetz vom 21. Dezember 1979 (BGBl. I, S. 2326), in den §§ 5 Abs. 2

Die in ihren Anforderungen an das Täterverhalten weitreichendste Vorschrift des Art. 31 Satz 3 des Großherzoglich Hessischen Militär-Strafgesetzbuches von 1822 zeigt, da sie - neben der rechtzeitigen Anzeige - die Namhaftmachung der Mitschuldigen verlangt, daß die Möglichkeit der Gewährung von Straffreiheit oder Strafmilderung n i c h t e r s t m a l s [21] im deutschen Strafrecht mit der Preisgabe von Tatbeteiligten verknüpft wurde.

II. Beispiele für Parallelregelungen im ausländischen Strafrecht

Parallelen bzw. Vorläufer einer derartigen Regelung finden sich aber auch in vielfältiger Weise im ausländischen Strafrecht, insbesondere in dem der Warschauer-Pakt-Staaten. Auffällig daran ist, daß sich dort solche Vorschriften nicht auf die Militärstrafgesetzgebung beschränken. Exemplarisch seien hier nur die folgenden Regelungen hervorgehoben:
Art. 97 § 2 Satz 1, Art. 180 § 2 Satz 1, Art. 219 § 2 Satz 1 und Art. 220 des Polnischen Strafgesetzbuches vom 11. Juli 1932 [22];

(betreffend das Handeln auf Befehl, hier neben einer Strafmilderungsmöglichkeit), 20 Abs. 2 (betreffend die Gehorsamsverweigerung), 22 Abs. 3 2. Halbsatz WStG (betreffend die Verbindlichkeit des Befehls bei einem Irrtum). In den klassischen Fällen einer solchen Regelung der historischen Militärstrafgesetzbücher findet sich im heutigen WStG lediglich z.B. bei der Fahnenflucht gemäß § 16 Abs. 3 und bei der Meuterei nach § 27 Abs. 4 ein geringerer Strafrahmen, so daß insofern die Aussicht auf Straflosigkeit heute nicht mehr besteht.

21) so - fälschlicherweise - bzgl. § 31 BtMG aber z.B. Jung, ZRP 1986, 39; Weigend, Festschrift für Jescheck, S. 1335; Eberth/Müller, BtMR, § 31, Rn. 1; Lundt/Schiwy, BtMR, § 31 und Jaeger, Der Kronzeuge, S. 32 - Ein Grund für die Existenz einer so weitreichenden Vorschrift im damaligen Militärstrafrecht kann in der besonderen Situation der Soldaten durch das Bestehen eines heute sog. Sonderrechtsverhältnisses und in der Notwendigkeit der Aufrechterhaltung der Schlagkraft der Truppe gesehen werden.

22) vgl. Chodzidlo, Das polnische Strafgesetzbuch, S. 41, 58, 65 f. Beispielhaft seien hier Art. 97 § 2 Satz 1, der sich auf die Begehung von "Staatsverbrechen" bezieht und Art. 220, der "Gemeingefährliche strafbare Handlungen" betrifft, zitiert:

Art. 97 § 2 Satz 1 lautet: "Nicht bestraft wird, wer nach der Teilnahme

§§ 136, 137, 160 [23] des Ungarischen Strafgesetzbuches von 1878 [24];

§ 84 des Ungarischen Militärstrafgesetzbuches aus dem Jahre 1930 [25] (betreffend die Meuterei);

§§ 17a, 58 und 64 Nr. 1 des Tschechoslowakischen Strafgesetzbuches vom 12. Juli 1950 [26].

Im Unterschied zu den vorab zitierten Gesetzbüchern verfährt das Tschechoslowakische in einer besonderen Weise, die eine klare Gesetzessystematik erkennen läßt:
Nach § 17a des Strafgesetzbuches, das für Erwachsene gilt und unter dem Abschnitt "Gemeinsame Bestimmungen über Strafen" im Allgemeinen Teil (§§ 1-77) steht, kann das Gericht von der Bestrafung - bei einer Straftat von geringerer Bedeutung und wenn der Täter sonst ein ordentliches Leben als werktätiger Mensch führt - absehen.
§ 58 - unter dem Abschnitt "Besondere Bestimmungen über die Bestrafungen Jugendlicher" stehend - regelt speziell die Möglichkeit des "Absehens von der Bestrafung durch das Gericht" für jugendliche Straftäter.
§ 64 schließlich regelt unter dem Abschnitt "Erlöschen der Strafbarkeit und Strafe" die Voraussetzungen der "Tätigen Reue" allgemein für die dort aufgeführten Delikte des Besonderen Teils (§§ 78-308) einschließlich der Militärstraftaten (§§ 269-308).[27]

---

an solchen Verabredungen die zur Strafverfolgung befugte Behörde benachrichtigt, bevor sie davon Kenntnis erhalten hat und bevor irgendwelche schädlichen Folgen für den Staat entstanden sind."
Art. 220 lautet: "In den in den Art. 215-219 bezeichneten Fällen kann außerordentliche Strafmilderung oder Freispruch eintreten, wenn der Täter die drohende Gefahr mit eigenen Kräften ganz oder teilweise abgewendet hat".

23) Diese Vorschriften regeln u.a. jeweils in der letzten Alternative die Anzeige des Vorhabens eines Hochverrates bzw. eines Aufstandes bei der Behörde.
Der Wortlaut z.B. des § 137 ist: "Die Teilnahme an einer hochverräterischen Verbindung bleibt straflos für denjenigen, welcher, ehe außer der Bildung der Verbindung selbst etwas unternommen, und bevor die Verbindung durch die Obrigkeit entdeckt wurde, von derselben zurücktritt und seinen Rücktritt nicht nur den übrigen Mitgliedern der Verbindung mitteilt,

Bei diesen Belegen für Vorläufer- bzw. Parallelregelungen soll es hier sein Bewenden haben, denn es kommt an dieser Stelle nur, aber auch gerade darauf an aufzuzeigen, daß die sich in § 31 BtMG findende Figur des Aufklärungsgehilfen weder für die Deutsche noch für die ausländische Strafgesetzgebung eine Neuheit darstellt.

---

sondern dieselben auch zum Aufgeben ihres Unternehmens zu bewegen sucht oder die Verbindung der Behörde anzeigt".

24) mit allen Abänderungen und Ergänzungen einschließlich der Ungarischen Strafgesetznovelle von 1908, vgl. Band 30 der Sammlung Außerdeutscher Strafgesetzbücher, Berlin 1910

25) vgl. Schultheisz, Das ungarische Militärgesetzbuch, S. 39

26) vgl. Schmied, Das Tschechoslowakische Strafgesetzbuch, S. 35, 45 und 47

27) Die Vorschrift des § 64 Nr. 1 ("Tätige Reue") lautet:
"Die Strafbarkeit des Hochverrats, der Untergrabung der Republik, ... erlischt, wenn der Täter
a) den schädlichen Erfolg der Straftat freiwillig verhindert oder gutmacht,
oder
b) freiwillig zu einer Zeit, da der schädliche Erfolg der Straftat noch verhindert werden konnte, eine Anzeige über die Straftat erstattet..."

3. Kapitel: Vergleichbare Regelungen im geltenden Strafgesetzbuch und im sog. Nebenstrafrecht [1)]

In jüngerer Zeit finden sich im geltenden Strafgesetzbuch immer häufiger Regelungen über die Möglichkeiten einer Strafmilderung und eines Absehens von Strafe [2)] als Rechtsfolgen von Verstößen gegen Straftatbestände. [3), 4)]
Aber auch im Nebenstrafrecht ist die Anzahl solcher Vorschriften erheblich angestiegen. [5)]
In den folgenden beiden Kapiteln soll daher die Regelung des § 31 BtMG in einem größeren Zusammenhang mit verwandten oder ähnlichen Vorschriften des StGB und des Nebenstrafrechtes gesehen werden.

---

1) Zur Verdeutlichung der bezeichneten Bereiche wird hier - rein zum Zwecke der Darstellung - an der lediglich formalen Einteilung strafrechtlicher Normen in innerhalb des StGB (als herkömmlich bezeichnetes sog. Kernstrafrecht) oder außerhalb des StGB (als sog. Nebenstrafrecht) geregelte Bereiche (vgl. z.B. Umweltstrafrecht einerseits und Betäubungsmittelstrafrecht andererseits) festgehalten, obwohl diese sachlich in dieser Form nicht maßgebend sein kann; zur Streitfrage der Einordnung s. auch schon oben die Einleitung, S. 3 Fn. 12 m.w.N.

2) Das Institut des Absehens von Strafe war dem StGB von 1871 nicht bekannt; vgl. zu seiner geschichtlichen Entwicklung Zickendraht-Wendelstadt, S. 146 ff.; zwar gab es die Straffreierklärung gemäß §§ 199, 233 StGB, wobei aber zu beachten ist, daß letztere Norm erst seit dem 1. Strafrechtsreformgesetz ausgestaltet ist als Regelung des Absehens von Strafe; vgl. zu diesem Institut auch Schroers, Absehen von Strafe, S. 16

3) vgl. z.B. §§ 83a, 84 Abs. 4 und 5, 85 Abs. 3, 86 Abs. 4, 86a Abs. 3, 87 Abs. 3, 89 Abs. 3, 98 Abs. 2, 99 Abs. 3, 113 Abs. 4 Satz 1 und Satz 2 2. Halbsatz, 125 Abs. 2, 129 Abs. 5 und 6 1. Halbsatz, 129a Abs. 4 und 5, 139 Abs. 1, 157, 158 Abs. 1, 174 Abs. 4, 175 Abs. 2, 182 Abs. 3, 218 Abs. 3 Satz 3, 233, 311c Abs. 1 und 2, 315 Abs. 6, 315b Abs. 6, 316a Abs. 2, 323 Abs. 5 StGB

4) Der stark spezialpräventiv ausgerichtete Alternativ-Entwurf (AE) eines Strafgesetzbuches sah erstmalig in seinem § 58 die generelle Möglichkeit des Absehens von Strafe vor; allerdings wurde eine Einschränkung für Fälle vollendeter vorsätzlicher Tötung getroffen, "um hier... eine äußerste Grenze des unverzichtbaren Rechtsgüterschutzes zu setzen" (AE, Allgemeiner Teil, Begründung zu § 58, S. 115).

5) vgl. z.B. §§ 29 Abs. 5, 31 BtMG; § 47 Abs. 3 AuslG; § 20 Abs. 2 VereinsG; § 21 Abs. 5 GjS; §§ 5 Abs. 2, 20 Abs. 2, 22 Abs. 3 2. Halbsatz WStG; § 54 Abs. 5 2. Halbsatz ZDG

Betrachtet man die Menge dieser Vorschriften, drängt sich die Frage nach dem Grund der Geltung solcher Regelungen auf.
Um hierauf eine Antwort geben zu können, ist es notwendig zu untersuchen, wie diejenigen Delikte beschaffen sind, bei denen sich eine Strafbefreiung oder jedenfalls eine Strafmilderung findet.
Deshalb sollen jetzt einzelne Vorschriften genauer betrachtet werden.

I. Beispiele vergleichbarer Regelungen im StGB

Zunächst sollen die Staatsschutzdelikte der §§ 80 ff. StGB [6)] betrachtet werden:
Gemäß § 83a StGB ist für die §§ 81 (Hochverrat gegen den Bund) und 82 (Hochverrat gegen ein Land) sowie für § 83 (Vorbereitung eines hochverräterischen Unternehmens) die Möglichkeit der Honorierung tätiger Reue unter bestimmten Voraussetzungen geschaffen worden.
Bei den §§ 81 und 82 StGB handelt es sich jeweils um ein sog. Unternehmensdelikt [7)], bei dem gemäß § 11 Abs. 1 Nr. 6 StGB der Versuch der Vollendung gleichgestellt ist. [8)] Bei § 83 handelt es sich um eine als Straftatbestand verselbständigte Vorbereitungshandlung des Hochverrats. [9)]

---

6) Zur Terminologie und zum geschützten Rechtsgut vgl. Schönke-Schröder-Stree, StGB, vor §§ 80 ff., Rn. 1, 2 und 3

7) vgl. auch Schönke-Schröder-Stree, StGB, § 81, Rn. 14 und § 82, Rn. 10

8) vgl. dazu auch Jescheck, AT, S. 214 und 426 (echtes Unternehmensdelikt) und BGHSt 15, 198

9) vgl. Dreher-Tröndle, StGB, § 83, Rn. 1

Da im Falle eines Unternehmensdeliktes dieses schon mit der Begehung nur des Versuches vollendet ist und bei einer vertatbestandlichten Vorbereitungshandlung sogar noch nicht einmal das Stadium des Versuchs erreicht sein muß, vielmehr bereits schon eine ansonsten grundsätzlich straflose Vorbereitungshandlung zur formellen Tatbestandsvollendung ausreichend ist [10], kann hier der Rücktritt vom Versuch gemäß § 24 StGB keine Anwendung finden. [11]

Deshalb, so begründet man allenthalben [12], gebe es solche Sonderbestimmungen wie z.B. § 83a StGB. [13]

Hinter diesem formalen, gesetzestechnischen Grund, der das Ausscheiden des § 24 StGB [14] und deshalb eine Ersatzregelung durch Sondervorschriften erklärt, verbirgt sich jedoch eine viel tiefergehende, die Zusammenhänge deutlich machende Begründung der Notwendigkeit solcher Regelungen:

---

10) sogar mittelbare oder Vorbereitung der Vorbereitung fällt unter § 83 StGB, vgl. RGSt 5, 67; BGH, Urteil vom 24.2.1954 - 2 StR 431/53 -, zitiert nach W. Wagner, GA 1960, S. 10 Nr. 7 (zu § 81 StGB a.F.)

11) vgl. Jescheck, AT, S. 214, 423 f.; Berz, Formelle Tatbestandsverwirklichung und materialer Rechtsgüterschutz, S. 1 f. und BGHSt 15, 199

12) vgl. z.B. Schönke-Schröder-Stree, StGB, § 83a, Rn. 1, 2 und Dreher-Tröndle, StGB, § 83a, Rn. 1

13) vgl. weiterhin z.B. § 87 Abs. 3 StGB im Bereich dieser Deliktgruppe

14) Freilich ist der systematische Standort des Rücktritts vom Versuch i. S. des § 24 StGB sehr umstritten:
Während die h. M. einen persönlichen Strafaufhebungsgrund annimmt (vgl. etwa RGSt 72, 350; Dreher-Tröndle, StGB, § 24, Rn. 3; Lackner, StGB, § 24, Anm. 1 und Welzel, Lehrbuch, S. 196), geht die Gegenmeinung davon aus, daß der Rücktritt seinen systematischen Standort im Schuldbereich habe; die innerhalb der Gegenmeinung vertretenen Ansichten differieren jedoch: So nimmt Schönke-Schröder, StGB, 17. Aufl., § 46a.F., Rn. 2, 38 einen Schuldtilgungsgrund an, während Sauer, Allgemeine Strafrechtslehre, S. 196 von einer Schuldaufhebung ausgeht. Einen Schuldausschließungsgrund nehmen Roxin, Festschrift für Heinitz, S. 273 und Haft, JA 1979, 312 an. Ulsenheimer, Rücktritt vom Versuch, S. 90 ff., 130 trifft nur die Kennzeichnung als "Schuldminderung". Bloy, Strafausschließungs- und Strafaufhebungsgründe, S. 176 f., 212 geht von einer "qualitativen Unrechtsmodifizierung" als Rücktrittswirkung aus. Als negatives Tatbestandsmerkmal wurde der Rücktritt aufgefaßt z.B. von Reinhard v. Hippel, Untersuchungen über den Rücktritt vom Versuch, S. 63; zum Nachteil speziell dieser Auffassung Lang-Hinrichsen, Festschrift für Engisch, S. 370 f. und zum Ganzen Bloy, a.a.O., S. 166 ff.

Dadurch, daß der Gesetzgeber [15] die Strafbarkeit - nicht nur in diesem Bereich [16] - so weit vorverlagert hat, daß nicht mehr zwischen Versuch und Vollendung eines Delikts unterschieden wird [17] bzw. sogar schlichte Vorbereitungshandlungen [18] pönalisiert werden, entsteht für ihn die dringende Notwendigkeit, ja der "Zwang", in diesen Fällen eine Möglichkeit zu schaffen, unangemessene Ergebnisse zu vermeiden. Gleiches gilt bei Gefährdungstatbeständen (z.B. §§ 315, 315b StGB), bei denen der formelle Vollendungszeitpunkt ebenfalls weit vorverlagert ist, weil bereits die Gefahr einer Verletzung als Handlungserfolg ausreicht. [19]
Solche nicht sachgerechten Ergebnisse hat dann der Richter auf dem Wege fakultativer Strafmilderung oder Straffreiheit mit Hilfe dieser Sondervorschriften zu verhindern.

Die Vorschriften dienen somit der K o r r e k t u r der i m E i n z e l f a l l durch die ausgeweitete Strafgesetzgebung an sich begründeten Strafbarkeit des betreffenden Täters. [20]
Diese Tendenz ausgedehnter Strafbarkeit [21] zeigt sich z.B. auch bei den Fällen der §§ 84 Abs. 4, 85 Abs. 3, 86 Abs. 3 und 4, 86a Abs. 3, 89 Abs. 3; gleiches gilt für §§ 129 Abs. 5, 129a Abs. 4 StGB. [22]

---

15) mit dem Ziel einer Verbesserung des Rechtsgüterschutzes, vgl. Schröder, Festschrift für Kern, S. 457 und Berz, Formelle Tatbestandsverwirklichung und materialer Rechtsgüterschutz, S. 130

16) vgl. dazu auch die anderen oben (S. 23 in Fn. 3, 5) genannten Vorschriften außerhalb der Staatsschutzdelikte

17) Schröder, Festschrift für Kern, S. 461, bezeichnet schon die Auswahl, die der Gesetzgeber bei Schaffung der bestehenden Unternehmenstatbestände getroffen hat, als willkürlich.

18) vgl. dazu Schönke-Schröder-Stree, StGB, § 83, Rn. 8, wonach maßgebliches Kriterium nur die Gefährlichkeit der Handlung für das geschützte Rechtsgut sein kann, so daß der Einzelfall entscheiden müsse, eine Abgrenzung, die letztlich so oder anders getroffen werden kann; vgl. beispielhaft die Streitfrage, ob terroristische Aktivitäten eine Vorbereitungshandlung darstellen oder nicht, s. dazu einerseits Schroeder, NJW 1980, 920 ff., andererseits J. Wagner, NJW 1980, 913 ff. Umstritten ist auch, ob es sich um eine objektiv taugliche Handlung handeln muß, vgl. dazu SK-Rudolphi, StGB, § 83, Rn. 6

19) vgl. dazu Eser, Festschrift für Maurach, S. 259 und Jescheck, AT, S. 211 f.

Die hier zusammengestellten Fälle betreffen alle Handlungen von Beteiligten, die von untergeordneter Bedeutung sind bzw. Beteiligte, deren Schuld gering ist oder - so §§ 86 Abs. 3, 86a Abs. 3 StGB - Propagandamittel oder Handlungen staatsbürgerlicher Aufklärung, die aufgrund der sog. Sozialadäquanz - Klausel des § 86 Abs. 3 StGB vom Tatbestand ausgenommen sind. [23] Hieran zeigt sich deutlich, daß auch bei Handlungen von untergeordneter Bedeutung oder bei nur geringer Schuld des Täters die Strafbarkeit an sich gegeben wäre, somit nicht nur die Tatbestandsmäßigkeit, sondern auch die Rechtswidrigkeit und die Schuld des Täters nach dem Wortlaut der Gesetzesbestimmung erfüllt wären.
Wiederum als Korrekturinstrument benutzt der Gesetzgeber die Möglichkeit des Absehens von an sich verwirkter Strafe.
Demgegenüber stellt es daher schon einen Vorteil dar, daß die herrschende Meinung bei den Mitteln nach § 86 Abs. 3 StGB bereits den Tatbestand verneint; schon der Gesetzeswortlaut spricht hier deutlich für einen Tatbestandsausschluß. [24]
Dies ist eine - m.E. zu Recht - von der Lehre getroffene Einstufung des § 86 Abs. 3 StGB, die zudem die bezeichnende Kennzeichnung als S o z i a l a d ä q u a n z - Klausel erhielt [25];

---

20) und stellen damit eine Form der Entkriminalisierung dar, vgl. dazu Naucke, GA 1984, S. 201; s. weiterhin die interessante Darstellung Nauckes über die Formen deklaratorischer, scheinbarer und wirklicher Entkriminalisierung im gegenwärtigen Rechtssystem, ebenda, S. 199 ff.

21) Baumann, Festschrift für Peters, S. 6, weist für den Bereich des sog. politischen Strafrechtes ausdrücklich darauf hin; vgl. auch Bloy, Strafausschließungs- und Strafaufhebungsgründe, S. 164 f.

22) Zur Vorverlagerung der Strafbarkeit in den letztgenannten Fällen s. auch Schroeder, Die Straftaten gegen das Strafrecht, S. 21 f. mit Fn. 77, S. 27 ff.

23) vgl. dazu Schönke-Schröder-Stree, StGB, § 86, Rn. 17; LK-Willms, StGB, § 86, Rn. 20 und Lackner, StGB, § 86, Anm. 4 (h.M.); nach a.A. handelt es sich um einen Rechtfertigungsgrund, so Dreher-Tröndle, StGB, § 86, Rn. 11b. Bei diesen Vorschriften handelt es sich freilich um Fälle obligatorischer Strafbefreiung.

24) vgl. die Nachweise für die h.M. soeben in Fn. 23

25) zur Lehre von der Sozialadäquanz vgl. Welzel, ZStW 58 (1939), S. 491 ff.,

bemerkenswert ist an dieser Stelle, daß der Gesetzgeber selbst, obwohl ihm dies leicht mit Hilfe einer ganz eindeutigen Formulierung möglich gewesen wäre, eine klare, zweifelsfreie Zuordnung des § 86 Abs. 3 StGB zum Tatbestand vermied. [26)]
Entscheidend ist, daß in allen diesen Fällen Verhaltensweisen unterhalb einer bestimmten Erheblichkeitsschwelle von der Strafbarkeit ausgeschlossen werden können sollen. [27)]

Die Tendenz zur Entliberalisierung des Strafrechts [28)] zeigt sich sowohl durch die immer häufigere Verwendung von Generalklauseln oder unbestimmten Rechtsbegriffen, wie z.B. "geringe Schuld" oder "Mitwirkung von untergeordneter Bedeutung" [29)], die das Strafrecht immer unklarer und ungenauer werden lassen [30)] und die ein "Interpretationsrisiko" [31)] für den Täter schaffen als auch zum Beispiel an der Terroristengesetzgebung [32)], die materiell-rechtlich im § 129a StGB [33)] ihren Niederschlag gefunden hat.

---

514 ff.; ders., Lehrbuch, S. 55 ff.); Hirsch, ZStW 74 (1962), S. 78 ff.; Klug, Festschrift für Eb. Schmidt, S. 249 ff.; Schaffstein, ZStW 72 (1960), S. 369 ff. und Zipf, ZStW 82 (1970), S. 633 ff.; zur Bedeutung der sozialen Adäquanz und ihres straftatsystematischen Standortes s. zudem Geerds, Bestechungsdelikte, S. 73 ff.

26) so daß daraus eine streitige Rechtsfrage wurde, vgl. die Mindermeinung von Dreher-Tröndle, StGB, § 86, Rn. 11b (Rechtfertigungsgrund)

27) vgl. dazu Maiwald, ZStW 83 (1971), S. 668 f.; v. Weber, MDR 1956, 707; Richard Lange, Niederschriften, Bd. 1, S. 138 und Krümpelmann, Bagatelldelikte, S. 196

28) und des Strafprozeßrechts, vgl. Ebert, JR 1978, 136 ff.

29) vgl. z.B. §§ 84 Abs. 4, 86 Abs. 4, 129 Abs. 5 StGB

30) vgl. dazu eingehend Naucke, Generalklauseln, insbes. S. 1, 12 f. und Krahl, Bestimmtheitsgrundsatz, S. 1; zudem stellen diese Klauseln bzw. Begriffe bekannte Mittel dar, das positive Recht, das von ihnen durchsetzt ist, aufzulösen, vgl. dazu Naucke, KritV 1986, 203

31) vgl. Naucke, ebenda, vor allem S. 16, 23, 26; dies gilt jedenfalls dann, wenn man die h.M., insbes. die des BVerfG, zum Bestimmtheitsgrundsatz zugrundelegt; zu den unterschiedlichen hierzu vertretenen Auffassungen vgl. ausführlich unten im 2. Teil, 2. Kapitel, IV., 3.2., S. 186 ff.

32) vgl. zum prozessualen Aspekt derselben den Überblick bei Rudolphi, JA 1979, 3 f.

Diese Vorschrift, deren Einführung vielfach abgelehnt wurde [34], weil das kriminalpolitische Bedürfnis, gefährliche terroristische Vereinigungen schärfer bestrafen zu können, bereits mit Hilfe des § 129 (Abs. 4) StGB erfüllt werden könne [35] und weil "nicht unerhebliche Bedenken gegen die Weite des Tatbestandes" [36] bestehen, die sich vor allem bei den Tathandlungen des Werbens [37] oder des Unterstützens [38] einer solchen Vereinigung zeigen.
Auch bei § 129a StGB ergibt sich also die Erforderlichkeit einer Korrektur der extremen Vorverlagerung des Strafrechtsschutzes durch das Institut der fakultativen Strafmilderung bzw. des Absehens von Strafe gemäß § 129a Abs. 4 und 5 StGB.
Freilich wird - wenigstens zum Teil - eine "enge, strenge an der Schutzaufgabe des § 129a (StGB) ausgerichtete Auslegung der Begriffe" [39] gefordert, um der mangelnden Bestimmtheit des Tatbestandes vorzubeugen. [40]
Diese Auslegung kann jedoch auch nicht verhindern, daß der Filter der Abs. 4 und 5 des § 129a StGB vonnöten ist.

---

33) weiterhin in §§ 138 Abs. 2, 139 Abs. 3 StGB

34) vgl. z.B. die Stellungnahme der BRAK vom 15.9.1975, S. 1 f.; Rudolphi, JA 1979, 3 und Dahs, NJW 1976, 2147 f., der das "Anti-Terroristen-Gesetz" als Niederlage des Rechtsstaates auffaßt; vgl. auch Ebert, JR 1978, 136, 141

35) so z.B. die Stellungnahme der BRAK vom 15.9.1975, S. 1 f.

36) Rudolphi, JA 1979, 3

37) Davon erfaßt werden - neben der täterschaftlichen Verwirklichung von Vorbereitungshandlungen - also die vollendete und sogar die versuchte Beihilfe oder Anstiftung zu diesen Vorbereitungshandlungen, so daß sich eine Strafausdehnung ergibt, die weit über die des § 30 StGB hinausgeht, vgl. Rudolphi, JA 1979, 3; zum Streitstand auch Schönke-Schröder-Lenckner, StGB, § 129, Rn. 14 sowie einschränkend SK-Rudolphi, StGB, § 129, Rn. 18

38) Der Begriff des Unterstützens weist "kaum Konturen" auf und birgt daher "die Gefahr einer uferlosen Ausdehnung in sich", Rudolphi, JA 1979, 3; siehe die eindrucksvolle Zusammenstellung der unterschiedlichen Auffassungen bei Schönke-Schröder-Lenckner, StGB, § 129, Rn. 15, 15a

39) Rudolphi, JA 1979, 3

40) vgl. ebenda

II. Beispiele vergleichbarer Vorschriften im Nebenstrafrecht

Im Bereich des Nebenstrafrechtes, hier exemplifiziert an § 31 BtMG, bestätigen sich die oben für den Bereich des Strafgesetzbuches festgestellten Gründe der Geltung solcher Vorschriften:

Bei § 29 Abs. 1, 2, 4 und 6 BtMG handelt es sich ebenfalls um das Bestehen stark erweiterter Strafbarkeit [41], die sich z.T. gegenüber dem BtMG von 1972 [42] durch neue Grundstraftatbestände [43] und gerade auch durch geänderte, höhere Strafrahmen auszeichnet. [44] Besonders gravierende Verstöße gegen das BtMG sind sogar als Verbrechen ausgestaltet worden (§ 30 BtMG). [45]
Bei §§ 20 Abs. 2 VereinsG, 47 Abs. 3 AuslG handelt es sich - neben dem Gedanken des Rücktritts bzw. der tätigen Reue - wiederum um Fälle, bei denen aufgrund geringer Schuld oder untergeordneter Bedeutung der Mitwirkung [46] von Strafe abgesehen werden kann.

---

41) Schünemann, GA 1986, S. 319 f. stellt zu Recht eine "extreme Vorverlagerung der Strafbarkeitsgrenze in den Bereich abstrakter Gefährdung hinein" fest, die - insbes. in den Alternativen des § 29 Abs. 2 BtMG - "Verhaltensweisen, die unter dem Aspekt des Schutzes der Volksgesundheit nach den allgemeinen Regeln straflose Vorbereitungshandlungen wären, zu vollendeten Delikten hochstilisiert hat".

42) vgl. BGBl. I 1971, S. 2092 ff. und 1972, S. 2 ff.; vgl. auch die Übersicht von Becker, MDR 1972, 656 ff. sowie z.B. Jescheck, AT, S. 39, der schon § 11 Abs. 1 Nr. 4 BtMG 1972 als zu weitgehende Strafvorschrift rügt.

43) vgl. dazu Slotty, NStZ 1981, 322 ff.

44) s. auch Eberth/Müller, Verteidigung in Betäubungsmittelsachen, S. 35

45) vgl. zu den Änderungen auch Körner, NJW 1982, 673, 675 f. sowie - kritisch zur Reform - Kreuzer, ZRP 1975, 206 ff.; s. auch Slotty, NStZ 1981, 324 - Zu den neuen Verfahrensmaßnahmen in Betäubungsmittelstrafsachen vgl. Katholnigg, NStZ 1981, 417 ff.

46) vgl. dazu auch schon oben S. 28 mit Fn. 29

III. Die Frage nach einer allgemeinen Gesetzessystematik bei diesen Vorschriften

Auffällig ist, daß der Gesetzgeber zwar eine inzwischen erhebliche Anzahl von Regelungen über die Möglichkeit der Erlangung von Strafmilderung oder -freiheit - neben § 31 BtMG - geschaffen hat; trotzdem ist es ihm jedoch nicht gelungen, für alle gleich oder jedenfalls ähnlich gelagerten Fälle eine derartige Regelung zu schaffen, wie die Notwendigkeit vieler Analogien [47] zeigt. [48]
Denn es kann nicht angehen, nur bei gewissen Unternehmensdelikten [49] oder bestimmten zu einem selbständigen Tatbestand erhobenen Vorbereitungshandlungen solche Möglichkeiten vorzusehen, während dies bei anderen nicht geschieht. [50]
Aus den dargelegten Gründen wird - jedenfalls von einem Teil der Literatur [51] - m.E. zu Recht vertreten, daß die §§ 83a, 316a Abs. 2 StGB auf a l l e [52] Unternehmensdelikte analog anzuwenden sind.
Ebenso sind auch die Sondervorschriften der §§ 31, 83a Abs. 2, 311c Abs. 3 Nr. 2, 316c Abs. 3 und 4 StGB analog auf andere verselbständigte Vorbereitungshandlungen, für die eine solche Sonderregelung nicht existiert, anzuwenden. [53]

---

47) vgl. zu den Voraussetzungen der Analogie (Bestehen einer Gesetzeslücke, d.h. einer "'planwidrigen'" Unvollständigkeit" des Gesetzes sowie gleicher Interessenlage des nicht geregelten Falles mit dem geregelten in den für die Bewertung maßgeblichen Umständen) Larenz, Methodenlehre, S. 365 ff. sowie den gelungenen Überblick über dieses Problem der Analogien bei Schönke-Schröder-Eser, StGB, § 24, Rn. 116 ff.

48) Anderer Meinung ist Bottke, Strafrechtswissenschaftliche Methodik, S. 341 f., 638, 689 ff., der davon ausgeht, daß der Gesetzgeber "das strafbefreiende (und strafmildernde) Täterverhalten in höchst differenzierter Weise geregelt" habe, Bottke, a.a.O., S. 638, vgl. auch S. 342 und 690; trotzdem kommt auch er in verschiedenen Fällen offenbar nicht ohne Analogie aus, vgl. z.B. S. 642 f., obwohl "der moderne Gesetzgeber sich bewußt mit der NTV (Nachtatverhaltens -, Anm. des Verfassers) - Problematik befaßte und bestimmte Deliktsgebiete, ..., neu regelte und mit einer NTV-Vorschrift versah", Bottke, a.a.O., S. 650 f.

49) bei denen es sich schon um eine "willkürliche Auswahl" des Gesetzgebers handelt, Schröder, Festschrift für Kern, S. 461

50) vgl. Schröder, Festschrift für Kern, S. 463: "Kein sachlicher Grund dafür

Gegen diese Forderung - und damit gegen die Befürwortung einer Analogie - kann nicht vorgebracht werden, daß es sich um eine f r e i e gesetzgeberische Entscheidung handele [54], in welchen Fällen (eine Besserstellung des Täters durch) solch eine Regelung erfolgen solle: Denn wenn es sich um vergleichbare, verwandte Fälle oder sogar um Fälle der gleichen Deliktsart handelt, ist ein sachliches Differenzierungskriterium zur Rechtfertigung dieser Situation erforderlich [55], da sonst der Gleichbehandlungsgrundsatz des Art. 3 GG durch den Staat gegenüber demjenigen Straftäter verletzt ist, der sich zu seinen Gunsten nicht auf eine derartige Vorschrift berufen kann. [56]
Da in den Fällen, in denen oben [57] z.B. eine Analogie befürwortet wurde, keinerlei Gründe ersichtlich sind, die eine Differenzierung tragen [58], ergibt sich bei dieser Gesetzeslage die W i l l k ü r l i c h k e i t der gesetzgeberischen Entscheidungen. [59]

---

ersichtlich" für den Bereich der Unternehmensdelikte und jetzt auch Berz, Formelle Tatbestandsverwirklichung und materialer Rechtsgüterschutz, S. 5 sowie als Beispiel das Urteil BGHSt 6, 87 f. zu § 234a StGB, bei dem der BGH - trotz des Fehlens einer solchen Regelung - daraus nicht folgert, daß sie bewußt unterblieben sei.

51) vgl. Schröder, Festschrift für Kern, S. 462 f.; Schönke-Schröder-Eser, StGB, § 11, Rn. 63 und Jescheck, AT, S. 426; Berz, Formelle Tatbestandsverwirklichung und materialer Rechtsgüterschutz, S. 144 fordert eine allgemeine Rücktrittsregelung in paralleler Ausgestaltung zu § 24 StGB; anderer Ansicht ist die Rechtsprechung, vgl. BGHSt 15, 199 f. sowie z.B. Baumann/Weber, AT, S. 480 mit Fn. 2 und Maurach, AT, S. 526

52) also auch auf die unechten Unternehmensdelikte, vgl. zu diesen Jescheck, AT, S. 214

53) vgl. Schönke-Schröder-Eser, StGB, § 24, Rn. 116 m.w.N.; Jescheck, AT, S. 442 f. und auch der BGH zu § 234a Abs. 3 StGB, s. BGHSt 6, 87

54) Bottke, a.a.O., S. 691 bezeichnet die "differenzierten" (vgl. auch S. 638 sowie soeben Fn. 48) Entscheidungen des Gesetzgebers als "problembewußt", offenbar weil dieser "punktuell auf Kritik reagiert (vgl. z.B. § 149 Abs. 2 und 3)" (S. 690) hat. Nur p u n k t u e l l e Korrekturen sprechen aber hier gerade nicht für eine Überprüfung des g e s a m t e n Regelungsbereiches durch den Gesetzgeber, was Bottke - m.E. zu Unrecht - wohl anders versteht, da er davon ausgeht, daß der Gesetzgeber bewußt differenziere und daher "problembewußt" nur bestimmte Korrekturen vorgenommen habe, vgl. a.a.O., z.B. S. 341 f., 650 f., 690 f.

Somit kann bei dieser Gesetzgebungstechnik, die sich leider dadurch auszeichnet, daß es sich um ungeordnete Regelungen einfach dort handelt, wo es dem Gesetzgeber angebracht erschien oder wo er eine solche Vorschrift nicht vergessen hat, nicht vom Vorhandensein einer allgemeinen Gesetzessystematik hinsichtlich dieser Bestimmungen gesprochen werden. [60)]
Dies wird auch dadurch belegt, daß es ausgeschlossen ist, alle Unstimmigkeiten in diesem Bereich einfach durch Analogien zu schließen. [61)]
Weiterhin könnte man fragen, warum solche Vorschriften nicht auch z.B. bei einer bandenmäßigen Begehung eines Diebstahls oder eines Raubes oder bei Vorschriften, die außergewöhnliche Konfliktslagen betreffen, gelten.
Allerdings kann dieser Gedanke hier nicht weiter verfolgt werden, da er den Rahmen der Arbeit sprengen würde.

---

55) vgl. dazu Schröder, Festschrift für Kern, S. 463

56) vgl. dazu auch Schönke-Schröder-Eser, StGB, 19. Aufl., § 24, Rn.128, der zu Recht darauf aufmerksam macht, daß von Rechtsgleichheit und Gerechtigkeit nicht gesprochen werden kann.

57) vgl. dazu S. 31

58) vgl. Schröder, Festschrift für Kern, S. 462 f. und Schönke-Schröder-Eser, StGB, § 24, Rn. 116

59) da "der Auswahl dieser Vorschriften offensichtlich kein anderes Prinzip als das des Zufalls zugrundeliegt", Schönke-Schröder-Eser, StGB, § 24, Rn. 116; anders freilich Bottke, a.a.O., z.B. S. 341 f., 650 f., 690 f.

60) Besser in dieser Beziehung die Lösung des Tschechoslowakischen Strafgesetzbuches, vgl. oben S. 21

61) vgl. Schönke-Schröder-Eser, StGB, § 24, Rn. 121

IV. Die Unstimmigkeiten auf der Rechtsfolgeseite

Ganz deutlich zeigen sich die Unstimmigkeiten bei diesen Vorschriften ferner auch, wenn man die Rechtsfolgen, also die Wirkungen der unterschiedlichen Regelungen betrachtet:
Ältere Vorschriften geben dem Richter nur die Wahl zwischen Strafbarkeit und Straffreiheit. [62)]
Davon abzuheben ist § 311c Abs. 1 StGB, der - ausnahmsweise - lediglich eine Strafmilderungsmöglichkeit enthält.
Neuere Vorschriften enthalten demgegenüber eine Strafmilderungsmöglichkeit und das Absehen von Strafe [63)], ermöglichen also "Flexibilität" durch einen erheblich weitergehenden Spielraum des Richters. [64)]
Diese Tatsache zeigt wiederum, daß es sich um unsystematische, beliebig gebildete Regelungen durch den Gesetzgeber handelt, bei denen nicht auf die Notwendigkeit einer Anpassung alter an neue Vorschriften oder umgekehrt geachtet wurde. [65)]
Ebenso befremdet die Nebeneinanderstellung der Möglichkeit des Absehens von Strafe [66)] einerseits und vollständiger Straffreiheit mit dem Ergebnis des Freispruchs andererseits in manchen Vorschriften [67)], die einfach "nicht überzeugend zu begründen ist". [68)] Hinzu kommt, daß in den Fällen des Rücktritts vom formell vollendeten Delikt, also z.B. bei §§ 158 Abs. 1, 315 Abs. 6, 315b Abs. 6, 316a Abs. 2 StGB, kein Grund dafür ersichtlich wird, die Rechtsfolge des Freispruches - wie bei den von der h.M. als Strafaufhebungsgrund angesehenen Rücktrittsfällen [69)] - hier gerade nicht anzuwenden. [70)]

---

62) vgl. z.B. §§ 86 Abs. 4, 86a Abs. 3, 87 Abs. 3, 89 Abs. 3, 129 Abs. 5, 139 Abs. 1, 174 Abs. 4, 175 Abs. 2, 182 Abs. 3, 218 Abs. 3 Satz 3, 323 Abs. 5 StGB; §§ 29 Abs. 5 BtMG, 47 Abs. 3 AuslG, 20 Abs. 2 VereinsG, 21 Abs. 5 GjS, 20 Abs. 2, 22 Abs. 3 2. Halbsatz WStG

63) vgl. z.B. §§ 83a, 84 Abs. 4 und 5, 85 Abs. 3, 98 Abs. 2, 99 Abs. 3, 113 Abs. 4, 125 Abs. 2, 129 Abs. 6, 129a Abs. 4 und 5, 157, 158 Abs. 1, 233, 311c, 315 Abs. 6, 315b Abs. 6, 316a Abs. 2 StGB; § 31 BtMG, § 5 Abs. 2 WStG

64) vgl. dazu Schönke-Schröder-Eser, StGB, § 24, Rn. 108 sowie Naucke, Jura 1979, 429, der die Einordnung als "stufenloses Zwischengebiet zwischen

Daher stellt Naucke zu Recht fest, daß die "Grenze zwischen obligatorischer und fakultativer Strafbefreiung (...) unklar, teilweise willkürlich" [71] gezogen ist. Auch hinsichtlich dieser Grenzziehung läßt sich also eine sachgemäße Leitlinie des Gesetzgebers nicht feststellen. [72]

Die Verschiedenheit der Regelungen, die eine Möglichkeit des Absehens von Strafe oder jedenfalls eine Strafmilderungsmöglichkeit vorsehen, sowohl auf der Voraussetzungsseite als auch auf der Rechtsfolgeseite demonstriert in deutlicher Weise das Fehlen einer allgemeinen Gesetzessystematik bei diesen Vorschriften und die Beliebigkeit ihrer Verwendung durch den Gesetzgeber. Um Willkürlichkeiten in diesem Bereich und damit Ungerechtigkeiten durch Ungleichbehandlung für die Täter zu vermeiden, ist der Gesetzgeber dringend aufgerufen, die dargelegten Unstimmigkeiten de lege ferenda zu beseitigen. [73]

Verurteilung zu Strafe und Freispruch" vornimmt; s. auch Hassemer, Strafrecht, S. 229

65) so auch Schönke-Schröder-Stree, StGB, vor §§ 38 ff., Rn. 54 (: freilich in der Form der Anpassung alter an die neuen Vorschriften) und Schröder, Festschrift für H. Mayer, S. 377, 389 f. sowie weiterhin unten im 3. Teil der Arbeit, S. 255

66) mit der Folge des Schuldspruches ohne Strafausspruch, vgl. v. Weber, MDR 1956, 707

67) so z.B. §§ 129 Abs. 6 2. Halbsatz, 311c StGB

68) Schröder, Festschrift für H. Mayer, S. 390; ebenso Schönke-Schröder-Eser, StGB, § 24, Rn. 121

69) vgl. die Nachweise zur straftatsystematischen Einordnungsfrage des § 24 StGB oben S. 25 Fn. 14, auch zu den vertretenen Mindermeinungen

70) so schon v. Weber, MDR 1956, 707; ebenso Schröder, Festschrift für H. Mayer, S. 389 und Maiwald, ZStW 83 (1971), S. 668

71) Naucke, Jura 1979, 431

72) vgl. Schröder, Festschrift für H. Mayer, S. 390, der die Verschiedenheit dieser Regelungen als sachwidrig bezeichnet

73) vgl. dazu auch Berz, Formelle Tatbestandsverwirklichung und materialer Rechtsgüterschutz, S. 16

Diese Unstimmigkeiten, die darin gipfeln, daß in einem Fall ein Freispruch erfolgt, während in einem anderen Fall eine Verurteilung - wenn vielleicht auch ohne Strafausspruch - erfolgt [74], können nicht länger hingenommen werden. [75]
De lege lata sind diese Friktionen jedenfalls nicht zu beseitigen. [76]
Die obigen [77] Vorschläge für eine Analogie können immer nur in Teilbereichen für Abhilfe sorgen [78], in anderen Beziehungen ist eine einheitliche Behandlung der Straftäter nicht erzielbar [79]; sie zu schaffen, ist dringende Aufgabe des Gesetzgebers.

4. Kapitel: Erkennbarkeit eines allgemeinen Prinzips oder eines gemeinsamen Nenners bei diesen Vorschriften?

I. Vorhandensein eines allgemeinen Prinzips?

Nach dem Ergebnis des letzten Kapitels stellt sich nun - zunächst vielleicht überraschenderweise - die (wenn auch vorsichtig und skeptisch formulierte) Frage nach der Erkennbarkeit eines allgemeinen Prinzips bei diesen Vorschriften.
Im Falle der Existenz eines solchen Prinzips könnten daraus u.U. Folgerungen für die Auslegung des § 31 BtMG gezogen werden.

---

74) vgl. dazu oben S. 34 f.

75) ebenso Schröder, Festschrift für H. Mayer, S. 390 f.

76) vgl. Schönke-Schröder-Stree, StGB, vor §§ 38 ff., Rn. 54; Schröder, a.a.O., S. 390 und Jescheck, AT, S. 690

77) vgl. dazu S. 31

78) vgl. Schönke-Schröder-Eser, StGB, § 24, Rn. 121

79) vgl. dazu insbes. die Ausführungen auf S. 34 ff.

Da bei den verschiedenen Regelungen im Bereich gleich oder ähnlich gelagerter Fälle bzw. Delikte offenbar keine Gründe für Differenzierungen auf der Voraussetzungs- und insbesondere gar keine für Differenzierungen auf der Rechtsfolgeseite der Normen ersichtlich sind, kann - neben einer feststellbaren unterschiedlichen Reichweite der Regelungen auf der Voraussetzungsseite [1], die zu verschieden hohen Anforderungen an das Täterverhalten führen - es nicht sinnvoll sein, aus diesen bestehenden Unterschieden heraus Fallgruppen zu bilden oder gleiche bzw. ganz ähnlich gesetzlich geregelte Fälle katalogartig zusammenzustellen; eine solche Zusammenstellung wäre wertlos.

Allenfalls ist es möglich festzustellen, daß sich viele Regelungen über das Absehen von Strafe um den Rücktrittsgedanken und den Gedanken der tätigen Reue gruppieren [2], während sich bei anderen Vorschriften ihr Bagatellcharakter [3] aus dem geringen Unrechtsgehalt [4] oder dem geringen Schuldgehalt [5] oder auch aus einer Kombination beider Gesichtspunkte [6] ergibt.

Wieder andere Vorschriften beruhen auf privilegierenden Wirkungen, die durch einen Irrtum [7] oder den Gedanken der Unzumutbarkeit [8] begründet sind. [9], [10]

---

1) vgl. dazu oben die Einleitung, II., S. 9 ff.

2) z.B. §§ 83a, 84 Abs. 5, 85 Abs. 3, 87 Abs. 3, 98 Abs. 2 Satz 1, 99 Abs. 3, 129 Abs. 6, 129a Abs. 5, 311c Abs. 2 und 4, 315b Abs. 6, 316a Abs. 2 StGB; § 20 Abs. 2 VereinsG; vgl. dazu auch Naucke, Jura 1979, 429 und Jescheck, AT, S. 690; zur Frage der Koordinierung der Rücktrittsvorschriften vgl. Schröder, Festschrift für H. Mayer, S. 377 ff.

3) vgl. die Überschrift des Abschnittes: "Das Absehen von Strafe in Bagatellfällen" bei Jescheck, AT, S. 690

4) so z.B. §§ 139 Abs. 1, 175 Abs. 2 Nr. 2 StGB

5) so z.B. §§ 84 Abs. 4, 86 Abs. 4, 129a Abs. 4 StGB; § 21 Abs. 5 GjS; §§ 153, 153a StPO; zu dem gesetzlich nicht näher gekennzeichneten Begriff der "geringen Schuld" vgl. Naucke, Festschrift für Maurach, S. 197 ff.

6) so z.B. §§ 23 Abs. 3, 30 Abs. 1 Satz 3 StGB; § 20 Abs. 2 Nr. 1 VereinsG

7) vgl. z.B. §§ 113 Abs. 4, 125 Abs. 2 StGB

Ein leitendes Prinzip läßt sich jedenfalls bei diesen fakultativen Strafbefreiungsgründen nicht feststellen.[11)]
Ob man eine Einteilung in etwa so vornimmt, wobei schon bei dieser auffällig ist, daß im einzelnen eine Reihe von Vorschriften unterschiedlich eingestuft werden[12)], und daneben noch zwischen obligatorischen und fakultativen Gründen für die Strafmilderung oder den Strafverzicht unterscheidet[13)], oder ob man - wie Eser[14)] - noch eine Fallgruppe anführt, die auf dem "Zweckverfehlungsgedanken" beruhe[15)], und dieser noch eine andere hinzufügt, die auf "tatfremden Faktoren" basiere[16)], um möglichst alle Regelungen unterbringen zu können, oder ob - wie von Zickendraht-Wendelstadt[17)] - zugegeben wird, daß es Fälle gibt, die einer - oder zumindest der eigenen gewählten[18)] - Eingruppierung

---

8) so z.B. §§ 157 Abs. 1, 218 Abs. 3 Satz 3 StGB

9) vgl. dazu Naucke, Jura 1979, 429 sowie zu allem auch Jescheck, AT, S. 690 und Eser, Festschrift für Maurach, S. 258 ff.

10) zur Einordnung der § 31 BtMG s. unten (das 2. Kapitel des 2. Teiles der Arbeit, V., S. 228 f. und) vor allem den 3. Teil, S. 241 ff.

11) vgl. Naucke, Jura 1979, 429

12) vgl. diese Tatsache bei Naucke, Jura 1979, 429 im Vergleich zu Jescheck, AT, S. 690 und wiederum Eser, Festschrift für Maurach, S. 258 ff.; dies hängt wohl letztlich damit zusammen, welchen Grund man in der jeweiligen Regelung als vorrangig repräsentiert sieht. Außerdem spricht es für die Austauschbarkeit dieser Begriffe.

13) zu der Zweifelhaftigkeit und Unklarheit, ja teilweisen Willkürlichkeit der Grenzlinie zwischen obligatorischer und fakultativer Strafbefreiung vgl. Naucke, Jura 1979, 431; denn hierbei orientierte man sich an einer wohl so ebenfalls nicht aufrechtzuerhaltenden Differenzierung des Gesetzgebers.

14) vgl. Eser, a.a.O., S. 258 ff.

15) vgl. ebenda, S. 260; Eser faßt hierunter die Regelung des § 60 StGB.

16) vgl. ebenda, S. 259; hierunter faßt er z.B. § 21 Abs. 5 GjS, eine Vorschrift, die auf das Erzieherprivileg zurückzuführen ist.

17) Straffreierklärung und Absehen von Strafe, S. 166 ff.

18) Letztlich wird es jedoch immer so sein, daß - wie sich bei allen diesen Versuchen zur Fallgruppenbildung zeigt - sich irgendeine - und sei es eine neue - Regelung finden wird, die einzuordnen - jedenfalls bruchlos -

unter bestimmte Oberbegriffe eben nicht zuzuordnen sind [19], oder ob irgendeine andere Fallgruppenbildung [20] gewählt wird, ändert nichts daran, daß - wie aufgezeigt wurde - sich die Menge dieser Vorschriften - jedenfalls sinnvoll - nicht so nach ihren Gründen systematisieren läßt, daß dadurch ein weiterführender Gewinn zu erzielen wäre.
Festgestellt werden kann demnach an dieser Stelle, daß ein leitendes, wenn auch allgemeines Prinzip diesen Vorschriften nicht zugrundeliegt.

Auf der Suche nach einem immer allgemeiner werdenden gemeinsamen Grundgedanken [21] bei besagten Regelungen fragt es sich nun nur noch, ob den Vorschriften wenigstens ein ganz allgemein gefaßter, damit aber notwendig sehr wenig über die betreffenden Vorschriften aussagender gemeinsamer Nenner [22] eigen ist.
Zu beachten ist jedoch, daß ein solcher gemeinsamer Nenner nicht als Oberbegriff für alle diese Arten von Regelungen mißverstanden werden dürfte bzw. ausgegeben werden könnte, genauso wie die hier vorgenommene l o s e Fällezusammenstellung [23] eben nicht darüber hinwegtäuschen kann, daß es sich nur um e i n e mögliche Einteilung handelt [24], die zudem noch einen Aspekt der Willkürlichkeit insofern in sich trägt, als mehrere der verwendeten Begriffe untereinander austauschbar scheinen [25].

---

schwierig sein wird, fällt man nicht auf völlig nichtssagende abstrakte Oberbegriffe zurück oder bildet man nicht für jede andersartige Regelung eine neue Fallgruppe.

19) vgl. die unter dieser Auffangfallgruppe zusammengefaßten Fälle bei Zickendraht-Wendelstadt, a.a.O., S. 170 ff.: auch er bildet neben den Fallgruppen des Absehens von Strafe "bei Mitläufern" (die den Fällen der untergeordneten Mitwirkung entspricht), "als Belohnung für rechtsförderndes Verhalten", "aus sonstigen Gründen" (der Auffangfallgruppe) noch eine gesonderte Fallgruppe für § 60 StGB (i.e. § 16 a.F. StGB) "wegen schwerer Folgen der Tat für den Täter selbst" und für den "grob unverständigen untauglichen Versuch", vgl. ebenda, S. 166 ff.

20) Im wesentlichen zwei Fallgruppen lediglich unterscheiden z.B. Jescheck, AT, S. 690 f.; Schroers, Absehen von Strafe, S. 22 f. und Maiwald, ZStW 83 (1971), S. 668 f.

21) von der Verneinung einer bestimmten Gesetzessystematik über das Fehlen eines allgemein zugrundeliegenden Prinzips

Ein solcher Versuch wäre als Beruhigungsversuch in rechtsstaatlicher Hinsicht zu verstehen, der hier ganz und gar nicht angebracht ist.
Deshalb soll und kann hier kein neuer Systematisierungsversuch oder -vorschlag unternommen werden, vielmehr soll es ausreichen, auf die Verschiedenartigkeit der Gründe und Erwägungen [26)] aufmerksam gemacht zu haben, hinter denen eine e i n h e i t l i c h e K o n z e p t i o n des Gesetzgebers z u v e r m i s s e n ist.

II. Der gemeinsame Nenner

Ein gemeinsamer Nenner aller dieser Regelungen kann nur in der mangelnden Strafwürdigkeit [27)] bzw. dem mangelnden Strafbedürfnis [28)] erblickt werden. [29)]

---

22) dazu nun II.

23) dazu, daß es sich hierbei nicht um eine klare, geschlossene Fallgruppenbildung handelt vgl. oben S. 37 ff.

24) vgl. die verschiedenen Einordnungsversuche oben S. 37 ff.

25) s. dazu die unterschiedliche Einordnung vieler Vorschriften im Rahmen des geringen Unrechts - oder Schuldgehaltes oder einer Kombination beider Gesichtspunkte bzw. der - hier auch noch aufgeteilten - privilegierenden Wirkungen oben S. 37 f. mit Fn. 12; der Verfasser ist sich der eigenen streitbaren Einordnung sowie der Differenzierung überhaupt bewußt, jedoch ist diese nicht Gegenstand der vorliegenden Arbeit; sie muß daher hier ausgeklammert bleiben.

26) etwa in oben angegebener Weise, vgl. S. 37

27) so bei den "Bagatellfällen", vgl. Jescheck, AT, S. 690; zum Begriff vgl. Krümpelmann, Bagatelldelikte, S. 13 ff.; Naucke, Gutachten für den 51. DJT, S. 12 f.; in der Sache auch Volk, ZStW 97 (1985), S. 916

28) so bei § 60 StGB, vgl. Jescheck, ebenda, S. 693 und Bockelmann, AT, S. 276; Müller-Dietz, Festschrift für Richard Lange, S. 309 sowie Maiwald, ZStW 83 (1971), S. 695 und Cramer, JurA 1970, 194

Diese Erkenntnis läßt es einerseits jedoch nicht zu, von einem einheitlichen Konzept kriminalpolitischer Art des Gesetzgebers [30] zu sprechen.

Allerdings handelt es sich bei dieser Erkenntnis andererseits nicht um eine nutzlose [31], weil sie - dies zeigen die Begriffe des Mangels an Strafwürdigkeit bzw. Strafbedürftigkeit schon nach allgemeinem Sprachgebrauch - auf das "Grenzgebiet zwischen Strafbarkeit und Straflosigkeit" [32] aufmerksam und die Existenz dieses Bereiches bewußt macht, dessen Umfang - gerade wegen der stetig anwachsenden Zahl entsprechender Vorschriften [33] - nicht unterschätzt werden darf. [34]

---

29) zur hier zugrundegelegten Terminologie vgl. Jescheck, AT, S. 38 f.; Fünfsinn, Fahrlässiges Unterlassungsdelikt, S. 248 f.; beide Begriffe werden jedoch im einzelnen recht unterschiedlich verwandt, vgl. z.B. Bloy, Strafausschließungs- und -aufhebungsgründe, S. 242 ff.; Maiwald, Festschrift für Maurach, S. 9 ff.; Sax, JZ 1976, 9 ff., 80 ff.; JZ 1977, 332 f.; Stratenwerth, ZStW 71 (1959), S. 569 f.; Langer, Das Sonderverbrechen, S. 327 ff.; Schmidhäuser, Studienbuch, S. 6 f., 60 f., 66, 254 ff. und Zipf, Kriminalpolitik, S. 108 ff.; s. neuerdings die Zusammenstellung von Volk, ZStW 97 (1985), S. 872 ff.

30) ein solches nimmt aber offenbar Eser, Festschrift für Maurach, S. 257 ff., 261, an; vgl. auch die Darstellung der Meinung Esers bei Schroers, Absehen von Strafe, S. 28 ff.

31) so aber Eser, a.a.O., S. 258: "in solcher Allgemeinheit nahezu nichtssagende Aussage", der dieser Aussage erst dadurch "Sachgehalt" abgewinnen will, daß er sie in Verbindung mit den Gründen sieht, die hinter diesen Regelungen stehen, vgl. ebenda; dies führt zu seiner oben, S. 38, dargestellten Fallgruppenbildung, vgl. Eser, a.a.O., S. 258 ff.

32) Naucke, Jura 1979, 426 mit einem Überblick über diesen wenig beachteten und erforschten Bereich unseres Strafrechts

33) vgl. dazu oben S. 23

34) vgl. Naucke, Jura 1979, 427, 429; ders., Allgemeine Straftatlehre, S. 29 sowie Fünfsinn, Fahrlässiges Unterlassungsdelikt, S. 232 und insbes. S. 249; beide stellen zu Recht fest, daß besagte Vorschriften die herkömmlichen Rechtfertigungs- und Entschuldigungsgründe in ihrer praktischen Bedeutung bei weitem überholt haben.

III. Das Grenzgebiet zwischen Strafbarkeit und Straflosigkeit

1. Die Kennzeichnung des Grenzbereiches

Entscheidend ist es zu erkennen, daß im geltenden Strafgesetzbuch ebenso wie im Nebenstrafrecht ein Bereich an Regelungen durch den Gesetzgeber geschaffen worden ist, der übergreifend mit dem Begriff "Strafbefreiungsgründe" [35)] bezeichnet werden kann.
Diese Gründe bezeichnen das "Grenzproblem" [36)], also die Frage nach der Grenzlinie zwischen strafbarem und straflosem Verhalten, das "im Zentrum des liberalen Strafrechts steht" [37)].
Für ein liberales Strafrecht [38)] ist es von größter Wichtigkeit, eine möglichst scharf konturierte Grenze zwischen strafbarem und straflosem Verhalten zu ziehen [39)]; denn nur so kann jeder Einzelne wissen und sich daran orientieren, in welchem Bereich er sich frei bewegen kann, ohne die Grenze zur Strafbarkeit zu überschreiten [40)] bzw. wie er sich verhalten muß, um wieder aus dem strafbaren Bereich herauszukommen. Es kommt also entscheidend auf die Berechenbarkeit des Strafrechts [41)] an. Deshalb muß das Grenzgebiet zwischen Strafbarkeit und Straflosigkeit möglichst exakt und präzise bezeichnet werden, wenn schon das Gesetz hierfür keine klare, zweifelsfreie Einteilung [42)] bietet und zudem - jedenfalls bei den fakultativen Strafbefreiungsgründen - noch die Ermessensentscheidung des Richters dazwischengeschaltet ist. [43)]

---

35) Naucke, Jura 1979, 426; ebenso Fünfsinn, a.a.O., S. 226 ff.

36) H. Mayer, DStR 1938, 74

37) Marxen, Liberales Strafrecht, S. 269

38) vgl. dazu Marxen, ebenda, insbes. S. 254 ff. und H. Mayer, SJZ 1947, Spalten 14 und 19; ders., Strafrechtsreform, insbes. S. 57 ff.

39) vgl. Marxen, Liberales Strafrecht, S. 269

40) vgl. Marxen, ebenda

41) vgl. dazu z.B. BVerfGE 14, 252; 25, 285; 26, 42; BGHSt 18, 140 und Schönke-Schröder-Eser, StGB, § 1, Rn. 20 ff.

Ohne Berücksichtigung der vielfältigen Strafbefreiungsgründe bliebe die Beurteilung des Falles eine vorläufige, das gewonnene Ergebnis wäre lediglich ein Zwischenergebnis. [44]
Somit zeigt sich die Bedeutung der Regelungen über das Absehen von Strafe bzw. über eine Strafmilderung darin, daß die Anwendung dieser Vorschriften im Einzelfall darüber entscheidet, ob der Täter wirklich einer realen Bestrafung unterzogen wird oder nicht. Die Betonung der Wichtigkeit dieses Grenzbereiches der möglichen Strafbefreiung für den Täter kann nur mit dem größtmöglichen Nachdruck erfolgen.
Das Grenzgebiet zeichnet sich insbesondere dadurch aus, daß die überkommene Alternative: Freispruch oder Verurteilung [45] abgelöst ist durch eine Zwischenstufe zwischen Verurteilung und Freispruch [46], nämlich den Schuldspruch ohne Strafausspruch [47], der nicht zu einer realen Bestrafung des Täters führt. [48]

---

42) vgl. dazu die obigen Ausführungen auf S. 30 ff., 36 ff.

43) vgl. zu den Bedenken durch diese Ermessensentscheidung Birkmeyer, Das Absehen von Strafe nach dem Vorentwurf, S. 75; Hoehl, GS 91 (1925), 152 ff. sowie Zickendraht-Wendelstadt, Straffreierklärung und Absehen von Strafe, S. 158 und Drost, NJW 1955, 1255 ff.

44) vgl. Naucke, Jura 1979, 426

45) vgl. dazu die älteren Vorschriften oben S. 34 Fn. 62

46) so Naucke, Jura 1979, 429; vgl. auch Zickendraht-Wendelstadt, a.a.O., S. 33 (für die Straffreierklärung) und S. 187 f.

47) so zuerst v. Weber, MDR 1956, 707, dem die ganz h.M. folgt, vgl. z.B. BGHSt 4, 176; 16, 403; Maurach, AT, S. 879 und H. Wagner, GA 1972, S. 35

48) Maiwald spricht von einer "vergeistigten" Strafe, die nur symbolischen Charakter habe, vgl. ZStW 83 (1971), S. 680

2. Der Umfang des Grenzgebietes zwischen Strafbarkeit und Straflosigkeit

Um das Grenzgebiet klar und präzise im Sinne eines liberalen Strafrechts zu bezeichnen und so wenigstens eine gewisse Berechenbarkeit für den Täter zu erreichen [49], müssen in diesen Bereich a l l e Regelungen eingestellt werden, die im Ergebnis dazu führen (können), daß der Täter straffrei ausgeht, unabhängig von ihrem Standort im StGB, Nebenstrafrecht oder im Verfahrensrecht. [50], [51]

Somit sind - neben Streit- und Grenzfragen im Hinblick auf Auslegungsprobleme des materiellen Strafrechts und neben der unterschiedlichen Verfolgungsintensität bei Straftaten oder jedenfalls einigen Erscheinungsformen derselben - zunächst schon die Institute der Strafaussetzung zur Bewährung gemäß §§ 56 ff. StGB und der Verwarnung mit Strafvorbehalt nach §§ 59 ff. StGB zu berücksichtigen [52], die eine reale Bestrafung nicht nach sich ziehen. Weiterhin sind die Fälle obligatorischer Strafbefreiung [53] und diejenigen fakultativer Strafbefreiung [54] hier einzuordnen. Dazu gehört auch die fakultative Straffreierklärung durch den Richter gemäß § 199 StGB. [55]

---

49) vgl. dazu die Ausführungen oben S. 42

50) vgl. Naucke, Jura 1979, 426 und Fünfsinn, Fahrlässiges Unterlassungsdelikt, S. 226 ff.; auf die Gemeinsamkeiten dieser Regelungen beziehen sich auch Lüderssen, in Lüderssen/Sack, Abweichendes Verhalten 2, S. 219 ff.; ders., ZStW 85 (1973), S. 292 ff.; Volk, Prozeßvoraussetzungen, S. 257 ff. und Schmidhäuser, AT, S. 482 ff.

51) Zur Parallelität von Prozeß- und Sachentscheidungen vgl. auch z.B. Peters, ZStW 68 (1956), S. 374 ff.; ders., RuS Bd. 276/277, S. 5 ff. und Geerds, RuS Bd. 315/316, S. 24 f.

52) Diese Zusammenstellung erfolgt in Anlehnung an Naucke, Jura 1979, 426 f.

53) vgl. z.B. §§ 60, 86 Abs. 3, 113 Abs. 4 Satz 2 1. Halbsatz, 129 Abs. 6 2. Halbsatz, 129a Abs. 5, 131 Abs. 3 und 4, 136 Abs. 3 und 4, 139 Abs. 3 und 4, 149 Abs. 2, 163 Abs. 2, 173 Abs. 3, 180 Abs. 1 Satz 2, 184 Abs. 4, 203 Abs. 2 Satz 2 2. Halbsatz, 218 Abs. 3 Satz 2, 218a, 218b Abs. 1 Satz 2 und Abs. 3, 219 Abs. 1 Satz 2, 219d, 258 Abs. 5 und 6, 264 Abs. 4, 265b Abs. 2, 310, 311c Abs. 3, 331 Abs. 3, 333 Abs. 3 StGB; §§ 22 Abs. 2 und 3 1. Halbsatz, 28 Abs. 2, 34 Abs. 2 WStG; § 54 Abs. 4 und 5 1. Halbsatz ZDG;

Des weiteren können hier diejenigen objektiven Strafbarkeitsbedingungen genannt werden, die nicht zu einer Strafausdehnung [56] führen: Als echte objektive Bedingungen der Strafbarkeit sind dies die Vorschriften der §§ 104a, 283 Abs. 6, 283b Abs. 3, 283c Abs. 3, 283d Abs. 4 StGB, die Strafeinschränkungsgründe darstellen. [57]

Außerdem gehören in diesen Grenzbereich zwischen Strafbarkeit und Straflosigkeit die Vorschriften der §§ 153 ff. StPO, die die Möglichkeiten schaffen, Strafverfahren, die sonst zu einer Bestrafung des Täters führten, abzubrechen bzw. einzustellen. [58] Hervorgehoben sei neben den praktisch wichtigen Fällen der §§ 153 [59] und 153a [60] StPO und weiteren Möglichkeiten der §§ 153c-154e [61] StPO insbesondere § 153b Abs. 1 StPO, nach dem beim Vorliegen der Voraussetzungen, unter denen sonst nur das Gericht von Strafe absehen könnte [62], jetzt schon die Staatsanwaltschaft mit Zustimmung des Gerichts von der Klageerhebung absehen kann. [63]

---

§ 21 Abs. 4 GjS; § 371 Abs. 1 AO; vgl. dazu und zu den verschiedenen Formulierungen im Falle obligatorischer Strafbefreiung Naucke, Jura 1979, 427 f.; auch bei diesen obligatorischen Strafbefreiungsgründen ist es ausgeschlossen, die Fälle mehr als bei den fakultativen zu systematisieren, es fehlt das dogmatische Leitprinzip, vgl. Naucke, ebenda, S. 428

54) vgl. dazu die Beispiele oben S. 23 in Fn. 3 und 5

55) zu den §§ 199, 233 StGB vgl. die Untersuchung von Kiehl, Strafrechtliche Toleranz wechselseitiger Ehrverletzungen; für die hier betroffene Frage s. insbes. a.a.O., S. 210 f.

56) Strafausdehnend wirken jedoch die unechten objektiven Bedingungen der Strafbarkeit, die entweder Strafschärfungsgründe darstellen (so §§ 227 Abs. 1, 323a StGB) oder strafbegründend wirken (so § 186 StGB), zu dieser Differenzierung vgl. Jescheck, AT, S. 449 ff., 452 f.; zum Ganzen Hass, Die Entstehungsgeschichte der objektiven Strafbarkeitsbedingungen, S. 75 ff., 78, 121 f.

57) s. Jescheck, AT, S. 449 f., 452; Tiedemann, ZRP 1975, 131 ff.

58) Zur "Einstellungspraxis der Staatsanwaltschaft im Ermittlungsverfahren" vgl. nunmehr Backes, KritV 1986, 316 ff.

59) vgl. dazu Naucke, Festschrift für Maurach, S. 197 ff.; Bloy, GA 1980, S. 171; Zipf, Festschrift für Peters, S. 48

Sollte die Klage schon erhoben sein, kann das Gericht nach § 153b Abs. 2 StPO bis zum Beginn der Hauptverhandlung mit Zustimmung der Staatsanwaltschaft u n d des Angeschuldigten das Verfahren einstellen.
Die Verfahrensweise nach § 153b StPO ermöglicht also in Fällen des Absehens von Strafe die Vermeidung eines Schuldspruches, da das Verfahren im Falle des Abs. 2 eingestellt, also nicht weiter verfolgt wird und beim Absehen von der Klageerhebung gemäß Abs. 1 noch nicht einmal eine Anklage erfolgt.[64)]
Diese Fälle der §§ 153 ff. StPO, die von der jedenfalls noch h.M. als "prozessuale Lösungen"[65)] im Bereich der Bagatellkriminalität aufgefaßt werden, obwohl die bloße Einordnung dieser Regelungen im Verfahrensrecht diese Auffassung nicht stützen kann[66)], werden mittlerweile jedoch zunehmend hinsichtlich ihrer Gemeinsamkeiten mit der "materiell-rechtlichen Lösung"[67)] gesehen.[68), 69)]
Außerdem wird zu Recht vermehrt die Forderung erhoben, die strikte Trennung von materiellem und formellem Recht aufzugeben.[70)]
In diesem Zusammenhang ist auch das zunehmende Bewußtsein von der Austauschbarkeit materiell- und verfahrensrechtlicher Lösungen[71)] zu sehen.

---

60) Kritisch zur Regelung des § 153a StPO z.B. Hanack, Festschrift für Gallas, S. 339 ff.; zur Anwendungspraxis des § 153a StPO vgl. etwa die empirische Untersuchung von Meinberg, Geringfügigkeitseinstellungen von Wirtschaftsstrafsachen, S. 210 ff.

61) vgl. zu diesen Vorschriften etwa die Kommentierungen bei Kleinknecht/Meyer, StPO

62) vgl. Kleinknecht/Meyer, StPO, § 153b, Rn. 1

63) s. dazu auch Hanack in Löwe-Rosenberg, StPO, § 136a, Rn. 53

64) vgl. zum Absehen von der Verfolgung in den Fällen tätiger Reue gemäß §§ 74a Abs. 1 Nr. 2-4, 120 Abs. 1 Nr. 2-7 GVG weiterhin § 153e StPO; zum "Charakter" dieser Vorschrift vgl. auch Bloy, GA 1980, S. 179 f.

65) vgl. etwa Lüderssen, in Denninger/Lüderssen, Polizei und Strafprozeß, S. 29, der jedoch alleine auf den materiellen Gehalt abstellen will, während z.B. Jescheck, AT, S. 691; Dreher, Festschrift für Welzel, S. 933 ff. und Maurach/Zipf, AT 2, S. 597 f. die Vorschriften lediglich als Rechtsfolgeproblem prozessualer Art sehen.

Aus den genannten Gründen sind daher auch die "prozessualen" Vorschriften in den Grenzbereich zwischen Strafbarkeit und Straflosigkeit einzustellen, da letztlich gerade das gleiche Ergebnis: die Straflosigkeit dieses Gebiet entscheidend kennzeichnet und somit die Einbeziehung notwendig macht. [72)]
Parallelregelungen für das Jugendstrafverfahren enthalten die hier auch einzubeziehenden Verfahrensvorschriften der §§ 45, 47 JGG [73)].
Daneben gehören freilich auch noch die bisher weniger häufig vorkommenden Fälle der Begnadigung [74)] und der Amnestie [75)] in dieses Grenzgebiet [76)], da auch sie die Straflosigkeit des Täters bewirken.

---

66) vgl. Naucke, Festschrift für Maurach, S. 204; ders., Jura 1979, 432 sowie Krümpelmann, Bagatelldelikte, S. 229 und Fünfsinn, Fahrlässiges Unterlassungsdelikt, S. 230

67) vgl. dazu die Nachweise für die Trennung durch die bislang h.M. in Fn. 65

68) vgl. insbes. Naucke, Jura 1979, 426 ff., 429; Lüderssen, ZStW 85 (1973), S. 292 ff.; ders., in Lüderssen/Sack, Abweichendes Verhalten 2, S. 215; Volk, Prozeßvoraussetzungen, S. 257 ff. sowie die Lehrbücher von Schmidhäuser, AT, S. 450 und Stratenwerth, AT 1, S. 78 f.

69) vgl. speziell zum materiell-rechtlichen Gehalt des § 153 StPO, bei dem der Begriff der "geringen Schuld" als Fall des fehlenden Ahndungsbedürfnisses zu verstehen ist, Naucke, Festschrift für Maurach, S. 203; Cramer, Festschrift für Maurach, S. 494 f.; Peters, ZStW 68 (1956), S. 396; ähnlich H. Mayer, GS 104 (1934), S. 319 f.; ders., JZ 1955, 603; konzediert wird allerdings von Meyer-Goßner in Löwe-Rosenberg, StPO, § 153, Rn. 13; KK-Schoreit, StPO, § 153, Rn. 24 und Bloy, GA 1980, S. 173, daß bei Bestimmung der "geringen Schuld" auf die materielle Rechtslage rekurriert werden muß.

70) vgl. dazu besonders Lüderssen, in Denninger/Lüderssen, Polizei und Strafprozeß, S. 26; ders., ZStW 85 (1973), S. 292 ff.; Naucke, Jura 1979, 426 ff., 429; Volk, Prozeßvoraussetzungen, S. 257 ff., der aufzeigt, daß die Trennung bis weit in das 19. Jahrhundert zurückzuverfolgen ist, vgl. S. 132 ff.; s. auch Schmidhäuser, AT, S. 450 und Stratenwerth, AT 1, S. 78 f.; unter straftatsystematischen Gesichtspunkten vgl. zusätzlich die Stellungnahmen von Naucke, Strafrecht, S. 335 ff.; ders., NJW 1968, 2321 ff.; ders., Allgemeine Straftatlehre, S. 23 ff.; ders., ZStW 85 (1973), S. 399 f.; Marxen, Straftatsystem und Strafprozeß, S. 424 ff. und Fünfsinn, Fahrlässiges Unterlassungsdelikt, S. 226 ff.

71) vgl. Geerds, RuS Bd. 315/316, S. 24 ("letztlich ... nur eine Frage der Konstruktion..."); Schroeder, Festschrift für Peters, S. 417 f.; Baumann, Festschrift für Peters, S. 3 ff.; Eser, Festschrift für Maurach, S. 270,

Durch die Skizzierung des immer weiter - u.a. auch durch die Einführung des § 31 BtMG - angestiegenen Umfanges des Grenzgebietes zwischen Strafbarkeit und Straflosigkeit dürfte nunmehr die große Bedeutung dieses Bereiches im geltenden Recht für die Rechtsanwendung und den Straftäter hinreichend bewußt geworden sein.

272; Hanack, Festschrift für Gallas, S. 363 f.; Dencker, JZ 1973, 150; Peters, Festschrift für Eb. Schmidt, S. 499 (ff.); Naucke, Gutachten für den 51. DJT, S. 15 ff., 27 ff., 38 ff.; Schmidhäuser, JZ 1973, 529 ff.; Volk, Prozeßvoraussetzungen, S. 263 und Krümpelmann, Bagatelldelikte, S. 202 ff., 229

72) dies betonen besonders klar Schmidhäuser, AT, S. 450; Naucke, Jura 1979, 429 ("Parallelen im Verfahrensrecht") und auch Fünfsinn, a.a.O., S. 232

73) Für das Ordnungswidrigkeitenrecht findet sich eine Parallele in der Einstellungsvorschrift des § 47 OWiG.

74) zum Wesen der Gnade s. Geerds, RuS Bd. 228/229, S. 22 ff.

75) vgl. zum Begriff Geerds, a.a.O., S. 15 f. und insgesamt neuerdings Marxen, Rechtliche Grenzen der Amnestie

76) vgl. Naucke, Wechselwirkung, S. 190

5. Kapitel: Zusammenfassende Betrachtung - (Verfassungs-)Rechtliche Bedenken im Hinblick auf § 31 BtMG

Nachdem im vorangehenden 3. und 4. Kapitel die Regelung des § 31 BtMG in einem größeren Zusammenhang ähnlicher Vorschriften betrachtet wurde, soll nun ab diesem zusammenfassenden Kapitel die Vorschrift des § 31 BtMG selbst wieder in den Mittelpunkt treten. Auch bei § 31 BtMG zeigt sich - ebenso wie bei vielen anderen strafrechtlichen Tatbeständen und Vorschriften über das Absehen von Strafe oder eine Strafmilderung sowie bei den Einstellungsvorschriften der §§ 153 ff. StPO - im Vergleich zur Gesetzgebung des 19. Jahrhunderts und vorher der grundlegende Wandel in der strafrechtlichen Gesetzgebungstechnik. [1)]
Die Entwicklung brachte und bringt immer häufiger ungenaue und unbestimmte Begriffsbildungen sowohl auf der Voraussetzungs- als auch auf der Rechtsfolgenseite [2)] der Normen hervor. [3), 4)]

Zu Recht weist daher Weigend auf die vage Fassung der Anwendungsvoraussetzungen des § 31 Nr. 1 BtMG hin [5)], die Bedenken erwecken kann.

---

1) Das StGB kannte sogar noch nach Inkrafttreten des GG eine nur relativ geringe Anzahl von Generalklauseln, vgl. Naucke, Generalklauseln, S. 6; Claß, Festschrift für Eb. Schmidt, S. 125 und Lenckner, JuS 1968, 249. Inzwischen ist die Anzahl von unbestimmten Begriffen und Generalklauseln erheblich gestiegen, vgl. auch die Fülle der Generalklauseln im Nebenstrafrecht und im Ordnungswidrigkeitenrecht, Beispiele dafür bei Petzoldt, Problematik der Generalklauseln, S. 24 ff. - Die Gründe für diesen Wandel sind derzeit noch nicht abschließend geklärt, s. dazu Naucke, a.a.O., S. 13 ff.; Claß, a.a.O., S. 126 ff.; Krey, Gesetzesvorbehalt, S. 82 ff.; Kausch, Der Staatsanwalt, S. 142 ff. m.w.N. - Zur inhaltlichen Wandelbarkeit der Generalklauseln s. auch - für den Bereich des Zivilrechts - Rüthers, Die unbegrenzte Auslegung, S. 216 f.; zur Funktion der Generalklauseln speziell in totalitären Staaten vgl. Naucke, a.a.O., S. 14 und Claß, a.a.O., S. 130; s. auch schon oben S. 28 Fn. 30

2) vgl. zu dieser Differenzierung Claß, a.a.O., S. 132; auch Hassemer, Festschrift für Sarstedt, S. 70

3) Naucke, Generalklauseln, insbes. S. 12; Krahl, Bestimmtheitsgrundsatz, S. 1 (mit aktuellen Beispielen des StGB) und S. 90 ff. sowie Dencker in einem Diskussionsbeitrag auf der Strafrechtslehrertagung 1985, zitiert nach Gropp, ZStW 97 (1985), S. 950

So ist z.B. insbesondere fraglich, welche Anforderungen an den Umfang der "Offenbarung" des Wissens des Aufklärungsgehilfen zu stellen sind; weiterhin, wann es sich um einen "wesentlichen" Beitrag zur weiteren (über den eigenen Tatbeitrag des Aufklärungsgehilfen hinausführenden) Aufdeckung der "Tat" handelt. [6]
Schließlich hängt es von der Strenge der Anforderungen, die man an die einzelnen Voraussetzungen des § 31 BtMG stellt, ab, in welcher Weise diese Vorschrift zugunsten des Betäubungsmittelstraftäters Anwendung findet. [7]
Danach wird es einen für den Anwendungsbereich des § 31 BtMG erheblichen Unterschied machen, ob diese Norm eng auszulegen ist oder eine weite, die Häufigkeit der Anwendung der Vorschrift zugunsten des Täters vermehrende Auslegung der betreffenden Merkmale zu wählen ist.

---

4) Der Verfasser verkennt hier nicht, daß mit Hilfe des generalisierend-abstrahierenden Gesetzgebungsstils, der Verwendung von unbestimmten Rechtsbegriffen und Generalklauseln sowie der Vorschriften über das Absehen von Strafe oder eine Strafmilderung und die Ermessensvorschriften (zu deren Zweck s. auch Warda, Dogmatische Grundlagen des richterlichen Ermessens im Strafrecht, S. 111) jedenfalls auch das Bedürfnis nach individueller Gerechtigkeit (durch Bewertung u.a. auch des Nachtatverhaltens des Täters und anderer Faktoren) berücksichtigt werden soll und beim jetzigen Stand der Gesetzgebungstechnik ein anderer Weg nur schwer gangbar erscheint (vgl. Naucke, Generalklauseln, S. 15; s. auch Rüthers, Die unbegrenzte Auslegung, S. 266).

5) vgl. Weigend, Festschrift für Jescheck, S. 1335; ebenso Herrmann, Die Kriminalpolizei 6/1984, 36; verkannt wird die Problematik (dazu unten S. 185 ff., 196 ff.) von Jaeger, Der Kronzeuge, S. 118

6) vgl. dazu unten den 2. Teil, 2. Kapitel, IV., 4.1.1., S. 196 ff. und jetzt BGH NJW 1986, 2896 f. sowie etwa Körner, BtMG, § 31, Rn. 7, 13 f., 19 jeweils m.w.N.

7) Insoweit handelt es sich - und dies ist eine Besonderheit aller Regelungen im Grenzbereich zwischen Strafbarkeit und Straflosigkeit, also auch des § 31 BtMG - um eine indirekte Begründung der Strafbarkeit durch den Richter; vgl. zu dieser Tatsache auch Lenckner, JuS 1968, 252; Kausch, a.a.O., S. 162

Herauszufinden, ob strenge Anforderungen zur Bejahung des § 31 BtMG gestellt werden müssen oder nicht, ist insbesondere Aufgabe des folgenden 2. Teiles der Arbeit, der die Bestimmung im Spannungsverhältnis zu grundlegenden Fragen des Strafprozeß- und Verfassungsrechts betrachtet. Dies kann jedoch nur unter der Voraussetzung gelten, daß die Regelung des § 31 BtMG überhaupt strafprozessual zulässig und verfassungsgemäß oder jedenfalls eine verfassungskonforme Auslegung möglich ist.

Schon die bisherige Untersuchung hat ergeben, daß es sich bei § 31 BtMG um eine über den Bereich der im StGB und im sog. Nebenstrafrecht üblich gewordenen, u.a. auf dem Gedanken des Rücktritts bzw. der tätigen Reue basierenden Vorschriften hinausgehende Regelung handelt, deren historischer gesetzlicher Vorläufer im Deutschen Militärstrafrecht zu finden ist und die eine zugunsten der Strafverfolgungsbehörden wirkende Aufklärungshilfe im Bereich des Betäubungsmittelstrafrechts bedeutet. 8)
Berücksichtigt man diese bisher gewonnenen Erkenntnisse gerade hinsichtlich der Zielrichtung der Vorschrift, muß man jedenfalls der Regelung des § 31 BtMG mit Vorsicht begegnen und kann ihr nicht bedenkenlos gegenüberstehen.

Bedenken können sich in strafprozessualer Hinsicht insbesondere im Hinblick auf die bedeutenden Verfahrensgrundsätze des Legalitäts-, des Unmittelbarkeitsprinzips und des Öffentlichkeitsgrundsatzes sowie die Problematik des Rollentausches und die "Waffengleichheit" im Strafprozeß ergeben. Daneben tritt freilich noch die in ihrer Bedeutung nicht zu unterschätzende Frage der Beurteilung der Glaubwürdigkeit des Aufklärungsgehilfen als Beweiswürdigungsproblem.

---

8) s. zu diesen Erkenntnissen die vorangehenden vier Kapitel dieses Teiles, S. 14 ff.

Im Bereich des Verfassungsrechtes bestehen vor allem rechtsstaatliche Bedenken gegenüber der Regelung des § 31 BtMG. Diese werden sich einerseits wohl im Rechtsstaatsprinzip niederschlagen; insoweit steht zu erwarten, daß sich die genannten prozessualen Problembereiche - jedenfalls zum Teil - unter diesem verfassungsrechtlichen Anknüpfungspunkt wiederfinden werden. Andererseits betreffen sie u.a. die Frage hinreichender Bestimmtheit der Regelung des § 31 BtMG im Sinne des Art. 103 Abs. 2 GG.
Neben der vagen Formulierung der Voraussetzungsseite des § 31 BtMG bedarf aber auch die Rechtsfolgeseite dieser Vorschrift in (verfassungs-)rechtlicher Hinsicht näherer Beobachtung:
Einerseits liegt den §§ 29, 30 in Verbindung mit § 31 BtMG ein sehr weiter Strafrahmen zugrunde [9], der gerade durch die Regelung des § 31 BtMG im unteren Bereich (zugunsten des Täters) noch ausgedehnt wird, ja sogar bis zum Absehen von Strafe führen kann. [10]
Somit betrifft die r i c h t e r l i c h e Entscheidung nicht allein die Strafhöhe, sondern auch die o f f e n e Entscheidung über die reale Bestrafung des Angeklagten.
Der Gesetzgeber trifft mit § 31 BtMG sowie den anderen Vorschriften über das Absehen von Strafe bzw. eine Strafmilderung eine R e c h t s f o l g e n - K o r r e k t u r . [11], [12]

---

9) bis 15 Jahre zeitige Freiheitsstrafe, vgl. § 38 Abs. 2 StGB

10) Richard Lange, in Materialien zur Strafrechtsreform, 1. Bd., S. 80, sieht durch die Möglichkeit des Absehens von Strafe die generalpräventive Wirkung des Strafgesetzes "empfindlich beeinträchtigt"; s. dazu auch unten im 2. Kapitel des 2. Teiles, IV., S. 181

11) Durch diese wird - und dies ist allgemein für das "stufenlose Zwischengebiet" (Naucke, Jura 1979, 429) zwischen Strafbarkeit und Straflosigkeit kennzeichnend - die Entscheidungs- und Ergebnisfindung weithin auf den Richter verlagert, vgl. Schünemann, Nulla poena sine lege, S. 35, 38; Naucke, Tendenzen, S. 51; Hassemer, Strafrecht, S. 229; Zipf, Kriminalpolitik, S. 99; Kausch, Der Staatsanwalt, S. 138, 145 ff., 150 f.; s. auch Eckardt, Die verfassungskonforme Gesetzesauslegung, S. 32 - Zum Stand der Entwicklung vor nunmehr 55 Jahren vgl. Peters, Die kriminalpolitische Stellung des Strafrichters bei der Bestimmung der Strafrechtsfolgen, S. 233

12) Eine Parallele in der Rechtsprechung enthält die Entscheidung des Großen Senats des BGH (St 30, 105) mit der sog. R e c h t s f o l g e n analogie zu § 49 Abs. 1 Nr. 1 StGB im Falle des Vorliegens außergewöhnlicher

Durch diese Korrektur des Ergebnisses (an sich aufgrund des Vorliegens aller Strafbarkeitsvoraussetzungen zu treffender Bestrafung des Täters) im Bereich der Rechtsfolgen verfolgt der Gesetzgeber im Einzelfall durch die "Rücknahme der faktischen Bestrafung" [13] eines Verhaltens, wodurch in der Folge eine "Straftat ohne Strafe" [14] entsteht, auf der Ebene der Reformen im Rechtsfolgebereich eine Kriminalpolitik, die täterorientiert ist und damit das Prinzip der Resozialisierung [15] in den Vordergrund stellt [16], [17], während er auf der Ebene der Reformen im Bereich der Straftatbestände des Besonderen Teils "nach wie vor und deutlich am Opfer-Interesse" [18] ausgerichtet ist [19], also eher den Gedanken der Vergeltung oder der Generalprävention verfolgt. [20]

---

schuldmindernder Umstände beim Mordmerkmal Heimtücke; dazu kritisch und zu Recht ablehnend z.B. Bruns, JR 1981, 360 f.; Lackner, NStZ 1981, 348 und Dreher-Tröndle, StGB, § 49, Rn. 2; § 211, Rn. 17; zu weiteren - inzwischen z.T. gesetzlich geregelten - Korrekturmöglichkeiten s. Naucke, Generalklauseln, S. 22 ff. und Krahl, Bestimmtheitsgrundsatz, S. 384

13) Hassemer, Festschrift für Sarstedt, S. 68

14) Cramer, Festschrift für Maurach, S. 493 (: "bei fehlendem Ahndungsbedürfnis (dürfe) eine Sanktion nicht verhängt werden")

15) Zu deren derzeitigem Stellenwert und den verschiedenen Bestrebungen in diesem Rahmen s. Naucke, Tendenzen, S. 35 ff.

16) vgl. Hassemer, a.a.O., S. 70; s. auch Drost, Das Ermessen des Strafrichters, S. 176 f.; ebenso im Bereich des Strafvollzuges, vgl. nur die Kodifizierung des Vollzugszieles in § 2 StVollzG

17) Nach Backes, KritV 1986, 320 ff. wird im Rahmen der Verfahrenseinstellungen gemäß §§ 153 ff. StPO die sog. "praktische Kriminalpolitik" (S. 320) bereits durch Richtlinien und Verfügungen bzw. Erlasse der Staatsanwaltschaften und der Ministerien betrieben, ein Weg, der - am Gesetzgeber und notwendigen politischen Mehrheiten vorbei - es sehr viel geräuschloser und dezenter ermöglicht, kriminalpolitische Anliegen durchzusetzen und insbesondere, diese jederzeit bei Bedarf aus Gründen der Zweckmäßigkeit wieder abzuändern.

18) Naucke, Tendenzen, S. 43, s. auch S. 31 ff.

19) Diese Tendenz wird durch eine deutliche kriminalpolitische Strömung zur Stärkung der Rechtsstellung des Verletzten im Strafverfahren verstärkt, vgl. dazu ausführlich Rieß, Gutachten für den 55. DJT (1984), S. 1 ff.; Schöch, NStZ 1984, 385 und nun Schünemann, NStZ 1986, 193 ff. und 439 ff., der zugleich den "Entwurf eines Ersten Gesetzes zur Verbesserung

Das sich in Bewegung befindende Strafrecht [21] folgt somit keiner einheitlichen Tendenz, keiner allgemeinen kriminalpolitischen Linie; vielmehr ist es berechtigt, von "vielfältigen Zickzack- und Gegenbewegungen" [22], von "einer Gemengelage verschiedener Tendenzen" [23] zu sprechen, von einer "parteitaktischen Einflußnahme auf die konkrete Kriminalpolitik" [24] auszugehen.
Dieser "Widerspruch" zwischen dem verfolgten kriminalpolitischen Interesse auf der Voraussetzungsseite der Tatbestände und demjenigen im Rechtsfolgenbereich belegt den oben schon konstatierten Zusammenhang zwischen Tendenzen der Neukriminalisierung [25] und weit gefaßten Straftatbeständen [26] auf der einen Seite und dadurch notwendig werdenden entkriminalisierenden Rechtsfolgen - Korrekturen [27] auf der anderen Seite. [28], [29] Denn die häufig

---

der Stellung des Verletzten im Strafverfahren" der Bundesregierung (vgl. BR-Drs. 51/86) bespricht, wobei er zum Ergebnis kommt, daß im Falle der Beibehaltung des Entwurfes in dieser Form "die Stellung des Beschuldigten in dem hochsensiblen strafprozessualen Interaktionssystem und damit letztlich auch die Legitimationsfähigkeit unseres Strafverfahrens gravierende Einbußen erleiden (würde)" (S. 443); s. nun das inzwischen in Kraft getretene Opferschutzgesetz vom 18.12.1986 (BGBl. I, S. 2496)

20) vgl. Naucke, a.a.O., S. 43; auch Hassemer, Festschrift für Sarstedt, S. 70; ders., in Hassemer/Lüderssen/Naucke, Fortschritte im Strafrecht durch die Sozialwissenschaften?, S. 43 mit dem zutreffenden Hinweis auf das dafür exemplarische BtMG (1982).

21) vgl. Naucke, Tendenzen, S. 15, 60

22) Naucke, a.a.O., S. 61

23) Horstkotte in Horstkotte/Kaiser/Sarstedt, Tendenzen in der Entwicklung des heutigen Strafrechts, S. 17

24) Achenbach, JuS 1980, 89; auch Naucke, Strafrecht, S. 108: "der Inhalt des Strafrechts steht zur parteipolitischen Disposition"; ders., Tendenzen, S. 16 und Hassemer, Festschrift für Richard Lange, S. 511

25) Einen Überblick über die "Erweiterung des Kriminalisierungsfeldes" gibt Achenbach, JuS 1980, 84 f.

26) ebenso wie Einschränkungen des Schutzes des Beschuldigten im Strafverfahrensrecht, vgl. Achenbach, JuS 1980, 84, 87 f. und Hassemer, Festschrift für Sarstedt, S. 70

27) s. auch - hinsichtlich § 60 StGB - Müller-Dietz, Festschrift für Richard Lange, S. 320 f., der zu Recht von zunehmenden "'Lösungen'" auf der Rechtsfolgenseite spricht

vorgesehenen weiten Strafrahmen dienen neben der angemessenen Individualisierung der Strafe zum Zwecke der Erzielung von Gerechtigkeit auch dem Ausgleich (zu) weit gefaßter Tatbestände, die Verhaltensweisen mit erheblich unterschiedlichem Unrechtsgehalt erfassen. [30] Durch die "Rücknahme der faktischen Bestrafung" [31] werden Verhaltensweisen von nur geringem, unter einer gewissen Erheblichkeitsschwelle liegenden Schuld- bzw. Unrechtsgehalt, also solche an der Grenze der Strafwürdigkeit, ebenso ausgeschieden wie Fälle durch entsprechendes Nachtatverhalten geminderten Schuld- bzw. Unrechtsgehalts. Es handelt sich um eine Entkriminalisierung im Einzelfall. [32]
Diese Situation zeigt, daß sich die wesentliche Entscheidung über die reale Bestrafung, hier: des Aufklärungsgehilfen, vom Gesetzgeber auf den Richter verlagert hat [33], eine Entwicklung, die unter dem Gesichtspunkt der Gewaltenteilung Bedeutung gewinnen kann.

---

28) Zu einer groben Einteilung der verfolgten straftheoretischen Entwicklungen für die einzelnen Teile des Strafverfahrens s. Naucke, Tendenzen, S. 28 ff., 33 f.

29) Backes, KritV 1986, 321 hat nun herausgearbeitet, daß daneben mit Hilfe der Richtlinienpraxis der Staatsanwaltschaften "faktisch Entkriminalisierung des materiellen Strafrechts im unteren Bereich auf breiter Front betrieben (wird)", die die Normgeltung des materiellen Strafrechtes tatsächlich teilweise außer Kraft setzt, ohne jedoch die (bestrittene) generalpräventive Wirkung der Strafbestimmungen abzuschwächen. Diese Praxis bedeutet, worauf Backes, a.a.O. zu Recht hinweist, einen Anwendungsfall der von Naucke herausgearbeiteten zwei stilistischen Hauptkennzeichen des aktuellen Rechts: "die durchgehende Positivität" und "die durchgehende Auflösung dieser Positivität" (Naucke, KritV 1986, 192).

30) vgl. Kausch, Der Staatsanwalt, S. 135, 149 ff. und schon Drost, Das Ermessen des Strafrichters, S. 117 f. - Zur wechselseitigen Verknüpfung von Tatbestand und Rechtsfolge vgl. Kausch, a.a.O., S. 160 ff. sowie Stree, Deliktsfolgen und Grundgesetz, S. 22; Schröder, Gesetz und Richter, S. 22 und BVerfGE 25, 286

31) Hassemer, Festschrift für Sarstedt, S. 68

32) s. hierzu Naucke, GA 1984, S. 201

33) vgl. dazu schon oben S. 52 Fn. 11 m.w.N.; dadurch vermindert sich freilich auch die Bindung des Richters durch den Gesetzgeber, vgl. z.B. Schünemann, Nulla poena sine lege, S. 7, 29 und Hassemer, in Hassemer/Lüderssen/Naucke, Hauptprobleme der Generalprävention, S. 37 f. sowie Claß, Festschrift für Eb. Schmidt, S. 124

Dieser Aspekt betrifft jedoch - entsprechend der oben erwähnten geänderten Gesetzgebungstechnik - auch die Problematik des Bestimmtheitsgrundsatzes gemäß Art. 103 Abs. 2 GG, mit dem er verschränkt ist [34]; letztlich geht es bei diesen beiden Komponenten um das Verhältnis von Gesetzgeber und Richter. Dieses Verhältnis ist umstritten. [35] Sein Verständnis bestimmt die Anforderungen im Hinblick auf Art. 103 Abs. 2 GG und die Gewaltenteilungsproblematik.

Anerkannt ist dabei jedoch, daß die Rechtsanwendung des Richters nicht nur in der Subsumtion besteht; vielmehr gilt als gesichert, daß der Richter mit einem Spielraum ausgestattet ist, den auszufüllen mit "eigenen" [36] Wertungen ihm aufgegeben ist. [37] Daher handelt es sich bei der Rechtsanwendung nicht nur um einen Akt der reinen Erkenntnis, sie enthält demgegenüber auch ein volitives Element. [38] Durch diese wertende Tätigkeit des Richters fällt ihm auch ein beträchtlicher Teil der Bestimmung kriminalpolitischer Gesichtspunkte zu. [39]

---

34) s. dazu näher unten den 2. Teil, 2. Kapitel, IV., 3.1. und 3.2., S. 185 ff.

35) vgl. zu diesem Problemkreis etwa Kausch, Der Staatsanwalt, S. 142 ff.; Krehl, Geldstrafe, S. 88 ff. m.w.N. zum Streitstand sowie ausführlich unten den 2. Teil, 2. Kapitel der Arbeit unter IV., 3.2., S. 186 ff.

36) d.h. freilich: durch die Rechtsordnung bestimmte oder an allgemeine gesellschaftliche Wertungen gebundene, vgl. Kausch, a.a.O., S. 143; hinsichtlich Fragen richterlicher Rechtsfortbildung auch Böckenförde, Verfassungsfragen der Richterwahl, S. 94 f.

37) Dies kann als Ergebnis der Methodendiskussion - unabhängig von der jeweils vertretenen speziellen Auffassung - allgemein festgestellt werden, vgl. z.B. Kriele, Theorie der Rechtsgewinnung, 1. Aufl., S. 50; Gössel, Festschrift für Peters, S. 44; Kausch, a.a.O., S. 143; Coing, Juristische Methodenlehre, S. 46; Wieacker, Gesetz und Richterkunst, S. 6

38) Speziell hinsichtlich strafrechtlicher Wertentscheidungen vgl. Küper, Die Richteridee der Strafprozeßordnung und ihre geschichtlichen Grundlagen, S. 3 ff. sowie Krey, Gesetzesvorbehalt, S. 67 ff.

39) vgl. Kausch, a.a.O., S. 138

Diese knappe Darstellung zeigt schon deutlich, daß nur die Zusammenschau von Gesetzes- und Richterrecht das geltende Recht bedeutet. [40)]

Trotzdem bleibt die Frage, ob § 31 BtMG den angesprochenen rechtlichen Bedenken standhält.

Zwar können u.U. auch die anerkannten Grundsätze der Strafzumessung ein Ausgleich für weite Strafrahmen sein, um eine Strafe zu konkretisieren und die erforderliche Vorhersehbarkeit derselben zu gewährleisten [41)]; jedenfalls kann heute nicht mehr die Auffassung vertreten werden, daß das Strafzumessungsrecht für die Aufgabe der Eingrenzung der Strafrahmen von vornherein nicht geeignet wäre. [42), 43)]

Freilich ist insbesondere der Zusammenhang zwischen den vagen Anwendungsvoraussetzungen des § 31 BtMG und dem sich ergebenden relativ weiten Strafrahmen zu beachten [44)]: Eine weitere Ausdehnung der sowieso schon sehr weiten Strafrahmen der §§ 29, 30 BtMG (bis 15 Jahre zeitige Freiheitsstrafe, vgl. § 38 Abs. 2 StGB) durch § 31 BtMG wird um so eher unbedenklich sein, je mehr es gelingt, die Voraussetzungen der Vorschrift zu konkretisieren und ihren Anwendungsbereich damit genauer festzulegen.

---

40) s. Hanack, Der Ausgleich divergierender Entscheidungen in der oberen Gerichtsbarkeit, S. 58; Kausch, a.a.O., S. 144 ff., 147; Schreiber, Gesetz und Richter, S. 223 und Krey, Gesetzesvorbehalt, S. 103

41) s. BGHSt 1, 308; Schröder, Gesetz und Richter, S. 22; Grünwald, ZStW 76 (1964), S. 8; Kausch, a.a.O., S. 149 sowie Geerds, Festschrift für Engisch, S. 422

42) vgl. Krehl, Geldstrafe, S. 84

43) Der Strafrahmen reicht bei der Geldstrafe von 10 DM bis 3,6 Millionen DM und ist für alle Geldstrafe androhenden Tatbestände des StGB anwendbar; zur Problematik des § 40 StGB und der Frage der Verfassungsmäßigkeit dieser extrem weiten Geldstrafendrohung vgl. Krehl, Geldstrafe

44) allgemein zum Zusammenhang zwischen Strafbarkeitsvoraussetzungen und Strafzumessungskriterien Naucke, Strafrecht, S. 336 f.; Arzt, BT 1, S. 7 f.; Kausch, a.a.O., S. 137 f.

Diese Überlegungen sprechen somit wohl eher für die enge Auslegung der Anwendungsvoraussetzungen des § 31 BtMG.
Ob sich diese Annahme, die bisher freilich nur vorläufiger Art ist, durch die Untersuchung der strafprozessualen und verfassungsrechtlichen Grundfragen im nun folgenden 2. Teil der Arbeit bestätigen wird oder nicht, bleibt abzuwarten. Jedenfalls kann aufgrund der bis zu dieser Stelle der Arbeit gewonnenen Erkenntnisse die Hypothese gewagt werden, daß die unbestimmt formulierte Voraussetzungsseite des § 31 BtMG wohl einschränkend interpretiert werden müsse.
Dies auch deshalb, weil es letztlich - dies wird sich nun bei der Erörterung der Problempunkte zeigen - darum geht, ob die Regelung des § 31 BtMG r e c h t s s t a a t l i c h e n G r u n d s ä t z e n insofern genügt, als ein vertretbarer Ausgleich zwischen den divergierenden Interessen (angeblicher) kriminalpolitischer und -taktischer Erforderlichkeit einer solchen Regelung einerseits und denjenigen des belasteten (und auch des belastenden) Täters auf ein faires Verfahren vor Gericht andererseits durch den Gesetzgeber gefunden wurde, mithin den Belangen der Betroffenen in ausreichender Weise Rechnung getragen wurde.[45)]

---

45) Die Frage der "rechtsstaatlichen Schranken der Kriminaltaktik" (Jung, ZRP 1986, 38) wird auch bei der V-Mann- und agent provocateur-Problematik relevant, vgl. dazu etwa Bruns, Neue Wege zur Lösung des strafprozessualen "V-Mann-Problems"; Lüderssen, Jura 1985, 113 ff.; ders., in Denninger/Lüderssen, Polizei und Strafprozeß, S. 238 ff. und auch die gelungene Darstellung des Problemkreises im Bereich der Betäubungsmittelkriminalität bei Körner, BtMG, § 31, Rn. 37 ff.; s. weiterhin Ostendorf/Meyer-Seitz, Strafverteidiger 1985, 73 ff.; Schünemann, Strafverteidger 1985, 424 ff.; Seelmann, ZStW 95 (1983), S. 797 ff. und BVerfGE 57, 250; BVerfG Strafverteidiger 1985, 177 f. mit abl. Anm. von Lüderssen, S. 178 ff.; BGHSt 32, 115; BGH Gr. Sen. NJW 1986, 1766 und - rechtsvergleichend - die Einordnung des Lockspitzeleinsatzes als Verfahrenshindernis durch das Schweizerische Strafgericht Basel-Stadt, Strafverteidiger 1985, 318 ff.; vgl. zu diesem Problemkreis auch die - u.a. mehrere hier und in der gesamten Arbeit zitierte Literaturstellen enthaltende - von Lüderssen herausgegebene Schrift: V-Leute, Die Falle im Rechtsstaat (1985) sowie die Dissertationen von Voller, Der Staat als Urheber von Straftaten und Mache, Die Zulässigkeit des Einsatzes von agents provocateurs und die Verwertbarkeit der Ergebnisse im Strafprozeß

2. Teil: Strafprozessuale und verfassungsrechtliche Grundfragen der Regelung des § 31 BtMG

1. Kapitel: Die Frage der Vereinbarkeit des § 31 BtMG mit den Verfahrensprinzipien des Strafprozeßrechts und anderen prozessual bedeutsamen Aspekten

Im folgenden soll nun - wie schon mitgeteilt wurde [1] - die Regelung des § 31 BtMG im Spannungsverhältnis zu tragenden Grundprinzipien des Strafprozeßrechts sowie weiteren prozessual bedeutenden Aspekten, die im Zusammenhang mit einer derartigen Vorschrift relevant werden können, betrachtet werden.

Als V o r b e m e r k u n g für die nächsten Untersuchungsabschnitte sei insbesondere auf folgendes hingewiesen:
Die einzelnen Prüfungsmaßstäbe sind jeweils unter dem Gesichtspunkt ausgewählt worden, nähere Angaben zur Vereinbarkeit oder Unvereinbarkeit des § 31 BtMG mit ihnen zu ergeben oder - gegebenenfalls - Maßgaben zu erhalten, die eingehalten werden müssen, um einen Verstoß des § 31 BtMG gegen diese Prüfungskriterien auszuschließen.
Diese Untersuchungskriterien können im Falle der nicht ohne weiteres gegebenen Vereinbarkeit der Regelung des § 31 BtMG mit ihren Anforderungen dazu beitragen, Argumente für die enge oder die weite Auslegung der Vorschrift zu liefern oder diese u.U. sogar in bestimmter Beziehung einzuschränken. Es kann erwartet werden, daß dadurch ein wesentlicher Schritt im Hinblick auf die notwendige Konturierung des Anwendungsbereiches der Vorschrift getan wird, sofern sich nicht vollständig die Unzulässigkeit des § 31 BtMG ergibt.

Zunächst werden in den ersten drei Abschnitten des folgenden 1. Kapitels das grundlegende Legalitätsprinzip [2], das der "Sicher-

---

1) vgl. oben im 5. Kapitel des 1. Teiles, S. 51

2) vgl. I., S. 61 ff.

stellung der Gleichheit vor dem Gesetz und ... der stetigen präventiven Strafrechtspflege" [3] dient und die nicht minder bedeutsamen Grundsätze der Unmittelbarkeit [4] und der Öffentlichkeit [5] als Maßstab für die rechtliche Überprüfung des § 31 BtMG von Bedeutung sein.
Anschließend werden der nicht mit diesen drei hier relevanten grundlegenden Verfahrensprinzipien des deutschen Strafprozeßrechtes vergleichbare und daher nicht auf gleicher Stufe mit ihnen stehende, aber für die Verfahrenswirklichkeit und die Existenz rechtsstaatlicher Garantien im Verfahrensrecht bedeutsame Grundsatz der "Waffengleichheit" [6] zwischen Staatsanwalt(schaft) auf der einen und Angeklagtem (und Verteidiger) auf der anderen Seite sowie die Frage der Zulässigkeit des (formellen) Rollentausches [7] zu erörtern sein.
Um ein sich aus der Praxis des Rollentausches ergebendes Problem handelt es sich bei der Frage der Vermeidung der Unsicherheit über den Status der Auskunftsperson am Anfang des Ermittlungsverfahrens [8], das sich daran anschließt.
Am Ende dieses Kapitels wird ein ganz anders gelagertes Problem zu erörtern sein, nämlich die (zweifelhafte) Frage der Glaubwürdigkeit der Aussage des Aufklärungsgehilfen [9], die als Frage der Beweis w ü r d i g u n g die Aufgabe hat zu klären, welcher Stellenwert der Aussage des Aufklärungsgehilfen als Verurteilungsgrundlage für den belasteten und nun angeklagten Tatbeteiligten zukommen kann.

Diese prozessualen Erwägungen ganz unterschiedlicher Art, die

---

3) Naucke, Strafrecht, S. 184

4) s. II., S. 68 ff.

5) vgl. III., S. 80 ff.

6) s. unten IV., S. 89 ff.

7) vgl. V., S. 105 ff.

8) unten VI., S. 117 ff.

9) vgl. VII., S. 121 ff.

freilich jeweils auf einer anderen Ebene anzusiedeln und von verschieden großer Bedeutung sind, spiegeln - wie die thematische Behandlung im einzelnen zeigen wird - die Verwirklichung rechtsstaatlicher Belange im Verfahrensrecht oder genauer: das Maß ihrer Verwirklichung wider.

I. § 31 BtMG und das Legalitätsprinzip des § 152 Abs. 2 StPO

In diesem Abschnitt soll nun der Frage nachgegangen werden, ob die Vorschrift des § 31 BtMG mit dem Legalitätsgrundsatz [10)] des Strafprozeßrechtes vereinbar ist. Dieser ist in § 152 Abs. 2 StPO legaldefiniert und bedeutet, daß die Staatsanwaltschaft als Anklagebehörde - soweit gesetzliche Ausnahmen nicht bestehen - verpflichtet ist, "wegen aller verfolgbaren Straftaten einzuschreiten, sofern zureichende tatsächliche Anhaltspunkte vorliegen".
Somit statuiert § 152 Abs. 2 StPO - jedenfalls im Grundsatz - einen Verfolgungszwang [11)] für die Staatsanwaltschaft und einen Anklagezwang [12)] im Falle des Vorliegens der Voraussetzungen.[13), 14)]
Freilich ist dieser im Gesetz im Jahre 1877 festgelegte Grundsatz [15)] von vielfältigen Ausnahmen in den §§ 153, 153a [16)] ff., 154 ff. StPO durchbrochen.

---

10) Zur Entwicklung des Legalitätsprinzips vgl. ausführlich Schürer, Die Entwicklung des Legalitätsprinzips seit der Emmingerschen Verordnung, S. 17 ff.; s. auch Faller, Festgabe für Maunz, S. 73 ff. und Jung, Kronzeuge, S. 44 ff. sowie Weigend, Anklagepflicht und Ermessen, S. 25 ff.; besonders kritisch Schmidhäuser, JZ 1973, 529 ff.

11) gegen jeden Verdächtigen, vgl. BVerfG NStZ 1982, 430

12) im Zusammenspiel mit § 170 Abs. 1 StPO; vgl. dazu auch unten S. 64 mit Fn. 27

13) vgl. z.B. Kleinknecht, Festschrift für Bruns, S. 475 f.; Kleinknecht/Meyer, StPO, § 152, Rn. 2; Schäfer, Strafprozeßrecht, Einl., Kap. 13, Rn. 26; Lüttger, GA 1957, S. 200 sowie Peters, Strafprozeß, S. 167, 170 und Schroeder, Festschrift für Peters, S. 414

Zum Teil wird auch von einem inzwischen vorhandenen "Mischsystem" zwischen Legalitäts- und Opportunitätsprinzip gesprochen [17], das sich durch die immer weitere Ausbreitung der im Ermessen der Staatsanwaltschaft stehenden Verfolgung eingestellt habe. [18] Ohne Zweifel würde es sich um eine Durchbrechung des Legalitätsprinzips handeln, wenn die ursprünglich geplante Regelung des § 153f StPO [19], welche die Einstellung von Verfahren im Falle des § 11 Abs. 1 bis 3 BtMG a.F. ermöglichen sollte, Gesetz geworden wäre. [20]

---

14) Die Geltung des Legalitätsprinzips erweisen auch die §§ 172 ff. StPO (sog. Klageerzwingungsverfahren), § 146 GVG (Weisungsgebundenheit der Staatsanwaltschaft) und § 258a StGB (Strafvereitelung im Amt), vgl. Naucke, Strafrecht, S. 182

15) Er war schon bei der Beratung der Reichsstrafprozeßordnung heftig umstritten; der 2. Deutsche Juristentag hatte sich jedoch mit knapper Mehrheit für das Legalitätsprinzip ausgesprochen, vgl. Verhandlungen des 2. DJT (1861), Bd. II, S. 669; s. auch Faller, Festgabe für Maunz, S. 69 f. - Zu seiner gegenwärtigen Situation und Bedeutung vgl. Weigend, Anklagepflicht und Ermessen, S. 40 ff.; Baumann, ZRP 1972, 273 ff.; Eckl, ZRP 1973, 139 ff.; Hanack, Festschrift für Gallas, S. 339 ff. und Rieß, NStZ 1981, 2 ff.

16) Zur Frage, ob es sich bei § 153a StPO lediglich um einen Anwendungsfall des Opportunitätsprinzips oder nicht vielmehr um eine Regelung mit (anderem) Sanktionscharakter handelt, s. ausführlich Kausch, Der Staatsanwalt, S. 45 ff., 58 ff., 65 f. sowie Naucke, Gutachten für das 51. DJT, S. 28 ("neues Verfahren"); Jung, Kronzeuge, S. 50 f. und R. Schmitt, ZStW 89 (1977), S. 641

17) so Heyden, Legalitäts- und Opportunitätsprinzip, S. 26; Jung, Kronzeuge, S. 49; Weigend, Anklagepflicht und Ermessen, S. 62, 168; s. auch Faller, Festgabe für Maunz, S. 73; Geerds, SchlHA 1962, 186 spricht von einem "Kompromiß zwischen einem gegensätzlichen Begriffspaar, ..., der lediglich für die Legalitätsmaxime etwas günstiger ausgefallen" sei.

18) Kritisch zur Brauchbarkeit des Gegensatzpaares Legalitäts-/Opportunitätsprinzip Schroeder, Festschrift für Peters, S. 412, 425 f.; s. auch Jung, Kronzeuge, S. 60; vgl. zu deren Auffassung aber andererseits Peters, Strafprozeß, S. 171 f.

19) Der Entwurf eines Ersten Gesetzes zur Reform des Strafverfahrensrechts (1. StVRG) sah folgenden Wortlaut für § 153f StPO vor:

"(1) Hat das Verfahren Straftaten nach § 11 Abs. 1 bis 3 des Betäubungsmittelgesetzes zum Gegenstand, so kann die Staatsanwaltschaft von der Verfolgung einer solchen Tat absehen, wenn der Täter nach der Tat zur Aufdeckung oder Verfolgung eines besonders schweren Falles

Geltendes Recht ist jedoch "nur" die auf das Betäubungsmittelrecht beschränkte Figur des Aufklärungsgehilfen in § 31 BtMG. Diese Norm ermöglicht nicht die Einstellung eines Strafverfahrens durch die Staatsanwaltschaft (mit oder ohne Zustimmung des Gerichts), sondern lediglich die Möglichkeit des Absehens von Strafe oder der Strafmilderung durch das Gericht.
Allerdings ist in diesen hier relevanten Fällen gemäß § 153b StPO das Absehen von der Erhebung der öffentlichen Klage möglich. [21)]
Da jedoch sogar ein Absehen von der Anklageerhebung allenfalls in Fällen in Betracht kommen kann, in denen das Gericht - im Falle der Anklageerhebung - ganz von Strafe absehen würde und dies schon vor der Anklageerhebung feststeht bzw. abzusehen ist [22)], wird die Anzahl solcher Fälle verschwindend gering sein, zumal nur ganz ausnahmsweise vollständiges Absehen von Strafe erfolgen wird, die Regel vielmehr eine (geringe oder auch größere) Strafmilderung ist. [23)]

---

im Sinne des § 11 Abs. 4 des Betäubungsmittelgesetzes beigetragen hat.

(2) Ist die Klage bereits erhoben, so kann das Gericht unter den Voraussetzungen des Abs. 1 mit Zustimmung der Staatsanwaltschaft das Verfahren einstellen.",

zitiert nach Jung, Kronzeuge, S. 7; vgl. auch den Gesetzesantrag des Landes Nordrhein-Westfalen vom 13.3.1975 (BR-Drs. 176/75), der auch als § 153f StPO eine ähnliche Regelung schon für § 129 StGB vorschlug; gegen die prozessuale Lösung und für einen § 129 Abs. 7 StGB richtet sich die Empfehlung des Rechtsausschusses (BR-Drs. 176/1/75), ebenso dann der Gesetzentwurf des Bundesrates (BR-Drs. 176/75); zu den Gesetzentwürfen in chronologischer Abfolge s. Jaeger, Der Kronzeuge, S. 23 ff.

20) Das gleiche würde im Falle der Einführung einer echten Kronzeugenregelung in Form einer Einstellungsvorschrift gelten, die u.a. deshalb so umstritten war und ist, weil dadurch das Legalitätsprinzip eine erneute weitere Teilaußerkraftsetzung hätte erfahren müssen, vgl. schon oben das 1. Kapitel des 1. Teiles der Arbeit, S. 15 mit Fn. 11 und 13 und Körner, BtMG, § 31, Rn. 1 und 2 jeweils m.w.N. sowie Freiberg, ZStW 59 (1940), S. 54 f., der eine solche während des Nationalsozialismus vorschlug; s. nunmehr auch Hassemer, Strafverteidiger 1986, 551 f.

21) Streitig ist dies nur für den obligatorischen Fall des Absehens von Strafe gemäß § 60 StGB: befürwortend z.B. H. Wagner, GA 1972, S. 33, 50; KK-Schoreit, StPO, § 153b, Rn. 2; ablehnend Schroeder, Festschrift für Peters, S. 411, 421

22) Nach dem Sinn der Vorschrift sei die Einstellung des Verfahrens geboten, wenn ein Bedürfnis für eine Schuldfeststellung nicht bestehe, vgl.

In solchen extrem gelagerten, fast theoretischen Ausnahmefällen wird die Durchbrechung des Legalitätsprinzips [24] gemäß § 153b StPO aber keinen Bedenken unterliegen. [25]

In den üblichen Fällen einer Strafmilderung (bzw. auch eines ausnahmsweisen völligen Absehens von Strafe) im Rahmen des § 31 BtMG wird also zunächst geprüft, ob eine tatbestandsmäßige, rechtswidrige und schuldhafte Handlung [26] vorliegt, bevor Überlegungen hinsichtlich einer Milderung der Strafe angestellt werden. Dieser Feststellung durch ein gerichtliches Strafverfahren vorgelagert ist die Verfolgung des Täters und die Anklageerhebung gemäß § 170 Abs. 1 StPO [27] durch die Staatsanwaltschaft. Damit hat sie den Anforderungen des Legalitätsprinzips nach § 152 Abs. 2 StPO genügt. [28], [29]

Meyer-Goßner in Löwe-Rosenberg, StPO, § 153b, Rn. 7; ebenso, wenn vorhersehbar sei, daß das Verfahren mit einem Absehen von Strafe ende, vgl. Meyer-Goßner, ebenda, Rn. 2; s. zum Ganzen auch Bloy, GA 1980, S. 176 f.

23) Weigend, Festschrift für Jescheck, S. 1338 Fn. 17, teilt (1985) mit, daß - nach Auskunft von Praktikern - in der Verfahrenswirklichkeit die Möglichkeit des Absehens von Strafe im Rahmen des § 31 BtMG keine Rolle spielt; ebenso Weider, NStZ 1984, 398:"Fälle, in denen es zu einem Absehen von Strafe gekommen ist, sind bisher nicht bekannt, ..." und Jung, ZRP 1986, 42; s. auch BT-Drs. 10/843, S. 16; diese Einschätzung wird bestätigt durch Jaeger, Der Kronzeuge, S. 111, der im Rahmen seiner Aktenuntersuchung bei 97facher Anwendung des § 31 BtMG lediglich in einem einzigen Falle "Straffreiheit" des Täters konstatieren konnte; dieser Einzelfall wurde sogar nach § 153b StPO eingestellt und wäre andernfalls "nach Angabe der zuständigen Staatsanwaltschaft mit hoher Wahrscheinlichkeit auch ohne die Anwendung des § 31 BtMG gemäß § 153 oder § 153a StPO eingestellt worden". - Ein Absehen von Strafe dürfte in der Regel nur bei sehr umfassenden Angaben und lediglich dann infrage kommen, wenn auch die Betäubungsmittel sichergestellt, damit also ein weiterer Schaden verhindert werden konnte.

24) der also vor allem neben den relativ häufigen Einstellungen des Verfahrens gemäß § 153, 153a StPO kein Gewicht zukommt

25) Vielmehr wird sie zur Vermeidung eines zeit- und kostenaufwendigen Hauptverfahrens als sinnvoll angesehen, vgl. Meyer-Goßner in Löwe-Rosenberg, StPO, § 153b, Rn. 2 und Bloy, GA 1980, S. 177

26) so die herrschende dreigliedrige Definition des Verbrechensbegriffes in Deutschland, vgl. z.B. RGSt 61, 247; BGHSt 1, 132; Lackner, StGB, vor § 13, Anm. III 3a; anders etwa Rödig, Festschrift für Richard Lange, S. 56 ff., der einen lediglich zweistufigen Verbrechensaufbau konzipiert hat.

Die weitere Entwicklung des Verfahrens liegt nun in den Händen des Gerichtes [30], das selbständig über die Möglichkeit der Vergünstigung nach § 31 BtMG entscheidet. Ein Verstoß gegen das Legalitätsprinzip ist also insoweit nicht feststellbar.

An dieser Stelle soll jedoch noch folgender Überlegung nachgegangen werden: Wenn der Grund der Geltung des Legalitätsprinzips darin besteht, eine für jeden Staatsbürger gleiche Verfolgung von Straftaten - jedenfalls der Idee nach, wenn auch beschränkt durch den Rahmen des Möglichen [31] - zu gewährleisten und durch einen gleich gehandhabten Anklagezwang erreicht werden soll, den Strafanspruch des Staates durchzusetzen, entsteht die Frage, ob die Strafe danach einfach gemildert oder von Strafe sogar völlig abgesehen werden kann.

---

27) § 170 Abs. 1 StPO ist eine Ergänzung zu § 152 Abs. 2 StPO; daß der Anklagezwang zur Erfüllung des Legalitätsprinzips gehört, ergibt sich auch aus den Vorschriften über das Klageerzwingungsverfahren (§§ 172 ff. StPO), vgl. Kleinknecht, Festschrift für Bruns, S. 476 und Kleinknecht/Meyer, StPO, § 152, Rn. 2

28) Die Beteiligung der Staatsanwaltschaft im weiteren Verfahren ist als prozessuale Aufgabe eigener Art und damit nicht als Teil des Legalitätsprinzips anzusehen, vgl. Kleinknecht, Festschrift für Bruns, S. 476; Kleinknecht/Meyer, StPO, § 152, Rn. 2; Meyer-Goßner in Löwe-Rosenberg, StPO, § 152, Rn. 3; anderer Meinung ist Geppert, GA 1979, S. 300, der vom Legalitätsprinzip auch die Durchführung der Hauptverhandlung und die Sicherstellung der Strafvollstreckung - allerdings ohne Begründung - als mitumfaßt ansieht. Diese Meinung greift jedoch schon über die gesetzliche Regelung der §§ 152 Abs. 2, 170 Abs. 1 StPO (Verfolgungs- und Anklagezwang) weit hinaus und ist bereits daher abzulehnen.

29) Anderer Ansicht ist Drost, Das Ermessen des Strafrichters, S. 182, der im Falle des Absehens von Strafe ein durch die Spezialprävention begründetes "Opportunitätsermessen des Richters" annimmt, das eine Durchbrechung des Legalitätsprinzips bewirke; s. auch ebenda, S. 208 f.; eine Lockerung des Legalitätsprinzips konstatiert v. Weber, MDR 1956, 707, der diesem Rechtsinstitut jedoch insgesamt positiv gegenübersteht.

30) vgl. außer den oben (Fn. 28) Genannten Cramer, Festschrift für Maurach, S. 496 und Strate, Strafverteidiger 1985, 338

31) Mit Hilfe des Legalitätsprinzips wird versucht, die Grundsätze der Gleichheit der Menschen vor dem Gesetz gemäß Art. 3 Abs. 1 GG und der Gerechtigkeit zu verwirklichen, s. dazu Eckl, ZRP 1973, 139; vgl. auch BVerfGE 20, 222 ("Ausdruck des Grundsatzes der Gleichheit aller vor dem Gesetz"). Betrachtet man freilich die tatsächliche Praxis der Strafverfolgung, wird

Diese Frage berührt einen Grund für die Geltung des Legalitätsprinzips, der aus der Straftheorie kommt und eine stetige präventive Strafrechtspflege sicherstellen soll. [32)]

Man könnte der Auffassung sein, daß durch den weiten (Beurteilungs-)Spielraum der Gerichte gerade bei der Möglichkeit des Absehens von Strafe "das Legalitätsprinzip seine materielle Funktion verloren" [33)] habe und insofern doch eine Beeinträchtigung des Legalitätsprinzips erwägen.

Dies ist jedoch zum einen aus den oben [34)] genannten Gründen zu verneinen.

Zum anderen darf bei dieser Überlegung auch nicht außer Betracht bleiben, daß sich die Umstände, die eine Strafmilderung bzw. ein Absehen von Strafe rechtfertigen, erst nach Erhebung der öffentlichen Anklage herausstellen können:

---

offenbar, daß es sich um einen Selektionsprozeß handelt, der zum einen durch die Anzeigebereitschaft des Opfers gesteuert wird (vgl. Weis/Müller-Bagehl, Kriminologisches Journal 1971, 185 ff.) und zum anderen durch die unterschiedliche Intensität der Strafverfolgung hinsichtlich der verschiedenen Delikte und durch praktische Schwerpunktbildung überhaupt seitens der Polizeibehörden geprägt wird (vgl. Kaiser, Sozialkontrolle, S. 116; Zipf, Festschrift für Peters, S. 490, 492); s. insgesamt zur Stellung der Staatsanwaltschaft im Prozeß strafrechtlicher Sozialkontrolle Blankenburg/Sessar/Steffen, Staatsanwaltschaft, und speziell zur Staatsanwaltschaft als Selektionsinstanz im Zusammenhang mit den organisations-, delikts- und täterspezifischen sowie pragmatischen und normativen Handlungsbedingungen des Staatsanwaltes, ebenda, S. 305 ff.; durch diese Regulierungsmechanismen werde das "Legalitätsprinzip im Ergebnis außer Kraft" gesetzt, a.a.O., S. 332; nach Zipf besteht in der Lückenhaftigkeit der Durchsetzung des Legalitätsprinzips aber gerade "seine Stärke", da die Selektion innerhalb der Strafverfolgung eine "notwendige Voraussetzung für die Funktionsfähigkeit der Strafrechtspflege" sei, das strafbare Verhalten immer "Ausnahmecharakter" haben müsse, (Zipf, Festschrift für Peters, S. 497 f.; auch Jung, Kronzeuge, S. 61), da kein Normensystem der lückenlosen Information über abweichendes Verhalten auf Dauer standhalten könne, vgl. dazu Popitz, Über die Präventivwirkung des Nichtwissens, S. 9 ff. Daher bestehe die Aufgabe darin, "einerseits eine Auswahl zu treffen, andererseits bei dieser Auswahl aber jede Willkür und Ungleichbehandlung fernzuhalten", Zipf, a.a.O., S. 498, auch S. 500

32) s. Naucke, Strafrecht, S. 182, 184

33) so Schroeder, Festschrift für Peters, S. 425, der die Entmaterialisierung des Legalitätsgrundsatzes "zu einer bloßen Zuständigkeitsfrage" annimmt.

34) den Umfang der Geltung des Legalitätsprinzips betreffenden Gründen, s. S. 64 f.

Sofern die Voraussetzungen des § 153b Abs. 2 StPO nicht mehr erfüllt werden können [35], (so daß das Verfahren nicht mehr eingestellt werden kann,) sollte sich dieser Umstand nicht zum Nachteil des Angeklagten, der in diesem Falle sowieso schon die psychische Belastung eines Strafverfahrens tragen muß [36], auswirken und dem Gericht daher die Möglichkeit zur Gewährung der Vergünstigung des § 31 BtMG auch nach Beginn der Hauptverhandlung zugestanden werden.
Weiterhin ist heute anerkannt, daß bei der strafrechtlichen Reaktion (nicht nur, aber) auch die Persönlichkeit des Täters berücksichtigt werden muß, also der Aspekt der Individualisierung der Strafe (bzw. Maßregel) miteingestellt wird [37], ja daß davon auch die Effektivität des Strafrechts wesentlich abhängt. [38]
Demnach kann es auch in der (vor Beginn des Strafverfahrens nicht immer klar absehbaren) Hinsicht der Individualisierung der strafrechtlichen Rechtsfolgen notwendig sein, eine Strafmilderung im Sinne des § 31 BtMG vorzunehmen.

---

35) immerhin kann das Gericht nur bis zum Beginn der Hauptverhandlung (§ 243 Abs. 1 Satz 1 StPO) und auch nur mit der Zustimmung der Staatsanwaltschaft und des Angeschuldigten das Verfahren in diesem Falle einstellen. - Die oben erörterte Tatsache, daß über den Prozeßstoff nunmehr das Gericht alleine disponiere , veranlaßte die Überlegung hinsichtlich der Notwendigkeit von Verfahrenseinstellungen durch die Gerichte ohne staatsanwaltschaftliche Zustimmung (so z.B. Dünnebier, JZ 1961, 312 f.); anders etwa H.W. Schmidt, SchlHA 1961, 326 f., der die Erforderlichkeit der staatsanwaltlichen Zustimmung als rechtspolitische Frage der Verfahrensgestaltung als nicht systemwidrig einstuft.

36) Weshalb das Verbot der Mehrfachbestrafung des Art. 103 Abs. 3 GG (ne bis in idem) auch als Verbot der mehrfachen Verfahrensverwicklung verstanden wird, vgl. z.B. BVerfGE 3, 250; BGH JZ 1978, 729; Seifert in Seifert/Hömig, Grundgesetz, Art. 103, Rn. 7; zu dem dahinter stehenden Grund der Belastung der Angeklagten s. z.B. Ostendorf, ZRP 1976, 282 und Dörr, Faires Verfahren, S. 155 f.

37) vgl. dazu Heinitz, Individualisierung, S. 8, 12; Maiwald, ZStW 83 (1971), S. 679; BGHSt 24, 42 f.; s. auch § 46 Abs. 1 Satz 2 StGB, dazu LK-G. Hirsch, StGB, § 46, Rn. 13 ff. - Dahingestellt sei in diesem Zusammenhang, ob die Individualisierung sich daran orientieren solle, welches Maß an Schuld der jeweilige Täter trage (mit diesem Verständnis etwa Arthur Kaufmann, JZ 1967, 556 f. und auch Heinitz, a.a.O., S. 8) oder daran, welches Maß an spezialpräventiver Einwirkung auf den Täter vonnöten sei, um ihn vor

Somit hat sich gezeigt, daß die Regelung des § 31 BtMG den Legalitätsgrundsatz gemäß § 152 Abs. 2 StPO nicht verletzt und damit vereinbar mit diesem Verfahrensprinzip des Strafprozeßrechts ist.

Die Überprüfung des § 31 BtMG anhand dieser bedeutenden Verfahrensmaxime hat also keine Maßgabe für die Beantwortung der oben aufgeworfenen Frage enger oder weiter Auslegung dieser Vorschrift ergeben [39], so daß - außer der Vereinbarkeit des § 31 BtMG mit dem Legalitätsprinzip des § 152 Abs. 2 StPO - kein weiterer Anhaltspunkt zur Bestimmung des konkreten Anwendungsbereiches von § 31 BtMG gewonnen werden konnte.

II. § 31 BtMG und der Unmittelbarkeitsgrundsatz

Der Grundsatz der Unmittelbarkeit des geltenden Strafverfahrensrechts, der (neben dem Grundsatz der Mündlichkeit) - aus der Reformgesetzgebung des 19. Jahrhunderts stammend [40] - als Herzstück des "reformierten" Strafprozesses im Gegensatz zum herkömmlichen Inquisitionsverfahren bezeichnet werden kann [41], zeichnet sich durch weitgehende Umstrittenheit hinsichtlich seines Inhalts und seiner prozessualen Funktion aus. [42]

---

erneuter Straffälligkeit zu bewahren (vgl. § 37 Abs. 1 AE); dieser Zweck kann freilich seinen Anknüpfungspunkt in der Schuld des Täters nehmen (s. § 37 Abs. 2 AE sowie auch Würtenberger, JZ 1970, 453).

38) vgl. z.B. Maiwald, ZStW 83 (1971), S. 679; Heinitz, a.a.O., S. 12

39) Dies gilt, wenn man die zusätzliche Überlegung (s. oben S. 65 ff.) berücksichtigt, mit einer gewissen Einschränkung insofern, als das Legalitätsprinzip durch eine enge Auslegung des § 31 BtMG möglicherweise besser gewahrt werden könnte.

40) vgl. zu den geschichtlichen Grundlagen des Unmittelbarkeitsgrundsatzes ausführlich Geppert, Unmittelbarkeit, S. 7-120, speziell zur deutschen Reformbewegung des 19. Jahrhunderts, S. 67 ff.; s. - knapp - auch Löhr, Unmittelbarkeit, S. 26 ff.; außerdem Eb. Schmidt, Lehrkommentar zur StPO, Teil I, Rn. 426 ff.

Der Verfasser geht von der Auffassung aus [43], daß der Unmittelbarkeitsgrundsatz neben einer "formellen" [44] Komponente auch eine "materielle" [45] enthält, so daß er sowohl die Notwendigkeit für das Gericht nach unmittelbarer eigener Wahrnehmung der Beweismittel [46] bedeutet als auch diejenige nach unmittelbarer Beweisführung [47] durch das Gericht. [48]

---

41) vgl. z.B. RGSt 12, 105 ("Fundamentalsatz des Strafverfahrens"); Maas, Unmittelbarkeit, S. 58; Geppert, Unmittelbarkeit, S. 1

42) vgl. den Überblick bei Roxin, Strafverfahrensrecht, S. 274 ff. sowie die Monographien von Geppert, Unmittelbarkeit sowie von Löhr, Unmittelbarkeit und Heissler, Unmittelbarkeit; aus dem neueren Schrifttum weiterhin Grünwald, Festschrift für Dünnebier, S. 347 und Rebmann, NStZ 1982, 315; insbesondere das Problem des sog. "Zeugen vom Hörensagen" wird dabei außerordentlich kontrovers diskutiert, vgl. dazu Rebmann, a.a.O.; Backes, Festschrift für Klug, S. 447 ff. sowie die Nachweise bei Roxin, a.a.O., S. 279 f. und unten S. 74 f. m.w.N.

43) Innerhalb der vorliegenden Arbeit kann nicht die Diskussion um die inhaltliche Bestimmung des Grundsatzes der Unmittelbarkeit aufgenommen werden, weil diese eine eigene Untersuchung erforderte. Zur kontroversen Diskussion vgl. insbes. die speziellen Arbeiten von Geppert, a.a.O., S. 121 ff. (zu den theoretischen und dogmatischen Grundlagen des Unmittelbarkeitsprinzips); Löhr, a.a.O., S. 37 ff. und Heissler, a.a.O., S. 38 ff. jeweils m.v.w.N.

44) oder "subjektiven" (so z.B. Bennecke-Beling, Reichs-Strafprozeßrecht, S. 249; Schaefer, Zeugnis vom Hörensagen, S. 2) bzw. "persönlichen" Komponente der Unmittelbarkeit (so etwa Baumann, Grundbegriffe und Verfahrensprinzipien, S. 43); Liermann, Tonbandaufnahme, S. 73 spricht von "örtlicher" Unmittelbarkeit, da er gerade auf die Beweisaufnahme in der Hauptverhandlung schwerpunktmäßig abstellt.

45) bzw. "objektive" Komponente (so z.B. Goldschmidt, Prozeß, S. 434 f., Anm. 2288; Bennecke-Beling, a.a.O., S. 250 und Schaefer, a.a.O., S. 2); diese meint wohl auch Schäfer, Strafprozeßrecht, Einl., Kap. 13, Rn. 62, wenn er von "Unmittelbarkeit des Beweismittels" spricht.

46) Eine Überlassung der Beweisaufnahme an Dritte ist also grundsätzlich nicht zulässig; die kommissarische Beweisaufnahme gemäß §§ 223-225 StPO stellt eine Ausnahme von der sonstigen Beweiserhebung durch das entscheidende Organ dar.

47) Das Gericht darf bei der "materiellen" Komponente der Unmittelbarkeit keine Beweissurrogate verwenden, durch die eine mittelbare Beweisführung zugelassen würde.

48) Diese Auffassung wird von der h.M. vertreten, s. z.B. Peters, Strafprozeß, S. 317, 558; Zipf, Strafprozeßrecht, S. 147 f.; Stock, Strafprozeß-

1. Die "formelle" Komponente der Unmittelbarkeit

Bei der hier relevanten Frage nach der Vereinbarkeit der Vorschrift des § 31 BtMG mit dem Grundsatz der Unmittelbarkeit im Strafverfahrensrecht ergibt sich hinsichtlich der Anforderungen der "formellen" Unmittelbarkeit folgendes:
Weil das mit dem Verfahren befaßte Gericht grundsätzlich die Pflicht zu eigener unmittelbarer Zeugenvernehmung trifft, darf eine kommissarische Zeugenvernehmung nur ausnahmsweise unter den Voraussetzungen der §§ 223 ff. StPO stattfinden.
Die "formelle" Komponente des Unmittelbarkeitsgrundsatzes birgt hinsichtlich der Regelung des § 31 BtMG also keine aus der besonderen Struktur dieser Vorschrift folgenden Probleme.

2. Die "materielle" Komponente der Unmittelbarkeit

Zu betrachten sind nun die Anforderungen der "materiellen" Komponente des Unmittelbarkeitsgrundsatzes: Danach ist das Gericht zu unmittelbarer Beweisführung angehalten.
Dem angeklagten Aufklärungsgehilfen steht es gemäß § 243 Abs. 4 Satz 1 StPO frei, "sich zu der Anklage zu äußeren oder nicht zur Sache auszusagen".

2.1. Die Rechtslage bei Aussage des Aufklärungsgehilfen zur Sache [49)]

Sagt der Aufklärungsgehilfe zur Sache aus, wiederholt er auch vor Gericht die von ihm früher gegenüber den Strafverfolgungs-

---

recht, S. 140 f.; Löhr, Unmittelbarkeit, S. 37 ff.; Fezer, JuS 1977, 236; Roxin, Strafverfahrensrecht, S. 273; Eb. Schmidt, Lehrkommentar zur StPO, Teil I, Rn. 444 ff.; Schäfer in Löwe-Rosenberg, StPO, Einl., Kap. 13, Rn. 62; KMR-Sax, StPO, vor § 226, Anm. 2b II sowie aus dem älteren Schrifttum: Maas, Unmittelbarkeit, S. 11 ff.; Gerland, Strafprozeß, S. 171 ff.; Robert v. Hippel, Strafprozeß, S. 314 ff.; Goldschmidt, Prozeß, S. 434 f., Rn. 2288; Dolderer, Urkundenbeweis, S. 64 ff.; Bennecke-Beling, Reichs-Strafprozeßrecht, S. 249 ff.

behörden gemachten Aussagen, muß das Gericht zur Klärung der Frage, ob § 31 BtMG zugunsten des Angeklagten anzuwenden ist, gemäß § 244 Abs. 2 StPO "die Beweisaufnahme von Amts wegen auf alle Tatsachen und Beweismittel (...) erstrecken, die für die Entscheidung von Bedeutung sind", da es sich um die Feststellung von Rechtsfolgetatsachen, das Strafmaß, in der Hauptverhandlung handelt; es gilt also der Strengbeweis. [50)]
Das Gericht muß also z.B. im Rahmen des § 31 Nr. 1 BtMG feststellen, ob der Angeklagte aufgrund freiwilliger Wissensoffenbarung einen wesentlichen - über seinen eigenen Tatbeitrag hinausführenden - Tataufdeckungsbeitrag geleistet hat.
Diese Tatsache kann ebenso wie das Ermittlungsergebnis der Polizei durch die Anhörung des Polizeibeamten, der den Aufklärungsgehilfen verhört hatte, in den Prozeß eingeführt werden. Gemäß § 250 StPO, der Regelung, bei welcher der Grundsatz der Unmittelbarkeit am klarsten ersichtlich wird [51)], ist die persönliche Vernehmung des Polizeibeamten vorgeschrieben, die Verlesung eines früheren polizeilichen Vernehmungsprotokolles z.B. ist also unzulässig. Bei dem als Zeuge zu hörenden Polizeibeamten handelt es sich um einen unmittelbaren Zeugen, da er berichtet, mit eigenen Sinnen wahrgenommen zu haben, daß der Aufklärungsgehilfe z.B. gemäß § 31 Nr. 1 BtMG freiwillig sein Wissen offenbarte und damit wesentlich dazu beitrug, (einen) andere(n) Tatbeteiligte(n) zu entlarven, so daß die Tat - auch durch weitere Ermittlungstätigkeit der Polizei [52)] - aufgedeckt werden konnte.

---

49) Diese setzt die Vernehmungsfähigkeit des Beschuldigten voraus (s. dazu RGSt 64, 14 f.; BGH MDR 1958, 141), die insbes. bei Drogenabhängigen "vielfach zu bedenkenlos als gegeben unterstellt wird" (Glatzel, Strafverteidiger 1981, 195 f.)

50) vgl. z.B. Kleinknecht/Meyer, StPO, § 244, Rn. 6; Roxin, Strafverfahrensrecht, S. 135; Schlüchter, Das Strafverfahren, S. 490 f.

51) vgl. Schäfer, Strafprozeßrecht, Einl., Kap. 13, Rn. 64

52) Hier werden die Anforderungen unterschiedlich beurteilt, vgl. einerseits OLG Düsseldorf, Strafverteidiger 1983, 67; Körner, BtMG, § 31, Rn. 6; Weider, NStZ 1984, 395; andererseits BGH NStZ 1984, 319

2.2. Die Rechtslage im Falle des vollständigen oder teilweisen Schweigens des Aufklärungsgehilfen

Der Angeklagte braucht allerdings nicht vor Gericht auszusagen (§ 243 Abs. 4 Satz 1 StPO).
Macht er von seinem Schweigerecht in der Hauptverhandlung Gebrauch, darf - jedenfalls bei vollständigem Schweigen - das Gericht daraus keine ihm nachteiligen Schlußfolgerungen ziehen. [53)]
Daran ändert sich auch dann nichts, wenn das Motiv des Schweigens zu erkennen ist [54)] und als Selbstbelastung gewertet werden könnte. [55)]

Dagegen steht es bei einer lediglich teilweisen Aussage, die nach h.M. verwertet werden darf [56)], dem Tatrichter offen, Schlußfolgerungen daraus zu ziehen, daß der Angeklagte bestimmte Fragen nicht beantwortet [57)] oder bei diesen bzw. bestimmten Tatkomplexen Lücken offen läßt. [58)] Das partielle Schweigen darf gegen ihn verwertet werden, da er sich selbst zum Beweismittel gemacht und sich dadurch der freien Beweiswürdigung des Gerichts (§ 261 StPO) unterstellt hat. [59)]
Das Gericht muß allerdings im Falle des vollständigen oder auch nur teilweisen Schweigens des Angeklagten die Frage aufklären, ob § 31 BtMG in dem betreffenden Falle anzuwenden ist, da andernfalls das Schweigerecht des Angeklagten vor Gericht beeinträchtigt würde. [60)] Folgerichtig verlangt auch der Wortlaut des § 31

---

53) s. BGHSt 20, 281 ff.; 25, 368; OLG Hamm MDR 1973, 870

54) Das Motiv darf aus diesem Grunde überhaupt nicht ermittelt werden, vgl. Wessels, JuS 1966, 172 und Günther, JR 1978, 94

55) vgl. Kleinknecht/Meyer, StPO, § 261, Rn. 16

56) vgl. BGHSt 20, 298; Rieß, JA 1980, 295; a.A. ist z.B. Rogall, Der Beschuldigte, S. 250 ff.

57) s. BGHSt 20, 298

58) vgl. z.B. OLG Oldenburg, NJW 1969, 806 mit Anm. Ostermeyer, NJW 1969, 1187; Kleinknecht/Meyer, StPO, § 261, Rn. 17; Roxin, Strafverfahrensrecht, S. 80; a.A. ist auch Dahs, GA 1978, S. 90

BtMG eine solche gerichtliche Aussage des Aufklärungsgehilfen nicht. Zur Aufklärung hat das Gericht - ebenso wie im Falle, daß der Angeklagte zur Sache aussagt - die polizeiliche Verhörsperson als unmittelbaren Zeugen zu hören. [61]
Sollte dieser sich einer Tatsache nicht mehr erinnern, kann gemäß § 253 Abs. 1 StPO "der hierauf bezügliche Teil des Protokolls über seine frühere Vernehmung zur Unterstützung seines Gedächtnisses verlesen werden". Dies gilt ebenso gemäß § 253 Abs. 2 StPO im Falle eines Widerspruches zur früheren Aussage, wenn dieser anders nicht behoben werden kann. [62]
Für den Fall, daß der Polizeibeamte in der Hauptverhandlung nicht aussagen kann, stellt § 251 Abs. 1 StPO enumerativ diejenigen Fälle zusammen, in denen ausnahmsweise als Ersatz die Niederschrift über seine frühere richterliche Vernehmung verlesen werden darf; in den Sonderfällen des § 251 Abs. 2 StPO dürfen auch nichtrichterliche Vernehmungsniederschriften und schriftliche Äußerungen - wegen unüberwindbarer tatsächlicher Vernehmungshindernisse und nach der Neufassung nun auch mit dem Einverständnis von Staatsanwalt, Verteidiger und Angeklagtem - als Ersatz der persönlichen Vernehmung verlesen werden.
Sollten auch diese Ausnahmeregelungen es dem Gericht nicht ermöglichen, sich Klarheit über das Vorliegen der Voraussetzungen des § 31 BtMG verschaffen zu können, bleibt - insbesondere auch für den Fall, daß die zur Tataufklärung eingesetzten Polizeibe-

---

59) s. BGHSt 20, 298; Rieß, JA 1980, 295

60) Dazu, daß die Aussage im eigenen Strafverfahren nicht Voraussetzung für die Anwendung des § 31 BtMG ist, so daß allein der tatsächliche Aufklärungseffekt aufgrund v o r h e r i g e r Angaben, sofern kein Widerruf erfolgt, ausreicht, vgl. Weider, NStZ 1984, 395

61) vgl. dazu oben S. 71

62) vgl. dazu auch Hanack, Festschrift für Schmidt-Leichner, S. 85 ff.; nach h.M. handelt es sich bei § 253 StPO um eine Form des Urkundenbeweises (vgl. z.B. RGSt 20, 220; BGHSt 3, 201; 283; 20, 162; Kleinknecht/Meyer, StPO, § 253, Rn. 1), der eine Ausnahme vom Unmittelbarkeitsgrundsatz darstellt, während die Mindermeinung einen "Vernehmungsbehelf" annimmt (vgl. Hanack, a.a.O.); s. auch - differenzierend - Geerds, Festschrift für Blau, S. 74 m.w.N., der im Falle des Abs. 1 des § 253 StPO der Mindermeinung folgt, während er hinsichtlich § 253 Abs. 2 StPO den Urkundenbeweis als näherliegend ansieht; ders., Vernehmungstechnik, S. 111

amten gerichtlich nicht vernommen werden dürfen, weil die zuständige Verwaltungsbehörde (das Innenministerium) es entsprechend § 96 StPO abgelehnt hat, die Personalien der Beamten wegen deren Gefährdung beim Bekanntwerden ihrer Identität mitzuteilen - dem Gericht letztlich nur die Möglichkeit, einen Dritten (z.B. den Vorgesetzten der "gesperrten" Polizeibeamten) als sog. "Zeugen vom Hörensagen" zu vernehmen. [63)]
Nach Rechtsprechung und h.M. handelt es sich beim "Zeugen vom Hörensagen" [64)], unter dem man denjenigen versteht, der als Zeuge vor Gericht dasjenige wiederholt, was ihm von dem das Geschehen unmittelbar Wahrnehmenden über den beweispflichtigen Vorgang berichtet wurde [65)], um ein nach der Strafprozeßordnung zulässiges Beweismittel [66)]; dieses kann nach h.M. auch erst noch für eine bestimmte Gerichtsverhandlung hergestellt werden. [67)]

---

63) Gerade solch einen Fall betrifft die Entscheidung BGHSt 33, 178 ff.

64) s. dazu auch die Stellungnahme von Krainz, GA 1985, S. 402 ff., der grundsätzlich davon ausgeht, daß aufgrund aussage- und vernehmungspsychologischer Untersuchungsmethoden die Glaubwürdigkeit derartiger Zeugen sowie ihrer Aussagen hinreichend feststellbar sei.

65) Es handelt sich beim "Zeugnis vom Hörensagen" also um die Wiedergabe f r e m d e r Tatsachenwahrnehmungen, vgl. z.B. Löhr, Unmittelbarkeit, S. 51 und Geppert, Unmittelbarkeit, S. 216 sowie Seebode/Sydow, JZ 1980, 506

66) s. z.B. RGSt 2, 161; 14, 266; 48, 246; BGHSt 1, 376; 6, 209 f.; 17, 384; 22, 270; 33, 181; BVerfGE 57, 292 f.; Eb. Schmidt, Lehrkommentar zur StPO, Teil II, § 250, Rn. 3 und Nachträge, § 250, Rn. 3; Kohlhaas, JR 1957, 42; Geerds, SchlHA 1962, 187; Henkel, Strafverfahrensrecht, S. 343; Spendel, JuS 1964, 472 f. und Tiedemann, MDR 1963, 457; die a.A. wird z.B. vertreten von Seebode/Sydow, JZ 1980, 506 ff.; Heissler, Unmittelbarkeit, S. 165 ff. sowie im älteren Schrifttum z.B. von v. Kries, ZStW 6 (1886), S. 88 ff. und Robert v. Hippel, Strafprozeß, S. 392, 424 - Die dogmatische Herleitung der Zulässigkeit bzw. Unzulässigkeit des "Hörensagen"-Beweises ist freilich außerordentlich umstritten, s. insbes. Geppert, Unmittelbarkeit, S. 130 ff., 216 ff., zu speziellen Fällen s. auch S. 257 ff. und 283 ff.; Löhr, Unmittelbarkeit, S. 50 ff.; Heissler, Unmittelbarkeit, S. 122 ff.

67) vgl. BGH NJW 1980, 770; BGHSt 33, 181; BVerfGE 57, 292 f.; dagegen (mit beachtlichen Gründen) ablehnend hinsichtlich des "gerufenen" Zeugen vom Hörensagen K. Meyer, JR 1983, 258 und Strate, Strafverteidiger 1985, 340 f.

Allerdings ist, wenn man diese Möglichkeit überhaupt anerkennt, auch nach der Rechtsprechung in solchem Falle ganz besondere Vorsicht hinsichtlich des sachferneren Beweismittels bei der Überzeugungsbildung geboten, denn die Exekutive hat - gerade im oben aufgeführten Falle - die Überprüfung der persönlichen Glaubwürdigkeit des "gesperrten" Polizeibeamten und damit eine lückenlose Sachverhaltsaufklärung unmöglich gemacht. [68] Abgesehen von besonders kritischer Würdigung der Aussage des "Zeugen vom Hörensagen" kann eine Feststellung auf diese lediglich dann gegründet werden, wenn seine Mitteilungen "durch andere nach der Überzeugung des Tatrichters wichtige Beweisanzeichen bestätigt werden" [69].

Um die Feststellungen des Gerichtes hinsichtlich § 31 BtMG für den jeweiligen Angeklagten zu ermöglichen, sind sowohl die Staatsanwaltschaft als auch die Polizeibehörden verpflichtet, den Angaben des Aufklärungsgehilfen nachzugehen und die Tat aufzudecken bzw. zu verhindern [70]; erst dadurch kann schließlich beurteilt werden, ob er einen wesentlichen Beitrag zur Tataufdeckung (Nr. 1) oder eine rechtzeitige Wissensoffenbarung zur Tatverhinderung (Nr. 2) geleistet hat.

Die Polizei hat dabei aber - genauso wie die Staatsanwaltschaft - nicht die Befugnis, dem Aufklärungsgehilfen eine Strafmilderung

---

68) vgl. BGH NStZ 1982, 433; BGH Strafverteidiger 1983, 403; BGHSt 33, 181; Krainz, GA 1985, S. 411 ff. (zur Vernehmungstechnik und zur Beweiswürdigung)

69) BGHSt 33, 181

70) vgl. dazu §§ 160 Abs. 1 und 3 (Ermittlungen auch hinsichtlich der Rechtsfolgen der Tat), 161, 163 StPO; dies geschieht freilich auch im Interesse des Opfers, zur Ermittlung der materiellen Wahrheit und der Aufrechterhaltung einer intakten und funktionsfähigen Rechtspflege.

bzw. ein Absehen von Strafe zu versprechen oder sogar zuzusagen [71], weil darüber gemäß § 31 BtMG n u r das G e r i c h t entscheiden kann [72].
Notwendig erscheint es, wenn der Aufklärungsgehilfe über die Möglichkeit des § 31 BtMG, aber auch über deren Risiken [73], belehrt wird [74]; dabei muß ihm korrekterweise auch gesagt werden, daß die Strafverfolgungsbehörden keinen (direkten) [75] Einfluß auf die Entscheidung des Gerichts nehmen können. [76]

---

71) vgl. auch Körner, BtMG, § 31, Rn. 29; Füllkrug, Kriminalistik 1985, 413 und unten III., 2.2., S. 86 f.

72) ebenso Jaeger, Der Kronzeuge, S. 65; ein Versprechen oder eine Zusage kann immer nur einen Umstand erfassen, der zum Kompetenzbereich des Vernehmenden gehört, vgl. Hanack in Löwe-Rosenberg, StPO, 24. Aufl., § 136a, Rn. 53 und Groß/Geerds, Handbuch der Kriminalistik, Bd. 2, S. 146

73) gesundheitlicher wie finanzieller Art, s. Körner, ebenda, der rügt, daß der deutsche Gesetzgeber die Konsequenzen des § 31 BtMG "nicht ausreichend bedacht und nur unzureichend geregelt" hat. Aufgrund der Fürsorgepflicht des Gerichtes ist zu überprüfen, ob dem Aufklärungsgehilfen das Erscheinen oder eine Aussage vor Gericht beim Vorhandensein persönlicher Gefahren für seine Person oder Familie überhaupt zugemutet werden kann; das gleiche gilt für die Beendigung der Vernehmung bei entsprechenden Drohungen, s. BGH MDR 1983, 987 und Körner, BtMG, § 31, Rn. 30b

74) so auch Körner, ebenda

75) Eine i n d i r e k t e Einflußnahme auf die Meinungsbildung des Gerichts erscheint durch die Art und Weise der Zeugenaussage des Polizeibeamten möglich, vgl. dazu auch unten S. 86 ff.; zur "Selektionsmacht" der Vernehmungsbeamten s. die Schilderung von Kreuzer/Gebhardt/Maassen/Stein-Hilbers, Drogenabhängigkeit und Kontrolle, S. 349 f.

76) Da das Gericht im Hinblick auf seine Aufklärungsmöglichkeiten insofern beschränkt ist, als es letzten Endes auf die Angaben der Polizeibeamten angewiesen ist, kann - auch in der Hinsicht, daß das Gericht die Angaben in tatsächlicher Hinsicht nicht zu überprüfen vermag, weil die notwendige Aussagegenehmigung in der Regel eingeschränkt sein wird, um die weitere Ermittlungstätigkeit nicht zu gefährden - davon ausgegangen werden, daß faktisch "die Entscheidungskompetenz hinsichtlich der Anwendung des § 31 (BtMG) ... in diesen Fällen weitgehend den Ermittlungsbehörden übertragen" ist (Weider, NStZ 1984, 395)

Zu besorgen ist, daß die Realität in der Praxis mitunter anders aussieht [77]:
Insbesondere darf beim Versuch des "Handels um Straffreiheit" nicht die Freiheit der Willensentschließung bzw. der Willensbetätigung durch Täuschung beeinträchtigt werden (§ 136a Abs. 1 Satz 1 StPO) [78]; dabei ist nach h.M. allerdings nicht jede Form der Überlistung verboten. [79] Der Vernehmende muß danach nicht immer ein Mißverständnis oder einen Irrtum des Beschuldigten aufklären [80], sondern darf dessen falsche Vorstellung ausnutzen, jedoch eine solche nicht hervorrufen. [81] Der Beschuldigte muß bei einem zu erkennenden Rechtsirrtum über seine Freiheit auszusagen aufgeklärt werden. [82] Freilich ist es unzulässig vorzutäuschen, daß der Mitbeschuldigte schon ein Geständnis abgelegt hat. [83] Auch darf dem Aufklärungsgehilfen nicht ein gesetzlich nicht vorgesehener Vorteil [84] versprochen werden (§ 136a Abs. 1 Satz 3 StPO).

---

77) s. dazu auch die aufschlußreiche empirische Untersuchung von Wulf, Polizeiliche Beschuldigtenvernehmung, S. 525, der feststellen kann, daß sich in der Praxis der Übergang zur Anwendung von Druckmitteln, die eine Eignung zur Beeinträchtigung der Willensentschließungsfreiheit des Beschuldigten enthalten, als fließend erweist.

78) Zu den Anforderungen vgl. z.B. Hanack in Löwe-Rosenberg, StPO, 24. Aufl., § 136a, Rn. 33 ff.; Geerds, Vernehmungstechnik, S. 21; s. - für § 31 BtMG - jetzt auch Jaeger, Der Kronzeuge, S. 62 ff.

79) vgl. OLG Köln, GA 1973, S. 119; Kleinknecht, JZ 1953, 534; Puppe, GA 1978, S. 289 ff.; kritisch Müller-Dietz, ZStW 93 (1981), S. 1212

80) vgl. Hanack in Löwe-Rosenberg, StPO, 24. Aufl., § 136a, Rn. 38

81) s. OLG Köln, VRS 44, 40 und Groß/Geerds, Handbuch der Kriminalistik, Bd. 2, S. 146

82) s. dazu KMR-Müller, StPO, § 136a, Rn. 11; Kleinknecht/Meyer, StPO, § 136a, Rn. 8; Eb. Schmidt, JR 1961, 71

83) Kleinknecht/Meyer, a.a.O., Rn. 8

84) s. dazu Hanack in Löwe-Rosenberg, StPO, 24. Aufl., § 136a, Rn. 50 ff.

Diese verbotenen Vernehmungsmethoden gelten gemäß § 136a Abs. 3 Satz 1 StPO unabhängig von einer Einwilligung des Beschuldigten. Für unzulässigerweise erlangte Aussagen gilt ein absolutes Verwertungsverbot gemäß § 136a Abs. 3 Satz 2 StPO [85], das eine Ausnahme erfährt, wenn die Täuschung oder das Versprechen vom Beschuldigten erkannt worden ist bzw. es zu einer tatsächlichen Beeinträchtigung der freien Willensentschließung nicht geführt hat. [86]
Im Falle des Eingreifens eines Verwertungsverbotes gemäß § 136a Abs. 3 Satz 2 StPO bezüglich der Erlangung der Aussage des Aufklärungsgehilfen über die Voraussetzungen des § 31 BtMG darf das Gericht die Angaben, die die Verhörsperson macht bzw. gemacht hat, nicht verwerten [87]: Auch wenn es sich im Hinblick auf § 31 BtMG um eine für den Aufklärungsgehilfen günstige Aussage handelt, darf diese zu seinen Gunsten wegen des absoluten Verwertungsverbotes des § 136a Abs. 3 Satz 2 StPO nicht verwertet werden; dieses Ergebnis widerspricht auch nicht der ratio legis, die gerade d i e s e Art und Weise der Beweisgewinnung verhindern will, da erfahrungsgemäß damit auch die inhaltliche Beeinflussung und Entwertung der Aussage einhergeht. [88]
Zudem besteht hinsichtlich der Regelung des § 31 BtMG die gesteigerte Gefahr, daß Beschuldigte nur allzu schnell und rücksichts-

---

85) Die Beweisaufnahme kann allerdings wiederholt werden; die neue, das Verwertungsverbot vermeidende Aussage ist nun verwertbar, vgl. BGHSt 22, 129; 27, 359

86) vgl. Kleinknecht/Meyer, StPO, § 136a, Rn. 19

87) Vielmehr muß die Vernehmung wiederholt werden; die dann nicht mehr an diesen Mängeln leidende unmittelbare Zeugenaussage der Verhörsperson kann nun verwertet werden, s. BGHSt 1, 380; 22, 133 f.; 27, 359; Kleinknecht, NJW 1966, 1543; Hanack in Löwe-Rosenberg, StPO, 24. Aufl., § 136a, Rn. 65

88) so BGHSt 5, 290; Kleinknecht, NJW 1964, 2185; KK-Boujong, StPO, § 136a, Rn. 38; Hanack, a.a.O., Rn. 63; a.A. sind aber z.B. Dencker, Verwertungsverbote im Strafprozeß, S. 73 ff. und Erbs, NJW 1951, 389; nach Dencker, a.a.O., sind die Verwertungsverbote - entsprechend seines Verständnisses von ihrer ratio (dazu S. 72) - als Belastungsverbote zu verstehen, da nur in diesem Falle eine Störung generalpräventiver Funktionen möglich sei (s. ebenda, S. 73). Nach hier vertretener Auffassung ergeben sich die Verwertungsverbote aber auch aus der Gefährdung der Wahrheitsfindung, so daß eine Beschränkung auf Belastungsverbote ausscheidet.

los möglicherweise Unschuldige belasten, um in den Genuß der Vergünstigung des § 31 BtMG zu kommen. [89)]

Bei Beachtung der dargelegten Anforderungen durch das Tatgericht wird auch die "materielle" Seite des Grundsatzes der Unmittelbarkeit nicht beeinträchtigt.

3. Ergebnis

Immerhin zeigt sich, daß bei den im Rahmen des Unmittelbarkeitsprinzips auftauchenden Fragen hinsichtlich der Aussage(n) des Aufklärungsgehilfen und deren Verwertungsmöglichkeit vor Gericht diverse rechtliche Maßgaben der Strafprozeßordnung zu beachten sind, die insbesondere die Einführung des Beweismittels in den Prozeß betreffen.
Probleme können - wie dargelegt - insbesondere entstehen, falls keine Verhörsperson vorhanden ist oder auch auf andere Weise der tatsächliche Aufklärungseffekt im Sinne des § 31 BtMG nicht bestätigt werden kann.
Denn das Gericht muß aufgrund der Beweisaufnahme die Überzeugung gewonnen haben, daß die Schilderung des Aufklärungsgehilfen im Hinblick auf die Tatbeteiligung mitwirkender ehemaliger Komplizen oder von Hinterleuten der Wahrheit entspricht. [90)] Ein in dubio pro reo bei der Annahme der erforderlichen Tataufdeckung durch den Aufklärungsgehilfen kann das Gericht nicht annehmen. [91)]

Insgesamt hat sich aber gezeigt, daß die Regelung des § 31 BtMG mit dem Unmittelbarkeitsgrundsatz des Strafprozeßrechts zu vereinbaren ist.

---

89) Zur Glaubwürdigkeitsproblematik vgl. näher unten VII., S. 121 ff.

90) Zu dem Weg, auf dem dies nur geschehen kann, vgl. oben S. 72 ff. sowie weiterhin BGH NStZ 1983, 174; 416; 1984, 319

91) vgl. Körner, BtMG, § 31, Rn. 31; ders., Strafverteidiger 1984, 217; Weider, NStZ 1984, 391; kritisch gegenüber der Geltung dieses "Erfolgsnachweises" Weigend, Festschrift für Jescheck, S. 1337, 1349

III. § 31 BtMG und der Grundsatz der Öffentlichkeit gemäß § 169 Satz 1 GVG

1. Inhalt und Aufgabe des Grundsatzes der Öffentlichkeit

Der Öffentlichkeitsgrundsatz des Strafverfahrensrechts, der gemäß § 169 Satz 1 GVG [92)] besagt, daß die Verhandlung vor dem erkennenden Gericht (einschließlich der Verkündung der Urteile und Beschlüsse) öffentlich sein soll, entspricht einer alten demokratisch-rechtsstaatlichen Forderung. [93)] Er zählt damit zu "den Grundlagen des Strafverfahrens". [94)]
Der Öffentlichkeitsgrundsatz bedeutet somit, daß die Rechtsprechung der Gerichte grundsätzlich öffentlich und nicht hinter verschlossenen Türen erfolgt [95)] und daß die Öffentlichkeit nur dann, wenn ein gesetzlicher Grund dafür vorhanden ist, "unter Beachtung der gesetzlichen Formen ausgeschlossen werden darf". [96)]
Die Vorschriften der §§ 169 ff. GVG "haben die Aufgabe, die Öffentlichkeit der Verhandlung als wesentliche Bedingung des öffentlichen Vertrauens zur Rechtsprechung der Gerichte" [97)], d.h. in ihre Unabhängigkeit und Objektivität, zu sichern. [98)]
Dadurch soll der Allgemeinheit zu jeder Zeit Gelegenheit gegeben werden, ein Gerichtsverfahren zu verfolgen und sich selbst ein Urteil über die Handhabung des Rechts durch das erkennende Gericht zu bilden. [99)]

---

92) s. auch Art. 6 Abs. 1 Satz 1 MRK

93) vgl. dazu z.B. BGHSt 2, 57 mit dem Hinweis auf ältere Kodifikationen; s. auch BGHSt 9, 282 und Roxin, Strafverfahrensrecht, S. 282

94) BGHSt 1, 335; seine wesentliche - auch vom Gesetzgeber eingeräumte - Bedeutung zeigt sich am Vorliegen eines absoluten Revisionsgrundes gemäß § 338 Nr. 6 StPO im Falle seiner Verletzung; s. dazu auch unten S. 83 Fn. 110

95) vgl. BGHSt 7, 221; 9, 281; Gössel, Strafverfahrensrecht, S. 167 und Schäfer, Strafprozeßrecht, Einl., Kap. 13, Rn. 99

96) BGHSt 7, 221; s. auch BGHSt 2, 57

97) BGHSt 2, 57; 3, 387; RGSt 70, 112

98) s. auch BGHSt 9, 281; 22, 301

2. Verletzung des Öffentlichkeitsgrundsatzes im Rahmen der Anwendung des § 31 BtMG?

2.1. Die Rechtslage bei Vereinbarungen mit dem Gericht

Ansatzpunkt für die Überprüfung der Vorschrift des § 31 BtMG am Öffentlichkeitsgrundsatz des Strafverfahrensrechts sind die Bedenken, daß § 31 BtMG zu einem "unerwünschten Handel" [100] zwischen dem Beschuldigten (und seinem Verteidiger) und den Strafverfolgungsbehörden führen könne. [101]
Damit sind Absprachen und "Vereinbarungen im Strafverfahren" [102] gemeint, die in der Verfahrenswirklichkeit inzwischen offenbar erheblich an Bedeutung gewonnen haben. [103], [104]
In Bezug auf den Öffentlichkeitsgrundsatz gemäß § 169 Satz 1 GVG kann es sich im Rahmen des § 31 BtMG an sich lediglich um den Problembereich verfahrensrelevanter [105] Absprachen m i t d e m G e r i c h t v o r dem Beginn der Hauptverhandlung oder während andauernder, aber a u ß e r h a l b der von der Öffentlichkeit überwachbaren Hauptverhandlungszene handeln. [106]

---

99) vgl. BGHSt 2, 57; 9, 282; s. auch Roxin, Strafverfahrensrecht, S. 282 und Schäfer, Strafprozeßrecht, Einl., Kap. 13, Rn. 99

100) So etwa die Mitteilung von Körner, BtMG, § 31, Rn. 3; Eberth/Müller, Verteidigung in Betäubungsmittelsachen, S. 65; auch Sturm, MDR 1977, 8

101) Die aus den USA bekannten ähnlichen Verfahrenssituationen im Rahmen des plea bargaining (s. dazu etwa Dielmann, GA 1981, S. 558 ff. und Weigend, ZStW 94 (1982), S. 200 ff.) sollen - so die Reformtendenzen - wenn nicht ganz abgeschafft, so doch jedenfalls verfahrensmäßig formalisiert werden, vgl. Rosett/Cressey, Justice by consent, S. 161 ff.; für die diskutierte sog. "Kronzeugenregelung" im Bereich der Terrorismusbekämpfung s. in diesem Zusammenhang Hassemer, Strafverteidiger 1986, 552

102) Schmidt-Hieber, NJW 1982, 1017

103) s. neuerdings umfassend Schmidt-Hieber, Verständigung im Strafverfahren; ders., NJW 1982, 1017 und Strafverteidiger 1986, 355 ff.; Widmaier, Strafverteidiger 1986, 357 ff.; Weihrauch, Verteidigung im Ermittlungsverfahren, S. 120 ff.; S. 124 f.; Deal (ein Pseudonym), Strafverteidiger 1982, 545 ff.; Zierl, AnwBl. 1985, 505; Füllkrug, Kriminalistik 1985, 410 ff.; Schumann, Der Handel mit Gerechtigkeit, S. 206 ff.; E. Müller, NJW 1981, 1803; Blankenburg/Sessar/Steffen, Staatsanwaltschaft, S. 117; hinsichtlich § 31 BtMG jetzt Eberth/Müller, Verteidigung in Betäubungsmittelsachen, S. 74 ff.; eine empirische Untersuchung liefern jetzt

Nur insoweit können eigentlich Verletzungen der Öffentlichkeitsmaxime bei § 31 BtMG eintreten, weil die Geltung dieser Maxime nur für die Hauptverhandlung besteht [107], die auf die geschilderte Weise umgangen würde, mit der Folge, daß die vor der Öffentlichkeit stattfindende Hauptverhandlung wegen schon festliegenden, weil abgesprochenen Ergebnisses eine Farce wäre. [108]

Sollten also solche Vereinbarungen oder "Vergleiche" mit dem Gericht in besagter Form stattfinden, läge ein Verstoß gegen den Öffentlichkeitsgrundsatz vor. [109]

---

erstmals R. Hassemer/Hippler, Strafverteidiger 1986, 360 ff. (dort auch zu den "spezifischen prozessualen Konstellationen", die eine informelle Absprache nahelegen)

104) Zu den möglichen Gegenständen prozessualer Absprachen vgl. etwa den Überblick bei Schmidt-Hieber, NJW 1982, 1017; ausführlich ders., Verständigung im Strafverfahren, S. 23 ff., 62 f., 68 ff., 93 ff.; s. weiterhin Weihrauch, a.a.O., S. 125 und für einen speziellen Fall Meinberg, Geringfügigkeitseinstellungen von Wirtschaftsstrafsachen, S. 220 ff. - Begründet werden diese mit der endlosen Arbeitsüberlastung der Strafjustiz, die in der Folge nach "prozeßökonomischen" Erledigungsformen suche (Deal, a.a.O., S. 545); das Ziel bestehe u.a. im Erreichen einer milderen Bestrafung des Angeklagten für sein Entgegenkommen (Deal, a.a.O.)

105) Selbstverständlichkeiten (wie z.B. die Inaussichtstellung einer möglichen Strafmilderung durch das Gericht im Falle der Ablegung eines Geständnisses durch den Angeklagten) sind hiermit nicht gemeint, so zu Recht auch Zierl, AnwBl. 1985, 505

106) vgl. auch Schmidt-Hieber, Verständigung im Strafverfahren, S. 90 ff.; ders., NJW 1982, 1021

107) vgl. etwa Roxin, Strafverfahrensrecht, S. 281

108) Genau dies bestätigt mit seiner Schilderung Deal, Strafverteidiger 1982, 545 ff., 552 (, der jedoch nur die tatsächlichen Voraussetzungen des strafprozessualen "Vergleiches" und dessen Durchführung schildert, ohne die rechtliche Problematik auch nur zu streifen); ebenso jetzt R. Hassemer/Hippler, Strafverteidiger 1986, 362

109) Schmidt-Hieber, Verständigung im Strafverfahren, S. 91 stellt fest, daß "Vereinbarungen, die das Verfahrensergebnis beeinflussen können, in der Hauptverhandlung offengelegt werden müssen" (Hervorhebung im Original); (s. dazu aber auch S. 84 mit Fn. 115); Widmaier, Strafverteidiger 1986, 357 möchte dagegen nur das Ergebnis, nicht aber Einzelheiten offengelegt sehen; s. demgegenüber aber die Argumente des folgenden Textes.

Eine solche Verfahrensweise wäre unzulässig. Ein absoluter Revisionsgrund gemäß § 338 Nr. 6 StPO würde eingreifen, das Urteil wäre also auf die Einlegung einer Revision hin aufzuheben. [110)] Um diese Rechtsfolge zu vermeiden, müßte die Absprache oder Vereinbarung jedenfalls schon in, also während laufender Hauptverhandlung stattfinden. Sonst würde die historisch gewachsene wesentliche Bedeutung des Öffentlichkeitsgrundsatzes ausgehöhlt: Das öffentliche Vertrauen in die Tätigkeit der Rechtsprechungsorgane würde gestört, Zweifel, ja begründete Bedenken hinsichtlich der Unabhängigkeit der Richter wären ebenso die Folge wie solche im Hinblick auf ihre Objektivität [111)]; es gilt zur Verwirklichung eines rechtsstaatlichen, kontrollierbaren Strafverfahrens [112)] schon der Möglichkeit vorzubeugen, daß sachfremde Umstände auf das Gericht und damit auf das Urteil Einfluß gewinnen.[113)]

---

110) Der seit geraumer Zeit feststellbaren Tendenz der höchstrichterlichen Rechtsprechung (vgl. z.B. BGH Strafverteidiger 1985, 402) zur Aushöhlung des absoluten Revisionsgrundes des § 338 Nr. 6 StPO ist entgegenzutreten, kritisch zu Recht Schöch, NStZ 1985, 422

111) ebenso Zierl, AnwBl. 1985, 505

112) Ein sozialwissenschaftlich orientiertes Strafrecht, das in einer Straftat lediglich einen Interessenkonflikt sieht und die Auffassung vertritt, dieser sei i m W e g e d e r E i n i g u n g mit dem Täter lösbar, setzt die rechtsstaatlichen Sicherungen im Strafrecht deutlich herab, vgl. Naucke, in Hassemer/Lüderssen/Naucke, Fortschritte im Strafrecht durch die Sozialwissenschaften?, S. 14 ff., 17 f.; zur gegenwirkenden Forderung der Verbindung der sozialwissenschaftlichen mit der rechtsstaatlichen Orientierung im Strafrecht s. etwa Hassemer, Strafrechtsdogmatik und Kriminalpolitik, S. 143 ff. und Lüderssen, in Lüderssen/Sack, Abweichendes Verhalten, Bd. I, S. 7 ff.; Bd. II, S. 7 ff.; ders., in Denninger/Lüderssen, Polizei und Strafprozeß, S. 79 ff., 188 ff.; zu seinen strafrechtlichen Folgeproblemen s. aber Naucke, in Hassemer/Lüderssen/Naucke, Fortschritte im Strafrecht durch die Sozialwissenschaften?, S. 24 ff.

113) Roxin, Strafverfahrensrecht, S. 282; s. auch RGSt 70, 112; BGHSt 3, 387 f.; diese können auch in Tendenzen der Solidarisierung zwischen verschiedenen Organen der Strafrechtspflege bestehen, die Kontrolle und Kritik ausschließen, s. dazu auch - in etwas anderem Zusammenhang - Peters, Festschrift für Würtenberger, S. 84

Die Vereinbarungen müßten also - und nur auf diese Weise wäre, wenn überhaupt, eine Kontrolle erreichbar - i n der Hauptverhandlung unter den Augen der Öffentlichkeit stattfinden; dabei und dadurch erst würden auch die Motive der beteiligten "Parteien" offengelegt, der Einflußnahme sachfremder Erwägungen wäre vorgebeugt. [114)]
Aus diesen Erwägungen folgt ferner, daß lediglich eine N a c h - vollziehung der außerhalb der Hauptverhandlung getroffenen Absprachen ebenfalls dem Schutzzweck der Öffentlichkeitsmaxime widerspricht und daher unzulässig ist. [115)]

Selbst wenn diese Voraussetzungen und Richtlinien jedoch eingehalten würden, erweckt außerdem die Tatsache, daß ein Richter an den Vereinbarungen beteiligt ist, in mehrfacher Hinsicht Bedenken:
Einerseits im Hinblick auf die richterliche Unabhängigkeit (§§ 25 ff. DRiG) und die Wahrung seiner Objektivität gegenüber jedermann; insofern ist auch hier wiederum der Schutzzweck des Öffentlichkeitsgrundsatzes beeinträchtigt. [116)]
Andererseits widerstreitet eine solche, notwendigerweise auf Kooperation der Verfahrensbeteiligten beruhende Vereinbarung im Strafprozeß dem Richterbild unserer Rechtsordnung [117)], dem

---

114) Es gilt auch insbesondere darauf Wert zu legen, daß hier nicht der Eindruck entsteht, wirtschaftliche Interessen seien im Spiel oder leiteten sogar die Verfahrensweise; dies ist von besonderer Wichtigkeit, wenn man berücksichtigt, daß strafprozessuale Vereinbarungen vorwiegend im Bereich der Wirtschafts- und Betäubungsmittelstrafverfahren getroffen werden, vgl. R. Hassemer/Hippler, Strafverteidiger 1986, 361 und z.B. Widmaier, Strafverteidiger 1986, 357 (allgemeine Ansicht)

115) a.A. ist offenbar Schmidt-Hieber, Verständigung im Strafverfahren, S. 91 f.; s. auch schon oben Fn. 109

116) Zur Aufgabe des Grundsatzes der Öffentlichkeit s. oben S. 80

117) So schon Zierl, AnwBl. 1985, 505; s. auch Küper, Die Richteridee der Strafprozeßordnung und ihre geschichtlichen Grundlagen, S. 258 ff., 303 ff., 327 ff. (zur Richteridee der StPO und des GVG) und Tettinger, Fairneß und Waffengleichheit, S. 66 (zum Richterbild); vgl. neuerdings u.a. zum Richterbild (hier: von 1945 bis zur Gegenwart) Michalke-Detmering, Die Mindestanforderungen an die rechtliche Begründung des erstinstanzlichen Strafurteils, S. 347 ff., 363 ff.

Richterverständnis der Allgemeinheit und wohl auch dem Richterselbstverständnis [118], da eine solche niemals frei von konkreter, gerade auch persönlicher Einflußnahme auf den Richter erfolgen kann, die seine "Neutralität" [119] gefährdet oder sogar aufhebt. Dies gilt ebenso für den umgekehrten Fall dann denkbarer Einflußnahme durch den Richter auf den Beschuldigten.
Aus diesen Gründen ist eine Absprache jedenfalls mit dem Gericht vor oder während der Hauptverhandlung unzulässig. [120]

2.2. Die Rechtslage im Falle von Vereinbarungen mit den Strafverfolgungsbehörden

Eingangs wurde von Bedenken hinsichtlich eines Handels zwischen dem Beschuldigten (oder dessen Verteidiger) und den Strafverfolgungsbehörden gesprochen, also hinsichtlich eines "Vergleiches" im Ermittlungsverfahren. [121]

---

118) vgl. Zierl, a.a.O., der dies als Richter für sich selbst bejaht.

119) s. dazu Stern, Staatsrecht, Bd. I, S. 845 und Bd. II, S. 902 ff., 907

120) Ebenso Zierl, AnwBl. 1985, 505; offenbar auch Eberth/Müller, Verteidigung in Betäubungsmittelsachen, S. 74 ff., die zwar von "Zusagen von Polizeibeamten oder Zollfahndern" sprechen, die rechtlich weder verbindlich sind noch abgegeben werden dürfen (s. oben S. 75 ff. und Füllkrug, Kriminalistik 1985, 411 ff.), jedoch darauf hinweisen, "daß das letzte Wort immer vom Gericht gesprochen wird und die Ermittlungsbehörden ... insoweit nur Anträge stellen können", Vereinbarungen mit dem Gericht also nicht in Betracht ziehen; kritisch auch Gössel, Festschrift für Kleinknecht, S. 133; a.A. ist Schmidt-Hieber, Verständigung im Strafverfahren, S. 90 ff.; Belege für diese jedenfalls teilweise vorhandene Praxis im Betäubungsmittelstrafrecht finden sich etwa bei Deal, Strafverteidiger 1982, 545 ff.; s. auch schon soeben Fn. 114

121) In diesem Verfahrensstadium werden Absprachen zwischen Staatsanwalt und Verteidiger eher für zulässig und auch für sinnvoll gehalten, vgl. z.B. Zierl, AnwBl. 1985, 505; Weihrauch, Verteidigung im Ermittlungsverfahren, S. 124; s. auch Schmidt-Hieber, Verständigung im Strafverfahren, S. 22 (auch zu deren Grenzen); ders., NJW 1982; 1019 f., 1021; speziell hinsichtlich § 31 BtMG Eberth/Müller, Verteidigung in Betäubungsmittelsachen, S. 75

Für dieses gilt der Öffentlichkeitsgrundsatz des Strafverfahrensrechtes jedoch nicht. [122)]

Außerdem hat gemäß § 31 BtMG a u s s c h l i e ß l i c h d a s G e r i c h t über eine Strafmilderung oder ein Absehen von Strafe zu entscheiden. Insofern scheint eine Verletzung des Öffentlichkeitsgrundsatzes nicht in Betracht zu kommen.

Hierbei ist jedoch zu bedenken, daß - wie oben [123)] schon festgestellt wurde - den Ermittlungsbehörden deshalb faktisch "die Entscheidungskompetenz hinsichtlich der Anwendung des § 31 (BtMG) ... weitgehend ... übertragen" [124)] ist, weil das Gericht auf die Angaben der Polizeibeamten zur Beurteilung des Vorliegens der Anwendungsvoraussetzungen des § 31 BtMG angewiesen ist. Insofern könnte eine i n d i r e k t e Einflußnahme auf die Entscheidungstätigkeit des Gerichts infrage kommen und eine Beeinträchtigung des Öffentlichkeitsgrundsatzes auf diesem Wege gegeben sein.

Allerdings muß in diesem Zusammenhang nochmals ausdrücklich darauf hingewiesen werden, daß weder den Polizei- oder Zollbehörden noch der Staatsanwaltschaft die Befugnis zukommt, Zusagen oder Versprechungen irgendwelcher Art hinsichtlich einer Strafmilderung gegenüber einem Beschuldigten bzw. dessen Verteidiger abzugeben. [125)]

Solche Zusagen wären rechtlich auch völlig bedeutungslos, denn gemäß § 31 BtMG obliegt die Entscheidung über die Anwendung dieser Vorschrift ausschließlich dem Gericht, das ganz selbständig entscheidet.

Die Überprüfung der Angaben des Beschuldigten durch die Polizeibehörden, zu der diese verpflichtet sind [126)], ist notwendige Voraussetzung für die Möglichkeit der Gerichtsentscheidung. Die Ermittlungsbehörden haben bei dieser Tätigkeit alle notwendigen und möglichen Ermittlungen zur Bestätigung der gemachten Angaben

---

122) vgl. Roxin, Strafverfahrensrecht, S. 281

123) s. in diesem Kapitel oben unter II., S. 76 mit Fn. 76

124) Weider, NStZ 1984, 395

125) vgl. schon oben II., 2.2., S. 75 f.; Körner, BtMG, § 31, Rn. 29 und Füllkrug, Kriminalistik 1985, 413 (hinsichtlich § 31 BtMG)

durchzuführen und dabei ohne Ansehen der jeweiligen Person Fairneß und Objektivität walten zu lassen. [127)] Getreu den so vorgenommenen Ermittlungen hat der betreffende Polizeibeamte dann vor Gericht auszusagen.

Dementsprechend ist es r e c h t l i c h unzulässig, wenn die Ermittlungsbehörden versuchen, auf die beschriebene Weise eine f a k t i s c h e Einflußnahme auf die Entscheidung des Gerichts auszuüben. Denn sie sind nicht ermächtigt, hier eine Vorauswahl zu treffen; ihnen kommt im Rahmen des § 31 BtMG keinerlei "Selektionsmacht" zu. [128)]

Die Grundlagen für die Möglichkeit eines Handels zwischen Beschuldigtem und Strafverfolgungsbehörden fehlen also in rechtlicher Hinsicht; faktisch muß jedoch mit einer Ausnutzung der Verlockung einer Strafmilderung und dem dadurch befürchteten Handel gerechnet werden. [129), 130)]

---

126) s. schon oben II., S. 75

127) Nach Wulf, Polizeiliche Beschuldigtenvernehmung, S. 526 ist positiv anzumerken, daß "mehrfach beobachtet werden (konnte), daß die Vernehmenden gezielt bemüht waren, die den Beschuldigten entlastenden Angaben zutage zu fördern".

128) Allgemein zur "Selektionsmacht" von Vernehmungsbeamten vgl. die Schilderung von Kreuzer/Gebhardt/Maassen/Stein-Hilbers, Drogenabhängigkeit und Kontrolle, S. 349 f.

129) s. auch Kühne, Strafprozeßlehre, S. 281

130) Zu der insoweit für den Aufklärungsgehilfen riskanten Situation und der Tücke des § 31 BtMG treffend Weigend, Festschrift für Jescheck, S. 1336: "§ 31 BtMG degeneriert somit leicht zu einem Lockmittel in der Hand der Polizei, das viel verspricht, aber zu nichts verpflichtet."

3. Ergebnis

Bei Beachtung dieserMaßgaben durch die Ermittlungsbehörden kann eine Verletzung des Öffentlichkeitsgrundsatzes gemäß § 169 Satz 1 GVG - auch auf indirektem Wege - nicht eintreten.
Allerdings zeigt die Betrachtung der einen solchen Handel tatsächlich nahelegenden und herausfordernden Vorschrift des § 31 BtMG, daß ihr bereits deshalb mit Vorsicht und Zurückhaltung zu begegnen ist, weil der Aufklärungsgehilfe auf der einen Seite zur Mithilfe verlockt wird, indem ihm eine Strafmilderung in Aussicht gestellt wird, während er auf der anderen Seite jedoch in der Ungewißheit leben muß, nicht vorhersehen zu können, ob er jemals in den Genuß einer Strafvergünstigung kommen wird.
Diese Situationsschilderung zeigt deutlich die Tücke der Regelung des § 31 BtMG und die einseitige Verteilung des Risikos auf den Aufklärungsgehilfen [131)], zumal ihn das Beweisrisiko im Hinblick auf die eigene Tataufdeckung letztlich trifft [132)] und eine Sanktionierung seiner Person nicht vollständig entfällt.
Die Vorschrift des § 31 BtMG stellt sich von ihrer Konzeption her somit - entsprechend ihrer ratio - als im Interesse der Ermittlungsbehörden wirkende Vorschrift dar.
Die Erörterung hat ergeben, daß nur unter den aufgeführten Voraussetzungen die Vereinbarkeit des § 31 BtMG mit dem Öffentlichkeitsgrundsatz bejaht werden kann. Wenn auch bei Beachtung der oben genannten Richtlinien eine Verletzung des Öffentlichkeitsprinzips ausgeschlossen ist, so hat die Erörterung in Verbindung mit dem Handel um Strafmilderung doch schon die Brisanz und die Zielrichtung des § 31 BtMG aufgezeigt.
Ein Teil ihrer Brisanz wird dieser Regelung freilich durch das hier erzielte Ergebnis genommen, das die zu Vereinbarungen verführende Vorschrift des § 31 BtMG insofern - entsprechend der Gesetzeslage - einschränkt.

---

131) vgl. auch Weigend, Festschrift für Jescheck, S. 1336

132) Ein in dubio pro reo hinsichtlich seiner Tataufdeckung kann das Gericht nicht annehmen, vgl. Körner, Strafverteidiger 1984, 217 und Weider, NStZ 1984, 391 und schon oben S. 79 mit Fn. 91

Bisher spricht jedenfalls nichts gegen die aufgestellte Hypothese einer einschränkenden Auslegung der Voraussetzungsseite der Vorschrift und eines zurückhaltenden Umgangs mit § 31 BtMG.

IV. § 31 BtMG und der Grundsatz der "Waffengleichheit" im Strafprozeß

1. Die Bedeutung des Grundsatzes der "Waffengleichheit"

Durch die Möglichkeit der Gewährung einer Strafmilderung oder gar völliger Straffreiheit aufgrund § 31 BtMG kann das "Balanceverhältnis" zwischen Angeklagtem (und Verteidiger) auf der einen und Staatsanwalt(schaft) auf der anderen Seite eine Verschiebung erfahren.

Der Grundsatz der "Waffengleichheit", der besagt, daß verfahrensrechtlich zwar nicht eine Gleichheit der Rechte [133)] bestehe, wohl aber die grundsätzlich gleiche verfahrensmäßige Stellung unter Beachtung der unterschiedlichen Prozeßrollen bestehen

---

133) im Sinne eines hauptsächlich durch die Parteimaxime geprägten Prozesses mit der Folge der Gleichstellung von Angeklagtem und Staatsanwalt als echte Parteien nach angelsächsischem Vorbild; dazu, daß der deutsche Strafprozeß im Sinne echter Waffengleichheit so gerade nicht gekennzeichnet werden kann, vgl. etwa Bader, NJW 1949, 737 f.; Heubel, Der "fair trial" - ein Grundsatz des Strafverfahrens?, S. 36 f.; Kohlmann, Festschrift für Peters, S. 316 f. mit Fn. 10 und Schäfer, Strafprozeßrecht, Einl., Kap. 6, Rn. 14 - Die Unterscheidung gegenüber der echten Waffengleichheit erfolgt durch die Hinzufügung von Anführungszeichen. - Die h.M. knüpft die Geltung des Grundsatzes der "Waffengleichheit" nicht an das Bestehen eines Parteiprozesses und geht zu Recht nicht von einer absoluten Gleichheit der Rechte aus, vgl. BGHSt 12, 139; 18, 371; Kohlmann, a.a.O.; Beulke, Verteidiger, S. 37; Gössel, Strafverfahrensrecht, S. 166; Maul, DRiZ 1977, 207; Ostler, JR 1959, 121; Schneider, NJW 1977, 875; Römer, Festschrift für Schmidt-Leichner, S. 140; v. Stackelberg, AnwBl. 1959, 199; Kleinknecht/Meyer, StPO, Einl., Rn. 88; Schäfer, Strafprozeßrecht, Einl. Kap. 6, Rn. 13 ff.; Sandermann, "Waffengleichheit" im Strafprozeß, S. 4 ff., 155; a.A. sind z.B. Peters, Strafprozeß, S. 210 f.; Geerds, GA 1975, S. 347; Dahm, Deutsches Recht, S. 539; Stock, Strafprozeßrecht, S. 25; s. dazu weiter den Text

solle [134], kann durch eine Gewichtsverlagerung zugunsten der Staatsanwaltschaft und damit zu Lasten des Angeklagten und seiner Verteidigung beeinträchtigt werden.

Entgegen der Auffassung von Teilen der Literatur [135], nach der dem Grundsatz der "Waffengleichheit" im deutschen Strafprozeßrecht eine Geltung nicht zustehe, ist die Forderung nach "Waffengleichheit" im soeben dargestellten Sinne auch im deutschen Anklageverfahren mit Ermittlungsgrundsatz [136] gültig und sinnvoll [137]:
Bekanntlich ging es im Rahmen der Reformdiskussion in der Mitte des vergangenen Jahrhunderts darum, den Inquisitionsprozeß, der die Zusammenfassung der Verfolgungs- und Urteilstätigkeit in einer Person vorsah, abzuschaffen [138]; die Strafprozeßordnung

---

134) vgl. Kleinknecht/Meyer, StPO, Einl., Rn. 88; Beulke, Verteidiger, S. 37 ff.; E. Müller, NJW 1976, 1063, 1066; Kohlmann, Festschrift für Peters, S. 316 f. (mit Fn. 10) ("formelle Waffengleichheit"); Gössel, Strafverfahrensrecht, S. 166; s. auch BGHSt 18, 371; damit scheidet also eine absolute Gleichheit der Rechte von vornherein aus, die auch in einem Strafverfahren nach anglo-amerikanischem Vorbild nicht durchführbar ist, vgl. Herrmann, Reform, insbes. S. 152 ff.

135) Peters, Strafprozeß, S. 210 f.; Geerds, GA 1975, S. 347; Dahm, Deutsches Recht, S. 539; Stock, Strafprozeßrecht, S. 25; v. Kries, Strafprozeßrecht, S. 220; Krauß in Müller-Dietz, Strafrechtsdogmatik und Kriminalpolitik, S. 154; Mörsch, Rechtsstellung, S. 43, 102; Dreher, Festschrift für Kleinknecht, S. 105 ff.

136) vgl. Roxin, Strafverfahrensrecht, S. 88 f.

137) so die h.M., vgl. die Nachweise in Fn. 133 sowie auch BVerfGE 38, 111; BVerfG NJW 1978, 259; s. zusätzlich Kohlmann, a.a.O., S.314: "Es geht darum, ein Verfahren zu gewährleisten, bei dem den Beteiligten nicht ohne sachliche Notwendigkeit unterschiedliche Rechtspositionen eingeräumt werden."

138) vgl. dazu Beulke, Verteidiger, S. 37; E. Müller, NJW 1976, 1064; ders., AnwBl. 1986, 50; s. auch Roxin, Strafverfahrensrecht, S. 65, 403 und Maiwald, Festschrift für Richard Lange, S. 750, 762

entstand somit zu einer Zeit, die beherrscht war von der Forderung des Liberalismus nach einem Strafverfahren, das den Beschuldigten nicht lediglich als "bloßes Mittel der Untersuchung" [139], als deren Objekt ansah, sondern als mit eigenen Rechten ausgestattetes selbständiges Prozeß s u b j e k t , das aktiv am Prozeß zu beteiligen sei und so auf den Untersuchungsverlauf Einfluß nehmen könne. [140]

Auf diesem Hintergrund ist das Gebot der "Waffengleichheit" der damals in der Entstehung befindlichen und heute geltenden Strafprozeßordnung zu sehen und zu verstehen.

2. Die Begründung der "Waffengleichheit" aus der Strafprozeßordnung

Auf diesem Hintergrund kann anhand verschiedener gesetzlicher Vorschriften der StPO belegt werden, daß die deutsche Prozeßordnung um die Verwirklichung der Forderung nach "Waffengleichheit" bemüht ist. [141]

---

139) E. Müller, NJW 1976, 1064

140) vgl. Vargha, Die Verteidigung in Strafsachen, S. 270; Beulke, a.a.O., S. 37; Lüderssen, in Denniger/Lüderssen, Polizei und Strafprozeß, S. 47; E. Müller, a.a.O., S. 1064; Wulf, Polizeiliche Beschuldigtenvernehmung, S. 13; Hanack in Löwe-Rosenberg, StPO, 24. Aufl., § 136, Rn. 21; s. auch Füllkrug, Kriminalistik 1985, S. 410 f. und BGHSt 5, 333 - Schließlich ist es unsicher und noch nicht festgestellt, ob der Beschuldigte i.w.S. eine bestimmte Tat überhaupt begangen hat, so daß es eine Selbstverständlichkeit sein sollte, ihm nicht verkürzte Chancen und Rechte zum Beweise seiner Unschuld zuzumuten; dies verlangt auch die in Art. 6 Abs. 2 MRK normierte Unschuldsvermutung, s. auch Krauß in Müller-Dietz, Strafrechtsdogmatik und Kriminalpolitik, S. 173 ff.; Müller-Dietz, ZStW 93 (1981), S. 1206 f.; alle Maßnahmen zur Wahrheitsermittlung sind "an der Möglichkeit eines späteren Freispruchs des Beschuldigten zu orientieren", E. Müller, NJW 1976, 1066 - s. auch die Reformtendenzen im Bereich des Ermittlungsverfahrens, dazu Richter II, Strafverteidiger 1985, 382 ff.

141) vgl. dazu Beulke, Verteidiger, S. 39; nach Kohlmann, Festschrift für Peters, S. 316, "ist davon auszugehen, daß der Gesetzgeber im Zweifel die Regelung gewollt hat, die den Grundsatz der Waffengleichheit am besten verwirklicht."

Dabei ist zwischen dem Ermittlungsverfahren und der Hauptverhandlung zu unterscheiden. [142)]

2.1. Die Rechtslage im Ermittlungsverfahren

Im Ermittlungsverfahren läßt sich zwar ein "gewisses Übergewicht des Staatsanwalts" [143)] feststellen, da er in der Lage ist, jede in Betracht kommende erfolgversprechend erscheinende Ermittlung zur Überführung des Beschuldigten durchzuführen [144)]; dieses Übergewicht [145)] im Vorverfahren hängt aber mit der Struktur des deutschen Strafverfahrensrechtes zusammen, das Elemente des Inquisitionsprozesses und des reinen Anklageverfahrens miteinander verbindet. [146)]
Dieses Ungleichgewicht versucht das Gesetz durch die Regelung des § 160 Abs. 2 StPO zu vermindern, wonach die Staatsanwaltschaft "nicht nur die zur Belastung, sondern auch die zur Entlastung dienenden Umstände zu ermitteln" hat; der Staatsanwalt als selbständiges Organ der Rechtspflege hat die Rolle eines objektiven Sachwalters inne. [147)] Diese zeigt sich auch z.B. an den Vorschriften der §§ 296 Abs. 2 [148)] und 365, 301 [149)] StPO.

---

142) vgl. Beulke, ebenda; Schäfer, Strafprozeßrecht, Einl., Kap. 6, Rn. 14; E. Müller, NJW 1976, 1066

143) E. Müller, NJW 1976, 1066

144) § 160 StPO; s. auch Schäfer, Strafprozeßrecht, Einl., Kap. 6, Rn. 14

145) Dabei darf aber - andererseits - auch nicht übersehen werden, daß der Beschuldigte manchmal weitergehende Möglichkeiten hat als die Staatsanwaltschaft: so besteht z.B. für ihn keine erzwingbare Pflicht zur Wahrheit; außerdem hat er ein weitergehendes Richterablehnungsrecht als die Staatsanwaltschaft, vgl. E. Müller, NJW 1976, 1065 sowie Tettinger, Fairneß und Waffengleichheit, S. 32 f.; trotzdem garantiert nach Müller-Dietz, ZStW 93 (1981), S. 1225 "der Status des Beschuldigten de lege lata keineswegs in vollem Umfang diejenigen Rechte und Handlungsmöglichkeiten, die zum Ausgleich des Informationsvorsprungs der Strafverfolgungsbehörden und des Machtgefälles im Verhältnis zu ihnen notwendig erscheinen", vielmehr stagniert der Ausbau der Rechte des Beschuldigten bzw. ist sogar rückläufig, vgl. ebenda und S. 1185 ff., 1237

146) vgl. Roxin, Strafverfahrensrecht, S. 88 f. - "Zum Bedeutungswandel des Ermittlungsverfahrens - Bestandsaufnahme und Reformtendenzen" s. Richter II, Strafverteidiger 1985, 382 ff.

Die Tätigkeit der Staatsanwaltschaft ist also an der Ermittlung der Wahrheit und der Verwirklichung der Gerechtigkeit auszurichten.[150)]

Hinzu kommt, daß die sog. kleine Strafprozeßreform aus dem Jahre 1964 die Rechte des Beschuldigten wesentlich erweitert hat: Zu nennen sind hier insbesondere die §§ 163a Abs. 2, 166 StPO, die dem Beschuldigten ein - wenn auch beschränktes - Beweisantragsrecht einräumen; §§ 168c Abs. 2 und 168d StPO, die sein Anwesenheitsrecht bei richterlichen Untersuchungshandlungen statuieren; weiterhin findet bei gravierenderen Eingriffen der Kompetenzübergang vom Staatsanwalt auf den Richter gemäß §§ 105, 112 ff., 161a Abs. 1 Satz 3 StPO statt. Zudem sind noch die Vorschriften der §§ 117-118a StPO, die die Haftprüfung bei Untersuchungshaft des Beschuldigten betreffen und die §§ 140, 141, 364a, 364b StPO, die die Erweiterung des Umfanges der notwendigen Verteidigung und der Verteidigerbestellung durch das Gericht betreffen sowie die §§ 147, 148 StPO, die sich durch eine Erweiterung der Verteidigerbefugnisse auszeichnen, zu nennen[151)], da gerade der Verteidiger als ausgebildeter Jurist mit seinen Fachkenntnissen

---

147) s. dazu Schäfer, Strafprozeßrecht, Einl., Kap. 6, Rn. 13

148) Die Einlegung eines Rechtsmittels durch die Staatsanwaltschaft ist auch zugunsten des Beschuldigten möglich.

149) Die Wiederaufnahme des Verfahrens mit dem Ziel des Freispruches des Verurteilten kann und muß auch die Staatsanwaltschaft betreiben, um eine richtige Entscheidung zu erreichen; vgl. auch Roxin, Strafverfahrensrecht, S. 48

150) vgl. auch Eb. Schmidt, MDR 1964, 632

151) vgl. zu allem Beulke, Verteidiger, S. 39 und Schäfer, Strafprozeßrecht, Einl., Kap. 6, Rn. 13 ff.; speziell zu Problemen des Akteneinsichtsrechts des Strafverteidigers s. Welp, Festgabe für Peters, S. 309 ff., der zu Recht darauf hinweist, daß erst durch die Gewährung des Akteneinsichtsrechts "eine Parität des Wissens" entsteht, durch die "der Beschuldigte überhaupt in seine Stellung als P r o z e ß s u b j e k t einrücken kann" (S. 309, Hervorhebung im Original).

neben den Beschuldigten treten muß, um den juristisch-fachlichen Wissensvorsprung des Staatsanwalts ausgleichen zu können. [152)]

Die genannten Vorschriften sind im Lichte einer Rechtsentwicklung zu sehen, die das Ziel verfolgt, die Stellung des Beschuldigten im Ermittlungsverfahren auf dem Hintergrund des Gedankens einer der Struktur des deutschen Strafprozeßrechts entsprechenden "Waffengleichheit" zu stärken und seine Rechte auszubauen. [153)] Arndt [154)] sieht - zu Recht - den Grund für diese Entwicklung im Verlangen des Rechtsstaatsprinzips nach der Möglichkeit der Verteidigung bereits im Vorverfahren gegen die Beschwer der Hauptverhandlung. Denn das Ermittlungsverfahren darf in seiner den Prozeß und das Urteil vorprägenden Weise nicht unterschätzt werden, da gerade in diesem Abschnitt des Verfahrens ein richtiges

---

152) vgl. dazu auch Beulke, Verteidiger, S. 40: Die "strikte Einseitigkeit des Verteidigers" ist "unbedingte Voraussetzung für die Herstellung von Waffengleichheit". "Diese ... ist eine Art Ausgleich für die in anderen Bereichen überlegeneren Machtmittel des Staatsanwaltes". Zum Stellenwert der Beteiligung eines Straverteidigers im Ermittlungsverfahren vgl. die auf praktischer Erfahrung beruhende Stellungnahme von Wulf, Polizeiliche Beschuldigtenvernehmung, S. 441 ff.; konsequenterweise fordert er den Ausbau der Einrichtung der notwendigen Verteidigung für das Ermittlungsverfahren mit der Gewährung entsprechender Mitwirkungs- und Anwesenheitsrechte, s. Wulf, a.a.O., S. 445 f., 528; vgl. in diesem Zusammenhang die Argumente für die Notwendigkeit der Verteidigung der Beschuldigten im Ermittlungsverfahren in der RStPO von 1877 bei Hahn, Die gesammten Materialien zur Strafprozeßordnung, 1. Abt., S. 141 m.N.; s. dazu auch Lüderssen, in Denninger/Lüderssen, Polizei und Strafprozeß, S. 32 ff. (mit einem prägnanten Zitat C.J.A. Mittermaiers)

153) vgl. Arndt, NJW 1960, 1192; Schäfer, Strafprozeßrecht, Einl., Kap. 6, Rn. 14; Tettinger, Fairneß und Waffengleichheit, S. 31; s. auch BGHSt 12, 139; - zur Kritik dieser Sichtweise Jung, Kronzeuge, S. 81, der "die Realität des Prozesses nicht erfaßt" sieht, da es sich "auch vom Rechtlichen her" um "durchaus gegenläufig" konzipierte Prozeßrollen handeln soll. Diese Betrachtung spiegelt jedoch zu deutlich nur die subjektive Sichtweise des Beschuldigten wider , so zu Recht auch Schäfer, Strafprozeßrecht, Einl., Kap. 6, Rn. 13 - Vgl. auch die weiteren Vorschläge (für eine Reform des Ermittlungsverfahrens) hinsichtlich der Verbesserung der Subjektstellung des Beschuldigten und der Effektivierung der Verteidigungsrechte gerade im Ermittlungsverfahren von Richter II, Strafverteidiger 1985, 387 ff.; s. auch Quedenfeld, Festgabe für Peters, S. 232

154) NJW 1960, 1192

oder falsches Urteil entscheidend vorprogrammiert wird. [155)] Deshalb handelt es sich auch um einen in rechtsstaatlicher Hinsicht unhaltbaren Zustand, daß nach geltendem Recht keine Pflicht besteht, den Verdächtigen über die Einleitung eines Ermittlungsverfahrens gegen seine Person zu unterrichten. [156)]

Dieser im Sinne des Gebotes der "Waffengleichheit" positiv einzuschätzenden Entwicklung stehen jedoch - dies muß zugegeben, zugleich aber auch gerügt werden [157)] - die neueren Änderungen im Ermittlungsverfahren entgegen, die zu einem einseitigen Machtzuwachs auf Seiten der Staatsanwaltschaft geführt haben [158)]. Hervorgehoben seien hier vor allem die §§ 161a Abs. 1 Satz 2 [159)], 153 Abs. 1 Satz 2, 153a Abs. 1 Satz 6 [160)] StPO.

---

155) vgl. hierzu insbes. Regina Lange, Fehlerquellen im Ermittlungsverfahren, S. 7; Peters, Fehlerquellen im Strafprozeß, 2. Bd., S. 299; Mörsch, Rechtsstellung, S. 49 f.; D. Krause, NJW 1976, 2029; ders., Strafverteidiger 1984, 174 f.; Geißer, GA 1983, S. 409; Hamm, Festschrift für Sarstedt, S. 61 f.; Römer, Festschrift für Schmidt-Leichner, S. 139 f.; Rieß, Festschrift für Schäfer, S. 207 f.; Rückel, Festgabe für Peters, S. 267 f.; jüngst Weihrauch, Verteidigung im Ermittlungsverfahren, S. 1 f.; Richter II, Strafverteidiger 1985, 385 f.; Strate/Ventzke, Strafverteidiger 1986, 30 und E. Müller, AnwBl. 1986, 51; zur Bedeutung der Vernehmung des Beschuldigten im Ermittlungsverfahren für die spätere Hauptverhandlung s. speziell Gundlach, Die Vernehmung des Beschuldigten im Ermittlungsverfahren, z.B. S. 9 und passim sowie vor allem auch Wulf, Polizeiliche Beschuldigtenvernehmung, S. 1 ff., 523 ff., der diese große Bedeutung der polizeilichen Beschuldigtenvernehmung in seiner empirischen Untersuchung ausführlich belegt und immer wieder eindringlich vor Augen führt. Sehr nachdenklich stimmt eines seiner Ergebnisse, daß "bereits frühzeitig im Ermittlungsverfahren die Maxime der fairen Verfahrensführung stark relativiert wird und häufig zu einer bloß theoretischen Figur reduziert wird" (S. 524).

156) ebenso E. Müller, NJW 1976, 1067; ders., AnwBl. 1986, 52 f.; Wolter, GA 1985, S. 85 und Dahs, NJW 1985, 1116; s. auch die ausführliche Schilderung der Bedeutung des Ermittlungsverfahrens für die Rechtssphäre des Beschuldigten sowie die damit zusammenhängenden faktischen Auswirkungen (z.B. in psychologischer, sozialer, wirtschaftlicher bzw. beruflicher Hinsicht) bei Richter II, Strafverteidiger 1985, 383 ff.

157) vgl. auch Schmidt-Leichner, NJW 1975, 418; Jung, JuS 1975, 262; Dencker, JZ 1973, 149 f.; Hanack, Festschrift für Gallas, S. 347 ff.; Lüderssen, in Deninger/Lüderssen, Polizei und Strafprozeß, S. 294 f.; Schmidhäuser, JZ 1973, 533 ff.; Rudolphi, ZRP 1976, 165; anderer Ansicht ist z.B. Dreher, Festschrift für Welzel, S. 933 ff.

2.2. Die Verwirklichung der "Waffengleichheit" in der Hauptverhandlung

In der Hauptverhandlung ist der Gedanke der "Waffengleichheit" freilich am weitestgehendsten verwirklicht.[161)]
Daß dies so ist, kann deshalb nicht verwundern, weil die Hauptverhandlung der Ort ist, an dem durch das Gericht festgestellt wird, ob der Angeklagte eine tatbestandsmäßige, rechtswidrige und schuldhafte Handlung begangen hat[162)], deretwegen er bestraft werden soll. Hier muß daher der Angeklagte mit den Rechten ausgestattet werden, die notwendig sind, um ihm als Prozeßsubjekt die Möglichkeit der aktiven Beteiligung am Strafverfahren und der Einflußnahme auf den Verlauf der Untersuchung einzuräumen.[163)]
Wichtige Vorschriften, die dieser Zielsetzung entsprechen, sind

---

158) So richtig auch E. Müller, AnwBl. 1986, 50, der eine Reform des Ermittlungsverfahrens fordert, die dem Beschuldigten die Gelegenheit verschafft, wirksame Verteidigung in diesem Verfahrensstadium ausüben zu können (s. a.a.O., S. 54); vgl. auch Thomas, AnwBl. 1986, 56

159) Aus dieser Vorschrift gewinnt die Staatsanwaltschaft die Befugnis, Zeugen zu vernehmen sowie Sachverständige zu bestellen und zu vernehmen.

160) bei denen der Staatsanwalt o h n e die Zustimmung des Gerichtes das Verfahren einstellen kann; kritisch zu § 153 StPO Naucke, Festschrift für Maurach, S. 197 ff.; zu § 153a StPO Hanack, Festschrift für Gallas, S. 339 ff.

161) vgl. dazu Beulke, Verteidiger, S. 39; Kohlmann, Festschrift für Peters, S. 316; Schäfer, Strafprozeßrecht, Einl., Kap. 6, Rn. 14 und E. Müller, NJW 1976, 1066

162) Zur Wichtigkeit der gleichen Verwirklichung des Grundsatzes der "Waffengleichheit" im Vorverfahren vgl. oben S. 91 mit Fn. 140 und S. 94 f. mit Fn. 155; s. dazu auch Müller-Dietz, ZStW 93 (1981), S. 1228

163) davon ging jedenfalls der Gesetzgeber im Jahre 1877 aus, vgl. Hahn, Die gesamten Materialien zur Strafprozeßordnung, S. 143 und E. Müller, AnwBl. 1986, 50

z.B. § 243 StPO, der den regelmäßigen Ablauf der Hauptverhandlung bestimmt und dabei eine Gleichgewichtigung von Staatsanwalt und Angeklagten erkennbar macht und diese z.B. insoweit herbeiführt, als letzterer zur Sache aussagen und damit der Äußerung der Auffassung des Staatsanwaltes seine eigene Auffassung entgegensetzen kann; das Fragerecht des Angeklagten gemäß § 240 Abs. 2 StPO; u.a. die §§ 136 Abs. 2, 243 Abs. 4 Satz 2, 258 StPO, die ihm das Recht zu eigenen Äußerungen (in allen Verfahrensstadien) zugestehen sowie vor allem § 244 StPO, der - und darin besteht die besondere Bedeutung dieser Vorschrift - dem Angeklagten (ebenso wie dem Staatsanwalt) das Beweisantragsrecht verleiht.[164)]

Wie die vorstehenden Anhaltspunkte belegen, kann schon aus der Strafprozeßordnung, die auf dem historischen Hintergrund ihrer Entstehung betrachtet werden muß, so daß die dargelegten Vorschriften auch unter diesem Aspekt Farbe gewinnen, das Gebot der "Waffengleichheit" für das gesamte Strafverfahren entnommen werden.[165), 166)]
Daran ändert die Tatsache nichts, daß der Grundsatz der "Waffengleichheit" noch nicht optimal - speziell im Ermittlungsverfahren - verwirklicht ist; denn bei ihm - wie auch bei den anderen

---

164) vgl. dazu insgesamt Schäfer, Strafprozeßrecht, Einl., Kap. 6, Rn. 14; Beulke, Verteidiger, S. 39; Kohlmann, Festschrift für Peters, S. 316; Tettinger, Fairneß und Waffengleichheit, S. 33

165) so schon Beulke, Verteidiger, S. 39; auch Schäfer, Strafprozeßrecht, Einl., Kap. 6, Rn. 13 ff.; Wulf, Polizeiliche Beschuldigtenvernehmung, S. 14; s. auch die Hinweise auf die StPO von Kohlmann, Festschrift für Peters, S. 316, obwohl er den Grundsatz der "Waffengleichheit" aus Art. 6 Abs. 1 Satz 1 MRK (für die Hauptverhandlung) und (im übrigen) aus dem Rechtsstaatsprinzip herleitet, vgl. S. 316 ff.; a.A. sind z.B. E. Müller, NJW 1976, 1066 und Jaeger, Der Kronzeuge, S. 73 f., der jedoch auf diese Argumente und die entsprechende Literatur gar nicht eingeht, vielmehr nur gegenteilige Behauptungen aufstellt.

166) Zu der daneben ebenfalls möglichen verfassungsrechtlichen Herleitung des Grundsatzes der "Waffengleichheit" vgl. unten das 2. Kapitel dieses 2. Teiles der Arbeit unter I., S. 147 ff., 154

Prozeßmaximen - handelt es sich lediglich um Leitbilder, die im Strafverfahrensrecht als Orientierungspunkte fungieren.[167)]

3. Die Bedeutung der Regelung des § 31 BtMG für die Verwirklichung der "Waffengleichheit" im Betäubungsmittelstrafverfahren

Wie aber ist im Hinblick auf den Grundsatz der "Waffengleichheit" die Tätigkeit des Aufklärungsgehilfen und die Honorierung seiner Mitwirkung im Wege einer Strafmilderung oder eines vollständigen Absehens von Strafe gemäß § 31 BtMG zu beurteilen?

Unzweifelhaft handelt es sich bei dessen Mithilfe bei der Tataufklärung oder -verhinderung, wenn dabei Tatbeteiligte genannt werden, um eine durch seine Aussage herbeigeführte Belastung dieser Personen. Sie werden damit für die Strafverfolgungsbehörden zu Verdächtigen, Beschuldigten und später eventuell zu Angeklagten. Ohne die Aussage des Aufklärungsgehilfen wären diese Personen vielleicht niemals einer Strafverfolgung unterzogen worden.

Der Aufklärungsgehilfe erbringt ersichtlich eine Tätigkeit zugunsten der Staatsanwaltschaft und zu Lasten des Beschuldigten.[168)] Falls er zusätzlich noch vor Gericht im Strafverfahren gegen den schon bei der polizeilichen Vernehmung beschuldigten Tatbeteiligten (zu dessen Lasten) als Zeuge aussagt, wozu er aber aufgrund der Regelung des § 31 BtMG nicht verpflichtet ist[169)], was aber

---

167) vgl. Tettinger, Fairneß und Waffengleichheit, S. 54 f., 69; Geerds, SchlHA 1962, 181 f., 190, der selbst die Prozeßgrundsätze als "programmatische Hilfsbegriffe" versteht; s. auch Löhr, Unmittelbarkeit, S. 134; Wulf, Polizeiliche Beschuldigtenvernehmung, S. 19 f. und passim, bezeichnet das Gebot der "Waffengleichheit" als Programmsatz für zukünftige Reformen des Strafverfahrensrechtes, der unaufhörlich als Diskussionsgegenstand zu fungieren habe. Diese Notwendigkeit zeigen anschaulich die von Wulf (vgl. das Resümee, a.a.O., S. 523 ff.) mitgeteilten Ergebnisse über die polizeiliche Vernehmung Beschuldigter.

168) "Zumindest langfristig muß eine Kronzeugenregelung das von § 160 II StPO verordnete G l e i c h g e w i c h t zugunsten der Ermittlung belastender Umstände v e r ä n d e r n ", Hassemer, Strafverteidiger 1986, 552 (Hervorhebungen im Original)

169) vgl. dazu schon oben die Einleitung, II., S. 8 f. m.w.N. und Körner, BtMG, § 31, Rn. 24

wohl als Regelfall in der Praxis angenommen werden kann [170], belastet er den Angeklagten vertieft:

Zwar hat seine Zeugenaussage keine andere oder weitere, erschwerende Belastung zum Gegenstand; aber die Aussage erhält - gerade wenn das Gericht ihr Glauben schenkt - eine weitaus größere, als Belastung gravierende Bedeutung für die Wahrscheinlichkeit der Verurteilung des Angeklagten. [171] Gerade bei einer "glaubhaften" Zeugenaussage [172] wird es für den Angeklagten und seinen Verteidiger umso schwieriger, das Gericht von der Unschuld des Angeklagten zu überzeugen.
Deshalb kann es durchaus einen Unterschied machen, ob der Aufklärungsgehilfe vor Gericht aussagt oder nicht.
Allerdings ist hinsichtlich der schnellen Schlußfolgerung, daß diese Tätigkeit des Aufklärungsgehilfen (mit oder ohne Zeugenaussage vor Gericht) den Grundsatz der "Waffengleichheit" beeinträchtige, Vorsicht geboten: Schließlich ist es das Gericht, das eine Strafmilderung gewährt oder von Strafe absieht, nicht die Staatsanwaltschaft!
Der Grundsatz der "Waffengleichheit" bedeutet die "Ausbalancierung" [173] der Rechte zwischen dem Angeklagten und dem Staatsanwalt.
Aus der Regelung des § 31 BtMG ergibt sich nur die Befugnis für das Gericht, eine Ermessensentscheidung hinsichtlich der Bestrafung(-shöhe) zu treffen.
Damit zeigt sich ein Unterschied der Regelung des § 31 BtMG im Vergleich zu der Ausgestaltung einer solchen Vorschrift als strafverfahrensrechtliche Einstellungsnorm: In letzterem Falle

---

170) Der Aufklärungsgehilfe wird "häufig zum entscheidenden Belastungszeugen gegen ehemalige Komplizen", Körner, BtMG, § 31, Rn. 1; Weider, Strafverteidiger 1981, 151 (für den Kronzeugen); s. auch Jaeger, Der Kronzeuge, S. 1 f.

171) Der "Beschuldigte (erfährt) in der Position des Zeugen als Beweismittel faktisch ... eine Aufwertung" (Lenckner, Festschrift für Peters, S. 339), weil es "gerichtspsychologisch ... eine Tatsache (ist), daß die Aussage des Zeugen ein höheres Gewicht hat als die des Beschuldigten" (Peters, Gutachten für den 46. DJT, S. 137)

172) s. dazu unten VII. in diesem Kapitel, S. 121 ff.

173) E. Müller, NJW 1976, 1067

hätte der Staatsanwalt (idealtypischerweise selbständig) die Möglichkeit, Straffreiheit zu gewähren und damit die Aussage des Aufklärungsgehilfen zu honorieren.
Darin wäre ein erheblicher Machtzuwachs auf Seiten der Staatsanwaltschaft zu sehen [174], zumal der Angeklagte und sein Verteidiger nicht die Möglichkeit haben, Entlastungszeugen entsprechend gleichgewichtig zu honorieren. [175] In diesem Falle wäre daher das Gebot der "Waffengleichheit" in unzulässiger, übermäßiger Weise beeinträchtigt, da durch die Art der Gewinnung dieser "erkauften" Zeugenaussage und die Gefahr der Falschaussage des Aufklärungsgehilfen zur Erlangung von Straffreiheit [176] das V e r u r t e i l u n g s r i s i k o des Angeklagten g a n z w e s e n t l i c h e r h ö h t wird.

Dagegen kann nicht geltend gemacht werden, daß es sich beim Kronzeugen (bzw. Aufklärungsgehilfen) nur um eine kriminaltaktische Maßnahme handele, die genauso möglich und zulässig sei wie die bessere Ausstattung der Polizei [177] oder etwa die Erhöhung der Anzahl von Polizeibeamten.
Diese Argumentation Jungs greift indessen zu kurz:
Auf dem Hintergrund eines durch die Garantien des Grundgesetzes geprägten, rechtsstaatlichen Strafverfahrens kann die Art und

---

174) nach Jung, Kronzeuge, S. 80 eine "gewisse Verschiebung der Gewichte im Strafprozeß"; vgl. dagegen aber treffend J. Meyer, ZRP 1976, 27, s. das Zitat unten auf S. 103 in Fn. 187

175) Daran ändert auch Art. 6 Abs. 3 Ziffer d MRK, nach dem der Beschuldigte das Recht hat, die Ladung von Entlastungszeugen zu bewirken, nichts, weil es sich hierbei nur um ein Frage- und Ladungsrecht handelt (vgl. Jung, a.a.O., S. 83 f.) und die StPO (vgl. §§ 168c, 224, 240 Abs. 2, 219, 220, 245) auch keine weitergehenden Rechte enthält (vgl. Sandermann, "Waffengleichheit" im Strafprozeß, S. 56 f.)

176) vgl. zur Glaubwürdigkeitsproblematik unter VII. in diesem Kapitel, S. 121 ff

177) so aber Jung, Kronzeuge, S. 84, der es mit seiner Argumentation freilich leicht hat, da er den Grundsatz der "Waffengleichheit" als Prozeßmaxime ablehnt und so nie in die Bedrängnis der Bejahung einer Beeinträchtigung der "Waffengleichheit" gerät; seine Unsicherheit zeigt sich jedoch daran, daß er "ein gewisses Unbehagen" empfindet, wenn er neben der Gewährung von Straffreiheit im Falle des Kronzeugen noch den durch das 1. StVRG herbeigeführten Machtzuwachs der Staatsanwaltschaft betrachtet, s. Jung, a.a.O., S. 84 f.

Weise der Erlangung der Zeugenaussage, die im Wege des Handels um Straffreiheit "erkauft" wird, nicht außer Betracht gelassen werden![178)]

Damit ergibt sich ein gravierender, entscheidungsrelevanter Unterschied zwischen der Verwendung eines Kronzeugen oder eines Aufklärungsgehilfen und den anderen genannten Mitteln. Die Intensivierung des Strafverfolgungsapparates kann also jedenfalls mit der Verwendung solcher Personen zum Zwecke der Tataufklärung nicht verglichen oder gar gleichgesetzt werden.

Der Unterschied zur Regelung des § 31 BtMG besteht nun darin, daß d a s G e r i c h t über die Bestrafung(-shöhe) des Aufklärungsgehilfen entscheidet.

Dadurch dürfte freilich an sich nicht ein solch erheblicher Machtzuwachs auf Seiten der Staatsanwaltschaft produziert werden wie bei einer Vorschrift über die Einstellung des Verfahrens. Trotzdem ist aber zu beachten, daß die sonstige Situation, d.h. die Belastung des Angeklagten (in der Regel auch) mit einer Zeugenaussage im Prozeß[179)], die gleiche bleibt.

Die anderen oben[180)] aufgeführten Bedenken gelten hier ebenso. Dabei ist erheblich, daß im Falle des § 31 BtMG genauso ein Zeuge "für den Staat" gewonnen werden soll, wodurch der o.g. Machtzuwachs impliziert wird. Die Wirkung für den Angeklagten bedeutet also keine wesentliche Änderung; dies ist entscheidend.

Die Position der Staatsanwaltschaft erfährt durch die Zeugengewinnung mit Hilfe des § 31 BtMG zugunsten der Anklage faktisch

---

178) vgl. dazu auch den Beschluß des Großen Senates des BGH (St 32, 115), der es für unzulässig erklärte, die kommissarische Zeugenvernehmung einer Vertrauensperson der Polizei gegen den Willen des Verteidigers in dessen Abwesenheit durchzuführen, weil die oberste Dienstbehörde den Zeugen aus Sorge vor dessen Enttarnung nur unter dieser Voraussetzung freigegeben hatte. Außerdem stellte der BGH (a.a.O.) die Geltung des § 68 StPO auch bei der kommissarischen Zeugenvernehmung fest.

179) so die herkömmliche Praxis im Strafverfahren, vgl. dazu oben S. 99 mit Fn. 170

180) s. S. 98 ff.

eine ähnliche Stärkung zu Lasten des Angeklagten, die Entscheidung ist nur auf das Gericht "verlagert" [181], das sich von der Erfüllung der Voraussetzungen des § 31 BtMG überzeugen muß, wozu es wiederum Beweismittel (z.B. hinsichtlich der Klärung der Frage, ob der Aufklärungsgehilfe einen wesentlichen Beitrag zur Tataufdeckung geleistet hat) benötigt [182]; die Polizei bzw. die Staatsanwaltschaft hat sogar eine gewisse tatsächliche [183] (indirekte) Einflußnahmemöglichkeit auf die Erbringung oder Nichterbringung dieses Beweises und die Art und Weise der Darstellung des Vorliegens der Voraussetzungen des § 31 BtMG vor Gericht. [184] Der Unterschied ist demnach nicht so wesentlich, daß die Tätigkeit eines Aufklärungsgehilfen im Rahmen des § 31 BtMG im Unterschied zu einer prozessualen Einstellungsvorschrift ein entgegengesetztes Ergebnis nahelegen würde; vielmehr zeigt sich auch bei der Anwendung des § 31 BtMG eine deutliche Verschiebung des "Balanceverhältnisses" zu Lasten des Angeklagten und seines Verteidigers, denen ein ähnlich gewichtiges Gegeninstrument [185] nicht zur Verfügung steht.

Zweifellos muß die Schaffung des Instituts der Aufklärungshilfe im Betäubungsmittelstrafrecht durch den Gesetzgeber - jedenfalls wenn man den Beschuldigten (i.w.S.) als aktiv beteiligtes, mit

---

181) Die Entscheidungskompetenz hinsichtlich der Anwendung des § 31 BtMG ist - so zutreffend Weider, NStZ 1984, 395 - faktisch weitgehend auf die Ermittlungsbehörden übertragen; s. dazu auch schon oben II., S. 76 mit Fn. 76 und III., S. 86

182) Hierfür kommt die Vernehmung von Polizeibeamten (Verhörspersonen) in Betracht, vgl. dazu schon oben II., insbes. S. 71, 73

183) aber keine rechtliche, vgl. oben II., S. 76 mit Fn. 75 und III., S. 86 f.

184) s. auch die Schilderung von Kreuzer/Gebhardt/Maassen/Stein-Hilbers, Drogenabhängigkeit und Kontrolle, S. 349 f. hinsichtlich der "Selektionsmacht" der Vernehmungspersonen und schon oben III., S. 87

185) gerade im Hinblick auf die vorentscheidende Bedeutung des Ermittlungsverfahrens (vgl. Peters, Fehlerquellen im Strafprozeß, 2. Bd., S. 299 sowie schon oben S. 91, 94 m.w.N.) und das erhöhte Verurteilungsrisiko des Angeklagten durch die Zeugenaussage des Aufklärungsgehilfen vor Gericht, s. ebenda

eigenen Rechten ausgestattetes selbständiges Subjekt des Prozesses versteht - im Hinblick auf das Gebot der "Waffengleichheit" als massiver Rückschlag aufgefaßt werden, weil es sich bei § 31 BtMG eindeutig um eine Vorschrift zugunsten der Belange der Anklagebehörde und damit zu Lasten derjenigen des Beschuldigten handelt.[186)]

Damit wird deutlich, daß die Rechte des Beschuldigten und seine Chancen, sich erfolgreich gegen den durch die Aussage des Aufklärungsgehilfen bedingten Anklagevorwurf zur Wehr zu setzen, eine nicht zu unterschätzende Einschränkung erfahren haben.

Diese Tatsache erweckt in rechtsstaatlicher Hinsicht ebenso große Bedenken wie die Art und Weise der Erlangung der (Zeugen-) Aussage durch das Lockmittel der Strafmilderung.

Hier schon wird ersichtlich, daß der Gesetzgeber sich mit der Einführung einer solchen Vorschrift für die Priorität der Effektivierung der Strafverfolgungsmöglichkeiten in diesem Bereich des organisierten Verbrechens entschieden hat[187)] und damit die rechtsstaatlichen Garantien des Strafverfahrensrechts zurückgeschraubt wurden.

Berücksichtigt werden muß hier aber andererseits auch, daß ein vom Gesetzgeber angestrebter V o r t e i l der Regelung d e s § 3 1 B t M G darin besteht, zu versuchen, den großen Schaden, der durch den Konsum von Betäubungsmitteln insbesondere an einer Vielzahl von Jugendlichen entstehen kann und letztlich auch entsteht, möglichst weitgehend abzuwenden. Diese

---

186) Dagegen spricht auch nicht, daß § 31 BtMG dem Beschuldigten die Möglichkeit der Vergünstigung durch Strafmilderung oder Absehen von Strafe bietet, da dieser Vorteil sich erst auswirken kann, wenn der Beschuldigte einer Strafverfolgungsmaßnahme, deren Effektivierung § 31 BtMG ja dienen soll, unterworfen wurde.

187) vgl. dazu auch Körner, BtMG, § 31, Rn. 3 und ganz deutlich J. Meyer, ZRP 1976, 27: "Erstaunlicherweise wird das Problem der Waffengleichheit zwischen Staatsanwalt und Beschuldigtem bzw. Verteidiger in der bisherigen Diskussion kaum berührt oder sehr rasch abgetan." "Der Kronzeuge ist eine Einrichtung, die nur für Überführungszwecke, nicht aber für die Verteidigung eines eventuell zu Unrecht Beschuldigten in Frage zu kommen scheint."; ebenso Steinke, Kriminalistik 1983, 240

Intention des Gesetzgebers hat in diesem mit ganz spezifischen Problemen bei der Tataufklärung ringenden Bereich des organisierten Verbrechens durch die Förderung von Aussage- und Kooperationsbereitschaft bei Beschuldigten ihren positiven Sinn einer Schutzfunktion für die durch Betäubungsmittel gefährdeten heranwachsenden Generationen. [188)]

Die Tatsache, daß die Regelung des § 31 BtMG trotzdem nicht, jedenfalls nicht ohne weiteres mit der Verwirklichung des Gebotes der "Waffengleichheit" im Strafverfahren zu vereinbaren ist, erbringt die erste konkrete Antwort auf die oben gestellte Frage hinsichtlich des Umfanges des bisher noch unklaren Anwendungsbereiches des § 31 BtMG:
Wenn diese Vorschrift schon die Forderung nach "Waffengleichheit" stark beeinträchtigt, so ist j e d e n f a l l s ein klares Argument für die einschränkende Auslegung des § 31 BtMG gewonnen. Denn wenn die Regelung des § 31 BtMG überhaupt u.U. mit dem Gebot der "Waffengleichheit" in Einklang gebracht werden könnte, d.h. unter dem Vorbehalt, daß sich nicht sowieso die Verfassungswidrigkeit der Vorschrift ergäbe [189)], kann dies nur in der Form geschehen, daß § 31 BtMG eng ausgelegt und dadurch in seinem Anwendungsbereich beschränkt wird, um den Grundsatz der "Waffengleichheit" - bei Aufrechterhaltung des § 31 BtMG - möglichst wenig zu beeinträchtigen.

Fraglich ist jedoch, ob nicht zu erwägen ist, die Regelung des § 31 BtMG an diesem Untersuchungspunkt ganz abzulehnen.
Dafür spricht das Ergebnis einer zu weit gehenden Beeinträchtigung des Gebotes der "Waffengleichheit" durch § 31 BtMG.
Allerdings hat sich soeben gezeigt, daß die Vorschrift auch in bestimmter Hinsicht als vorteilhaft anzusehen ist.
Diesen Aspekt berücksichtigend würde es u.U. sinnvoll sein und wäre im Wege restriktiver Auslegung möglich, die positive Inten-

---

188) Zu dem Weg, auf dem dies geschehen kann, s. näher unten VII., 2.3., S. 134

189) vgl. zur Überprüfung der Verfassungsmäßigkeit des § 31 BtMG unten das 2. Kapitel des 2. Teiles, S. 140 ff.

tion des § 31 BtMG (und damit diese Regelung) aufrechtzuerhalten, ohne auf die in diesem Falle jedenfalls feststehende Notwendigkeit der Beschränkung dieser Vorschrift verzichten zu müssen. So könnte der Weg zur Erreichung eines vertretbaren Kompromisses geschaffen werden.

Eine Entscheidung über diese Frage soll aber an dieser Stelle noch offenbleiben, um abwarten zu können, welche Ergebnisse die weiteren prozessualen Untersuchungsmaßstäbe ergeben. Denn es könnte am Ende nötig sein, im Wege einer Gesamtbetrachtung über die strafprozessuale Zulässigkeit des § 31 BtMG zu entscheiden.

Die Überprüfung der hier relevanten Vorschrift anhand des Gebotes der "Waffengleichheit" spricht eindeutig zumindest für eine restriktive Auslegung ihrer Anwendungsvoraussetzungen und einen sehr zurückhaltenden Umgang mit dieser Regelung.

V. Die Problematik des Rollentausches

1. Die Problemstellung

Der vorliegende Abschnitt untersucht die Problematik des Rollentausches [190)] im Zusammenhang mit der Regelung des § 31 BtMG. Dabei geht es insbesondere um die Frage, ob und wenn ja, unter welchen Bedingungen ein (Mit-)Beschuldigter als Zeuge in einem Strafverfahren gegen einen anderen (Mit-)Beschuldigten auftreten

---

190) Auf diese hat insbesondere Peters, Gutachten für den 46. DJT, S. 136, in jüngerer Zeit aufmerksam gemacht; zur Rollentauschproblematik vgl. weiterhin - als gründlichste und weiterführende Untersuchung - Prittwitz, Der Mitbeschuldigte im Strafprozeß; s. auch BGH JZ 1984, 587; Montenbruck, JZ 1985, 976 ff.; Klug, Verhandlungen des 46. DJT, S. 56 ff.; Grünwald, Festschrift für Klug, S. 493 ff.; Schöneborn, ZStW 86 (1974), S. 921 ff.; Lenckner, Festschrift für Peters, S. 333 ff.; Jung, Kronzeuge, S. 71 ff. und Lüderssen, wistra 1983, 231 ff. - Rechtsvergleichend: Jescheck, Gutachten für den 46. DJT, S. 43 ff.; auch Hauser, Zeugenbeweis, S. 43 Fn. 30

darf, das den gleichen Tatvorwurf als Verhandlungsgegenstand enthält.[191), 192)]
Eine Regelung wie § 31 BtMG, bei der das Gericht die Aufklärungshilfe honorieren kann, provoziert freilich sogleich die Rollentauschproblematik:
Da der Aufklärungsgehilfe in der Regel auch als Zeuge vor Gericht aussagt [193)] (bzw. aussagen soll), ergibt sich zwangsläufig die Situation, daß er im Strafverfahren gegen andere Tatbeteiligte die Zeugenrolle innehat, d.h. als Zeuge auftritt, während er zunächst einmal (Mit-)Beschuldigter ist.
Die Frage, ob der (Mit-)Beschuldigte Zeuge sein kann, stellt sich - hier zeigt sich wieder ein Unterschied zur Figur des Aufklärungsgehilfen in § 31 BtMG - nicht bei der "klassischen" Kronzeugenregelung, da bei dieser die Beschuldigung gegen den Kronzeugen fallengelassen (bzw. gar nicht erst erhoben) würde.[194)]
Dadurch erhält der Kronzeuge Straffreiheit, eine Beschuldigung seiner Person existiert nicht, so daß er als Zeuge aussagen kann.[195]
So einfach ist die Situation indessen beim Aufklärungsgehilfen der Regelung des § 31 BtMG nicht:
Zwar stellt es einen fundamentalen und unbezweifelten Grundsatz des deutschen - im Unterschied zum anglo-amerikanischen - Strafverfahrensrechtes dar, daß der Beschuldigte (im weiteren Sinne)[196)] nicht als Zeuge in e i g e n e r Sache aussagen kann [197)], weil anderenfalls dieselbe Person als Beschuldigter das Recht

---

191) vgl. Prittwitz, Der Mitbeschuldigte im Strafprozeß, S. 151, der diese Problematik als "formellen Rollentausch" bezeichnet, während er die Vernehmung eines Mit a n g e k l a g t e n zu den Tatbeiträgen anderer Mitangeklagter als "materiellen Rollentausch" kennzeichnet (S. 153); die umstrittene Zulässigkeit des letzteren bejaht nun BGH NJW 1985, 76

192) Zu den verschiedenen denkbaren und praktizierten Rollentauschkonstellationen vgl. den Überblick bei Prittwitz, a.a.O., S. 29 ff.

193) So die (bisherige) Praxis, nach der der Aufklärungsgehilfe häufig sogar als entscheidender Belastungszeuge fungiert, vgl. etwa Körner, BtMG, § 31, Rn. 1, 30; s. auch Weider, Strafverteidiger 1981, 151 (für den Kronzeugen)

194) vgl. etwa Prittwitz, Der Mitbeschuldigte im Strafprozeß, S. 139; dies gilt jedenfalls für den idealtypischen Fall des Kronzeugen, der mit Straffreiheit honoriert wird, während neuerdings im anglo-amerikanischen Rechtskreis auch lediglich eine Strafmilderung oder eine andere Vergünstigung

zum Schweigen (§ 136 Abs. 1 Satz 2 StPO), als Zeuge aber die Pflicht zur Aussage - begrenzt nur durch die Zeugnisverweigerungsrechte der §§ 52 ff. StPO, insbesondere das Auskunftsverweigerungsrecht des § 55 StPO - träfe, [198] der Beschuldigte also durch die Zeugenpflichten hinsichtlich seiner Verteidigung eingeschränkt würde. [199]

Der Mitbeschuldigtenbegriff ist jedoch gerade umstritten:

2. Die Frage nach dem (richtigen) Mitbeschuldigtenbegriff

Unangefochten galt ursprünglich der rein formelle Beschuldigtenbegriff, den die Rechtsprechung und die überwiegende Meinung auch heute noch zugrundelegt. Beschuldigter ist danach, wer "als Täter der den Gegenstand des Verfahrens bildenden Straftat oder als Teilnehmer daran verdächtig ist" [200], wenn "das Strafverfolgungsorgan, welches das Verfahren in seinem jeweiligen Abschnitt maßgeblich gestaltet, es

---

gewährt wird, vgl. Weigend, Festschrift für Jescheck, S. 1346 (auch zu den diesbezüglichen Gründen) und Jaeger, Der Kronzeuge, S. 276

195) s. Prittwitz, ebenda

196) als Oberbegriff auch für den Angeschuldigten und den Angeklagten, vgl. auch zur Terminologie § 157 StPO; s. auch Roxin, Strafverfahrensrecht, S. 23; Schlüchter, Das Strafverfahren, S. 444; Rogall, Der Beschuldigte, S. 21; Peters, Strafprozeß, S. 202 und Gössel, Strafverfahrensrecht, S. 52 f.

197) vgl. z.B. Lenckner, Festschrift für Peters, S. 333; Roxin, a.a.O., S. 152; Jung, Kronzeuge, S. 71 sowie Prittwitz, NStZ 1981, 463; das ist unstreitig.

198) Zur Diskussion der Problematik u.a. des § 55 StPO im Hinblick auf dessen Konstruktion und Ausgestaltung als Auskunftsverweigerungsrecht oder als Schweigebefugnis de lege lata und de lege ferenda vgl. (differenzierend) Geerds, Festschrift für Stock, S. 171 ff.

199) vgl. ausführlich Lenckner, Festschrift für Peters, S. 338 f., 342; Hauser, Zeugenbeweis, S. 43; Gössel, Strafverfahrensrecht, S. 202; BGH JR 1969, 149; s. dazu weiterhin auch unten S. 114 Fn. 237; diese für den Aufklärungsgehilfen prekäre Situation zeigt sich in der Praxis deutlich z.B. in der Hauptverhandlung daran, daß alle Angeklagten in gleicher Weise - gegebenenfalls mit angelegten Handschellen - den Gerichtssaal betreten, aber dann einer der Angeklagten "im Zeugenstand" Platz nimmt,

gegen ihn gerade als Beschuldigten betreibt" [201].
Auch wenn der BGH [202] das "Arrangieren" [203] der Verfahrensrollen durch vorübergehende Verfahrenstrennung zum Zwecke der Gewinnung einer Zeugenaussage [204] inzwischen für unzulässig erklärte, sind "unwürdige Manipulationen" [205] bei der Anwendung des formellen Beschuldigtenbegriffs immer noch leicht möglich, z.B. bei fehlender prozessualer Gemeinsamkeit [206] oder bei einem Tatverdächtigen, gegen den das spezielle Strafverfahren, in dem seine Aussage verwertet werden soll, (noch) nicht gerichtet ist. [207), 208]

---

während die übrigen auf der Anklagebank zu finden sind; so entsteht eine ganz besondere Atmosphäre im Gerichtssaal, die sich mitunter auch ganz klar im Verhalten des Aufklärungsgehilfen widerspiegelt.

200) BGHSt 10, 10

201) BGHSt 10, 11; gleichermaßen z.B. Schäfer, Strafprozeßrecht, Einl., Kap. 14, Rn. 58 ff.; Kleinknecht/Meyer, StPO, vor § 48, Rn. 9; Schöneborn, ZStW 86 (1974), 921; KK-Pelchen, StPO, vor § 48, Rn. 7; Eb. Schmidt, Lehrkommentar zur StPO, Teil II, vor § 48, Rn. 4 ff.; Fischer, Strafverteidiger 1981, 85 (h.M.)

202) JR 1969, 149

203) Peters, Strafprozeß, S. 346

204) so noch das Reichsgericht, vgl. RG GA Bd. 72 (1928), S. 346 sowie die Analyse der Rechtsprechung von Schöneborn, ZStW 86 (1974), S. 921 ff., insbes. S. 924 - Eine Einschränkung bei der Verfolgung eines unzulässigen Zwecks durch eine vorübergehende Abtrennung eines Verfahrens erfolgte durch RGSt 69, 22.

205) Roxin, Strafverfahrensrecht, S. 153

206) vgl. Lenckner, Festschrift für Peters, S. 333

207) vgl. zu dieser Voraussetzung für die Anwendung des formellen Beschuldigtenbegriffes oben die Nachweise in Fn. 201 sowie Prittwitz, NStZ 1981, 463

208) Das Vorliegen eines Rollenkonfliktes konstatiert auch Montenbruck, JZ 1985, 977; er versucht jedoch eine L ö s u n g dieses Rollenkonflikts a u f d e r B a s i s d e r A u f f a s s u n g d e r R e c h t s p r e c h u n g vom rein formellen Mitbeschuldigtenbegriff: entweder über eine materielle Bestimmung des Begriffes des Zeugen i.S. der §§ 153 ff. StGB (S. 977 f.), wodurch die Strafbarkeit des Aussagenden ausgeschlossen würde; allerdings verkennt er - zu Recht - nicht die fehlende Akzeptanz dieses Vorschlages in der Rechtsprechung (S. 978 f.); oder - hilfsweise - über die Einführung einer Differenzierung zwischen dem

Die rein formelle Begriffsbildung kann - wie sich daran zeigt - nicht effektiv eine Rollenvertauschung verhindern und ist daher abzulehnen.[209)]

Aus der Erkenntnis dieser grundlegenden - den Schutz des Beschuldigten aufhebenden[210)] - Schwäche des formellen Beschuldigtenbegriffes setzte in jüngerer Zeit Peters diesem den r e i n

---

(klassischen) unverdächtigen Zeugen einerseits und dem (neuen) tatverdächtigen Zeugen andererseits (S. 979), dessen Strafbarkeit aufgrund § 157 StGB im Wege der Auslegung eingeschränkt sei, wenn es sich um einen o f f e n k u n d i g tatverdächtigen Zeugen - im Unterschied zu einem u n e n t d e c k t tatverdächtigen Zeugen - handele (S. 980 ff.).
Zweifellos handelt es sich bei diesem Lösungsvorschlag Montenbrucks um einen möglichen Schritt in die zutreffende Richtung, w e n n man die Auffassung der Rechtsprechung zugrundelegt. Aber auch seine hilfsweise Lösung über § 157 StGB bzw. § 152b StPO (S. 980 ff.) begegnet doch starken Zweifeln bezüglich ihrer grundsätzlichen Akzeptanz durch die Rechtsprechung, wenn sie auch für konkrete Einzelfälle - auf der Basis der Rechtsprechungsmeinung - einen gangbaren Weg vorzeichnen mag. Sie läßt daher die mögliche grundsätzliche Lösung des Problems der Rollenverteilung (s. dazu den folgenden Text) vermissen, die aufgrund des von Montenbruck gewählten Ausgangspunktes nicht zu erreichen ist (s. dazu den obigen Text) und stellt so lediglich die - wie er freilich richtig erkennt - nur aufgrund tatrichterlicher Hilfe (s. auch S. 984) erreichbare Korrektur eines fehlerhaften Ausgangspunktes dar, der Rollenmanipulationen nicht zu verhindern in der Lage ist; deshalb ist dieser Vorschlag abzulehnen.

209) vgl. Peters, Gutachten für den 46. DJT, S. 136 f.; ders., Strafprozeß, S. 346; v. Gerlach, JR 1969, 150; Lenckner, Festschrift für Peters, S. 337; Roxin, Strafverfahrensrecht, S. 153; Richter II, Festgabe für Peters, S. 236 ff.; Dünnebier, JR 1975, 3 und Prittwitz, NStZ 1981, 464

210) Zur prozessualen, materiell-rechtlichen und prozeßtaktischen Schlechterstellung des betroffenen Beschuldigten vgl. ausführlich Prittwitz, Der Mitbeschuldigte im Strafprozeß, S. 51 ff.; es besteht auch die Gefahr, daß der Zeuge zum Beweismittel gegen sich selbst gemacht wird, s. ebenda, S. 57 ff., 60 und Rogall, Der Beschuldigte, S. 31

m a t e r i e l l e n   B e g r i f f   d e s   B e s c h u l d i g t e n   entgegen, nach dem jeder, der "im Verdacht steht, eine strafbare Handlung begangen zu haben, ... in der Rolle dessen (steht), gegen den strafrechtlich vorzugehen ist. Er hat die Stellung des Beschuldigten". [211)]

Zwischen diesen beiden Extrempositionen haben sich weiterhin unterscheidbare [212)] f o r m e l l - m a t e r i e l l e   V e r m i t t l u n g s b e g r i f f e   des Beschuldigten herausgebildet.
Von besonderer Bedeutung ist dabei der "eingeschränkt materielle Mitbeschuldigtenbegriff", der als Weiterentwicklung des rein materiellen Begriffs dessen problematisches Verhältnis zu § 60 Nr. 2 StPO [213)] vermeiden will, indem die Auffassung von Peters dahin

---

211) Peters, Gutachten für den 46. DJT, S. 136; ders., Strafprozeß, S. 346; ebenso v. Heydebreck, Beschuldigteneigenschaft, S. 72; Henkel, Strafverfahrensrecht, S. 204 und v. Gerlach, JR 1969, 151

212) Nach der jüngsten Differenzierung von Prittwitz, a.a.O., S. 62 f., der "eingeschränkt materielle Mitbeschuldigtenbegriff" und der "erweitert formelle Mitbeschuldigtenbegriff".

213) Diese Vorschrift setzt voraus, daß es verdächtige Zeugen gibt, s. z.B. Lenckner, Festschrift für Peters, S. 339; v. Gerlach, JR 1969, 151; ders., NJW 1969, 776; Grünwald, Festschrift für Klug, S. 494 f.; Artzt, Kriminalistik 1970, 379; Prittwitz, a.a.O., S. 73 f.; vgl. auch RGSt 6, 280; BGHSt 10, 8; die h.M. verneint - innerhalb der StPO - die Möglichkeit einer dritten Kategorie des nichtangeklagten Mitbeschuldigten, da damit eine gesetzlich nicht vorgesehene Sonderstellung des Mitbeschuldigten als Auskunftsperson entstünde, vgl. etwa Meyer in Löwe-Rosenberg, StPO, vor § 48, Rn. 19; Koffka, ZStW 81 (1969), S. 961; Schöneborn, ZStW 86 (1974), S. 928; Rogall, NJW 1978, 2536; Prittwitz, a.a.O., S. 69 ff. und Grünwald, Festschrift für Klug, S. 494 f.; a.A. sind insbes. Helgerth, Der "Verdächtige", S. 37 ff., 59 ff., 79 ff., 85, 149 ff., 185 ff. und Bruns, Festschrift für Schmidt-Leichner, S. 1 ff., 14

abgeändert wird, daß der Aussagende n i c h t der Tat v e r d ä c h t i g t , sondern von den Strafverfolgungsbehörden dieser Tat b e s c h u l d i g t sein muß. [214)]

Diese Auffassung führt jedoch - ebenso wie die rein materielle[215)] - letztlich nicht weiter, da auch durch sie ein lückenloser Schutz des Betroffenen vor Manipulationen nicht gewährleistet werden kann [216)]; sie produziert eine "bedenkliche, weil letzten Endes zu Lasten des Beschuldigten gehende Unklarheit" [217)] hinsichtlich dessen Rechtsposition als n i c h t a n g e k l a g t e r M i t b e s c h u l d i g t e r , wodurch - neben dem Angeklagten und dem Zeugen - eine dritte, gesetzlich nicht geregelte Kategorie einer Beweisperson geschaffen würde, die die notwendige Rechtssicherheit und Rechtsklarheit des Strafprozeßrechtes aufheben würde. [218)]

---

214) vgl. v. Gerlach, JR 1969, 149; Lenckner, Festschrift für Peters, S. 333; Gössel, Strafverfahrensrecht, S. 202; Roxin, Strafverfahrensrecht, S. 153; Schlüchter, Das Strafverfahren, S. 496; Jung, Kronzeuge, S. 73; Montenbruck, ZStW 89 (1977), S. 878; Wolfgang Schmidt, Mitbeschuldigten- und Zeugenrolle, S. 151; Rüping, Das Strafverfahren, S. 52 und Müller-Dietz, ZStW 93 (1981), S. 1127

215) s. dazu auch Prittwitz, Strafverteidiger 1984, 362

216) s. Prittwitz, NStZ 1981, 463 ff., insbes. S. 466, 469; ders., Der Mitbeschuldigte im Strafprozeß, S. 27, 70, 134

217) Prittwitz, Der Mitbeschuldigte im Strafprozeß, S. 129

218) vgl. Rogall, NJW 1978, 2536; Prittwitz, a.a.O., S. 70, 141 ("numerus clausus der Beweismittel"); F.-W. Krause, Urkundenbeweis, S. 84 f.; ders., Jura 1982, 227; Eb. Schmidt, Lehrkommentar zur StPO, Nachträge zu Teil II, vor § 244, Rn. 4; Rüping, Theorie und Praxis des Strafverfahrens, S. 145; Richter II, Festgabe für Peters, S. 239; Spendel, JuS 1964, 468; Henkel, JZ 1957, 148 f.; Kühne, Strafprozeßlehre, S. 257 und Eser, Strafprozeßrecht, S. 76; a.A. ist z.B. Walter, Freie Beweiswürdigung, S. 303; s. auch schon zu dieser Frage soeben Fn. 213 m.w.N.; zur Kritik vgl. Prittwitz, a.a.O., S. 184; außerdem war die Reichsstrafprozeßordnung als Ergebnis der Reformbemühungen des 19. Jahrhunderts bemüht, gegen die Formlosigkeit des Inquisitionsprozesses ein formalisiertes Beweisverfahren zum Schutz des Beschuldigten zu setzen, vgl. Ziegler, Beweisrecht, S. 24; dieses gebietet heute der verfassungsrechtliche Grundsatz der Gesetzmäßigkeit, s. v. Sydow, Beweisverbote, S. 6

Daraus darf nun aber nicht geschlossen werden, daß dem formellen Beschuldigtenbegriff zu folgen sei [219]; vielmehr handelt es sich bei der Rollentauschdiskussion nicht nur um eine Frage des Beschuldigtenbegriffes [220], sondern es geht in der Sache "um den Schutz des Beschuldigten in einem nach m a t e r i e l l e n Kriterien zu bestimmenden Bereich durch ein f o r m a l i s i e r t e s Verfahren" [221].

Geht man - Prittwitz folgend - von der Existenz einer materiellen Rolle [222] aus [223], muß aber gesehen werden, daß die im Strafprozeß konkret eingenommene Rolle durch dessen formelle Gestaltung des Verfahrens bestimmt wird. [224] Damit ist es möglich, die materielle und die formelle Rolle des Beschuldigten zu unterscheiden und ihre Abhängigkeit voneinander zu bezeichnen. [225]

Die formelle Rolle, die die betreffende Person im Strafprozeß innehat, stellt "nur ein Abbild der zugrundeliegenden materiellen Rolle" [226] dar. [227] Jedoch hat die formelle Rolle auch eine entscheidende Funktion: Sie dient dem Schutz des Beschuldigten [228]; diese Schutzfunktion erstrebte die Reformbewegung des 19. Jahrhunderts als Gegensatz zur Formlosigkeit des Inquisitionsprozesses. [229]

Der (hinter der formellen stehenden) materiellen Rolle kommt die Funktion der Verhinderung der freien Verfahrensgestaltung durch

---

219) vgl. Prittwitz, Der Mitbeschuldigte im Strafprozeß, S. 70; dafür aber Grünwald, Festschrift für Klug, S. 500 und Schöneborn, ZStW 86 (1974), S. 928

220) s. Prittwitz, a.a.O., S. 41

221) Prittwitz, a.a.O., S. 130; ders., Strafverteidiger 1984, 362; für die Kombination von formeller und materieller Betrachtungsweise schon Lüderssen , wistra 1983, 231, da man nur auf diese Weise der Schwierigkeit des Rollentausches gerecht werden kann.

222) Zur Existenz einer bestimmten Verhaltensordnung der Prozeßbeteiligten in einem solchen Sozialsystem, das sie mit einer verfahrensspezifischen Rolle ausstattet, vgl. Luhmann, Rechtssoziologie, Bd. 1, S. 141; Bd. 2, S. 263; zum rollentheoretischen Verständnis des Strafprozesses s. auch Schreiber, ZStW 88 (1976), S. 132 ff.

223) vgl. Prittwitz, a.a.O., S. 131 f., 134 ff.

224) vgl. ebenda, S. 132

Strafverfolgungsbehörden und Rechtsprechung zu; die materielle Rolle gibt an, welche formelle Rolle dem betreffenden Verfahrensbeteiligten zugewiesen werden muß. [230] Prozessuale Maßnahmen können diese nicht verändern. [231]
Daraus folgt, daß es keine "Diskrepanzen zwischen den prozessual veränderbaren formellen und den vorgegebenen materiellen Rollen"[232] geben darf, weil dadurch der Schutzcharakter der formellen Rolle verloren ginge.
Damit ist gleichzeitig dargetan, daß die Möglichkeit des Rollentausches der herrschenden Meinung durch Verschiebung von Beschuldigten- und Zeugenrolle unzulässig ist [233], da die materielle Beschuldigtenrolle unveränderbar bleibt; also muß der Beschuldigte auch den formellen Beschuldigtenstatus - und nicht die formelle Zeugenstellung - erhalten. [234], [235]

3. Die Anwendung auf § 31 BtMG und deren Konsequenzen

Damit ist die Grundlage für die Beurteilung der Frage geschaffen, ob der Aufklärungsgehilfe der Regelung des § 31 BtMG Zeuge in einem Strafverfahren gegen einen anderen Tatbeteiligten sein kann.

---

225) s. ebenda, S. 133; auch Lüderssen, wistra 1983, 231

226) Prittwitz, a.a.O., S. 133

227) Ähnlich Bruns, Festschrift für Schmidt-Leichner, S. 7, nach dem sich die Verfahrensrollen an den dahinterstehenden materiellen Rechtspositionen orientieren müßten.

228) vgl. Prittwitz, ebenda, S. 133

229) s. Ziegler, Beweisrecht, S. 24; Prittwitz, a.a.O., S. 133 sowie schon oben S. 111 mit Fn. 218

230) Prittwitz, a.a.O., S. 133, 138, 141

231) vgl. Peters, Gutachten für den 46. DJT, S. 136; im Ergebnis insoweit ebenso die Anhänger des rein materiellen Beschuldigtenbegriffes, vgl. die Nachweise oben S. 110 Fn. 211 und Lüderssen, wistra 1983, 232

232) Prittwitz, a.a.O., S. 133; die StPO geht von der Harmonie zwischen materieller und formeller Rolle aus, s. ebenda, S. 140, auch S. 156

Dem Aufklärungsgehilfen wird weiterhin - gerade im Unterschied zum Kronzeugen [236)] - der gleiche Tatvorwurf wie dem Tatbeteiligten gemacht, in dessen Verfahren er als Zeuge gehört werden soll. Da die Beschuldigung also weiterbesteht, ist der Aufklärungsgehilfe materiell Mitbeschuldigter, so daß er formell auch nur als Beschuldigter und nicht als Zeuge vor Gericht auftreten darf. Aufgrund der Unvereinbarkeit von Beschuldigten- und Zeugenrolle [237)] scheidet der (mit-)beschuldigte Aufklärungsgehilfe als Zeuge aus; ihm muß, da die (Mit-)Beschuldigtenrolle auch nicht abgelegt werden kann, die formelle Rolle eines Beschuldigten zugewiesen werden.

Das Gericht darf also den Aufklärungsgehilfen nicht als Zeugen laden und vernehmen. Sollte das Gericht dagegen verstoßen, greift konsequenterweise ein Verwertungsverbot ein. [238), 239)]

---

233) Prittwitz, a.a.O., S. 133; ebenso schon Lüderssen, wistra 1983, 232

234) Prittwitz, a.a.O., S. 138

235) Nach Klug, Verhandlungen des 46. DJT, S. 70 und Grünwald, Festschrift für Klug, S. 500 ist dagegen eine Lösung nur durch den Gesetzgeber de lege ferenda möglich und anzustreben; zustimmend Tröndle, JR 1986, 307; s. auch Schöneborn, ZStW 86 (1974), S. 936; zu diesbezüglichen Vorschlägen s. Grünwald, a.a.O., S. 504 f.

236) vgl. dazu oben S. 106 mit Fn. 194

237) Der Beschuldigte kann nicht eine Zeugenaussage über seine eigene Tat abgeben, vgl. Prittwitz, a.a.O., S. 139; er würde dadurch hinsichtlich seiner Verteidigungsmöglichkeiten und -rechte beschränkt, s. dazu auch schon oben S. 106 f. m.w.N. und weiterhin Richter II, Festgabe für Peters, S. 238

238) So - zu Recht - auch Prittwitz, Der Mitbeschuldigte im Strafprozeß, S. 140 ff.; ders., NStZ 1981, 468 sowie Lüderssen, wistra 1983, 233 - Obwohl Dencker, Verwertungsverbote im Strafprozeß, die Disziplinierungsfunktion als nicht geeignet ansieht, eine Erklärung für die Verwertungsverbote zu liefern (S. 52 ff., 55), trägt sie diese doch rechtspolitisch mit (S. 72) er sieht eine faktische Disziplinierungswirkung als existent an (S. 72).

239) Freilich darf dann, um das Verbot des Rollentausches nicht zu umgehen, auch die polizeiliche Verhörsperson des Aufklärungsgehilfen nicht als Zeuge in einem Strafverfahren gegen einen anderen Tatbeteiligten gehört werden; s. dazu auch unten im 2. Kapitel dieses Teiles, I., 6.2., S. 164

Somit kann ein ganz wesentliches Ergebnis aus der Überprüfung des § 31 BtMG an der Frage der Zulässigkeit des (formellen) Rollentausches festgestellt werden:

D e r (m i t -) b e s c h u l d i g t e A u f k l ä - r u n g s g e h i l f e d a r f n i c h t Z e u g e s e i n !

Dieses Ergebnis ist deshalb so besonders wichtig, weil es zum einen die Situation des Aufklärungsgehilfen erträglicher macht, der nun nicht damit rechnen muß, in einem späteren Prozeß als (Hauptbelastungs-)Zeuge gehört zu werden.

Er ist damit in der Lage, sich auf seine eigene Verteidigung in dem gegen ihn schwebenden Verfahren zu konzentrieren und kann nun seine Rechte als Angeklagter wirklich ausschöpfen. Er wird also in seiner Verteidigung durch zu erwartende spätere Zeugenpflichten nicht mehr eingeschränkt und ist so der Gefahr der Strafdrohung der §§ 153 ff. StGB enthoben.

Zum anderen wird durch dieses Ergebnis die Regelung des § 31 BtMG in ihren Wirkungen für den - vielleicht zu Unrecht - Belasteten, die ihr durch die Praxis der Rechtsprechung und h.M. zum Rollentauschproblem beigelegt werden, deutlich beschränkt: Dadurch, daß diese Praxis gegen das Verbot des (formellen) Rollentausches verstößt, mit diesem also nicht zu vereinbaren ist, wodurch die Konsequenz entsteht, daß der Aufklärungsgehilfe nicht in einem Prozeß gegen einen anderen tatbeteiligten (Mit-)Beschuldigten als Zeuge aussagen darf, wird der Vorschrift des § 31 BtMG schon ein erheblicher Teil der ihr innewohnenden Brisanz entzogen.

So ist die Verurteilung eines weiteren (Mit-)Beschuldigten allein durch die Zeugenaussage des Aufklärungsgehilfen vor Gericht nicht möglich, der Aufklärungsgehilfe darf nicht als Hauptbelastungszeuge auftreten.[240)]

---

240) Anderer Ansicht - ganz im Sinne der h.M. - ist freilich z.B. Körner, BtMG, § 31, Rn. 24 f., der jedoch zu Recht darauf hinweist, daß der Aufklärungsgehilfe nicht zur Zeugenaussage verpflichtet ist; vgl. dazu auch schon die Einleitung, II., S. 6 ff. m.w.N. Diese Feststellung wird jedoch insoweit obsolet, als sie durch die herrschende Praxis der Rollenvertauschung de facto außer Kraft gesetzt wird.

Damit wird der Vorschrift einerseits die Gefahr genommen, für den Belasteten ein durch die Zeugenaussage bedingtes erhöhtes Verurteilungsrisiko darzustellen. [241)]
Andererseits wird dem schon erörterten [242)] Gebot der "Waffengleichheit" wenigstens in gewisser Beziehung dadurch Genüge getan, daß der Aufklärungsgehilfe nicht auch noch als Zeuge vor Gericht den Angeklagten belasten darf. [243)]

Die Richtigkeit des hier gewonnenen Ergebnisses zeigt sich außerdem am Situationsvergleich zwischen dem echten Kronzeugen einerseits und dem Aufklärungsgehilfen andererseits:
Wie schon erörtert wurde [244)], entstünden die Probleme der Rollenvertauschung nicht, wenn es sich um die idealtypische Figur des echten Kronzeugen handelte, da dieser ausschließlich als Zeuge fungierte.
Will man also einen Hauptbelastungs z e u g e n als solchen vor Gericht hören, ist es auch notwendig, eine echte Kron - z e u g e n regelung zu schaffen!
Bei Geltung einer solchen Vorschrift, wie § 31 BtMG es ist, die "lediglich" die Tatbeitragsaufdeckungshilfe oder die Taterfolgsverhinderungshilfe honoriert [245)], kann nicht erwartet werden, daß der Aufklärungsgehilfe - kulanterweise - auch noch freiwillig als Zeuge aussagt, wozu ihn die gesetzliche Regelung zu Recht nicht verpflichtet, aber die faktische Wohlverhaltenserwartung der Strafverfolgungsbehörden drängt.
Werden diese "Spielregeln" eingehalten, ist die unerträgliche Übervorteilung des Aufklärungsgehilfen abgestellt und das Verbot des Rollentausches befolgt; erst dann kann von einer insoweit "ehrlichen Lösung" die Rede sein, weil der Aufklärungsgehilfe nur so davor bewahrt werden kann, einer unzulässigen Doppelrolle genügen zu müssen.

---

241) vgl. dazu oben S. 98 f.

242) s. unter IV. in diesem Kapitel, S. 89 ff.

243) Freilich wird dadurch die Beeinträchtigung der "Waffengleichheit" nicht gänzlich aufgehoben, jedenfalls aber doch abgemildert.

Andernfalls nämlich wäre die Situation für ihn schlechter und sein Risiko größer als im Falle einer echten Kronzeugenregelung.[246)]

VI. Die Unsicherheit über den Status der Auskunftsperson zu Beginn des Ermittlungsverfahrens - Der Beginn der (Mit-)Beschuldigteneigenschaft

Während im Falle des echten Kronzeugen die Unsicherheit unter mehreren Tatbeteiligten besteht, welcher nun die Stellung eines Kronzeugen erhält, mit der Folge, daß die Beschuldigung gegen ihn fallengelassen wird und er straffrei ausgeht [247)], besteht die Unsicherheit bei der Vorschrift des § 31 BtMG - insbesondere wenn man von der oben abgelehnten h.M. zum Rollentausch ausgeht - darin, daß die Aussageperson im Ermittlungsverfahren noch nicht weiß, in welcher Rolle sie vor Gericht treten muß. [248), 249)]

Dabei ist nach bisher h.M. [250)] die betreffende Auskunftsperson in einer unzulässigen Doppelstellung zu erwarten; denkbar ist freilich auch, daß sie nur in der Beschuldigten- oder der Zeugen-

---

244) vgl. dazu oben S. 106 mit Fn. 194 und S. 114

245) Zur Unterscheidung gegenüber der Figur des echten Kronzeugen vgl. oben die Einleitung, II., S. 6 ff. m.v.w.N.

246) s. dazu auch Weigend, Festschrift für Jescheck, S. 1336, 1347 sowie nun VI.

247) vgl. dazu schon oben S. 106 mit Fn. 194 und S. 114 m.N.

248) vgl. dazu Prittwitz, NStZ 1981, 467 und Baumann, JuS 1975, 343, der zu Recht darauf hinweist, daß Auskunftspersonen zum Teil als Zeugen behandelt werden, obwohl "sie längst den Status (und die Rechte!) des Beschuldigten haben müßten"; s. auch Müller-Dietz, ZStW 93 (1981), S. 1221

249) Diese Unsicherheit wird verstärkt durch diejenige Unsicherheit des Aufklärungsgehilfen hinsichtlich der letztendlichen Erlangung der Vergünstigung des § 31 BtMG; während er insofern Risiken eingeht, ist diese Situation für die Strafverfolgungs-

rolle vor Gericht tritt, auch wenn gegen sie zunächst Tatverdacht besteht.[251)]

Diese Situation betrifft die Frage nach dem Beginn der (Mit-)Beschuldigteneigenschaft, zu der die Strafprozeßordnung eine Antwort schuldig bleibt.
Diese Tatsache ist zu kritisieren und de lege ferenda abzuändern[252)]:
Unter rechtsstaatlichen Gesichtspunkten ist es unerträglich, daß die StPO keine Pflicht für die Strafverfolgungsbehörden statuiert, den Betroffenen von der Einleitung eines gegen ihn gerichteten Ermittlungsverfahrens zu unterrichten.[253)] Denn erst die Kenntnis von der Aufnahme der Ermittlungen gestattet der betreffenden Person die aktive Beteiligung auch schon am Ermittlungsverfahren, die notwendig ist, um der Fehleranfälligkeit dieses Verfahrensstadiums und der Vorprogrammierung einer zweifelhaften Entscheidung vorzubeugen.[254), 255)]

---

b e h ö r d e n   v o r t e i l h a f t : eine Sanktionierung erfolgt in aller Regel trotzdem und der Aufklärungsgehilfe ist vorleistungspflichtig, so daß seine Mithilfe unter Beweis gestellt ist, vgl. etwa Weigend, Festschrift für Jescheck, S. 1336 und 1347; s. auch Hassemer, Strafverteidiger 1986, 551 und Weider, NStZ 1984, 398, der darauf hinweist, daß § 31 BtMG für den Verteidiger Probleme aufweist, da dieser bei der bestehenden Unsicherheit nicht wissen kann, welches der richtige Rat für den Mandanten ist; ebenso - unter Hinweis auf die Vor- und Nachteile - Eberth/Müller, Verteidigung in Betäubungsmittelsachen, S. 74 f.; s. auch Füllkrug, Kriminalistik 1985, S. 410; allerdings kann der Beschuldigte bei Ablegung eines Geständnisses regelmäßig mit der Berücksichtigung dieses Verhaltens bei der Strafzumessung gemäß § 46 StGB rechnen, vgl. Füllkrug, a.a.O., S. 411 und BGHSt 1, 387 f.; 20, 268

250) s. dazu die Nachweise oben in Fn. 201

251) vgl. zu dieser Problematik auch Prittwitz, NStZ 1981, 467

252) Ebenso z.B. Zipf, Strafprozeßrecht, S. 108; Jung, Kronzeuge, S. 74; Prittwitz, Der Mitbeschuldigte im Strafprozeß, S. 94

253) Diese Tatsache kritisiert ebenso z.B. E. Müller, NJW 1976, 1067

254) vgl. insbes. Peters, Fehlerquellen im Strafprozeß, 2. Bd., S. 299 sowie Müller-Dietz, ZStW 93 (1981), S. 1213 und schon oben S. 95 m.w.N. in Fn. 155

255) vgl. auch speziell Regina Lange, Fehlerquellen im Ermittlungsverfahren, zu den dort möglichen Fehlerquellen.

Der Zeitpunkt einer formellen, schriftlich zu begründenden Verfügung [256] über die Einleitung eines Ermittlungsverfahrens muß an sich möglichst frühzeitig angesetzt werden, um die Phase der Ungewißheit im Interesse des Beschuldigten und der Rechtsklarheit auf ein Mindestmaß zu begrenzen. [257]
Allerdings darf die Vorverlagerung des Beginnes der Beschuldigteneigenschaft [258] nicht (von vornherein) dazu führen, daß die Strafverfolgungsbehörden diesen unterlaufen, um eine effektive Strafverfolgung erst zu gewährleisten, indem sie entscheidende Ermittlungsmaßnahmen bereits vor der formellen Festlegung durchführen. [259]
Diesem Bedenken Rechnung tragend, darf keine Überspannung hinsichtlich des Zeitpunktes des Beginnes der Beschuldigteneigenschaft vorgenommen werden; vielmehr ist es angebracht, die Lösung in einem Kompromiß zu finden:

Nur durch eine Kombination subjektiver und objektiver Merkmale lassen sich die Nachteile der einen (subjektiven) [260] oder anderen (objektiven) Meinung [261] vermeiden, weil so auf der einen

---

256) So die StPO der DDR, vgl. Jung, Kronzeuge, S. 74 Fn. 120

257) vgl. dazu auch Wulf, Polizeiliche Beschuldigtenvernehmung, S. 133

258) Zur Begründung der Beschuldigteneigenschaft ausführlich Gundlach, Die Vernehmung des Beschuldigten im Ermittlungsverfahren, S. 5 ff., insbes. S. 21 ff.

259) Diese Gefahr besorgt - zu Recht - Müller-Dietz, ZStW 93 (1981), S. 1225

260) Die subjektive, auf den Willen des betreffenden Strafverfolgungsorgans abstellende Auffassung, das Strafverfahren gegen eine bestimmte Person durchzuführen (so z.B. OLG Stuttgart, MDR 1977, 70; BGHSt 10, 10 f.; Artzt, Kriminalistik 1970, 379; Montenbruck, ZStW 89 (1977), S. 888; Jung, Kronzeuge, S. 75), birgt die Gefahr willkürlicher Handhabung seitens der Strafverfolgungsorgane und der Verkürzung der Beschuldigtenrechte, vgl. Rogall, Der Beschuldigte, S. 28 f.; Müller-Dietz, ZStW 93 (1981), S. 1224

261) Die objektive, auf die Lage des Verfahrens und den Stand der Ermittlungen maßgeblich abhebende Meinung (so v. Heydebreck, Beschuldigteneigenschaft, S. 72; auch Gundlach, Die Vernehmung des Beschuldigten im Ermittlungsverfahren, S. 33, 35, 40, 220) schließt zwangsläufig die subjektive Bestimmung und Bewertung der Ermittlungslage, deren Notwendigkeit offensichtlich ist, aus, s. Müller-Dietz, ebenda, S. 1224

Seite die Einschätzung der jeweiligen Situation des Verfahrens durch die Strafverfolgungsbehörden beachtet und der Gefahr des Unterlaufens der Anforderungen einer formellen Mitteilung des Ermittlungsbeginns Rechnung getragen wird sowie andererseits den Gefahren einer rein subjektiven Auffassung durch ein objektives Element begegnet werden kann. [262)]
Entsprechend der Regelung des § 397 Abs. 1 AO [263)] beginnt danach die Beschuldigteneigenschaft, "wenn die Strafverfolgungsorgane Maßnahmen treffen, die erkennbar darauf abzielen, gegen jemand strafrechtlich vorzugehen". [264)], [265)]
Ab diesem Zeitpunkt, nämlich wenn ein Strafverfolgungsorgan eine konkrete Strafverfolgungsmaßnahme gegen eine bestimmte Person trifft [266)], ist die betreffende Person Beschuldigter; von da an kann sie also nicht mehr Zeuge sein.
Der Aufklärungsgehilfe des § 31 BtMG könnte sich dann darauf verlassen, nur (Mit-)Beschuldigter zu sein. [267)]

Die abzulehnende h.M. zum Rollentausch gestattet dem Aufklärungsgehilfen der Vorschrift des § 31 BtMG nicht, sich auf die (Mit-)Beschuldigtenrolle zu konzentrieren, da er bei seinen Aussagen schon sogleich berücksichtigen und sich darauf einstellen muß, daß er nach ihrer Praxis im Verfahren gegen andere Tatbeteiligte als Zeuge gehört werden wird, was ihn in die Gefahr der Bestra-

---

262) s. Müller-Dietz, ZStW 93 (1981), S. 1224; Rogall, Der Beschuldigte, S. 28 f.

263) BGBl. I 1976, S. 613

264) Rogall, Der Beschuldigte, S. 31; ebenso Müller-Dietz, a.a.O., S. 1224; Bruns, Festschrift für Schmidt-Leichner, S. 1 f.; Helgerth, Der "Verdächtige", S. 11 ff., 37 ff.; Schlüchter, Das Strafverfahren, S. 91 f. und E. Müller, AnwBl. 1986, 53

265) Zur Auslegung der Definitionsmerkmale s. Kohlmann, Steuerstraf- und Steuerordnungswidrigkeitenrecht, § 397 AO, Rn. 9 ff. und Rogall, Der Beschuldigte, S. 28 f.

266) vgl. ausführlich Kohlmann, a.a.O., § 397 AO, Rn. 11 f.

267) Dies gilt auch, wenn mehrere Verdächtige, von denen nur einer der Täter ist, zu Mitbeschuldigten werden, vgl. Lenckner, Festschrift für Peters, S. 340

fung gemäß §§ 153 ff. StGB bringen kann. [268)]
Die in diesem Abschnitt diskutierte Situation der Unsicherheit des Beschuldigten über seine spätere Verfahrensrolle zu Beginn des Ermittlungsverfahrens vermittelt erneut anschaulich die Sachwidrigkeit der Rollenvertauschung mit der Folge der Rollenkumulierung durch die h.M. und bestätigt damit das obige Ergebnis: Es besteht Inkompatibilität von Mitbeschuldigten- und Zeugenrolle [269)]; der (mit-)beschuldigte Aufklärungsgehilfe kann nicht in die Zeugenstellung einrücken.

VII. Glaubwürdigkeit der Aussage des Aufklärungsgehilfen?

1. Die Bedeutung der Fragestellung und die Kennzeichnung der Situation des Aufklärungsgehilfen nach Inaussichtstellung oder Erhebung des Anklagevorwurfes

Mit der Frage nach der Glaubwürdigkeit der Aussage des Aufklärungsgehilfen, die schon hier und da gestreift wurde, wird ein Thema angesprochen, das für die Idee der Kriminaltaktik: Mithilfe gegen Strafnachlaß zentrale Bedeutung einnimmt.
Die Glaubwürdigkeitsproblematik stellt den Prüfstein für Regelungen wie § 31 BtMG ebenso wie für "klassische" Kronzeugenregelungen dar.
Denn falls sich der Beweiswert der Aussage als zu gering herausstellen sollte, verlöre damit u.U. die gesamte Idee - in welcher Ausgestaltung auch immer - ihren Sinn und ihre Berechtigung.

---

268) Zu einem neuerlichen Vorschlag zur Lösung dieses Rollenkonfliktes über die materielle Bestimmung des Begriffes des Zeugen i.S. der §§ 153 ff. StGB vgl. Montenbruck, JZ 1985, 977 ff.; s. dazu schon oben in diesem Kapitel, V., 2., S. 108 Fn. 208

269) vgl. dazu auch den instruktiven Fall (hinsichtlich des Auskunftsverweigerungsrechtes des früheren Beschuldigten) des BVerfG (Vorprüfungsausschuß) NStZ 1985, 277 und des OLG Düsseldorf, Strafverteidiger 1982, 344 (ein Auskunftsverweigerungsrecht des jetzigen Zeugen ablehnend) mit ablehnender Anm. von Prittwitz, ebenda, S. 344 ff.

Die Situation, in der der spätere Aufklärungsgehilfe den Strafverfolgungsbehörden gegenübertritt, ist die folgende:
Da er verdächtigt wird, eine Straftat begangen zu haben und ihm die öffentliche Anklage droht, stellt man ihm von Seiten der Polizei eine Strafmilderungsmöglichkeit (durch das Gericht) in Aussicht, wenn er zur weiterführenden Tataufdeckung wesentlich beiträgt.
Es kann so in der Praxis ein Handel um Straffreiheit bzw. Strafmilderung entstehen [270], an dem auch der Strafverteidiger [271] beteiligt ist. [272]
Mit Absprachen und Vereinbarungen muß - trotz rechtlicher Unverbindlichkeit [273] - jedenfalls gerechnet werden [274], obwohl gemäß § 31 BtMG nur das Gericht von Strafe absehen oder diese mildern kann [275], da - von der Möglichkeit des Absehens von der Erhebung der öffentlichen Klage durch die Staatsanwaltschaft (aber nur mit Zustimmung des Gerichts) gemäß § 153b StPO abgesehen - sich die eine Seite (der Aufklärungsgehilfe und sein Verteidiger) für den Fall der Leistung von Aufklärungshilfe so weit wie möglich dahingehend absichern will, daß sich der Sitzungsvertreter der Staatsanwaltschaft gegenüber dem Gericht zumindest für einen

---

270) in diesem Sinne auch Jaeger, Der Kronzeuge, S. 160

271) der nach h.M. selbständiges Organ der Rechtspflege ist, vgl. etwa BGHSt 12, 369; Roxin, Strafverfahrensrecht, S. 96; s. auch § 1 BRAO; a.A. ist z.B. Knapp, Der Verteidiger, S. 123, der diese Einstufung für juristisch nicht faßbar hält. Zur Rechtsstellung des Verteidigers s. umfassend Beulke, Verteidiger, S. 163 ff. (zur h.M.) sowie S. 183 ff. (eigene Stellungnahme)

272) s. dazu schon oben unter III., S. 81 f.; vgl. auch Weigend, Festschrift für Jescheck, S. 1346 m.N. aus dem amerikanischen Schrifttum; s. ebenso den instruktiven Prozeßbericht über die Honorierung eines Kronzeugen (vor Inkrafttreten des § 31 BtMG) von W. Müller, Strafverteidiger 1981, 638 ff.

273) vgl. dazu nochmals oben unter III., S. 81 ff., 85 ff.

274) Davon geht auch Weider, NStZ 1984, 398 aus, der ausführt, daß nur so ein Rat des Verteidigers an den Mandanten in etwa abgesicherter Weise ergehen könne; andernfalls wisse man letztendlich nicht, ob die Vergünstigung des § 31 BtMG Anwendung finde; ebenso Eberth/Müller, Verteidigung in Betäubungsmittelsachen, S. 75

275) s. dazu schon oben II., 2.2., S. 76 und Körner, BtMG, § 31, Rn. 29

Strafnachlaß auch wirklich einsetzt [276], während die andere Seite (die Staatsanwaltschaft und die Polizei) die Voraussetzungen dafür schaffen will, so viele Informationen wie möglich durch den Aufklärungsgehilfen zu erhalten. [277]

Dadurch besteht die Gefahr, daß sich entweder der Aufklärungsgehilfe spontan zu über seinen Kenntnisstand hinausgehenden Informationen "angereizt" sieht oder er von vornherein zielgerichtet wahrheitswidrig aussagt, um eine Strafmilderung für sich zu erreichen.
Auch steht zu befürchten, daß bei mehr als nur einem aussagewilligen Tatbeteiligten der eine gegen den anderen ausgespielt wird bzw. die Aussagen des einen gegenüber denjenigen des anderen dazu benutzt werden, weitere (Detail-)Informationen herauszubekommen. [278]
Der entscheidende und in seiner Bedeutung gar nicht zu unterschätzende Effekt dieser Praxis, den die Regelung des § 31 BtMG bewirkt, ja provoziert, zu dem die betreffenden Tatverdächtigen g e s e t z l i c h angeleitet und von den Strafverfolgungsbehörden angehalten werden, ist die Belastung anderer (angeblicher) Tatbeteiligter. [279]

---

276) Eberth/Müller, Verteidigung in Betäubungsmittelsachen, S. 75 sprechen von "Zusagen von Polizeibeamten oder Zollfahndern" und entsprechenden Vorgesprächen mit dem zuständigen Staatsanwalt, damit die "zu erwartende Vergünstigung ... so konkret wie möglich abgeklärt" werde, wobei die Ermittlungsbehörden aber "insoweit nur Anträge (an das Gericht, Anm. des Verf.) stellen können"; vgl. zur Rechtslage oben unter II., S. 75 f. und III., S. 86

277) Weigend, Festschrift für Jescheck, S. 1336, weist zu Recht darauf hin, daß § 31 BtMG "leicht zu einem Lockmittel in der Hand der Polizei" "degeneriert", "das viel verspricht, aber zu nichts verpflichtet".

278) Genau dieses Verhalten der Polizeibeamten bestätigt Wulf, Polizeiliche Beschuldigtenvernehmung, S. 526 schon allgemein im Falle mehrerer Tatbeteiligter bzw. Tatverdächtiger.

279) vgl. auch etwa J. Meyer, ZRP 1976, 26; hinsichtlich der Tatsache der Belastung s. Körner, BtMG, § 31, Rn. 1; Weider, Strafverteidiger 1981, 151; schon oben S. 78 und nun Hassemer, Strafverteidiger 1986, 552, der diese Funktion - gleichermaßen für eine Kronzeugenregelung geltend - ausdrücklich hervorhebt.

Diese sind es - abgesehen freilich von dem Ansehen der Rechtspflege [280] und der materiellen Wahrheit -, die den Schaden eines fehlerhaften Urteils erleiden.
Denn wer glaubt schon, daß derjenige Täter, der sich Vorteile auch durch eine u.U. wahrheitswidrige Aussage erhoffen kann oder verschaffen zu können glaubt, nicht das erzählen wird, was ihm nützt und die Strafverfolgungsorgane hören wollen? [281]
An dieser Stelle sind noch weitere rhetorische Fragen angebracht:
Welchen "Charakter" hat ein Gesetzgeber, der mit Hilfe solcher Regelungen versucht, die materielle Wahrheit zu erforschen? Welchen Preis ist er dafür zu zahlen bereit? Insbesondere: Auf welcher Stufe steht ein solcher Gesetzgeber, der es offenbar (?) nötig hat, die Denunziation unter Kriminellen zu fördern und daraus "Kapital" schlagen zu können glaubt?
Diese Fragerichtung ließe sich mühelos weiter fortsetzen.

2. Ermittlung des Beweiswertes der Aussagen von Aufklärungsgehilfen

2.1. Bisherige Erkenntnisse anhand der Aussagen Mitbeschuldigter

Schon § 398 der Preußischen Kriminalordnung aus dem Jahre 1805 spiegelte die schon damals gewonnenen "Erfahrungstatsachen" [282]

---

280) Hierbei muß auch stark berücksichtigt werden, "welchen Eindruck es auf das Rechtsbewußtsein der Allgemeinheit machen muß, wenn schwerste Straftaten nicht oder nur geringfügig bestraft werden und der Staat denjenigen, die eben diese Taten begangen haben, Tauschgeschäfte auch zum Zwecke der Korrumpierung des Gruppenkomments krimineller Vereinigungen gesetzlich anbietet" (J. Meyer, ZRP 1976, 25)

281) Hirschberg, Das Fehlurteil im Strafprozeß, S. 24 weist auf diesen weitverbreiteten Irrtum bezüglich des Vorhandenseins einer moralischen Barriere ausdrücklich hin; im obengenannten Sinne auch Weigend, Festschrift für Jescheck, S. 1348 und J. Meyer, ZRP 1976, 26

282) Peters, Fehlerquellen im Strafprozeß, 2. Bd., S. 49; diese Erfahrungen sollen heute b e a c h t e t werden, während es freilich n i c h t darum geht, eine solche B e w e i s r e g e l zur Aufnahme in die StPO vorzuschlagen; dies befürwortet auch keiner der Gegner des § 31

mit den Aussagen geständiger Mitbeschuldigter wider:
Deren Belastungen erbrachten keinen vollen Beweis, sondern "nur ein nahes Anzeichen, zu dem aber der begründete Verdacht gegen den Beschuldigten hinzutreten mußte". [283)]
Schon vor rund 180 Jahren war man also so weit, den Beweiswert solcher "erkaufter" Aussagen zutreffend einzuschätzen!
Der italienische Kriminalist Pagano [284)] (1824) beispielsweise lehnt ebenso wie C.J.A. Mittermaier [285)] (1834) und Hirschberg [286)] (1960) den Beweiswert dieser Aussagen zu Recht ab.
Döhring [287)] (1964) läßt gleichfalls große Skepsis gegenüber solchen Aussagen walten.
Peters schließlich ist in seinen "Fehlerquellen im Strafprozeß" (1972) anhand umfangreicher Falluntersuchungen zum Ergebnis gekommen, daß diese Belastungen durch Mitbeschuldigte mit Hilfe anderer Beweise überprüft werden müssen [288)], die sich zuerst vor allem darauf erstrecken müssen, o b (!) die Tat überhaupt stattgefunden habe. [289)]
Weiterhin müßte freilich die Zuverlässigkeit der belastenden Aussageperson und die Motivlage im konkreten Fall eingehend untersucht werden. [290)]
Der Anschein größerer Glaubwürdigkeit wird leider auch heute noch dadurch erreicht, "daß der Beschuldigte in der Position des Zeugen

---

BtMG bzw. der Kronzeugenregelung, mißverständlich daher Jung, Kronzeuge, S. 80; ebenso Jaeger, Der Kronzeuge, S. 92; eine solche Argumentation geht an der Problematik vorbei.

283) Peters, a.a.O., S. 49

284) Pagano, Principii del codice penale e logica dei probabili, S. 155

285) C.J.A. Mittermaier, Die Lehre vom Beweise, S. 328 f., 331 f.

286) Hirschberg, a.a.O., S. 24

287) Döhring, Die Erforschung des Sachverhalts im Prozeß, S. 152

288) Dazu, daß die Aussage des Mitbeschuldigten allein grundsätzlich nicht ausreicht, s. auch Regina Lange, Fehlerquellen im Ermittlungsverfahren, S. 103 ff., 106

289) vgl. Peters, a.a.O., S. 42

als Beweismittel faktisch ... eine Aufwertung erfährt" [291], da es "gerichtspsychologisch ... eine Tatsache" ist, "daß die Aussage des Zeugen ein höheres Gewicht hat als die des Beschuldigten". [292]

Nach Peters kann die Aussage eines Mitbeschuldigten "nicht mehr als ein Hinweis" [293] sein.

Sogar zu nationalsozialistischer Zeit wurde von Freiberg (1940) festgestellt, daß "ein Urteil nur dann gefällt werden (dürfe), wenn objektive Beweise das Zeugnis des Kronzeugen ... unterstützen." [294]

Freilich wird auch im gegenteiligen Sinne Stellung bezogen: Dabei wird zwar einerseits auch - meist nur kurz [295] - auf die Glaubwürdigkeitsproblematik hingewiesen [296], nachdem vorher sogar zugegeben wurde, daß der Aufklärungsgehilfe "häufig zum entscheidenden Belastungszeugen gegen ehemalige Komplizen" [297] wird, bevor andererseits dann aber auf die Notwendigkeit und erfolgversprechende Nützlichkeit hingewiesen wird, [298] die jedoch

---

290) s. Peters, ebenda

291) Lenckner, Festschrift für Peters, S. 339

292) Peters, Gutachten für den 46. DJT, S. 137

293) Peters, Fehlerquellen im Strafprozeß, 2. Bd., S. 49

294) ZStW 59 (1940), S. 50, 55; bestätigt werden muß die Aussage durch andere Beweismittel auch in einigen Bundesstaaten der USA, vgl. Jaeger, Der Kronzeuge, S. 89 und 263

295) oder gar nicht: so z.B. Pelchen in Erbs/Kohlhaas, Strafrechtliche Nebengesetze, Bd. I, BtMG, § 31

296) So z.B. Körner, BtMG, § 31, Rn. 3 f., 30; ders., Strafverteidiger 1984, 220; ausführlich dagegen Jung, Kronzeuge, S. 76 ff.

297) Körner, a.a.O., Rn. 1 - Diese Tatsache konstatieren auch Eberth/Müller, Verteidigung in Betäubungsmittelsachen, S. 35 (für den Aufklärungsgehilfen) und Weider, Strafverteidiger 1981, 151 (für den Kronzeugen).

298) s. Körner, Strafverteidiger 1984, 220: "Insbesondere in den großstädtischen Rauschgiftszenen hat sich der § 31 BtMG ganz erheblich bewährt. Unbedeutende Bandenmitglieder haben mit ihren Angaben zur Überführung von 15-50 Personen beigetragen." Deshalb verspricht sich Körner weitere "Erfolge" durch die von ihm vorgeschlagene Analogie zu § 31 BtMG, vgl.

gerade umstritten ist. [299)]
Die Problematik kann dabei von Jung auch nicht durch ein Herunterspielen derart aufgelöst werden, daß er in der Glaubwürdigkeit des Kronzeugen "nichts Besonderes" [300)] sieht, sondern lediglich den "Zusammenhang mit der a l l g e m e i n e n forensischen Problematik der Beurteilung der Glaubwürdigkeit von Zeugen hergestellt" [301)] wissen möchte.
Diesen herzustellen erweist sich jedoch im Falle des Aufklärungsgehilfen (wie des Kronzeugen) als gänzlich verfehlt:

---

ebenda, S. 217; s. dazu unten die Schlußbetrachtung, S. 271 f.; sehr zurückhaltend dagegen noch Körner, NJW 1982, 676, wonach von § 31 BtMG "nur in Ausnahmefällen" Gebrauch gemacht werden sollte. - Nach Erhebungen der Landesjustizverwaltungen ist von § 31 BtMG zwischen dem 1.1.1982 und dem 30.6.1983 in rund 500 Fällen Gebrauch gemacht worden (s. BT-Drs. 10/843, S. 25). Allerdings wird die Effektivität der Vorschrift auch von Seiten der Landesjustizverwaltungen verschieden beurteilt (s. dazu auch Weider, NStZ 1984, 392). Konsens besteht jedenfalls in der Hinsicht, daß eine Verbesserung der Bekämpfung der schweren Kriminalität kaum eingetreten, sondern nur im Bereich der kleineren oder mittleren Kriminalität, insbesondere bei abhängigen Kleindealern, eine Anwendung des § 31 BtMG zu verzeichnen ist; dies wird von den Landesjustizverwaltungen bestätigt (BT-Drs., a.a.O. und Weider, a.a.O.); dies stellt auch Jaeger, Der Kronzeuge, S. 171 fest; ebenso skeptisch hinsichtlich der Effizienz Weigend, Festschrift für Jescheck, S. 1337 und Eberth/Müller, a.a.O., S. 66. Damit übereinstimmende Feststellungen belegen Kreuzer/Gebhardt/Maassen/Stein-Hilbers, Drogenabhängigkeit und Kontrolle, S. 342 ff. auch schon für die Zeit v o r Geltung des § 31 BtMG!

299) s. Slotty, NStZ 1981, 326: "Die Notwendigkeit einer solchen Regelung ist angesichts steigender Erfolge bei der kriminalpolizeilichen Rauschgiftbekämpfung ... anzuzweifeln". Laut Mitteilung der Polizeilichen Kriminalstatistik für 1984 ist eine gewisse Beruhigung (auf hohem Stand) eingetreten: Rückgang um 4,9%, vgl. DRiZ 1985, 408; s. auch die Ablehnung des 7. Deutschen Bundestages aus den dargelegten Gründen und wegen offengebliebener Effektivität derartiger Regelungen, BT-Drs. 7/5401, S. 6; vgl. dazu auch das historisch-kriminologische Gutachten über die Kronzeugenregelung im anglo-amerikanischen Rechtskreis von Middendorf, ZStW 85 (1973), S. 1102 ff., der berichtet, daß ihr Gebrauch dort deutlich zurückgegangen ist (S. 1113, 1124) und ebenso die Mißbräuchlichkeit und die Geringwertigkeit der Aussage betont (S. 1112, 1122 f.); ebenso Prittwitz, Der Mitbeschuldigte im Strafprozeß, S. 55 f.

300) Jung, Kronzeuge, S. 79

301) Jung, ebenda (Hervorhebung durch M.B.); ebenso Jaeger, Der Kronzeuge, S. 91

2.2. Neuere Erkenntnisse der Aussagepsychologieforschung

Zwar soll es nach neuesten Erkenntnissen von Arntzen in seiner "Psychologie der Zeugenaussage" [302] möglich sein, anhand allgemeiner Kriterien der Glaubwürdigkeit von Zeugenaussagen [303] festzustellen, ob es sich bei einer bestimmten Zeugenaussage um eine glaubwürdige oder unglaubwürdige handelt. [304], [305]
Für eine sicher glaubwürdige Aussage stellt er die Forderung auf, "daß drei eindeutige Glaubwürdigkeitsmerkmale als Merkmalskomplex gegeben sein müssen, wenn die Glaubwürdigkeit einer Zeugenaussage als voll erwiesen gelten soll". [306]
Demnach kann man darangehen, eine bestimmte Aussage des betreffenden Aufklärungsgehilfen im konkreten Falle auf das Vorliegen von mindestens drei der entscheidenden Merkmale zu untersuchen. Freilich dürfen dabei keine "Minderungsfaktoren und Fehlerquellen" [307] auftreten.

Im Falle des Aufklärungsgehilfen ist besonders zu prüfen, ob die denkbaren Falschaussagemotive sich tatsächlich in der konkreten Aussage ausgewirkt haben. Darauf können mitunter erst Aussageweise und Aussageinhalt eine sichere Antwort geben. [308]

---

302) s. Arntzen, Psychologie der Zeugenaussage, 2. Auflage, 1983

303) aus dem Aussageinhalt (s. ebenda, S. 27 ff.), dem Verlauf der Aussageentwicklung (S. 42 ff.), der Aussageweise (S. 73 ff.) und dem Motivationsfeld der Aussage (S. 86 ff.)

304) Graßberger, Psychologie des Strafverfahrens (1968), S. 259 f., schlägt eine Prüfung auf drei verschiedenen Ebenen vor: dem Inhalt der Bekundung, der Eignung des Zeugen und der Form der Bekundung.

305) vgl. dazu auch Bender/Röder/Nack, Tatsachenfeststellung vor Gericht, Bd. I (Glaubwürdigkeits- und Beweislehre), S. 58 ff.; hinsichtlich des Mitbeschuldigten als Zeugen s. auch dies., a.a.O., Bd. II (Vernehmungslehre), S. 172 ff.

306) Arntzen, a.a.O., S. 22; zu den einzelnen Merkmalen der Glaubwürdigkeit, die in die oben (Fn. 303) vorgenommene vierfache Herkunftsaufteilung eingeordnet werden können, s. ebenda, S. 27-103

307) s. dazu Arntzen, a.a.O., S. 48 f.

Die "Objektivität zeigt sich in der Aussageweise hauptsächlich darin, daß unbefangene Zeugen Momente, die einen Betroffenen nicht belasten, ebenso betont berichten wie belastende Umstände bzw. Belastendes ebenso wenig betonen wie Entlastendes" [309].
"Sehr eindeutig auf Aussageobjektivität und damit auf sachliche Aussageweise weist die in vielen Aussagen mitenthaltene Selbstbelastung hin, ..." [310].
Von einer unvoreingenommenen und unbefangenen Aussage eines Zeugen kann man auch ausgehen, wenn erkennbar ist, daß ihnen der belastende Charakter ihrer Mitteilungen nicht bewußt ist [311] oder Einschränkungen bzw. Berichtigungen zugunsten des Belasteten gemacht werden. [312]

Problematisch ist aber die psychologische Begutachtung der Glaubwürdigkeit, wenn die Aussage nur einen geringen Umfang und einen relativ unerheblichen psychologisch faßbaren Gehalt aufweist. [313]
Dies ist gerade b e i A u s s a g e n z u R a u s c h g i f t d e l i k t e n der Fall, da - jedenfalls nach bisherigem Stand der Aussagepsychologie - diese "nur selten genügend Anhaltspunkte" [314] für ein psychologisches Begutachtungsverfahren bieten.

Somit kann auch nicht davon ausgegangen werden, daß die Beurteilung der Glaubwürdigkeit in solchen Fällen selbst erfahrenen juristischen Praktikern besser möglich sein wird. [315]
Hinzu kommt, daß beim Aufklärungsgehilfen der Regelung des § 31 BtMG das erforderliche Mindestmaß an Unbefangenheit regelmäßig fehlt [316]:
Denn der Zeuge, der Mittäter oder anderweitig tatbeteiligt war,

---

308) vgl. Arntzen, a.a.O., S. 94

309) Arntzen, a.a.O., S. 94

310) ders., ebenda, S. 95; s. auch Graßberger, a.a.O., S. 270

311) s. Arntzen, a.a.O., S. 95

312) vgl. dens., a.a.O., S. 96

weist, zumal er "entweder eigene Bestrafung fürchtet oder unter dem Eindruck von Bedrohungen durch seine früheren Mittäter steht - wie es häufig bei Teilnehmern ... an Delikten aus der Drogenszene der Fall ist -" [317], "dieses Mindestmaß an Unbefangenheit gewöhnlich nicht auf" [318].

Somit ist als E r g e b n i s festzuhalten, daß es auch aufgrund neuer aussagepsychologischer Erkenntnisse im speziellen Fall des Aufklärungsgehilfen der Vorschrift des § 31 BtMG nicht möglich ist, im Regelfall festzustellen, ob er bei der Belastung von Tatbeteiligten die Wahrheit sagt oder nicht. [319]
Aus diesem Grunde muß mit der Unwahrheit der Aussage des Aufklärungsgehilfen in außergewöhnlich hohem Maße gerechnet werden; [320]
die Wahrscheinlichkeit einer Falschaussage ist bei einem Mitbeschuldigten (ebenso wie beim Kronzeugen) - wie inzwischen deutlich geworden sein dürfte - derart groß, daß auch unter dem Aspekt der Glaubwürdigkeit von der Verwendung eines solchen "Zeugen" m.E. dringend abzuraten ist:
er ist das d e n k b a r s c h l e c h t e s t e B e - w e i s m i t t e l ü b e r h a u p t !

---

313) vgl. ebenda, S. 141

314) Arntzen, a.a.O., S. 141

315) Nach BGH Strafverteidiger 1985, 398, ist im Hinblick auf § 244 Abs. 4 StPO die Heranziehung eines psychologischen Sachverständigen zur Begutachtung der Glaubwürdigkeit einer Zeugenaussage jedoch nur geboten, wenn der Sachverhalt ausnahmsweise solche Besonderheiten aufweist, daß Zweifel daran aufkommen können, ob die Sachkunde des Gerichts auch zur Beurteilung der Glaubwürdigkeit unter den gegebenen Umständen ausreicht.

316) vgl. dazu Arntzen, a.a.O., S. 141, der jedoch § 31 BtMG nicht als Beispiel anführt

317) Arntzen, ebenda

318) Arntzen, ebenda; zum speziellen Interesse des Zeugen an einer bestimmten Aussage vgl. auch Graßberger, a.a.O., S. 269 f. sowie hinsichtlich des Mitbeschuldigten als Zeugen Bender/Röder/Nack, Tatsachenfeststellung vor Gericht, Bd. II, S. 172 ff.

319) s. dazu auch den Zeitungsbericht der FNP vom 27.9.1985 über einen Frankfurter Rauschgiftprozeß mit der Überschrift "Angeklagter: Kronzeuge,

Die Problematik betrifft [321] daher hier g e r a d e n i c h t die a l l g e m e i n e n Bedenken gegenüber dem Personalbeweis an sich. [322] Eine Vergleichbarkeit ist daher völlig ausgeschlossen.
Die Art der Darstellung der Problematik und ihre angebliche Auflösung durch die Gegenmeinung belegen deutlich, daß es sich für die Verfechter der Regelung des § 31 BtMG (oder einer echten Kronzeugenregelung) um einen, wohl eher: d e n wahrhaft neuralgischen Punkt handelt.
Die vorliegende Arbeit hat - insbesondere bisher in diesem Kapitel - gezeigt, daß es sich beim Beweiswertproblem der Aussage des Aufklärungsgehilfen aber nicht um die einzige relevante Problematik hinsichtlich der Regelung des § 31 BtMG handelt.

2.3. Ergebnisse und Konsequenzen

Als Ergebnis dieses Beweiswürdigungsproblems ist festzuhalten:
Der Aussage eines Aufklärungsgehilfen [323] kann höchstens H i n w e i s f u n k t i o n zukommen, da sogar neuere Forschungen im Bereich der Aussagepsychologie ergeben haben, daß die Wahrheit oder Unwahrheit der Aussage eines Mitbeschuldigten im Regelfall psychologisch nicht überprüft und daher nicht mit hinreichender Sicherheit festgestellt werden kann. [324]

---

keiner will ihm glauben", weshalb schon ein Freispruch ergehen mußte. Mit Zynismus quittieren kann man dagegen lediglich die (wohl nur scheinbar "blauäugige") Mitteilung Herrmanns, Die Kriminalpolizei 6/1984, 38, daß man es im Bezirk der Staatsanwaltschaft Tübingen bisher "allerdings noch nicht erlebt (hat), daß einem Kronzeugen überhaupt die Glaubwürdigkeit abgesprochen werden mußte", ein greifbarer Beleg dafür, wie verantwortungslos und leichtfertig die Praxis offenbar verfährt!

320) Nach Körner, BtMG, § 31, Rn. 30a, handelt es sich dann um ein "besonders positives Indiz für die Glaubwürdigkeit eines Aufklärungsgehilfen", "wenn Mittäter, die aufgrund dieser Angaben festgenommen werden, damit konfrontiert, ein umfassendes Geständnis ablegen"; da auch diese Konstellation nicht unerhebliche Gefahren in sich birgt, z.B. die Möglichkeit des Vorschiebens eines a n g e b l i c h e n Hintermannes oder Großdealers, ist auch hier äußerste Vorsicht geboten.

321) entgegen Jung, Kronzeuge, S. 79

Da aus diesem Grunde mit der Unwahrheit der Aussage des Aufklärungsgehilfen gerechnet werden muß, handelt es sich dabei ohne Zweifel um das denkbar schlechteste Beweismittel überhaupt. Die Aussage muß überprüft und anhand anderer Beweise bestätigt werden! [325)]
Dies gilt insbesondere für die Schaffung einer Verurteilungsgrundlage gegenüber dem belasteten Tatbeteiligten. [326)]

Lediglich mit dieser Maßgabe ist die Aussage des Aufklärungsgehilfen bedingt brauchbar.
Dieser Meinung könnte der Grundsatz der freien Beweiswürdigung des Gerichts gemäß § 261 StPO mit der Argumentation entgegengehalten werden, daß "über das Ergebnis der Beweisaufnahme" - und damit über die Glaubwürdigkeit des Aufklärungsgehilfen im einzelnen Falle - "das Gericht nach seiner freien, aus dem Inbegriff der Verhandlung geschöpften Überzeugung" entscheide.
Das ist zwar grundsätzlich richtig, im Falle eines (Mit-)Beschuldigten in der Rechtsstellung eines Zeugen muß der Tatrichter jedoch die dargestellten Risikofaktoren für den vielleicht unschuldigen Angeklagten und die nicht zu beseitigenden Unsicherheiten im Hinblick sogar auf das "Ob" [327)] und erst recht das "Wie" der Tat mit in seine Beweiswürdigung einbeziehen, die insofern eben nicht mehr völlig frei, sondern die Zugrundelegung der nötigen

---

322) vgl. zu diesen Peters, Fehlerquellen im Strafprozeß, 2. Bd., S. 50, 53 ff.; ders., Strafprozeß, S. 351 sowie Graßberger, Psychologie des Strafverfahrens, S. 259

323) allgemein: eines Mitbeschuldigten

324) anders Jaeger, Der Kronzeuge, S. 91, 162 ff., der jedoch sehr oberflächlich bleibt und noch nicht einmal Literatur aus dem Bereich der Aussagepsychologie in seine Stellungnahme miteinbezieht.

325) Hier gilt also das gleiche wie bei der umstrittenen Aussage des "Zeugen vom Hörensagen", vgl. dazu oben II. in diesem Kapitel, S. 75; interessanterweise vertritt der BGH (St 33, 181) in diesem Falle eine doch zurückhaltende Auffassung, während er beim mitbeschuldigten Täter offenbar die Problematik nicht kennen möchte, wohl aus Furcht vor der Nichtverwirklichung der "Funktionstüchtigkeit der Strafrechtspflege" (s. dazu näher unten S. 158 ff.).

Sachkunde auf dem Gebiet der Aussagepsychologie als Voraussetzung hat [328] und insoweit eine starke Einschränkung erfährt: [329] Der mitbeschuldigte Aufklärungsgehilfe k a n n deshalb eben kein vollwertiger, tauglicher Zeuge sein.
Wegen des ganz besonderen Anreizes für einen Aufklärungsgehilfen, eine Strafvergünstigung zu erzielen, mit der der Staat einen bestimmten Aussageinhalt "erkauft" und der dadurch drohenden immensen Gefahr der falschen (oder weit übertriebenen) Belastung angeblicher weiterer Tatbeteiligter bestehen fundamentale Zweifel hinsichtlich der Effizienz der Regelung des § 31 BtMG. [330]

Bei Hinzunahme des nur ganz geringen Beweiswertes solcher Aussagen von Aufklärungsgehilfen stellt sich erneut [331] die Frage der Notwendigkeit gänzlicher Ablehnung und damit der Unzulässigkeit der Regelung des § 31 BtMG.
Auf den ersten Blick scheint dies sogar die zwingende Konsequenz dieses Untersuchungskriteriums zu sein, da die Glaubwürdigkeitsbeurteilung - ohne Übertreibung - vernichtend ausfällt.
In die Betrachtung miteinzubeziehen sind jedoch auch die mit dieser Vorschrift vom Gesetzgeber intendierten Ziele der wirksameren

---

326) Unter dieser Voraussetzung beachtlicherweise Koriath, BtMR, § 31, Rn. 6, der vergleichsweise enorm zurückhaltend verfährt und - sogar zu nationalsozialistischer Zeit (!) - Freiberg, ZStW 59 (1940), S. 50, 55; vgl. dazu auch schon oben S. 126 mit Fn. 294

327) vgl. dazu schon oben S. 125

328) vgl. dazu auch z.B. Gollwitzer in Löwe-Rosenberg, StPO, § 261, Rn. 66 m.w.N. und Kleinknecht/Meyer, StPO, § 261, Rn. 4; dies bedeutet keine gesetzliche Beweisregel, sondern die Berücksichtigung anerkannter Erfahrungstatsachen, s. dazu schon oben S. 124 Fn. 282

329) wie anhand neuerer Untersuchungen von Arntzen nachgewiesen wurde, vgl. dazu oben S. 128 ff.

330) Die Effizienz des § 31 BtMG oder einer echten Kronzeugenregelung wird weitgehend gering eingeschätzt, zumindest aber stark angezweifelt, vgl. z.B. Weigend, Festschrift für Jescheck, S. 1337; Lundt/Schiwy, BtMR, § 31 BtMG; Eberth/Müller, BtMR, § 31, Rn. 2; dies., Verteidigung in Betäubungsmittelsachen, S. 66; Slotty, NStZ 1981, 326; Sturm, MDR 1977, 8 f.; Weider, NStZ 1984, 392, 398; Roxin, Strafverfahrensrecht, S. 71; Peters, Der neue Strafprozeß, S. 103; Rüping, Das Strafverfahren, S. 52;

Tataufklärung und Bekämpfung der Betäubungsmittelkriminalität, die Vorteile des § 31 BtMG bedeuten. [332)]
Eine Möglichkeit zur Erzielung eines solchen Vorteils stellt immerhin die Aussage des Aufklärungsgehilfen bei der Polizeibehörde dar, wenn ihr auch nur die Bedeutung eines Hinweises zukommen kann. Denn die Polizeibeamten werden - wie auch sonst aufgrund eines Hinweises oder einer Anzeige - dadurch in die Lage versetzt, im Falle des § 31 BtMG den notwendigen Ansatzpunkt für eine vielleicht erfolgversprechende Ermittlungstätigkeit zu gewinnen. Insofern macht die Geltung dieser Vorschrift durchaus Sinn. Dies spricht gegen ihre völlige Ablehnung.
Ihre Geltung kann jedoch nur unter Beachtung der bisher gewonnenen Ergebnisse stattfinden:
Es müssen hohe Anforderungen an das Vorliegen der Anwendungsvoraussetzungen des § 31 BtMG gestellt werden, da nur auf diese Weise dessen Anwendungsbereich eingeschränkt werden kann.
Der nur ganz geringe Beweiswert solcher Aussagen von Aufklärungsgehilfen und die erhebliche, nicht zu unterschätzende Mißbrauchsgefahr ergeben, auch wenn man nur von der Hinweisfunktion ausgeht, ein (weiteres) gewichtiges Argument für die einschränkende Auslegung des § 31 BtMG.
Mit dem in diesem Abschnitt gewonnenen Ergebnis findet wiederum keine Vertiefung, sondern eher eine gewisse Abschwächung der oben [333)] festgestellten Beeinträchtigung des Gebotes der "Waffengleichheit" statt, da sich für Beweiszwecke eine nur ganz untergeordnete Bedeutung des § 31 BtMG ergeben hat.
Auch im Hinblick auf die unzulässige Praxis der Rollenvertauschung durch die h.M. kann eine Kongruenz der Ergebnisse festgestellt werden:
Die Aussage eines Aufklärungsgehilfen allein besitzt überhaupt

---

J. Meyer, ZRP 1976, 26; Middendorff, ZStW 85 (1973), S. 1122; s. auch BT-Drs. 10/843, S. 25 und die Nachweise gegensätzlicher Auffassungen bei Schulz, ZRP 1976, 123 f. und Jaeger, Der Kronzeuge, S. 166 ff. sowie die Kritik etwa bei Böllinger, Drogenrecht, Drogentherapie, S. 77, der auf die schädlichen psychosozialen Auswirkungen des "Denunziantenunwesens" hinweist.

nicht die Tauglichkeit, als Verurteilungsgrundlage für einen belasteten ehemaligen Komplizen zu dienen; der Aufklärungsgehilfe kann somit gar nicht als (Hauptbelastungs-)Zeuge fungieren. Selbst im Falle seiner Zeugenvernehmung vor Gericht (entsprechend der Praxis der h.M.) könnte aus den genannten Gründen eine Verurteilung des Angeklagten in aller Regel gar nicht erfolgen.

VIII. Zwischenergebnis

Die vorausgegangenen sieben Abschnitte, die als Untersuchungsgegenstand § 31 BtMG in seinem Verhältnis zu einzelnen, hier relevanten Verfahrensmaximen des Strafprozeßrechts sowie daneben anderen prozessual wichtigen Aspekten beinhalten, belegen, daß eine solche Regelung in vielfältiger Hinsicht Spannungen oder Unverträglichkeiten erzeugt.
Zweimal - bei der Überprüfung des § 31 BtMG am Gebot der "Waffengleichheit" [334] und im Rahmen der Glaubwürdigkeitsproblematik [335] - hat sich bisher in diesem strafprozessualen Untersuchungsteil die Frage der prozessualen Unzulässigkeit der Regelung des § 31 BtMG gestellt.
Aber es hat sich auch gezeigt, daß mit Hilfe dieser Vorschrift gewisse Vorteile bei der Tataufklärung und Bekämpfung der Betäu-

---

331) s. auch schon oben in diesem Kapitel, IV., 3., S.104 im Rahmen der "Waffengleichheit"

332) s. dazu schon oben IV., 3., S. 103 f.

333) vgl. unter IV. in diesem Kapitel, S. 89 ff., 98 ff.

334) s. dazu oben IV., 3., S. 104

335) s. hierzu soeben VII., 2.3., S. 133

bungsmittelkriminalität erreichbar sind [336], die nicht unberücksichtigt bleiben dürfen. Diese sprechen für die nach Möglichkeit intendierende Aufrechterhaltung des § 31 BtMG [337], freilich unter den notwendigen Einschränkungen und Maßgaben.

In diesem Zwischenergebnis soll daher im Wege einer Gesamtbetrachtung festgestellt werden, ob die Möglichkeit besteht, die gesamte entstandene Problematik derart zu entschärfen, daß die Regelung des § 31 BtMG weiterbestehen kann. Andernfalls ergäbe sich bereits an dieser Stelle ihre Unzulässigkeit.
Aus den im einzelnen dargelegten Gründen hat sich jedenfalls die übereinstimmende Notwendigkeit ergeben, die Anwendungsvoraussetzungen des § 31 BtMG einengend zu interpretieren. [338]
Der Anwendungsbereich der Vorschrift muß beschränkt werden, um den von § 31 BtMG verfolgten Zielen ihre Einseitigkeit zu nehmen und die Belange des (Mit-)Beschuldigten auch berücksichtigen zu können. Anders besteht schon jedenfalls nicht die Möglichkeit, die Regelung des § 31 BtMG aufrechtzuerhalten.
Die Beeinträchtigungen der Belange und Rechte des (Mit-)Beschuldigten sind insbesondere durch die Erörterung der "Waffengleichheit", der Rollentauschproblematik und des Glaubwürdigkeitsproblems deutlich geworden. Es hat sich in diesem Zusammenhang die besondere (Mißbrauchs-)Gefahr der Regelung des § 31 BtMG gerade hinsichtlich der wesentlichen Erhöhung des Verurteilungsrisikos für den belasteten früheren Tatbeteiligten offenbart, wenn der Aufklärungsgehilfe - entsprechend der noch herrschenden Auffassung - als (Hauptbelastungs-)Zeuge fungiert. [339]

---

336) vgl. dazu die Ausführungen oben S. 103 und 134

337) s. ebenda

338) vgl. oben insbes. S. 104, 134

339) s. dazu oben S. 98 f. m.N.

Weiterhin ergab die bisherige Untersuchung, daß auch für den belastenden Aufklärungsgehilfen selbst die Regelung des § 31 BtMG risikobehaftet ist, da sie neben dem vordergründig nur erscheinenden Vorteil der Strafmilderung oder des Absehens von Strafe auch mit Nachteilen der unterschiedlichsten Art verbunden sein kann.
Damit gilt es zu konstatieren, daß sowohl für den belasteten ehemaligen Komplizen als auch für den Aufklärungsgehilfen selbst die Vorschrift des § 31 BtMG mit einem besonderen Gefahrenpotential ausgestattet ist. [340)]
Diese Wirkungen des § 31 BtMG darzustellen und offenzulegen, war Aufgabe der voranstehenden Abschnitte.
Diese Erörterungen haben erwiesen, daß den bestehenden einzelnen Problemen - beim Versuch der Aufrechterhaltung der Vorschrift angesichts gewisser Vorteile des § 31 BtMG - von vornherein nur durch einschränkende Auslegung der Normvoraussetzungen und eine dadurch bedingte Reduzierung des Anwendungsbereiches der Vorschrift beizukommen ist.

Nur auf die im folgenden darzustellende Weise besteht - unter dieser Voraussetzung - die Möglichkeit, die weitverzweigte, aber miteinander verschränkte Problematik, die diese Regelung aufwirft, zu entschärfen:
So ist ein wesentliches Ergebnis das der Inkompatibilität von Zeugen- und Mitbeschuldigtenrolle [341)], das durch die Sachwidrigkeit der herrschenden Praxis der Rollenvertauschung gewonnen wurde, mit der Konsequenz, daß der Aufklärungsgehilfe des § 31 BtMG nicht als Zeuge im Strafverfahren gegen den ehemaligen Komplizen gehört werden darf:
Diese Tatsache ist nicht nur in der Lage, der Regelung des § 31 BtMG das stark gefährdende Moment zur möglicherweise falschen

---

340) vgl. dazu oben S. 115 f.

341) s. hierzu oben V., 3., S. 114 f. mit Fn. 237, auch S. 106 f. jeweils m.w.N.

Belastung und Verurteilung des angeklagten (angeblichen) Tatbeteiligten oder Hintermannes zu entziehen; vielmehr wird es auch noch durch die Überprüfung der Glaubwürdigkeit der Aufklärungsgehilfenaussage bestätigt, [342] die - aufgrund der erhaltenen Ergebnisse konsequenterweise - sogar fordert, auf die Z e u g e n vernehmung des Aufklärungsgehilfen zu verzichten. [343] Ebenso spricht für dieses Ergebnis die zu Anfang des Vorverfahrens aufgrund der h.M. bestehende Unsicherheit der Auskunftsperson über ihren (zu erwartenden - unzulässigen - Doppel-)Status. [344]

Hieran wird deutlich, daß diese eben aufgeführten Problemschwerpunkte miteinander zusammenhängen und ineinander greifen, sich also gegenseitig stützen.
Sie sind ebenso verschränkt mit der durch § 31 BtMG hervorgerufenen übermäßigen Beeinträchtigung des Gebots der "Waffengleichheit": Diese Beeinträchtigung ist dadurch bedingt, daß die Regelung des § 31 BtMG zugunsten der Strafverfolgungsorgane einen wesentlichen Machtzuwachs produziert, indem sie mit Hilfe des Lockmittels einer Strafmilderung oder des Absehens von Strafe einen Belastungsgehilfen und vor allem nach der Praxis der h.M. einen Belastungs z e u g e n honoriert. [345]
Mit den hier gewonnenen Ergebnissen lösen sich die dargelegten Problembereiche - unter der Voraussetzung enger Auslegung des § 31 BtMG - weitgehend auf; dies gilt - mit Einschränkungen - auch für den "Waffengleichheits"-Grundsatz, dessen Beeinträchtigung durch die Tatsache, daß den Mitteilungen des Aufklärungsgehilfen lediglich die Bedeutung eines Hinweises zukommen kann und eine

---

342) dies gilt auch umgekehrt, so daß die Ablehnung des Aufklärungsgehilfen als Zeuge auf zwei Säulen ruht. Dazu kommt der Vergleich zwischen einer Kronzeugenregelung und der Regelung des § 31 BtMG: wenn ein Hauptbelastungs-z e u g e vorhanden sein soll, ist eine (echte) Kronzeugenregelung notwendig, soll die Ermittlungshilfe effektiviert werden, so kann dies mit § 31 BtMG versucht werden, s. dazu auch schon S. 106, 114 und 116 f.

343) vgl. oben VII., 2.3., S. 133 ff.

344) s. dazu oben VI., S. 117 ff.

345) vgl. hierzu oben IV., 3., S. 98 ff., 101 f.

Zeugenvernehmung ausgeschlossen ist, nicht mehr so schwer wiegt. Vollständig sind die Bedenken in dieser Richtung freilich auch dadurch und durch die Beschränkung der Anwendungsvoraussetzungen des § 31 BtMG nicht auszuräumen; sie sind aber immerhin deutlich gemindert.

Es kann daher in jedem Falle konstatiert werden, daß es auf die dargelegte Weise und unter den gestellten Voraussetzungen gelungen ist, die durch § 31 BtMG bewirkten Problemkonstellationen zu entschärfen.
Damit steht bisher - als vorläufiges Ergebnis der prozessualen Überprüfung des § 31 BtMG - die Zulässigkeit dieser Vorschrift fest, w e n n - und nur wenn - die hier gewonnenen Ergebnisse beachtet werden.

Die oben [346] aufgestellte Hypothese einer notwendig einschränkenden Interpretation hat sich also eindeutig und vollständig bestätigt; ein sehr zurückhaltender Umgang mit der Vorschrift des § 31 BtMG ist erforderlich.

Eine weitere und im nun folgenden 2. Kapitel dieses Teiles zu behandelnde Frage ist diejenige, ob § 31 BtMG - auf dem Hintergrund obiger Ergebnisse - überhaupt einer verfassungsrechtlichen Überprüfung standhält.
Dabei wird u.a. zu untersuchen sein, ob und wenn ja, inwiefern die oben herausgearbeiteten Bedenken (insbesondere hinsichtlich der "Waffengleichheit", des Rollentausches und der Glaubwürdigkeitsproblematik) auf die Ebene des Verfassungsrechts "durchschlagen".
Erst danach kann endgültig beurteilt werden, ob die Regelung des § 31 BtMG verfassungswidrig oder ob bzw. mit welchen Maßgaben sie verfassungsmäßig ist; die Verfassungsmäßigkeit könnte sich gegebenenfalls auch erst im Wege einer verfassungskonformen Auslegung des § 31 BtMG ergeben.

---

346) vgl. im 5. Kapitel des 1. Teiles der Untersuchung, S. 58

2. Kapitel: Die materiell-rechtliche Problematik der Regelung des § 31 BtMG: Vereinbarkeit mit dem Verfassungsrecht?

In diesem 2. Kapitel soll nun die Vereinbarkeit der Regelung des § 31 BtMG mit dem Verfassungsrecht untersucht werden.
Die Heranziehung des Grundgesetzes, der Verfassung der Bundesrepublik Deutschland, als Maßstab zur Überprüfung des § 31 BtMG erklärt sich aus dessen Bedeutung im gegenwärtigen Rechtssystem der Bundesrepublik: [1)]
Hinsichtlich des Grundgesetzes kann zum einen wohl eine allgemeine Anerkennung festgestellt werden [2)]; zum anderen besteht seine Bedeutung in seiner ranghöchsten Stellung innerhalb der Gesamtrechtsordnung. [3)] Diese wird begründet durch den ihm zukommenden Geltungsanspruch als übergesetzliche Normenordnung [4)], die - vor allem in den Grundrechten und grundrechtsähnlichen Rechten - objektive Wertmaßstäbe und fundamentale Prinzipien für das Zusammenleben in der Gemeinschaft enthält [5)].
Aus dieser Bedeutung des Grundgesetzes heraus, das in mancherlei Hinsicht naturrechtliche Vorstellungen [6)] positiviert hat, weshalb der Richter nun nicht mehr auf Rechtsgrundsätze überpositiver Art zurückgreifen müsse, sondern sich an die einschlägige Verfassungsvorschrift halten könne [7)], wird auch die Aktualität und

---

1) zur Bedeutung der Verfassung für das Gemeinwesen vgl. Hesse, Verfassungsrecht, S. 10 ff.; s. auch Stern, Staatsrecht, Bd. I, S. 103 ff.; beispielhaft Bogs, Die verfassungskonforme Auslegung von Gesetzen, S. 127 (mit der Abschnittsüberschrift: "Verfassungsgesetz als Interpretationsmaßstab") und speziell für das Strafrecht Ostendorf, Das Recht zum Hungerstreik, S. 66 (: "Verfassungsrecht als vorgelagerte und bestimmende Prüfung jeder Gesetzesanwendung")

2) s. hierzu auch Hesse in Benda/Maihofer/Vogel, Handbuch des Verfassungsrechts der BRD, S. 21 ("im ganzen breite Zustimmung")

3) vgl. Stern, Staatsrecht, Bd. I, S. 105, s. auch S. 80, 97 f.; Stein, Staatsrecht, S. 12; Hesse in Benda/Maihofer/Vogel, a.a.O., S. 18; Ostendorf, Das Recht zum Hungerstreik, S. 66 ff.

4) zur Verfassung als "Rahmenordnung" Böckenförde, NJW 1976, 2099; als "rechtliche Grundordnung des Gemeinwesens" Hesse, Verfassungsrecht, S. 10; s. auch Maunz/Zippelius, Deutsches Staatsrecht, S. 33 und zum Stufenbau der Rechtsordnung außerdem Stern, a.a.O., S. 105 m.w.N.

Zeitgemäßheit dieses Untersuchungsmaßstabes verständlich ebenso wie die allgemeine Aufmerksamkeit, die ihm entgegengebracht wird.[8)]

Allerdings ist zu beachten, daß es sich bei den Normen oder Prinzipien des Grundgesetzes zumeist um hochabstrakte Begriffsbildungen handelt, die der Konkretisierung bedürfen.[9)]
In die Konkretisierung dieser Begriffe, die notwendig ist, da die Begriffe "keine L e i t bilder im Sinne zuverlässiger, eindeutiger Handlungsanleitung"[10)] darstellen, sondern " L e e r f o r -

---

5) vgl. Stern, ebenda, S. 129; Maunz/Zippelius, Deutsches Staatsrecht, S. 32; Hesse in Benda/Maihofer/Vogel, a.a.O., S. 16; Krehl, Geldstrafe, S. 185 und Böckenförde, NJW 1976, 2098

6) Zum Naturrecht, das als Maßstab überpositiver Art auch zur Überprüfung, hier des § 31 BtMG, in Frage käme, s. etwa Welzel, Naturrecht und materiale Gerechtigkeit, insbes. S. 236 ff.; auch Naucke, KritV 1986, 209 und Ellscheid, in Kaufmann/Hassemer, Einführung in die Rechtsphilosophie und Rechtstheorie der Gegenwart, S. 125 ff.

7) vgl. dazu Hesse in Benda/Maihofer/Vogel, Handbuch des Verfassungsrechts der BRD, S. 16 sowie etwa Bogs, Die verfassungskonforme Auslegung von Gesetzen, S. 127; auch Ellscheid, a.a.O., S. 153; s. aber auch zur Positivität der Verfassung Naucke, KritV 1986, 206

8) diese Erscheinungsweisen sind wohl auch damit zu erklären, daß etwa BVerfGE 42, 116 f. und Stern, Staatsrecht, Bd. I, S. 129 feststellen, daß die Verfassung (vor allem mit den Grundrechten) die gesamte Rechtsordnung beeinflußt; s. auch Tiedemann, Festgabe für Peters, S. 143 und Ostendorf, a.a.O., S. 66 (Wertmaßstäbe der Verfassung als "oberste Auslegungsrichtlinie"); darauf stützt sich wohl auch die verbreitete Ansicht, das Strafprozeßrecht sei angewandtes Verfassungsrecht, s. dazu etwa BVerfGE 32, 383; Eb. Schmidt, Lehrkommentar zur StPO, Teil I, Rn. 279; Kohlmann, Festschrift für Peters, S. 313 und Hübner, Allgemeine Verfahrensgrundsätze, Fürsorgepflicht oder fair trial?, S. 4

9) vgl. z.B. Denninger, Staatsrecht, Bd. 1, S. 22, Böckenförde, NJW 1976, 2091, 2099; Hesse, Verfassungsrecht, S. 24 ff.; Bogs, a.a.O., S. 127 ff.; Stern, Staatsrecht, Bd. I, S. 137 f. und Ostendorf, Das Recht zum Hungerstreik, S. 67

10) Denninger, Staatsrecht, Bd. 1, S. 25 (Hervorhebung im Original)

m e l n , die als solche nicht die normative Kraft besitzen (können)" [11], um komplexe Interessenkonflikte sachgerecht zu entscheiden, müssen daher wertende Elemente einfließen, die sie in der Folge erst handhabbar machen. [12]
Die Ausfüllungsbedürftigkeit und Unschärfe dieser Leitbegriffe ermöglicht es ihnen aber erst, ihre politisch-soziale Funktion zu erfüllen. [13]

In diesem Zusammenhang ist auch darauf hinzuweisen, daß das Grundgesetz heute mit zunehmender Tendenz zur rechtlichen Absicherung von Ergebnissen "auf höchster Ebene" herangezogen wird; dadurch vermittelt es diesen Legitimität. [14]
Um die "Offenheit" [15] und "Weite" [16] der Begriffe oder Prinzipien des Grundgesetzes mit entsprechenden Wertungen ausfüllen zu können, wird hier im Bereich staatlichen Strafrechts, also einem Bereich, in dem individuelle Freiheit durch staatliche Macht begrenzt wird und damit der klassische und unstreitige Aspekt der Grundrechte als Abwehrrechte des Bürgers gegenüber dem Staat [17] betroffen ist [18], als Interpretationsmethode der Verfassung (und damit auch ihrer genannten "Elemente") nur die liberal-rechtsstaatliche [19] relevant [20], [21].

---

11) Denninger, ebenda (Hervorhebung wiederum im Original)

12) vgl. auch Bogs, a.a.O., S. 128 und Böckenförde, NJW 1976, 2091, der aber kritisch hinsichtlich einer Lösung jedes konkreten Einzelfalles durch das Grundgesetz eingestellt ist, a.a.O., S. 2097, 2099; s. dazu auch Naucke, Strafrecht, S. 107 f.; ders., KritV 1986, 206

13) vgl. dazu Denninger, Staatsrecht, Bd. 1, S. 26

14) vgl. Denninger, Staatsrecht, Bd. 1, S. 26 f. (auch zur verfassungskonformen Gesetzesauslegung)

15) Böckenförde, NJW 1976, 2099 und passim; Ostendorf, a.a.O., S. 67; Hesse in Benda/Maihofer/Vogel, Handbuch des Verfassungsrechts der BRD, S. 18 ("Unbestimmtheit")

16) Hesse in Benda/Maihofer/Vogel, ebenda; Stern, Staatsrecht, Bd. I, S. 83 ("Keine geschlossene Ordnung"); a.A. offenbar Dürig in Maunz/Dürig/Herzog/Scholz, GG, Art. 1, Rn. 5 ff.

17) vgl. dazu z.B. Ossenbühl, NJW 1976, 2100 f.; Walter Schmidt, Jura 1983, 170 ff.; Starck, JuS 1981, 237 ff. und Bleckmann, Staatsrecht II, S. 171 ff.

Im übrigen geht es insgesamt - worauf oben [22] hingewiesen wurde und wie sich inzwischen schon an mehreren Stellen der Untersuchung gezeigt hat - um rechtsstaatliche Anforderungen (durch die Strafprozeßordnung und das Grundgesetz) an die Regelung des § 31 BtMG, letztlich um das Maß ihrer Verwirklichung im heutigen Strafrechtssystem.

Im folgenden werden nun einerseits auf der Ebene des Verfassungsrechts Aspekte erörtert, die bisher noch nicht Gegenstand der Untersuchung waren und daher neue - für die Beurteilung der Verfassungsmäßigkeit des § 31 BtMG aber relevante - Gesichtspunkte beinhalten; hierzu zählt u.a. insbesondere der Bestimmtheitsgrundsatz des Art. 103 Abs. 2 GG. [23]
Andererseits wird sich jedoch die Erörterung auch auf die schon herausgearbeiteten Problempunkte des strafprozessualen Untersuchungsteiles erstrecken, indem deren verfassungsrechtliche Komponente abgeleitet und dargestellt wird.

---

18) zu den weiteren möglichen, aber umstrittenen Bedeutungsinhalten der Grundrechte vgl. Ossenbühl, NJW 1976, 2101 ff.; Ostendorf, a.a.O., S. 68 jeweils m.w.N. und die in der vorhergehenden Fn. Genannten; diese werden für den strafrechtlichen Untersuchungsbereich jedoch nicht relevant, s. auch Ostendorf, a.a.O., S. 68 und Krehl, Geldstrafe, S. 186

19) vgl. zu dieser Grundrechtstheorie Böckenförde, NJW 1974, 1530 ff.; Marxen, Straftatsystem und Strafprozeß, S. 331 und näher unten im 3. Kapitel dieses Teiles, S. 235 f.

20) zu den weiteren vier hauptsächlich vertretenen Grundrechtstheorien s. Böckenförde, a.a.O., S. 1532ff.; Bleckmann, Staatsrecht II, S. 171 ff.; Walter Schmidt, Jura 1983, S. 170 ff. und Marxen, Straftatsystem und Strafprozeß, S. 330 ff. jeweils m.w.N. zu diesem umstrittenen Problembereich

21) im Ergebnis für das Strafrecht ebenso Marxen, a.a.O., S. 334 und Krehl, Geldstrafe, S. 185; s. auch Ossenbühl, NJW 1976, 2101 und Böckenförde, NJW 1974, 1537 f. sowie auch unten im 3. Kapitel dieses 2. Teiles, S. 235 f.

22) s. dazu schon S. 58

23) s. dazu einleitend auch schon oben im 5. Kapitel des 1. Teiles, S. 52 ff.

Ziel der Untersuchung ist es auch hier wiederum, die Frage der Vereinbarkeit des § 31 BtMG mit diesen verfassungsrechtlichen Untersuchungskriterien zu klären und, sollte die Vereinbarkeit zu bejahen bzw. überhaupt zu erreichen sein, insbesondere zu eruieren, welche Richtpunkte, Maßgaben oder Einschränkungen dadurch im Hinblick auf den Anwendungsbereich der Vorschrift gewonnen werden können.
Letztendlich steht - unter dem Vorbehalt der Verfassungsmäßigkeit - eine Antwort darauf aus, ob das oben gewonnene (bisherige) Ergebnis notwendig einschränkender Interpretation der Anwendungsvoraussetzungen des § 31 BtMG und sehr vorsichtigen Umganges mit dieser Regelung auf verfassungsrechtlicher Ebene eine Bestätigung erfährt oder nicht.

I. § 31 BtMG und das Rechtsstaatsprinzip sowie mögliche andere (verfassungs-)rechtliche Grundlagen der strafprozessualen Problembereiche

In diesem Abschnitt wird untersucht, ob insbesondere das Rechtsstaatsprinzip [24] des Grundgesetzes durch die Regelung des § 31 BtMG verletzt wird; in diesem Falle ergäbe sich die Verfassungswidrigkeit von § 31 BtMG.
Sollte dies nicht so sein, erhebt sich die Frage, ob das (bisherige) Ergebnis der einschränkenden Interpretation der Anwendungsvoraussetzungen und des sehr zurückhaltenden Umganges mit § 31 BtMG aufgrund konkreter Richtpunkte seitens des Rechtsstaatsprinzips bestätigt werden kann.
Zum Zwecke der Klärung der soeben aufgeworfenen Fragen werden nun zunächst Inhalt und Bedeutung des Rechtsstaatsprinzips sowie eine seiner speziellen Ausprägungen in der im Hinblick auf § 31 BtMG relevanten Beziehung zu betrachten sein.

---

24) Daneben in Frage kommende weitere Rechtsgrundlagen werden jeweils an der betreffenden Stelle erörtert.

Später wird im einzelnen unter den oben herausgearbeiteten Problembereichen (Öffentlichkeitsgrundsatz, "Waffengleichheit", Rollentausch und Glaubwürdigkeit) untersucht, ob das Rechtsstaatsprinzip insoweit "einschlägig" ist. Dabei werden gegebenenfalls in Frage kommende andere (verfassungs-)rechtliche Grundlagen dieser prozessualen Problembereiche miterörtert.

1. Bedeutung und Inhalt des Rechtsstaatsprinzips

Zu den wesentlichsten und tragendsten Strukturprinzipien des Grundgesetzes zählt das in den Art. 20 [25] und 28 Abs. 1 Satz 1 GG niedergelegte Rechtsstaatsprinzip. [26]

R e c h t s s t a a t l i c h k e i t   b e d e u t e t   die Zulässigkeit der Ausübung staatlicher Macht nur auf der Grundlage der Verfassung und formell und materiell verfassungsmäßig erlassener Gesetze mit dem Ziel der Gewährleistung von Menschenwürde, Freiheit, Gerechtigkeit und Rechtssicherheit. [27]
Dem Begriff der Rechtsstaatlichkeit liegt in seinem historischen Gehalt "die Idee der Sicherung der individuellen Freiheit gegenüber staatlicher Macht zugrunde" [28]; diese Intention gilt es, bei den folgenden Untersuchungsabschnitten im Gedächtnis zu behalten und zu ihrer Verwirklichung beizutragen.
Zu den Elementen des rechtsstaatlichen Prinzips gehört u.a. [29] der Gerichtsschutz, unter dem die Gewährleistung effektiven und umfassenden Rechtsschutzes durch unabhängige Gerichte in einem

---

25) Nicht expressis verbis, aber "besondere Ausprägungen" des Rechtsstaates sind in Art. 20 Abs. 2 Satz 2 und Abs. 3 GG enthalten, Stern, Staatsrecht, Bd. I, S. 778 f.

26) s. z.B. BVerfGE 2, 403; 20, 331; 25, 290 und Herzog in Maunz/Dürig/Herzog/Scholz, GG, Art. 20, VII., Rn. 30 ff. sowie Tettinger, Fairneß und Waffengleichheit, S. 5

27) vgl. Stern, Staatsrecht, Bd. I, S. 781 m.v.w.N. ähnlicher Definitionen in Fn. 114; ebenso Tettinger, a.a.O., S. 5

gesetzlich geordneten Verfahren verstanden wird und der auch gegen staatliche einschließlich gesetzgeberische Maßnahmen gerichtet sein kann. 30)

Das allgemeine Strukturprinzip der Rechtsstaatlichkeit erfüllt freilich neben Art. 19 Abs. 4 GG und den sog. Justizgrundrechten der Art. 101 ff. GG 31) sowie Art. 97 GG häufig nur "Unterstützungsfunktion" 32); weil die speziellen Garantien aber nicht als abschließend im Sinne einer Sperrwirkung anzusehen sind, schließen sie die Ableitung weiterer Grundsätze und Richtlinien aus dem Rechtsstaatsprinzip nicht aus. 33)

---

28) Marxen, Straftatsystem und Strafprozeß, S. 334; auch Wulf, Polizeiliche Beschuldigtenvernehmung, S. 5 sowie Denninger, in Görlitz, Handlexikon zur Rechtswissenschaft, Bd. 2, S. 344 ff.; Kröger, Grundrechtstheorie als Verfassungsproblem, S. 15 ff. und Böckenförde, NJW 1974, 1530 f.; zur Entwicklung des Rechtsstaatsbegriffes und seinen Inhalten vgl. ferner Lüderssen, in Denninger/Lüderssen, Polizei und Strafprozeß, S. 79 ff.

29) zu den weiteren Elementen vgl. den Überblick bei Stern, Staatsrecht, Bd. I, S. 784, näher dazu S. 787 ff.

30) zu diesem Element vgl. Stern, a.a.O., S. 784, 838 ff.

31) Im einzelnen: Art. 101 Abs. 1 GG (Verbot von Ausnahmegerichten, Recht auf den gesetzlichen Richter), Art. 103 Abs. 1 GG (Anspruch auf rechtliches Gehör vor Gericht), Art. 103 Abs. 2 GG (Gesetzlichkeitsprinzip), Art. 103 Abs. 3 GG (Verbot der Doppelbestrafung) und Art. 104 Abs. 2 GG (Richtervorbehalt im Falle einer Freiheitsentziehung)

32) Tettinger, Fairneß und Waffengleichheit, S. 7

33) vgl. dazu Tettinger, ebenda; Stern, Staatsrecht, Bd. I, S. 778 und Dörr, Faires Verfahren, S. 177

2. Die Herleitung des Rechts auf ein faires Verfahren aus dem Rechtsstaatsprinzip

Das Bundesverfassungsgericht hat über die genannten Verankerungen im Grundgesetz hinaus für den Gerichtsschutz im Sinne des "Gebots einer rechtsstaatlichen Verfahrensgestaltung" [34] u.a. das Recht auf ein faires Verfahren [35] abgeleitet [36]. Es stellt damit einen Ausfluß des Rechtsstaatsprinzips dar. [37]

---

34) BVerfGE 52, 207

35) Erstmals im Jahre 1969, s. BVerfGE 26, 71; vgl. weiterhin BVerfGE 38, 111; 39, 163; 40, 99; 46, 210; 57, 274 f. (alle Entscheidungen betreffen das Strafverfahren); für den Zivilprozeß s. z.B. BVerfGE 46, 334; 52, 143 und für den Verwaltungsprozeß vgl. BVerfGE 52, 389

36) s. zu dieser und den weiteren Ableitungen Tettinger, a.a.O., S. 7 f.

37) So - neben dem BVerfG (s. die Nachweise in Fn. 35) - aus der Literatur etwa Schäfer in Löwe-Rosenberg, StPO, Einl., Kap. 6, Fn. 16; Müller-Dietz, ZStW 93 (1981), S. 1206 ff.; KMR - Sax, StPO, Einl., Anm. 1c; Kleinknecht/Meyer, StPO, Einl., Rn. 19; Dörr, Faires Verfahren, S. 177 und Kuhlmann, DRiZ 1976, 13;
von Roxin, Strafverfahrensrecht, S. 59; Stürner, Festschrift für Baur, S. 649 und Schwab/Gottwald in Habscheid, Effektiver Rechtsschutz und verfassungsmäßige Ordnung, S. 68 wird daneben noch das Sozialstaatsprinzip als verfassungsrechtliche Verankerung herangezogen, s. dazu auch Tettinger, Fairneß und Waffengleichheit, S. 15;
andere ziehen die Art. 2, 103 Abs. 1 GG (so Goerlich, NJW 1976, 1528) oder Art. 1 Abs. 1 Satz 1 GG (so Gössel, Strafverfahrensrecht, S. 165) heran.
Ablehnend gegenüber dem Grundsatz des fairen Verfahrens Heubel, Der "fair trial" - ein Grundsatz des Strafverfahrens?, S. 73, 122 ff., 141, 145, der ihn als überflüssig ansieht, da sich die Lösung der relevanten Fälle auch aus dem Gesetz ("durch direkte oder entsprechende Anwendung seiner Vorschriften", S. 124) ergebe und die "Tendenzen, mit seiner Hilfe die Prozeßstellung des Angeklagten ... auszubauen" (S. 143 und passim) unverkennbar seien.
Zwar ist es grundsätzlich ohne Bedeutung, ob man das Recht auf ein faires Verfahren "dazwischenschaltet" oder sogleich nur mit dem Rechtsstaatsprinzip argumentiert, da das letztere im Ergebnis sowieso betroffen ist. Auch sind die gesetzlichen Regelungen der StPO grundsätzlich vorrangig, aber nicht in jedem Falle ausreichend und umfassend (s. dazu etwa Kleinknecht/Meyer, StPO, Einl., Rn. 19 und das Beispiel von Roxin, a.a.O., S. 60). Das Gebot eines fairen Verfahrens vermag aber auch die Schutzkomponente und die Zielrichtung des Strafverfahrensrechts zu betonen und ist von daher - gerade als Gegenstück zur "Funktionstüchtigkeit der Strafrechtspflege" (s. dazu näher unten S. 158 ff.) - keineswegs überflüssig; s. weiterhin auch den folgenden Text.

Durch dieses Recht auf ein faires, rechtsstaatliches Verfahren soll eine Sicherstellung des Bürgers dahingehend erfolgen, "nicht zum bloßen Objekt eines solchen (gerichtlichen) Verfahrens degradiert" 38) zu werden, sondern "in seiner Rolle als Verfahrenssubjekt in Ansehung des gesetzlich dirigierten und richterlich gesteuerten Verfahrensablaufs seine Bestätigung" 39) zu finden. 40)
In diesem Zusammenhang hat das Bundesverfassungsgericht 41) insbesondere auf das Recht auf Verteidigung hingewiesen und auch dessen Bedeutung als wesentlichen Grundsatz eines rechtsstaatlichen Strafprozesses betont. 42)
Dabei schlägt sich im Recht auf ein faires Strafverfahren die Verpflichtung des Staates zur Selbstbeschränkung aufgrund des bestehenden Übergewichtes der staatlichen Mittel gegenüber den beschränkten Möglichkeiten des Beschuldigten nieder. 43)

---

38) Tettinger, a.a.O., S. 8

39) Tettinger, ebenda

40) Übereinstimmend mit dieser Kennzeichnung der Bedeutung des fairen Verfahrens wird zum Teil der Inhalt der p r o z e s s u a l e n F ü r s o r g e p f l i c h t (dazu allgemein Kumlehn, Die gerichtliche Fürsorgepflicht im Strafverfahren und Plötz, Die gerichtliche Fürsorgepflicht im Strafverfahren) verstanden (vgl. z.B. Maiwald, Festschrift für Richard Lange, S. 753, 764; Dahs, Das rechtliche Gehör im Strafprozeß, S. 43 f.; Eb. Schmidt, JZ 1965, 734 und Heubel, Der "fair trial" - ein Grundsatz des Strafverfahrens?, S. 139);
dagegen wird teilweise die prozessuale Fürsorgepflicht als Unterfall des (allgemeineren) fairen Verfahrens aufgefaßt (so etwa Gössel, Strafverfahrensrecht, S. 166; s. auch Plötz, a.a.O., S. 339 und Peters, Strafprozeß, S. 210), während dies aber andererseits auch in genau umgekehrter Weise gesehen wird (so z.B. Kleinknecht/Meyer, StPO, Einl., Rn. 156).
Ganz überwiegend wird eine gerichtliche Fürsorgepflicht anerkannt (s. weiterin Zipf, Gutachten für den 54. DJT, S. 29 f.; Schäfer, Strafprozeßrecht, Einl., Kap. 6, Rn. 21 ff. und Schorn, MDR 1966, 639; kritisch aber etwa v. Löbbecke, GA 1973, S. 200 ff.), obwohl keine Klarheit über das gegenseitige Verhältnis und den Inhalt besteht (s. dazu auch Heubel, a.a.O., S. 54 ff. m.w.N.); sicher scheint aber zu sein, daß zum Teil Kongruenz zwischen beiden besteht (vgl. Tettinger, S. 17; Heubel, a.a.O., S. 57). - Zu einem neuen Lösungsvorschlag vgl. Hübner, Allgemeine Verfahrensgrundsätze, Fürsorgepflicht oder fair trial?, S. 253 ff., 255

41) Schon in der ersten diesbezüglichen Entscheidung, BVerfGE 26, 71; s. weiterhin BVerfGE 38, 111; 46, 210

42) vgl. zum Recht auf Verteidigung und zu den es verwirklichenden Vorschriften der Strafprozeßordnung Peters, Strafprozeß, S. 208 f.

Nach Meinung des Bundesverfassungsgerichtes hat der Beschuldigte einen allgemeinen A n s p r u c h auf ein faires, rechtsstaatliches Strafverfahren aus dem Rechtsstaatsprinzip in Verbindung mit Art. 2 Abs. 1 GG. 44)
Dabei wird das Recht auf ein faires Verfahren neuerdings auch als allgemeines P r o z e ß g r u n d r e c h t bezeichnet, das Anwendung findet, wenn der Anwendungsbereich der speziellen Verfahrensgarantien die Beeinträchtigung nicht erfaßt. 45), 46)

3. Weitere (verfassungs-)rechtliche Grundlage des Rechts auf ein faires Verfahren aus der Europäischen Menschenrechtskonvention?

Neben der Herleitung des Rechts auf ein faires Verfahren aus dem Rechtsstaatsprinzip (i.V.m. Art. 2 Abs. 1 GG) kommt als Rechtsgrundlage v e r f a s s u n g s rechtlicher Art außerdem Art. 6 Abs. 1 Satz 1 MRK in Frage.

---

43) vgl. Schäfer, Strafprozeßrecht, Einl., Kap. 6, Rn. 16; KK-Pfeiffer, StPO, Einl., Rn. 18; Tettinger, Fairneß und Waffengleichheit, S. 23 und BVerfGE 38, 111; 30, 27

44) BVerfGE 39, 163; 41, 249; 57, 274 f.; 63, 390; 66, 318

45) z.B. BVerfGE 57, 274 f.; s. auch BVerfG NJW 1983, 1043; vgl. dazu auch Dörr, Faires Verfahren, S. 1 ff.

46) Kritisch und ablehnend hinsichtlich eines allgemeinen Anspruches und dessen grundrechtlicher Absicherung allein durch Heranziehung des Art. 2 Abs. 1 GG, wodurch das BVerfG freilich die Möglichkeit der Erhebung einer Verfassungsbeschwerde eröffnen möchte, da auf eine Verletzung der Art. 20 Abs. 2 und 3, 28 Abs. 1 GG eine Verfassungsbeschwerde nicht gestützt werden kann (s. Art. 93 Abs. 1 Nr. 4a GG, § 90 Abs. 1 BVerfGG; vgl. auch BVerfGE 6, 385; 17, 258; 23, 165 f. sowie Dörr, Faires Verfahren, S. 107 m.w.N.), Dörr, Faires Verfahren, S. 143 ff., 177; ablehnend auch Heubel, a.a.O., S. 73, 122 f., 141, 145; wie das BVerfG aber z.B. Tettinger, Fairneß und Waffengleichheit, S. 58; Heyde in Benda/Maihofer/Vogel, Handbuch des Verfassungsrechts der BRD, S. 1226

Jedoch ist der Rang der Konvention zum Schutze der Menschenrechte und Grundfreiheiten [47)] im innerstaatlichen Recht der Bundesrepublik umstritten:
Von einer Mindermeinung in der Literatur wird der MRK Gleich- [48)] oder sogar Höherrangigkeit [49)] im Verhältnis zum Grundgesetz beigelegt.
Beide Meinungen können jedoch nicht überzeugen [50)], weil erst durch das notwendige Zustimmungsgesetz, bei dem es sich nur um ein einfaches Bundesgesetz handelte, die Menschenrechtskonvention in die deutsche innerstaatliche Rechtsordnung transformiert wurde. Dieser innerstaatliche Akt der Anerkennung durch einfaches Bundesgesetz kann freilich nicht einen höheren Rang in innerstaatliches Recht umsetzen, als ihm selber zukommt.
Daher handelt es sich nach h.M. bei der Menschenrechtskonvention lediglich um ein Gesetzeswerk im Rang eines einfachen Bundesgesetzes. [51)]
Eine weitere v e r f a s s u n g s rechtliche Grundlage findet das Recht auf ein faires, rechtsstaatliches (Straf-)Verfahren daher n i c h t in Art. 6 Abs. 1 MRK.

Außerdem ist fraglich, ob Art. 6 Abs. 1 Satz 1 MRK ("... in billiger Weise ... gehört wird,...") nur das Recht auf ein "fair

---

47) MRK, vgl. BGBl. II 1952, S. 685 ff.

48) vgl. z.B. Guradze, Die Europäische Menschenrechtskonvention, S. 13 ff.; Schorn, Die Europäische Konvention zum Schutze der Menschenrechte und Grundfreiheiten, S. 44 f. (Begründung aus Art. 25 GG); s. auch Echterhölter, JZ 1955, 689 ff., insbes. S. 691 f. (Begründung aus Art. 1 Abs. 2 GG)

49) So z.B. Baumann, Festschrift für Eb. Schmidt, S. 529 f.; Klug, Gedächtnisschrift für Hans Peters, S. 437 ff.; Stein in Zinn/Stein, Die Verfassung des Landes Hessen, Bd. 1, vor Art. 1, II, Rn. 4 (jeweils mit unterschiedlicher Begründung)

50) Zur näheren Begründung vgl. Dörr, Faires Verfahren, S. 88 ff.

51) So z.B. BVerfGE 4, 111 f.; 10, 274; 41, 105 f.; BVerwGE 52, 334; Bleckmann, Staatsrecht II, S. 29; Dürig in Maunz/Dürig/Herzog/Scholz, GG, Art. 1, Rn. 58 f.; ebenso Dörr, Faires Verfahren, S. 91

hearing" im Sinne eines Anspruchs auf rechtliches Gehör garantiert [52] oder ob der Begriff der englischen Fassung der MRK "fair hearing" als "fair trial", also als Anspruch auf ein faires Verfahren zu verstehen ist. [53]
Zur Ermittlung der Bedeutung des Rechtes aus Art. 6 Abs. 1 Satz 1 MRK muß - wegen der unklar und blaß bleibenden deutschen Übersetzung - auf die englische Wortbedeutung und vor allem das englische Verständnis dieses fair-trial-Grundsatzes rekurriert werden. [54] Danach kommt diesem Begriff eigenständige Bedeutung hinsichtlich all jener Verfahrensgarantien zu, die unverzichtbare Voraussetzung für ein faires Verfahren sind. Seine Bedeutung erschöpft sich daher nicht im Anspruch auf rechtliches Gehör, sondern besteht in der Garantie von Mindestanforderungen, die ein faires Verfahren erfordert. [55]
Diese Herleitung eines fairen, rechtsstaatlichen Verfahrens aus Art. 6 Abs. 1 Satz 1 MRK tritt daher als e i n f a c h g e s e t z l i c h e neben diejenige verfassungsrechtliche aus dem Rechtsstaatsprinzip.

Nachdem nun das Rechtsstaatsprinzip in seiner Bedeutung für die Verfahrenswirklichkeit herausgestellt wurde und im Recht auf ein faires (Straf-)Verfahren eine Konkretisierung und spezielle Ausprägung gefunden hat [56], ist im folgenden nun zu prüfen, ob

---

52) So z.B. Arndt, NJW 1959, 1301; E. Müller, NJW 1976, 1066; Jung, Kronzeuge, S. 83; dies zeige die Analyse der betreffenden Urteile, bei denen jeweils der Anspruch aus Art. 103 Abs. 1 GG betroffen sei.

53) So insbes. Sandermann, "Waffengleichheit" im Strafprozeß, S. 13 und Dörr, Faires Verfahren, S. 73

54) So m.E. zu Recht Sandermann, a.a.O., S. 12; Dörr, Faires Verfahren, S. 72

55) vgl. Dörr, Faires Verfahren, S. 72 f.; Sandermann, "Waffengleichheit" im Strafprozeß, S. 13; Schorn, Die Europäische Konvention zum Schutze der Menschenrechte und Grundfreiheiten, S. 12 f.; Guradze, Die Europäische Menschenrechtskonvention, S. 98 - Die StPO erfüllt die gestellten Mindestanforderungen, s. dazu Kleinknecht/Meyer, MRK, Art. 6, Rn. 5

56) s. dazu oben S. 147 ff.

und wenn ja, mit welchem Ergebnis die oben entwickelten Problembereiche des strafprozessualen Untersuchungsteiles daran "festgemacht" werden können.

4. Die Folgen eines Verstoßes gegen den Grundsatz der Öffentlichkeit

Zunächst sind die Konsequenzen zu erörtern, die entstehen, wenn entgegen der oben herausgestellten Maßgaben der Öffentlichkeitsgrundsatz (§ 169 Satz 1 GVG, Art. 6 Abs. 1 Satz 1 MRK) verletzt wird.
Entsprechend seiner wesentlichen Bedeutung für das Strafverfahren zählt der Öffentlichkeitsgrundsatz zu "den grundlegenden Einrichtungen des Rechtsstaates" 57) überhaupt. Obwohl er in verfassungsrechtlicher Hinsicht keine Spezialregelung im Grundgesetz erfahren hat 58), ist der Grundsatz der Öffentlichkeit über das Rechtsstaatsprinzip geschützt. 59)
Sollten also strafprozessuale Vereinbarungen mit dem Gericht (innerhalb oder außerhalb der Hauptverhandlung) stattfinden (bzw. solche später in der Hauptverhandlung nachvollzogen werden), ist auf Verfassungsebene das Rechtsstaatsprinzip verletzt.
Daneben ist in diesem Falle auch die richterliche Unabhängigkeit, die in Art. 97 GG eine spezielle verfassungsrechtliche Verankerung gefunden hat, verletzt. 60), 61)

---

57) BGHSt 9, 281; 21, 73; 22, 301; BGH bei Holtz MDR 1980, 273; Kleinknecht/ Meyer, GVG, § 169, Rn. 1; Schäfer, Strafprozeßrecht, Einl., Kap. 13, Rn. 99; Gössel, Strafverfahrensrecht, S. 167; Roxin, Strafverfahrensrecht, S. 282

58) Anders z.B. gemäß Art. 90 Bayerische Landesverfassung

59) Die speziellen Garantien sind nicht abschließend und entfalten insbesondere keine Sperrwirkung für das umfassendere Rechtsstaatsprinzip, vgl. dazu schon oben S. 146 m.w.N.

60) Zur Beeinträchtigung der richterlichen Unabhängigkeit in den hier relevanten Fallkonstellationen s. oben im 1. Kapitel dieses Teiles unter III., S. 83 ff.

61) Zum Richterbild des Grundgesetzes s. auch Tettinger, Fairneß und Waffengleichheit, S. 66 und schon oben im 1. Kapitel, III., 2.1., S. 84 f.

Für den Fall, daß Absprachen zwischen Beschuldigten und Strafverfahrensorganen erfolgen, die zu einer faktischen Einflußnahme auf die Entscheidungstätigkeit des Gerichts führen, gilt die gleiche Rechtsfolge.

Betrachtet man die oben [62)] zutage getretene Konzeption des § 31 BtMG mit ihren Wirkungen gegenüber dem Aufklärungsgehilfen und ihrer Zielrichtung für das Strafverfahren, treten weitere allgemeine rechtsstaatliche Bedenken auf, die den Schutz der Rechtsstellung des Aufklärungsgehilfen betreffen. Diese sollen jedoch an dieser Stelle nicht allgemein und losgelöst von dem sachlichen Anknüpfungspunkt, an dem sie konkret in den Vordergrund treten, erörtert werden. [63)]

5. Das Gebot der "Waffengleichheit"

5.1. Einfach gesetzliche Grundlagen der "Waffengleichheit"

Das Gebot der "Waffengleichheit" wird durch die Europäische Menschenrechtskonvention - neben den Einzelgarantien des Art. 6 Abs. 2 und 3 MRK - durch das Recht auf ein faires (Straf-)Verfahren gemäß Art. 6 Abs. 1 MRK in einfach gesetzlicher [64)] Form garantiert. [65)]
Diese Verankerung des fair-trial-Gebotes mit der speziellen Ausprägung der "Waffengleichheit" tritt damit neben die aus der Strafprozeßordnung [66)] gewonnene Begründung des Gebotes der "Waffengleichheit" im Strafverfahren. [67)]

---

62) im 1. Kapitel dieses Teiles unter III., vgl. S. 88

63) s. dazu die nun folgenden Abschnitte der Arbeit

64) s. dazu oben unter 3. in diesem Abschnitt, S. 149 ff.

65) vgl. dazu Dörr, Faires Verfahren, S. 74; Sandermann, "Waffengleichheit" im Strafprozeß, S. 11 ff., 182

66) s. dazu das 1. Kapitel dieses Teiles unter IV., 2., S. 91 ff.

5.2. Verfassungsrechtliche Verbürgung(en) des Gebotes der "Waffengleichheit"

5.2.1. im Rechtsstaatsprinzip

Als ein spezielles Element des Rechts auf ein faires Verfahren ist das Gebot der "Waffengleichheit" anerkannt. 68)
Auf dem Wege über das Recht auf ein faires rechtsstaatliches (Straf-)Verfahren ergibt sich also die verfassungsrechtliche Verankerung des Gebotes der "Waffengleichheit" im Rechtsstaatsprinzip. 69)
Nach h.M. findet das Gebot der "Waffengleichheit" als einer von mehreren speziellen Aspekten des Rechts auf ein faires (Straf-)-Verfahren seine verfassungsrechtliche Grundlage a l l e i n in diesem Recht und damit ausschließlich im Rechtsstaatsprinzip. 70)

5.2.2. auch in Art. 3 Abs. 1 GG?

Von einer Mindermeinung wird als verfassungsrechtliche Herleitung entweder n e b e n dem Grundsatz des fairen Verfahrens

---

67) vgl. auch Sandermann, a.a.O., S. 17 ff., 182 und Dörr, a.a.O., S. 74 f., 177

68) vgl. OLG Karlsruhe, Strafverteidiger 1986, 11; BVerfG NJW 1983, 1043; JZ 1983, 438 f.; BVerfGE 56, 189 (Sondervotum Hirsch); Dörr, Faires Verfahren, S. 117; Tettinger, Fairneß und Waffengleichheit, S. 20; Stürner, NJW 1979, 2337; Peukert, EuGRZ 1980, 254; Benda, in Benda/Maihofer/Vogel, Handbuch des Verfassungsrechts der BRD, S. 495; Peters, Strafprozeß, S. 210 ("eine Zielrichtung für ein faires Verfahren"); Kleinknecht/Meyer, StPO, Einl., Rn. 87 f.; a.A. ist z.B. Jung, Kronzeuge, S. 81; s. dazu auch schon die obige Definition des fairen Verfahrens, S. 139 und meine Ausführungen hinsichtlich der Bedeutung der "Waffengleichheit" im 1. Kapitel dieses Teils unter IV., S. 89 ff., auf die verwiesen werden kann; speziell zur "Waffengleichheit" im Strafprozeß s. auch Tettinger, a.a.O., S. 31 ff.

69) vgl. zur Herleitung auch Kohlmann, Festschrift für Peters, S. 318 ff.

70) vgl. die soeben in Fn. 68 Genannten; anderer Ansicht sind freilich diejenigen, die die "Waffengleichheit" prinzipiell ablehnen, vgl. dazu die Nachweise im 1. Kapitel, IV., S. 90 Fn. 135

auch die Norm des Art. 3 Abs. 1 GG herangezogen, aus der dann die Geltung der Waffengleichheit als Teil des fairen Verfahrens hergeleitet wird [71] oder a l l e i n Art. 3 Abs. 1 GG erfährt eine Konkretisierung als Gebot der Chancengleichheit [72], woraus eine Erhöhung der Anforderungen an die Gleichheit aller rechtlichen und tatsächlichen Bedingungen folgt. [73]

Die Gefahr solcher Argumentation besteht darin, über die Einschaltung des Art. 3 Abs. 1 GG de facto eine e c h t e Waffengleichheit zwischen Staatsanwaltschaft auf der einen und Beschuldigtem (und Strafverteidiger) auf der anderen Seite - sei dies beabsichtigt oder geschehe es unbewußt - herzustellen. Eine echte Waffengleichheit, die nur bei einem Parteienprozeß denkbar, dann allerdings auch notwendige Voraussetzung wäre, paßt nicht zum "'Anklageverfahren mit Ermittlungsgrundsatz'" [74] der deutschen Strafprozeßordnung. [75]
Denn die hier in Frage stehende "Waffengleichheit" [76] verlangt nicht, "daß verfahrensspezifische Unterschiede in der Rollenverteilung von Staatsanwalt und Verteidiger in jeder Beziehung ausgeglichen werden müßten" [77] und könnten; dies gilt insbesondere im Hinblick auf das Ermittlungsverfahren. [78]

---

71) So die Mehrheit der Richter der BVerfGE 52, 131 ff., auf S. 143 ff.; wohl auch Dürig in Maunz/Dürig/Herzog/Scholz, GG, Art. 3 Abs. 1, Rn. 46 ff. und Sandermann, "Waffengleichheit" im Strafprozeß, S. 102 ff., 116, 155, 182

72) s. dazu insbes. Scholler, Die Interpretation des Gleichheitssatzes als Willkürverbot oder als Gebot der Chancengleichheit, S. 30 ff.

73) In diesem Sinne E. Müller, NJW 1976, 1066

74) Roxin, Strafverfahrensrecht, S. 89

75) s. dazu auch schon oben im 1. Kapitel dieses Teiles unter IV., S. 89 f. mit Fn. 133 f.

76) Zum Unterschied zur echten Waffengleichheit vgl. ebenda; als optisches Zeichen dieses Unterschiedes dient hier das Hinzufügen oder Weglassen von Anführungsstrichen.

77) BVerfG NJW 1983, 1045

Nach hier vertretener Auffassung ist der Gleichheitsgrundsatz des Art. 3 Abs. 1 GG als Willkürverbot aufzufassen [79], das eine sachgerechte und notwendige Differenzierung ermöglicht, eine unangebrachte Gleichschaltung aber ausschließt.
Andernfalls kehrte sich das Grundrecht des Art. 3 GG auch um zu einem solchen, das die Aufgabe hätte, rechtsstaatswidrige oder ungerechte Entscheidungen zu korrigieren. Gerade Zumutbarkeits- bzw. Billigkeitserwägungen sind es, die dann in die jeweilige Entscheidung miteinfließen oder sie sogar bestimmen. [80]
Eine Ableitung der Waffengleichheit aus Art. 3 Abs. 1 GG ist daher ebensowenig möglich wie die Ableitung einer allgemeinen Verfahrensgerechtigkeit; denn dieses Grundrecht "garantiert keinen von einem konkreten Vergleich losgelösten, subjektiv-rechtlichen Mindeststandard an Rechtsstaatlichkeit". [81]

Das Recht des Beschuldigten auf ein faires (Straf-)Verfahren kann aus diesen Gründen aus Art. 3 Abs. 1 GG nicht, auch nicht mit-begründet werden. Damit ist also der h.M. zu folgen.

5.3. Vorliegen eines Verfassungsverstoßes durch die (unzulässige) Beeinträchtigung des Gebotes der "Waffengleichheit"?

Das Gebot der "Waffengleichheit" (und somit das des fairen Verfahrens) dient insbesondere dazu, die Subjektsqualität des Beschuldigten im (Straf-)Verfahren zu betonen und für ihre Beachtung und Gewährleistung zu sorgen; seine Rechts s u b j e k t - stellung ist es, auf deren Schutz Wert gelegt werden muß [82] und

---

78) Die Bejahung der Existenz verfahrensspezifischer Unterschiede widerspricht nicht der Forderung nach einer Verbesserung der Rechtsstellung des Beschuldigten im derzeitigen Ermittlungsverfahren, s. dazu oben im 1. Kapitel, IV., S. 91 ff. und Richter II, Strafverteidiger 1985, 382 ff.

79) So die h.M., s. etwa die st. Rspr. des BVerfG, z.B. BVerfGE 1, 52; 12, 348; 51, 76; BVerwGE 39, 4; 64, 261; Klein in Schmidt-Bleibtreu/Klein, GG, Art. 3, Rn. 13 f.; Rinck, JöR 10 (1961), S. 269 ff.; Fuß, JZ 1962, 565 und Gubelt in v. Münch, GG, Art. 3, Rn. 11 ff. m.w.N. auch zur Kritik der h.M.

80) So zu Recht Dörr, Faires Verfahren, S. 129

den die Strafprozeßordnung - gerade wenn man sie aus ihrer historischen Entstehung heraus betrachtet [83], was notwendige Voraussetzung für die Erkenntnis und das Verständnis ihres Anliegens ist - im Jahre 1877 intendierte.
Auch und gerade heute besteht besonders im Hinblick auf das Strafverfahren weiterhin das "Gebot einer rechtsstaatlichen Verfahrensgestaltung" [84] und die Notwendigkeit der ständigen Überwachung seiner Verwirklichung im konkreten Verfahren.
Gerade in dieser Hinsicht haben sich - wie oben [85] ausführlich dargelegt wurde - durch die Existenz einer solchen Regelung wie § 31 BtMG Bedenken ergeben [86], die dazu führten, eine unzulässige Beeinträchtigung des Grundsatzes der "Waffengleichheit" bejahen zu müssen.

Dadurch müßte an sich das Recht auf ein faires (Straf-)Verfahren und damit das Rechtsstaatsprinzip verletzt sein. [87] Die Folge davon wäre die Verfassungswidrigkeit der Regelung des § 31 BtMG. Bei näherer Betrachtung erscheint diese Konsequenz jedoch fraglich.
Diese Überlegung mag zunächst zwar vielleicht Erstaunen auslösen, sie erklärt sich aber daraus, daß die Ziele des Rechtsstaatsprinzips - nämlich die Gewährleistung von Menschenwürde, Freiheit, Gerechtigkeit und Rechtssicherheit [88] - auch mitunter gegeneinander wirken und in ein Spannungsverhältnis zueinander geraten könnten. [89] Einen solchen Widerstreit habe in erster Linie der

---

81) Dörr, Faires Verfahren, S. 129

82) denn es besteht nach wie vor ein Übergewicht "der staatlichen Mittel in der Hand der Strafverfolgungsbehörden im Gegenüber zu den vergleichsweise beschränkten Möglichkeiten eines Beschuldigten", Tettinger, Fairneß und Waffengleichheit, S. 23; ebenso Schäfer in Löwe-Rosenberg, StPO, Einl., Kap. 6, Rn. 16; KK-Pfeiffer, StPO, Einl., Rn. 18 und BVerfGE 38, 111

83) vgl. dazu schon oben im 1. Kapitel dieses Teiles unter IV., S. 90 f. m.w.N.

84) BVerfGe 52, 207

85) im 1. Kapitel dieses Teiles unter IV., S. 98 ff.

Gesetzgeber ohne Willkür sachgerecht zu entscheiden. [90)]

So sei im Hinblick auf die Regelung des § 31 BtMG auch die "Aufrechterhaltung einer funktionstüchtigen Strafrechtspflege" [91)] als wesentlicher Bestandteil der Gerechtigkeit zu beachten, ohne die eine Verwirklichung der Gerechtigkeit nicht stattfinden könne [92)]; denn § 31 BtMG wurde gerade wegen der Ermittlungsschwierigkeiten in diesem Bereich des organisierten Verbrechens vom Gesetzgeber eingeführt. [93)] Dieser hat es für kriminalpolitisch notwendig erachtet, in diesem Bereich ein solches kriminaltaktisches Mittel zur erhofft wirksameren Bekämpfung der Rauschgiftkriminalität einzusetzen.

Unzweifelhaft steht dem Gesetzgeber insoweit ein Entscheidungsspielraum zu [94)], als er die Entscheidung über das "Ob" einer solchen Maßnahme trifft.
Bei der Frage des "Wie", d.h. der konkreten Ausgestaltung eines solchen Mittels hat er jedoch jedenfalls auch die Belange und den Schutz des Beschuldigten, zu dessen Lasten sich die Einführung des § 31 BtMG schließlich auswirkt, in die Betrachtung miteinzustellen. Aber nicht nur das; um eine s a c h g e r e c h t e , willkürfreie Entscheidung des Gesetzgebers über

---

86) bezüglich der Einzelheiten wird nach oben verwiesen

87) Zu der Frage, ob bzw. in welchen Fällen bei Verletzung des Rechtsstaatsprinzips ein Verfahrenshindernis entstehen könne, s. etwa BGHSt 32, 345; BGH NJW 1984, 1907 und OLG Karlsruhe, Strafverteidiger 1986, 11 sowie Volk, Strafverteidiger 1986, 34 ff.

88) Zur Definition vgl. oben S. 145 f.

89) Zur "Mehrdeutigkeit des Rechtsstaatsprinzips" s. auch Lüderssen, in Denninger/Lüderssen, Polizei und Strafprozeß, S. 94 ff.

90) vgl. BVerfGE 25, 290; Kleinknecht/Meyer, StPO, Einl., Rn. 18

91) früher als "Bedürfnisse einer wirksamen Verbrechensbekämpfung" (BVerfGE 20, 49) bezeichnet, vgl. Hassemer, Strafverteidiger 1982, 276

92) so BVerfGE 33, 383; 36, 186; 39, 163; 41, 250; 44, 374; 46, 222; 51, 343; Kleinknecht/Meyer, StPO, Einl., Rn. 18 und Schreiber, in Strafprozeß und

den Widerstreit zwischen eminent bedeutenden prozessualen, rechtsstaatlichen Garantien auf der einen und der Aufrechterhaltung der freilich auch wichtigen "Funktionstüchtigkeit der Strafrechtspflege" auf der anderen Seite zu erhalten, darf nicht eine Vernachlässigung der einen und eine Überbewertung der anderen Belange erfolgen.
Die Sachgerechtigkeit einer solchen Entscheidung zeichnet sich gerade dadurch aus, daß jedenfalls ein Ausgleich der divergierenden Interessen gefunden wird, der beide Zielvorstellungen soweit wie möglich verwirklicht [95], ohne die eine vollständig auszublenden - auch wenn der Gesetzgeber der anderen den grundsätzlichen Vorrang einzuräumen vermag.

Dieser Ausgleich ist bei der Regelung des § 31 BtMG - wie die bisherige Untersuchung deutlich gezeigt hat - nicht gelungen; die Steigerung der Effektivität der Strafrechtspflege wurde zum ganz vorrangigen, (eigentlich) ausschließlichen [96] Ziel erhoben, wodurch eine zu einseitige "Lösung" getroffen wurde, die so nicht aufrechterhalten werden kann.

Dieses Ergebnis wird klar bestätigt, wenn man die prozessualen Beschuldigtenrechte - hier das Gebot der "Waffengleichheit" - aus dem dargestellten Abwägungs- und Ausgleichsverhältnis herausnimmt:
Denn es ist die "eigentlich beunruhigende Wirkung dieses Topos" [97]

Reform, S. 21; besonders interessant ist die jüngste Argumentation des BVerfG im Zusammenhang mit dem (verneinten) Auskunftsverweigerungsrecht des früheren Beschuldigten, s. BVerfG NStZ 1985, 277

93) s. dazu schon oben das 1. Kapitel des 1. Teiles der Arbeit, S. 14 f.

94) vgl. z.B. Jung, Kronzeuge, S. 94

95) vgl. dazu auch Tettinger, Fairneß und Waffengleichheit, S. 66

96) so Riehle, KJ 1980, 318 (freilich in allgemeiner Hinsicht, nicht auf eine Kronzeugenregelung oder § 31 BtMG bezogen)

97) Hassemer, Strafverteidiger 1982, 279

der "Funktionsfähigkeit der Strafrechtspflege", "daß er die strafprozessualen Freiheitsrechte in ein Abwägungsverhältnis verweist".[98] Es muß betont werden, daß diese nicht am Abwägungsmaßstab der "Funktionstüchtigkeit der Strafrechtspflege" zu messen sind[99]; denn der Schutz der prozessualen Beschuldigtenrechte ist das Ziel des Strafverfahrens, die "Funktionstüchtigkeit der Strafrechtspflege" lediglich eine faktische Bedingung der Verwirklichung dieses Zieles.[100], [101]

Mit dem Kunstgriff der Überbewertung der Effizienz und Funktionsfähigkeit der Strafrechtspflege werden die prozessualen Rechtspositionen und Schutzgarantien nicht nur relativiert[102], sondern vielmehr in ihrer Bedeutung deutlich begrenzt, wenn nicht gar negiert.[103], [104], [105]
Diese argumentative Verfahrensweise muß abgestellt werden; sie täuscht regelmäßig über die in Wirklichkeit bestehende Problematik, für die § 31 BtMG ein Präzedenzfall ist, hinweg.[106]

---

98) Hassemer, ebenda; s. auch Grünwald, JZ 1976, 773; Riehle, KJ 1980, 316 und Marxen, Straftatsystem und Strafprozeß, S. 334; vgl. zur Funktion dieses Topos auch Naucke, in Hassemer/Lüderssen/Naucke, Fortschritte im Strafrecht durch die Sozialwissenschaften?, S. 34

99) So aber zu Unrecht Jung, ZRP 1986, 38, 40; vgl. - im Sinne des Textes - auch Riehle, a.a.O., S. 320; eine Güterabwägung wird hier also abgelehnt; s. auch Marxen, a.a.O., S. 334, der darauf hinweist, daß die "Funktionstüchtigkeit der Strafrechtspflege" der institutionellen, also einer anderen grundrechtstheoretischen Position zuzuordnen ist. - Für die V-Mann-Problematik Lüderssen, Jura 1985, 120 mit Fn. 44, der zu Recht den "absoluten Charakter der zum Schutze des Beschuldigten geschaffenen Normen" betont; unzutreffend daher Miebach, ZRP 1984, 83, der lediglich ein Kollisionsproblem annimmt.

100) s. Hassemer, Strafverteidiger 1982, 279; zustimmend auch Wulf, Polizeiliche Beschuldigtenvernehmung, S. 25 f.; hinsichtlich der für den Bereich des Terrorismus diskutierten sog. "Kronzeugenregelung" (s. dazu oben S. 5 Fn. 16 und S. 10 Fn. 35) nunmehr Hassemer, Strafverteidiger 1986, 551

101) Insofern tritt hier - entgegen Jung, ZRP 1986, 40 - eine Ambivalenz im Rahmen des Rechtsstaatsprinzips an sich gar nicht ein; hier sollte nur gezeigt werden, daß - auch im Falle tatsächlich gegeneinander wirkender Komponenten des Rechtsstaatsprinzips - die Regelung des § 31 BtMG so nicht Bestand haben kann; s. weiter den Text

Das andernfalls bestehende Spannungsverhältnis kann - bei Aufrechterhaltung des § 31 BtMG [107] - nur aufgelöst werden, wenn die Beeinträchtigung der "Waffengleichheit" und damit des fairen Verfahrens so in erträglichen Grenzen gehalten wird, daß von einer Berücksichtigung der Beschuldigtenrechte in sachgerechter Weise überhaupt die Rede sein kann.
Ein solcher Ausgleich des dargestellten Spannungsverhältnisses ist, wenn sich der Gesetzgeber schon für eine derartige Regelung wie § 31 BtMG mit den von ihr ausgehenden im einzelnen offengelegten, für den Beschuldigten sehr nachteiligen Wirkungen entscheidet, a priori nur möglich, indem die Vorschrift eine einschränkende Auslegung erfährt, so daß ihr Anwendungsbereich deutlich begrenzt wird.

Nimmt man noch hinzu, daß die Beeinträchtigung des Gebots der "Waffengleichheit" durch das Verbot des (formellen) Rollentausches, also der Vernehmung des Aufklärungsgehilfen im Strafverfahren gegen andere Tatbeteiligte als (Belastungs-)Zeuge und die Bedeutung der Aussage des Aufklärungsgehilfen als bloßer Hinweis abgeschwächt wird [108], kann auf den zweiten Blick doch noch die Verfassungsmäßigkeit der Regelung des § 31 BtMG im Hinblick auf das Gebot der "Waffengleichheit" bejaht werden.

---

102) vgl. Müller-Dietz, ZStW 93 (1981), S. 1210; Grünwald, JZ 1976, 773 und Niemöller/Schuppert, AöR 107 (1982), S. 399 ff.

103) s. dazu Riehle, KJ 1980, 321 und als treffenden Beispielsfall BVerfG NStZ 1985, 277

104) und dies, obwohl für die Effektivität der Bekämpfung der Kriminalität insgesamt wohl keine Sorge angebracht scheint, s. auch Hassemer, Strafverteidiger 1982, 278 f.; dies belegt auch die Geltung des § 31 BtMG in offenkundiger Weise.

105) Dadurch gewinnen die Strafverfolgungsbehörden freilich deutlich an Verfahrensgewicht, vgl. Riehle, KJ 1980, 324; die Gefahr eines dadurch bedingten erheblichen Abbaus der Beschuldigtenrechte konstatiert auch Wulf, Polizeiliche Beschuldigtenvernehmung, S. 24 f.; zu den Tendenzen der Schwächung der Befugnisse der Verteidigung und der Stärkung derjenigen der Strafverfolgungsbehörden s. auch Lüderssen, in Denninger/Lüderssen, Polizei und Strafprozeß, S. 90 f.

Damit kann das bisher gewonnene Ergebnis notwendig einschränkender Auslegung des § 31 BtMG bestätigt und die Vorschrift des § 31 BtMG in verfassungsrechtlicher Hinsicht (jedenfalls bisher) aufrechterhalten werden.

Interessant ist und dies gilt es zu verzeichnen, daß das Spannungsverhältnis zwischen den oder innerhalb der einzelnen Komponenten des Rechtsstaatsprinzips die "Grundentscheidung" [109] im heutigen und diejenige für die weitere (Reform-)Entwicklung des zukünftigen Strafprozeßrechtes widerspiegelt, ob nämlich die Effektivität der Strafrechtspflege gesteigert und der Schutz der Allgemeinheit erhöht werden solle oder ob ein weiterer Ausbau und damit eine Verbesserung der Rechtsstellung des Beschuldigten erfolgen müsse. [110]
Daß jedenfalls aber die Sicherung und Bewahrung der b i s h e - r i g e n Rechtsstellung des Beschuldigten (unbedingt) vonnöten ist, hat die Untersuchung der Regelung des § 31 BtMG bis jetzt schon ganz deutlich gezeigt, die das Pendel der Ausgewogenheit in Richtung eines deutlichen Überhangs der "Funktionstüchtigkeit der Strafrechtspflege" verschoben hat.

---

106) In der Konsequenz zu sehr zurückhaltend Hassemer, a.a.O., S. 279 f.; vgl. auch Prittwitz, Der Mitbeschuldigte im Strafprozeß, S. 237

107) wofür die Existenz gewisser Vorteile dieser Vorschrift, insbes. die Abwendung des drohenden Schadens für gefährdete Personenkreise und die wenigstens zum Teil erfolgversprechende Bekämpfung der Betäubungsmittelkriminalität (s. dazu näher BT-Drs. 10/843, S. 25), spricht; zu den Vorteilen s. schon oben S. 103 f., 133 f. und 135 f.

108) vgl. dazu schon oben das 1. Kapitel dieses Teiles, VIII., S. 137 f.

109) Tiedemann, Festgabe für Peters, S. 149, auch S. 132

110) im letzteren Sinne m.E. zu Recht auch die Rechtslehre (im Gegensatz zur wohl überwiegenden Rechtspraxis), zu dieser Grobeinschätzung vgl. Tiedemann, a.a.O., S. 149

6. Das Verbot des (formellen) Rollentausches

Weiterhin besteht in diesem Abschnitt die Frage, ob durch die von der h.M. praktizierte Rollenvertauschung mit der Konsequenz der Rollenkumulierung das Recht des (Mit-)Beschuldigten ebenso wie dasjenige des Aufklärungsgehilfen auf ein faires Verfahren und somit das Rechtsstaatsprinzip verletzt ist und ob sich dadurch die Verfassungswidrigkeit des § 31 BtMG ergibt.

6.1. Verletzung des Rechts auf ein faires Verfahren durch die herrschende Praxis zur Rollentauschproblematik?

Aufgrund der obigen [111)] Ausführungen zur Rollentauschproblematik, auf die insoweit verwiesen werden kann, hat sich die gänzliche Unhaltbarkeit der Rollenkumulierung für den Aufklärungsgehilfen sowie der Schaffung einer Verurteilungsgrundlage zu Lasten des ehemaligen Komplizen ergeben.
Damit ist offensichtlich, daß eine solche Praxis zur Übervorteilung und Benachteiligung der betroffenen Personen führt und von daher deutlich jenseits einer von Fairneß geprägten Verfahrensgestaltung liegt. Ein Verstoß gegen den Grundsatz des fairen Verfahrens liegt damit vor. [112)] Die Praxis der h.M. widerspricht somit dem Rechtsstaatsprinzip des Grundgesetzes und ist verfassungswidrig.

6.2. Verfassungsrechtliche Auswirkungen auf § 31 BtMG?

Gleichwohl ist allerdings die Vorschrift des § 31 BtMG nicht verfassungswidrig, da diese Regelung nicht die Voraussetzung für

---

111) s. dazu im einzelnen das 1. Kapitel dieses Teils unter V., S. 105 ff., 113 ff.

112) So zu Recht auch Prittwitz, Der Mitbeschuldigte im Strafprozeß, S. 140; wohl auch Gössel, Strafverfahrensrecht, S. 165 f.

den Aufklärungsgehilfen aufstellt, auch als Zeuge vor Gericht auszusagen, eine diesbezügliche r e c h t l i c h e Verpflichtung also nicht besteht.[113)]
Die vorliegende Untersuchung hat somit auch insoweit die Verfassungsmäßigkeit des § 31 BtMG ergeben; der t a t s ä c h l i c h e Mißbrauch durch die h.M. kann de lege lata nur durch die Annahme eines Verwertungsverbotes abgestellt werden.[114)]
Um der Umgehung des Verbotes des Rollentausches vorzubeugen, muß - zum Schutze des Beschuldigten - freilich auch die Anhörung der Verhörsperson, in der Regel also des Polizeibeamten, über die Aussage des Aufklärungsgehilfen ausgeschlossen sein[115)]; auf diese Weise kann eine Verurteilungsgrundlage zur Bestrafung des ehemaligen Komplizen jedenfalls nicht gewonnen werden.
Die Ermittlungsbehörden müssen aufgrund der erhaltenen Informationen ihre Ermittlungstätigkeit aufnehmen und andere (neue) Beweismittel erbringen.

7. Die Glaubwürdigkeitsproblematik

Als letzter Ansatzpunkt im Hinblick auf die Anforderungen eines fairen, rechtsstaatlichen Strafverfahrens ist die oben[116)] fest-

---

113) vgl. dazu schon oben S. 6 ff. und 98, 116 m.w.N.; a.A. - m.E. zu Unrecht - jetzt Jaeger, Der Kronzeuge, S. 179 f., nach dessen Auffassung sich die Verfassungswidrigkeit des § 31 BtMG insoweit ergäbe; s. zu dieser Auffassung auch oben S. 6 ff.

114) s. dazu schon oben S. 114; zu einem diesbezüglichen Vorschlag de lege ferenda vgl. unten I., 2. der Schlußbetrachtung, S. 266

115) Allgemein ablehnend gegenüber der Anhörung des Vernehmungsbeamten als Zeugen z.B. Grünwald, JZ 1968, 754; H.-J. Schroth, ZStW 87 (1975), S. 130 f.; für die h.M. vgl. etwa BGHSt 3, 150; 22, 171; Gollwitzer in Löwe-Rosenberg, StPO, § 254, Rn. 25 - Neben der insoweit möglichen Bedenken und der sonst gegebenen Umgehungsmöglichkeit versteht sich das Ergebnis schon aufgrund der mangelnden Glaubwürdigkeit der Aufklärungsgehilfenaussage von selbst.

116) vgl. näher VII. des 1. Kapitels dieses Teils, S. 121 ff., 131 ff.

gestellte mangelnde Glaubwürdigkeit der Aussage des Aufklärungsgehilfen im Rahmen der Regelung des § 31 BtMG zu betrachten.

7.1. Verstoß gegen das Recht auf ein faires Verfahren durch Zugrundelegung der Aussage des Aufklärungsgehilfen?

Zwar ist die Glaubwürdigkeitsproblematik mit derjenigen der Rollenvertauschung insofern verschränkt, als beide für das gleiche Ergebnis sprechen [117)] und die erste nicht mehr von Entscheidungsrelevanz ist, wenn man ein Verbot der Rollenvertauschung annimmt.

Sollte man jedoch - abweichend von der hier vertretenen Auffassung - m.E. zu Unrecht die Möglichkeit der Rollenvertauschung zulassen, soll nun - wenn man von der Auffassung der Rechtsprechung und h.M. ausginge, bestünde Entscheidungsrelevanz - untersucht werden, ob durch die Zugrundelegung der Aussage des Aufklärungsgehilfen als Zeuge vor Gericht für die Verurteilung eines anderen Tatbeteiligten (im Hinblick auf die erwähnte mangelnde Glaubwürdigkeit) dessen Recht auf ein faires, rechtsstaatliches Verfahren verletzt würde.

Dabei ist es ganz entscheidend, im Einzelfall festzustellen, ob und wenn ja, inwieweit die jeweilige Zeugenaussage des Aufklärungsgehilfen vom Gericht zur beweisrechtlichen Grundlage der Verurteilung gemacht wurde. Insbesondere ist von ausschlaggebender Bedeutung, ob neben ihr ein weiterer sicherer Beweis anderer Art angeführt werden kann, da die Angaben des Aufklärungsgehilfen - wie die obigen [118)] Erörterungen ganz deutlich zeigen - nicht mehr als Hinweiswirkung entfalten können. Daran ändert auch und gerade die Tatsache nichts, daß der Aufklärungsgehilfe nach h.M. a l s Z e u g e aussagt. [119)]

---

117) s. dazu das Zwischenergebnis (1. Kapitel, VIII.), S. 137 f.

118) s. dazu VII. des 1. Kapitels dieses Teiles, S. 121 ff.

119) vgl. ebenda, S. 125 f. m.N.

Sollte das Gericht sein Urteil lediglich auf die Zeugenaussage des Aufklärungsgehilfen stützen, ohne daß eine weitergehende beweismäßige Absicherung dieser Aussage im Einzelfall vorläge, müßte aufgrund der ausführlich dargelegten Bedenken und der unbehebbaren Unsicherheiten hinsichtlich der Glaubwürdigkeit des Aufklärungsgehilfen ein Verstoß gegen den Grundsatz des fairen Verfahrens bejaht werden, da es auf dem Hintergrund der Verlockung, sich eine Strafmilderung zu verdienen, rechtsstaatlich unerträglich wäre, einen auch nur möglicherweise unschuldigen (angeblichen) Tatbeteiligten zu verurteilen. In diesem Falle wäre die Verurteilung des Angeklagten eine Verletzung des Rechtsstaatsprinzips und damit verfassungswidrig.
Somit darf auch nach der h.M. zum Rollentauschproblem der Mitbeschuldigte mangels ausreichenden Beweiswertes seiner Zeugenaussage nicht verurteilt werden.
Gegen eine solche Verurteilung könnte er - nach Erschöpfung des Rechtsweges - das Bundesverfassungsgericht im Wege der Verfassungsbeschwerde wegen der Verletzung des Rechts auf ein faires Verfahren anrufen.[120)]

7.2. Die Frage der Verfassungsmäßigkeit der Regelung des § 31 BtMG

Aus diesem Ergebnis folgt allerdings nicht die Verfassungswidrigkeit der Vorschrift des § 31 BtMG, weil es in diesem Zusammenhang im Hinblick auf die Einschätzung der Glaubwürdigkeit des Aufklärungsgehilfen allein um die Frage der r i c h t i g e n Beurteilung des Stellenwertes und der Bedeutung seiner Angaben im Rahmen der Beweiswürdigung durch das erkennende Gericht geht.

Bei konkreter fehlerhafter Behandlung des Beweiswürdigungsproblems der Glaubwürdigkeit ist zwar eine Verletzung des fairen Verfahrens

---

120) vgl. zu dieser durch das BVerfG geschaffenen Möglichkeit oben S. 149 m.w.N.

gegeben, die jedoch auf die prinzipielle verfassungsrechtliche Zulässigkeit der Vorschrift des § 31 BtMG keinerlei Auswirkungen hat.

8. Ergebnis - Voraussetzungen für die Vereinbarkeit der Vorschrift des § 31 BtMG mit dem Rechtsstaatsprinzip

Zusammenfassend kann festgestellt werden, daß sich bisher die Verfassungsmäßigkeit der Regelung des § 31 BtMG ergeben hat, das Rechtsstaatsprinzip der Art. 20, 28 GG also durch diese Vorschrift (noch) nicht als verletzt anzusehen ist - jedenfalls dann nicht, w e n n durch restriktive Auslegung der Voraussetzungsseite des § 31 BtMG dessen Anwendungsbereich entsprechend eingeengt wird und die Maßgaben des Verbots des Rollentausches sowie der mangelnden Glaubwürdigkeit des Aufklärungsgehilfen beachtet werden.
Nur unter diesen n o t w e n d i g e n Voraussetzungen kann auch - wie sich gezeigt hat - eine Verletzung des Gebotes der "Waffengleichheit" noch ausgeschlossen werden.
Das bisher gewonnene Ergebnis findet also seine Bestätigung in der Überprüfung der Regelung des § 31 BtMG am Rechtsstaatsprinzip des Grundgesetzes.

II. § 31 BtMG und der allgemeine Gleichheitssatz des Art. 3 Abs. 1 GG

Bei der Frage der Vereinbarkeit des § 31 BtMG mit dem allgemeinen Gleichheitssatz des Art. 3 Abs. 1 GG kommen verschiedene Gesichtspunkte in Betracht, die der Erörterung bedürfen.

1. Unangemessene Bevorzugung der Betäubungsmittelstraftäter?

Bedenken im Hinblick auf den Gleichheitssatz des Art. 3 Abs. 1

GG können dadurch entstehen, daß Täter, die eine Straftat des Betäubungsmittelstrafrechts begangen haben, gemäß § 31 BtMG (ebenso wie gemäß § 35 BtMG) eine "Sonderbehandlung und Besserstellung" "gegenüber anderen nicht minder bedeutsamen Straftätergruppierungen" [121] erfahren; diese Ungleichbehandlung könnte unzulässig sein.
Wie oben [122] schon erörtert wurde, wird hier der Gleichheitssatz mit der h.M. als Willkürverbot verstanden:
Danach ist eine rechtliche Regelung als willkürlich im objektiven [123] Sinne zu bezeichnen, wenn kein vernünftiger, sich aus der Natur der Sache ergebender oder sonst einleuchtender Grund für eine Ungleich- oder Gleichbehandlung zu finden ist. [124]
Ein solcher Grund kann sich u.a. aus der in Frage stehenden Sachmaterie ergeben. [125] Im Betäubungsmittelstrafrecht wurde § 31 BtMG vom Gesetzgeber zur Behebung von Aufklärungsschwierigkeiten in diesem Bereich des organisierten Verbrechens eingeführt. [126] Daß dem Gesetzgeber hinsichtlich des "Ob" einer solchen Regelung ein Gestaltungsspielraum zusteht, wurde oben [127] schon erwähnt.
Weiterhin kann festgestellt werden, daß der Grund der Einführung dieser Vorschrift als sachgerechter Differenzierungsgesichtspunkt angesehen werden kann, da bekannt ist, daß organisierte Verbrechensbereiche den Ermittlungsbehörden typischerweise besondere Aufklärungsprobleme bereiten. [128] Zudem handelt es sich bei § 31 BtMG um eine Sonderregelung, die eine Bevorzugung der Betäubungsmittelstraftäter bewirkt, bei der die Gestaltungsfreiheit des Gesetzgebers umfassender ist als bei benachteiligender Sonderregelung. [129]

---

121) Körner, BtMG, § 31, Rn. 2; auch Herrmann, Die Kriminalpolizei 6/1984, 36

122) vgl. in diesem Kapitel unter I., 5.2.2., S. 154 ff.

123) s. etwa BVerfGE 2, 281; 4, 155; 48, 237

124) st. Rspr. des BVerfG seit BVerfGE 1, 52; s. auch BVerfGE 49, 192; 51, 76; vgl. insgesamt auch Gubelt in v. Münch, GG, Art. 3, Rn. 10 ff. m.w.N. sowie die weiteren Nachweise oben S. 156

Auch kann nicht geltend gemacht werden, daß § 31 BtMG als allgemein gültiger Vorschrift auch für andere Bereiche organisierten Verbrechens Geltung mit der Begründung verschafft werden müßte, daß zumindest insoweit dann eine gleichmäßige Behandlung der Straftäter erfolgen müsse; denn schließlich bringt die Betäubungsmittelverbreitung insbesondere für die heranwachsenden Generationen solch große Gesundheitsgefahren und in vielen Fällen irreparable Gesundheitsschäden für das ganze Leben der Betroffenen mit sich, durch die freilich auch die Allgemeinheit betroffen wird, daß gerade der Bereich der Betäubungsmittelkriminalität eine Sonderstellung einnimmt.

Außerdem hat sich aufgrund der bisherigen Untersuchung deutlich die Bedenklichkeit einer solchen Regelung, wie § 31 BtMG sie darstellt, gezeigt, so daß eine Erweiterung des Geltungsbereiches abzulehnen ist. [130), 131)]
Ein Verstoß gegen Art. 3 Abs. 1 GG ist also insoweit zu verneinen.

2. Weitere Probleme der Gleichbehandlung bei der Anwendung des § 31 BtMG

Wegen der Befürchtungen, § 31 BtMG könne das Legalitätsprinzip beeinträchtigen [132)], darf insoweit auf die obigen [133)] Ausfüh-

---

125) vgl. dazu BVerfGE 6, 91; 17, 131; 40, 317 (st. Rspr.); s. auch Seifert in Seifert/Hömig, GG, Art. 3, Rn. 4

126) s. dazu oben das 1. Kapitel des 1. Teiles der Arbeit, S. 14 f.

127) s. hierzu S. 158; vgl. weiterhin auch Gubelt in v. Münch, GG, Art. 3, Rn. 19 m.N.

128) Der Grund für die Ungleichbehandlung ergibt sich damit gerade aus dem speziell geregelten Bereich (hier: der Betäubungsmittelkriminalität), was als vertretbarer Differenzierungsgesichtspunkt anzusehen ist, vgl. zu dieser Betrachtungsweise etwa BVerfGE 17, 131

129) vgl. dazu BVerfGE 17, 23 f.; 44, 295

rungen verwiesen werden, die eine Verletzung des Legalitätsprinzips nicht ergaben. Eine erneute Durchbrechung des Legalitätsprinzips aufgrund des § 31 BtMG liegt nicht vor [134), 135)], so daß auch die Frage der Zulässigkeit einer weiteren Durchbrechung bei der großen Fülle schon bestehender Durchbrechungen des Legalitätsprinzips sich nicht stellt.

Diese Befürchtungen laufen in Wirklichkeit - da sie § 31 BtMG als Regelung über das Eingreifen einer Strafmilderung oder des völligen Absehens von Strafe betreffen - vielmehr wohl darauf hinaus, das Fehlen gleichmäßiger Handhabung bei der Anwendung der Vorschrift zu besorgen.
Insofern könnte man zwar zunächst vielleicht an die Aufgabe des Legalitätsprinzips, u.a. die Gleichheit vor dem Gesetz sicherzustellen [136)], denken. Diese wird jedoch - wie oben [137)] dargestellt wurde - durch die Gewährleistung von Verfolgungs- und Anklagezwang gemäß §§ 152 Abs. 2, 170 Abs. 1 StPO (als Anforderungen des Legalitätsprinzips) erfüllt.

---

130) vgl. näher dazu I., 3. der Schlußbetrachtung, S. 271 f.

131) Insoweit kann wohl auch nicht von einem strafrechtlichen Gesetzesexperiment (s. dazu im einzelnen - dessen Zulässigkeit ablehnend - Marxen, GA 1985, S. 533 ff.) bei § 31 BtMG gesprochen werden, da diese Vorschrift vom Gesetzgeber kaum unter Bewährungsvorbehalt eingeführt wurde; die Tendenz des Gesetzgebers zielt allgemein eher auf die Vermehrung solcher Regelungen.

132) s. etwa die Mitteilungen von Körner, BtMG, § 31, Rn. 3

133) im 1. Kapitel dieses 2. Teiles unter I., S. 61 ff.

134) Darin besteht eben gerade ein Unterschied zur echten Kronzeugenregelung als Einstellungsvorschrift (oder z.B. zu § 153b StPO); s. zu dieser Folgerung auch Weigend, Festschrift für Jescheck, S. 1337 f.

135) zu den Fällen des § 153b StPO s. unter I. des 1. Kapitels, S. 63 f.

136) s. dazu etwa Naucke, Strafrecht, S. 184

137) im 1. Kapitel dieses 2. Teiles unter I., S. 64 f.

Die Frage gleichmäßiger Handhabung im Bereich der Rechtsfolgen betrifft dagegen den Gleichheitssatz des Art. 3 Abs. 1 GG.[138] Dies meint im Zusammenhang mit § 31 BtMG auch Weigend[139], wenn er von "zahlreichen Unwägbarkeiten" oder "Zufälligkeiten", etwa dem tatsächlichen Vorwissen der Polizei, ihrer Ermittlungsintensität bei Überprüfung der Aufklärungsgehilfenaussage oder der Aussagebereitschaft weiterer die Vergünstigung des § 31 BtMG ebenso erstrebender Tatbeteiligter, spricht, die letztlich über die Anwendungsmöglichkeit des § 31 BtMG entschieden. Nicht von der Hand zu weisen ist daher seine Einschätzung, daß diese Situation an die Grenze des Willkürverbotes des Art. 3 Abs. 1 GG stoßen[140] - oder diese Verfassungsnorm im Einzelfall u.U. sogar verletzen könne.

An dieser Stelle sollen und brauchen nun nicht Fallkonstellationen hergestellt werden, deren Vorliegen eine Verletzung des Art. 3 Abs. 1 GG bedeuteten. Solche können sich jedoch im Einzelfall ergeben, wenn die vorgenannten Zufälligkeiten - auch alternativ - auftreten.

Es geht im Gegenteil eher darum, die Rahmenbedingungen dafür zu schaffen, daß die Anwendung des § 31 BtMG nicht von den genannten Zufälligkeiten abhängt.
An anderer Stelle[141] wurde deshalb schon den Ermittlungsbehörden die Pflicht auferlegt, a l l e notwendigen und möglichen Ermittlungen zur Überprüfung der Aussage des Aufklärungsgehilfen durchzuführen, da andernfalls die gerichtliche Feststellung der Anwendungsvoraussetzungen der Regelung nicht möglich erscheint.

---

138) sowie auch Art. 103 Abs. 2 GG, s. insofern unten IV. in diesem Kapitel, S. 206 ff.

139) Festschrift für Jescheck, S. 1336

140) vgl. Weigend, a.a.O.

141) s. dazu oben im 1. Kapitel dieses Teiles unter II., S. 75 und III., S. 86

Möglicherweise nicht vollständig auszuschließen aufgrund der Anlage der Vorschrift als "Erfolgs"-Nachweis und der alleinigen Entscheidungsbefugnis des Gerichts ist eine oben [142] näher beschriebene gewisse indirekte faktische Einflußnahmemöglichkeit der Ermittlungsbehörden auf die Meinungsbildung des Gerichts hinsichtlich dieses Nachweises in der Hauptverhandlung.
Jedoch haben die Beamten der Verpflichtung zu absoluter Objektivität Folge zu leisten; denn über die konkrete Anwendung des § 31 BtMG hat allein das Gericht - auf dem Hintergrund aller möglichen und notwendigerweise mitzuteilenden Ermittlungsergebnisse - zu entscheiden. Die Ermittlungstätigkeit der Polizei muß dementsprechend so intensiv sein, daß in jedem Falle alle zur Bestätigung der Aussage des Aufklärungsgehilfen bestehenden Ermittlungsmöglichkeiten ausgeschöpft und schon insoweit unzulässige Ungleichbehandlungen vermieden werden.

U.U. auch im Hinblick auf Art. 3 Abs. 1 GG von Bedeutung kann die Aussagebereitschaft mehrerer Tatbeteiligter sein.
Allerdings wird regelmäßig nur der Erstoffenbarende einen wesentlichen Beitrag zur Tataufdeckung leisten. [143]
Für die später Offenbarenden ist die Anwendung des § 31 BtMG dann gesperrt, wenn sie - jeder für sich [144] - nicht den Beitrag des zuerst Offenbarenden durch die weiteren Geständnisse bereichern und ausbauen. [145] In diesem Falle können diese Geständnisse dann lediglich im Rahmen des § 46 StGB Berücksichtigung finden. [146]
Im Hinblick auf den Gleichheitssatz des Art. 3 Abs. 1 GG [147]

---

142) s. hierzu im 1. Kapitel, II., S. 76 mit Fn. 75 und III., S. 87

143) vgl. Körner, BtMG, § 31, Rn. 26; ders., Strafverteidiger 1984, 218; Koriath, BtMR, § 31, Rn. 5; auch Herrmann, Die Kriminalpolizei 6/1984, 39 und Jaeger, Der Kronzeuge, S. 138

144) die Summe der einzelnen Teilgeständnisse reicht freilich nicht zur Anwendung des § 31 BtMG aus, so auch Jaeger, a.a.O., S. 138

145) s. Körner, BtMG, § 31, Rn. 26; ders., Strafverteidiger 1984, 217; ebenso Jaeger, ebenda

146) vgl. Körner, BtMG, a.a.O.

ergibt sich freilich nicht der Anspruch mehrerer Tatbeteiligter auf die Anwendung dieser Vergünstigung; vielmehr haben die Strafverfolgungsbehörden die Auswahl bei gleichzeitigem [148] Vorhandensein mehrerer aussagebereiter Tatbeteiligter allein an sachlichen Gesichtspunkten auszurichten, bei denen natürlich die Aussicht auf möglichst umfangreiche Tataufklärung ganz im Vordergrund steht. [149] Die Auswahl darf also nicht auf sachlich willkürlichen Gründen beruhen und hat insofern den Anforderungen des Art. 3 Abs. 1 GG zu entsprechen.

Dies gilt auch für die Feststellung des tatsächlichen Aufklärungseffektes, für den der Erkenntnisstand der sachbearbeitenden Polizeidienststelle zur Zeit der polizeilichen Beschuldigtenvernehmung maßgebend ist. [150]
Nicht die Aktenlage [151], sondern das tatsächliche Vorwissen der die Angelegenheit bearbeitenden Dienststelle ist für die Anwendung des § 31 BtMG entscheidend [152], da nur auf diese Weise der Mißbrauchsmöglichkeit durch das bloße Signalisieren der Aussagebereitschaft oder die Ankündigung einer Aussage sei-

---

147) zu dessen Verständnis als Willkürverbot im Sinne der h.M. s. schon S. 154 ff. und S. 168

148) Für den Fall der zeitlich nacheinander erfolgenden Offenbarung s. soeben im Text

149) Hier wird freilich ein höhergestelltes Mitglied einer Rauschgiftmittelorganisation im Vergleich zu einem Kurier oder Endabnehmer bei der Auswahl bevorzugt werden, wenn dieses in der Lage ist, seine Hintermänner bzw. die Organisationsleitung preiszugeben; nach Jaeger, Der Kronzeuge, S. 189 führt § 31 BtMG zu einer Privilegierung Schwerkrimineller; dabei ist allerdings zu bedenken, daß bei organisierter Kriminalität regelmäßig nur die nächsthöhere Organisationsstufe preisgegeben werden kann, so daß die Anwendung des § 31 BtMG auf unbedeutendere Mitglieder nicht unbedingt ausscheidet und die Vorschrift keine Einschränkungen hinsichtlich des zu privilegierenden Personenkreises hervorruft; für eine mögliche Aufdeckung jedenfalls muß nach der Konstruktion und dem Sinn und Zweck dieser Regelung die insoweit aussichtsreichere Person bevorzugt werden; kritisch hinsichtlich des Mangels an Kriterien der Strafgerechtigkeit bei der Auswahl Hassemer, Strafverteidiger 1986, 552

150) vgl. dazu ausführlich Körner, BtMG, § 31, Rn. 21; jetzt auch Jaeger, Der Kronzeuge, S. 143

151) so aber Weider, NStZ 1984, 394

tens des Angeklagten, ohne jedoch sogleich eine solche zu tätigen, vorgebeugt werden kann.[153)]
Auch könnte so die Auswahl unter mehreren aussagebereiten Tatbeteiligten, die den Strafverfolgungsbehörden obliegt, unsachgemäß beeinflußt oder sogar eine - zudem manipulierbare - zeitliche Reihenfolge durch die jeweiligen Ankündigungen bestimmt werden.[154)]
Diese Reihenfolge aber haben die Strafverfolgungsbehörden - wie soeben erörtert wurde - festzulegen und dafür bei Bedarf eine sachliche Rechtfertigung im Sinne des Art. 3 Abs. 1 GG zu liefern.
Sind diese Voraussetzungen erfüllt, werden keine Bedenken hinsichtlich des Gleichheitssatzes (Art. 3 Abs. 1 GG) entstehen.

3. Ergebnis

Entscheidend ist es an diesem Untersuchungspunkt festzustellen, daß die genannten Voraussetzungen seitens der Ermittlungsbehörden geschaffen und die speziellen Anforderungen zur Gewährleistung des Gleichheitssatzes eingehalten werden müssen, um den dargelegten Aspekten im Hinblick auf die Anforderungen des Art. 3 Abs. 1 GG Rechnung zu tragen.
Zwar kann davon ausgegangen werden, daß diesen Anforderungen letztlich genügt werden kann; durch die Konstruktion der Vorschrift des § 31 BtMG werden jedoch insbesondere für die Praxis mannigfache Schwierigkeiten erzeugt, denen in der praktischen Handhabung nicht immer leicht beizukommen ist.
Es muß dabei aber insbesondere darauf geachtet werden, daß keine sachfremde, auf Zufälligkeiten beruhende und im Ergebnis differierende Anwendungspraxis des § 31 BtMG entsteht, wenn die

---

152) gegen die Auffassung von Weider, a.a.O., zu Recht die in Fn. 150 Genannten

153) so zu Recht Körner, BtMG, § 31, Rn. 21

154) s. dazu auch Jaeger, Der Kronzeuge, S. 143 Fn. 81

tatsächlichen Gegebenheiten in etwa übereinstimmen und ein Grund für eine unterschiedliche Behandlung nicht vorliegt.

III. Vereinbarkeit des § 31 BtMG mit dem Schutz der Menschenwürde gemäß Art. 1 Abs. 1 GG?

Zu untersuchen ist, ob der Unantastbarkeit der Menschenwürde und insbesondere der "Verpflichtung aller staatlichen Gewalt" gemäß Art. 1 Abs. 1 Satz 2 GG, die Würde des Menschen zu achten und zu schützen, die Regelung des § 31 BtMG widerstreitet:
Diese Vorschrift stellt dem Täter die Vergünstigung der Strafmilderung oder sogar des Absehens von Strafe nämlich beispielsweise für den Fall in Aussicht, daß er seine ehemaligen Komplizen denunziert und verrät.

Ist der betreffende Täter bereits von den Strafverfolgungsbehörden ermittelt worden, versucht man von dieser Seite nun, ihn dahingehend zu beeinflussen, durch die Offenbarung seines Wissens zu Lasten seiner früheren Komplizen auszusagen und auf diese Weise den Boden des Unrechts zu verlassen, wofür er dann prämiert wird.
Damit stellt sich die Situation für den Aufklärungsgehilfen folgendermaßen dar:
Da er sich sowieso strafbar gemacht hat, kann er nur entweder die Strafe akzeptieren und schweigen oder versuchen, sich in die für ihn günstigere Position zu versetzen und auszusagen, um so relativ glimpflich "davonzukommen" [155].

---

155) Auch bei der Entscheidung über die Strafaussetzung gemäß § 56 Abs. 2 StGB sei die Aufklärungshilfe zu berücksichtigen, da § 31 BtMG besondere Vergünstigungen gewähren wolle, vgl. BGH NStZ 1983, 218; 416. Auch sei § 31 BtMG bei der Strafvollstreckung dem Rechtsgedanken nach zu berücksichtigen, vgl. dazu Körner, BtMG, § 31, Rn. 35

Wie schon hier und da angesprochen, ist aufgrund dieser Situation das Einwirken eines großen Drucks auf den Aufklärungsgehilfen zu gewärtigen.
Außerdem muß damit gerechnet werden, daß die Strafverfolgungsbehörden, wenn mehrere Täter schon gefaßt worden sind, diese möglicherweise gegeneinander ausspielen [156] und - ähnlich der Kronzeugenwahl im anglo-amerikanischen Rechtskreis [157] - versuchen, e i n e n zu finden, der bereit ist, ein ganz umfassendes, die Tat völlig aufklärendes Geständnis abzulegen, so daß begründete Aussicht besteht, maßgebende Hintermänner zu überführen und dem dann die Vergünstigung des § 31 BtMG zukommt. [158]

Der Begriff der Menschenwürde, die in der Wertordnung des Grundgesetzes den obersten Wert verkörpert [159], geht im Kern davon aus, daß jeder "Mensch als geistig-sittliches Wesen darauf angelegt ist, in Freiheit und Selbstbewußtsein sich selbst zu bestimmen und in der Umwelt auszuwirken". [160]
Dazu muß aber auch die Prägung der Menschenwürde durch das Menschenbild des Grundgesetzes gesehen werden, das den Menschen als

---

156) s. zu dieser Befürchtung schon oben S. 123

157) vgl. dazu Jung, Kronzeuge, S. 23 ff., 29 m.N. aus dem entsprechenden Schrifttum der USA und Großbritanniens

158) Zu der Frage, ob und wenn ja, unter welchen Voraussetzungen es für m e h r e r e Tatbeteiligte möglich ist, die Vergünstigung des § 31 BtMG "gleichzeitig", insbesondere unabhängig voneinander erhalten zu können, s. soeben II., 2., S. 172 ff. m.N.

159) s. etwa BVerfGE 27, 6 und Dürig in Maunz/Dürig/Herzog/Scholz, GG, Art. 1, Rn. 4

160) Wintrich, BayVerwBl. 1957, 137 f.; auch BGHZ 35, 8 und Dürig, ebenda, Rn. 15

in der Gemeinschaft stehende und ihr vielfältig verpflichtete Persönlichkeit begreift. [161)]
Eine Verletzung der Menschenwürde ist insbesondere gegeben, wenn der Mensch einer Behandlung ausgesetzt wird, die ihn zum blossen Objekt degradiert, ihn lediglich Gegenstand staatlichen Handelns sein läßt. [162)]
Um diese Voraussetzung zu erfüllen, müßte der zukünftige Aufklärungsgehilfe der Regelung des § 31 BtMG einer Behandlung durch die Strafverfolgungsbehörden ausgesetzt sein, die ihn zum Objekt staatlicher Machtausübung macht [163)] und auf dem Hintergrund des Zieles der Erreichung einer "funktionstüchtigen Strafrechtspflege" im Bereich der Betäubungsmittelkriminalität vom absoluten und unbedingten Primat des Staates ausgeht.
Dies ist im Falle des § 31 BtMG jedoch zu verneinen.
Zwar ist diese Vorschrift in mehrfacher Hinsicht bedenklich und stellt den Aufklärungsgehilfen vor die Entscheidung, das drohende Übel (die verwirkte Strafe) durch ein kleineres (?) Übel (die Denunziation und die eventuellen Folgen [164)]) zu ersetzen oder nicht. Damit geht einher die Möglichkeit auch unzulässiger Ausübung von Druck und Einflußnahme auf diese Entscheidung, eben die Gefahr des Mißbrauchs beim Handel um Straffreiheit oder jedenfalls Strafmilderung. [165)] Insofern ist nochmals auf die Vor-

---

161) vgl. z.B. BVerfGE 12, 51; 27, 6; 28, 189; 30, 20; 33, 10 f; BVerwGE 1, 161; zur sog. Objektformel s. auch v. Münch, GG, Art. 1, Rn. 15; das Rechtsgut Person stellt den obersten Rechtswert dar, wie schon die symbolhafte Stellung ganz am Anfang des Grundgesetzes zeigt, während das (R)StGB noch das Rechtsgut Staat mit dem höchsten Rang ausstattete, wie aufbaumäßig zu Beginn des Besonderen Teils des StGB erkennbar ist, vgl. dazu auch Naucke, Strafrecht, S. 206

162) s. etwa BVerfGE 5, 204; 7, 205; 27, 6

163) Dies wäre zweifellos bei willensmäßig manipulierender physischer oder psychischer Einwirkung auf den Aufklärungsgehilfen zu bejahen, die eine ungehemmte Einflußnahme deutlich machen würde. Der Vergleich mit der dargestellten Einflußnahme bei § 31 BtMG zeigt die Unterschiede deutlich auf.

164) s. dazu und zu den wohl unzureichenden Schutzmöglichkeiten durch den Staat - auch in rechtsvergleichender Hinsicht - Körner, BtMG, § 31, Rn. 29 und 30 (insbes. 7b); s. auch BGH MDR 1983, 987 zur gerichtlichen Fürsorgepflicht in dieser Hinsicht.

schrift des § 136a StPO über verbotene Vernehmungsmethoden ausdrücklich hinzuweisen.
Der Aufklärungsgehilfe ist jedoch grundsätzlich frei in seiner Entscheidung und seiner Wahl für ein Überlaufen auf die Seite des Rechts, wenn er auch dazu verlockt wird und seiner recht ausweglosen Situation, daß er nämlich auf jeden Fall "in der Klemme steckt", nicht entfliehen kann.
Auch wenn man diese Aufklärungsmethode in moralisch-ethischer Hinsicht für bedenklich hält und letztlich ablehnt, wird durch diese Vorschrift die Subjekt"qualität" des (künftigen) Aufklärungsgehilfen noch nicht in Frage gestellt und seine freie Entscheidung in rechtlicher Hinsicht nicht so beeinträchtigt, daß eine Verletzung von Art. 1 Abs. 1 GG gegeben wäre.

IV. Genügt die Vorschrift des § 31 BtMG den Anforderungen durch den Bestimmtheitsgrundsatz des Art. 103 Abs. 2 GG?

1. Die Bedeutung des Gesetzlichkeitsprinzips

Gemäß Art. 103 Abs. 2 GG - wortgleich § 1 StGB - kann eine Tat "nur bestraft werden, wenn die Strafbarkeit gesetzlich bestimmt war, bevor die Tat begangen wurde". Diese Garantie des Gesetzlichkeitsprinzips findet sich zudem als einfaches Bundesgesetz[166)] noch in Art. 7 Abs. 1 MRK.

165) Der gleichen Gefahr begegnet man bei allen Konstellationen der gerade heute aktuellen "Vereinbarungen in Strafverfahren", vgl. dazu ausführlich Schmidt-Hieber, Verständigung im Strafverfahren, sowie oben im 1. Kapitel dieses Teiles, III., S. 81 ff. m.w.N.

166) Zur streitigen Rechtsnatur der MRK vgl. oben unter I., 3. in diesem Kapitel, S. 149 ff.

Die Garantiefunktion der Strafnorm setzt sich im wesentlichen aus vier Einzelprinzipien, nämlich den Erfordernissen einer lex scripta, einer lex certa, einer lex praevia und einer lex stricta zusammen. [167), 168)]

Wie schon oben [169)] angesprochen wurde, konzentriert sich die Problematik der Regelung des § 31 BtMG auf das Bestimmtheitsgebot [170)], also das Erfordernis einer lex certa. [171), 172)]

Der Bestimmtheitsgrundsatz stellt als Ausfluß der Rechtssicherheit eine der wesentlichsten Anforderungen des Rechtsstaatsprinzips an die strafrechtliche Norm [173)]; er hat für den Bereich des Strafrechts eine spezielle Ausprägung in Art. 103 Abs. 2 GG erfahren. [174)]

---

167) ganz h.M., s. etwa LK-Tröndle, StGB, § 1, Rn. 2; Geerds, Festschrift für Engisch, S. 410 und Jescheck, AT, S. 105 ff. jeweils m.w.N. - Nach Marxen, GA 1985, S. 533 ff., 549 f., 552 folgt aus Art. 103 Abs. 2 GG ferner ein strafgesetzliches Experimentierverbot.

168) zur näheren Bedeutung der Einzelprinzipien vgl. Schönke-Schröder-Eser, StGB, § 1, Rn. 11 ff.

169) im 5. Kapitel des 1. Teiles dieser Arbeit, S. 52

170) Zu seiner geschichtlichen Entwicklung vgl. Schreiber, Gesetz und Richter, S. 17 ff.

171) s. auch schon oben S. 52 ff. zu den in diesem Zusammenhang auftauchenden Problemen hinsichtlich der Regelung des § 31 BtMG

172) Geleugnet wird die Existenz des Bestimmtheitsgebotes von Nickel, Die Problematik der unechten Unterlassungsdelikte im Hinblick auf den Grundsatz "nullum crimen sine lege", S. 172 ff., der jedoch zu Unrecht annimmt, daß sich Art. 103 Abs. 2 GG nicht an den Gesetzgeber, sondern lediglich an die Rechtsprechung richte.

173) So die h.M., vgl. z.B. Stern, Staatsrecht, Bd. I, S. 829; Schreiber, Gesetz und Richter, S. 213; Claß, Festschrift für Eb. Schmidt, S. 136 f.; Lackner, StGB, § 1, Rn. 1; Schönke-Schröder-Eser, StGB, § 1, Rn. 2; Warda, Dogmatische Grundlagen des richterlichen Ermessens im Strafrecht, S. 43; s. aber auch Krahl, Bestimmtheitsgrundsatz, S. 28 Fn. 65;
nach a.A. stellt er einen Ausfluß der Prinzipien der Demokratie und/oder der Gewaltenteilung (so z.B. Grünwald, ZStW 76 (1964), S. 13 f. bzw. Geerds, Festschrift für Engisch, S. 411; Schünemann, Nulla poena sine lege, S. 10) oder des Schuldprinzips (so etwa Kielwein, Grundgesetz und Strafrechtspflege, S. 127, 135; Sax in Bettermann/Nipperdey/Scheuner, Die Grundrechte, 3. Bd., 2. Hbbd., S. 998 f.; Dürig in Maunz/Dürig/Herzog/Scholz, GG, Art. 103, Rn. 104) dar;
ferner wird eine auf dem Gedanken der Generalprävention beruhende, straf-

Das Gesetzlichkeitsprinzip - speziell das Bestimmtheitsgebot - beschränkt die Möglichkeit des Zugriffes des Staates auf den Bürger. [175), 176)] Deshalb ist es für den potentiellen Straftäter so besonders wichtig; denn nur bei von vornherein festgelegter Strafbarkeit hat er die Möglichkeit der Kenntnisnahme von der Existenz einer bestimmten strafrechtlichen Norm und damit des Umfanges der staatlichen Strafgewalt. Erst diese setzt ihn in die Lage, sein Verhalten danach einrichten zu können [177)] und kann so Generalprävention ermöglichen. [178)]
Die Bedeutung des Bestimmtheitsgrundsatzes [179)] lenkt den Blick auf den Anwendungsbereich des Art. 103 Abs. 2 GG, der unter diesem Gesichtspunkt festgelegt werden muß.

---

theoretische Begründung vertreten (s. etwa Hassemer, Strafrecht, S. 243); s. auch neuerdings Marxen, GA 1985, S. 547 f. mit einer auf dem Allgemeinheitsprinzip strafrechtlicher Gesetze beruhenden Begründung - Zu allem und zur Kritik vgl. außer den Genannten auch Jakobs, AT, S. 52 ff. und Lemmel, Unbestimmte Strafbarkeitsvoraussetzungen, S. 74 ff.

174) s. etwa BVerfGE 14, 185 f.; 26, 204; 37, 208 f.; 48, 56 f.; 55, 152; 60, 233 f. (st. Rspr.); Stern, Staatsrecht, Bd. I, S. 829; es handelt sich dabei freilich um eine eigenständige Verfassungsnorm, s. Krahl, a.a.O., S. 28 Fn. 65

175) vgl. etwa Naucke, Strafrecht, S. 89; ders., Strafbarer Betrug, S. 186 f.; Krahl, Bestimmtheitsgrundsatz, z.B. S. 22, 80 und passim sowie Jescheck, AT, S. 20

176) Zu den möglichen (weiteren) Zielen s. die Zusammenstellung bei Kausch, Der Staatsanwalt, S. 156 m.v.w.N.; dabei ist insbesondere auf den Gedanken gleichmäßiger Rechtsanwendung (s. dazu Kausch, a.a.O., S. 167, 174) und den des Vertrauensschutzes (s. hierzu BVerfGE 25, 287 ff.) hinzuweisen.

177) s. Naucke, Strafrecht, S. 90; SK-Schreiber, StGB, § 1, Rn. 20; Grünwald, ZStW 76 (1964), S. 10ff.; Jescheck, AT, S. 19 f.; Zipf, Kriminalpolitik, S. 76 und Schünemann, Nulla poena sine lege, S. 11 ff.; geringere Anforderungen (eine Fachsprache) stellt Lemmel, Unbestimmte Strafbarkeitsvoraussetzungen, S. 179

178) vgl. Naucke, Strafbarer Betrug, S. 187, 190 und passim sowie Schünemann, a.a.O., S. 29

179) s. dazu außerdem Mangakis, ZStW 81 (1969), S. 997 ff.

2. Der Anwendungsbereich des Bestimmtheitsgebotes

Das Bestimmtheitsgebot muß danach zunächst den Straftatbestand (nullum crimen sine lege), also die Strafbarkeitsvoraussetzungen eines Verhaltens sowie die bei Verwirklichung des Tatbestandes angedrohten Deliktsfolgen (nulla poena sine lege) erfassen [180], einmal weil eine Rechtsfolge keinesfalls losgelöst vom Tatbestand betrachtet werden kann. [181]
Daneben wird durch diese Erstreckung des Bestimmtheitsgebotes auch auf die poena zum einen das Gebot notwendiger Gleichheit der Rechtsanwendung gewährleistet; zum anderen wird dadurch das Gebot der Voraussehbarkeit und Berechenbarkeit des Strafrechts berücksichtigt. [182]
Lediglich unter dieser Voraussetzung besteht für den Adressaten der Norm die Möglichkeit der Kenntnis strafrechtlicher Verbote u n d   d e r   zu erwartenden   D e l i k t s f o l g e n im Falle der Verletzung des Straftatbestandes [183] oder z.B. der Privilegierung des Täters durch die Honorierung seiner Aufklärungshilfe im Rahmen des § 31 BtMG, so daß von der Norm eine verhaltensdeterminierende Wirkung erwartet werden kann. [184]

---

180) So die ganz h.M., vgl. z.B. ausführlich Stree, Deliktsfolgen und Grundgesetz, S. 25 ff.; Schönke-Schröder-Eser, StGB, § 1, Rn. 1, 20, 25; Grünwald, ZStW 76 (1964), S. 8; Lackner, StGB, § 1, Rn. 1; Krey, Gesetzesvorbehalt, S. 218; Schünemann, Nulla poena sine lege, S. 3, 7 ff.; Geerds, Festschrift für Engisch, S. 421 f.; Krahl, Bestimmtheitsgrundsatz, S. 56; Mangakis, ZStW 81 (1969), S. 1001; R. Schmitt, Festschrift für Jescheck, S. 227 f.; BGHSt 18, 140; BVerfGE 25, 286; 45, 370; a.A. im Hinblick auf die Deliktsfolgen - m.E. zu Unrecht - Peters, Gutachten für den 41. DJT, Bd. I, 2. Hbbd., S. 19, 23; Dreher, JZ 1953, 424; diese Mindermeinung kann jedoch als mittlerweile überholt angesehen werden, zur Begründung s. den Text und die Angaben der folgenden Fußnote. Im Sinne der h.M. auch ausdrücklich Art. 7 Abs. 1 Satz 2 MRK. - Von den Rechtsfolgen ist eine Ausnahme für die Maßregeln der Besserung und Sicherung zu machen, die in ihrer Absicht in die Zukunft reichen, vgl. etwa Sax in Bettermann/Nipperdey/Scheuner, Die Grundrechte, 3. Bd., 2. Hbbd., S. 1000; Stree, Deliktsfolgen und Grundgesetz, S. 31; Dürig in Maunz/Dürig/Herzog/Scholz, GG, Art. 103, Rn. 117; a.A. ist insofern aber Geerds, Festschrift für Engisch, S. 422

181) vgl. dazu ausführlich Kausch, Der Staatsanwalt, S. 135 ff.; zum Problem auch Geerds, Festschrift für Engisch, S. 424 ff.; allgemein auch Naucke, Strafrecht, S. 337 (zum Zusammenhang zwischen Strafbarkeitsvoraussetzungen und Strafzumessungskriterien); s. auch Krehl, Geldstrafe, S. 83 Fn. 362

Zweifelhaft und umstritten ist, ob zudem auch verfahrensrechtliche Vorschriften vom Anwendungsbereich des Art. 103 Abs. 2 GG erfaßt werden.[185)]

Dies ist im Ergebnis für solche Regelungen zu bejahen, die nicht nur Aufbau und Durchführung des Strafverfahrens betreffen, sondern entscheidende Wirkung für die Bestrafung des Bürgers entfalten, was im Einzelfall festzustellen ist.[186)]

Eine gesetzgeberische Einteilung von Vorschriften z.B. in StGB und StPO, die als rein formale und äußerliche, häufig auch zufällige Einordnung anzusehen ist, kann schon deshalb nicht maßgebend sein.[187)]

---

182) vgl. z.B. BVerfGE 14, 252; 25, 285; 26, 42

183) s. dazu schon oben S. 180

184) s. dazu z.B. BVerfGE 37, 207; Schünemann, Nulla poena sine lege, S. 11 ff.; Grünwald, ZStW 76 (1964), S. 10 ff.; Hassemer, Theorie und Soziologie des Verbrechens, S. 196 - Zur Ermöglichung der Generalprävention durch Art. 103 Abs. 2 GG vgl. Naucke, Strafbarer Betrug, S. 190 und Schünemann, a.a.O., S. 29

185) Dagegen die überwiegende Meinung, vgl. z.B. BVerfGE 25, 287 f.; Lackner, StGB, § 1, Anm. 1a; Schönke-Schröder-Eser, StGB, § 1, Rn. 1; Dürig in Maunz/Dürig/Herzog/Scholz, GG, Art. 103, Rn. 109; Schmidt-Bleibtreu in Schmidt-Bleibtreu/Klein, GG, Art. 103, Rn. 8; Leibholz/Rinck/Hesselberger, GG, Art. 103, Rn. 23; Bedenken hat Jescheck, AT, S. 107, 110; a.A. sind z.B. Baumann/Weber, AT, S. 126; Jakobs, AT, S. 55 f.; Stratenwerth, AT, S. 43; Lüderssen, in Denninger/Lüderssen, Polizei und Strafprozeß, S. 208 f.; Marxen, GA 1985, 551; Krehl, Geldstrafe, S. 189 ff. - Zu relevanten Beispielsfällen der Abgrenzung vgl. H. Kaufmann, Strafanspruch - Strafklagerecht, S. 147 ff.; Volk, Prozeßvoraussetzungen, S. 219 ff. und Krehl, Geldstrafe, S. 99

186) Diese Streitfrage wird hier nur knapp dargestellt; sie soll aber wegen der großen Bedeutung für den Bürger nicht ganz ausgespart werden, vgl. ausführlich Krehl, Geldstrafe, S. 104 ff., 189 ff. und Krahl, Bestimmtheitsgrundsatz, S. 65, 68 ff.

187) Die Unerheblichkeit der Stellung im Gesetz ist allgemein anerkannt, vgl. z.B. Naucke, Festschrift für Maurach, S. 204; Fünfsinn, Fahrlässiges Unterlassungsdelikt, S. 230; Eb. Schmidt, Lehrkommentar zur StPO, Teil I, Rn. 34 und Schönke-Schröder-Eser, StGB, § 2, Rn. 8

Auch die strikte Trennung von formellem und materiellem Recht im Sinne der überkommenen Auffassung, bei der das materielle Recht sich in den strafbegründenden Kategorien der Tatbestandsmäßigkeit, Rechtswidrigkeit und Schuld erschöpft [188] oder lediglich in ganz eingeschränktem Maße eine Berücksichtigung weiterer Aspekte ermöglicht, wird der Bedeutung vieler "prozessualer" Regelungen nicht gerecht. Dabei wird nämlich außer acht gelassen, daß auch Vorschriften des Prozeßrechts eine Entscheidung hinsichtlich des "Ob" oder des "Wie" der Strafbarkeit treffen können. [189]
Diese Erkenntnis wird durch diejenige von der Austauschbarkeit prozessualer und materiell-rechtlicher Institute und Lösungen des Gesetzgebers untermauert. [190]
Daran wird deutlich, daß das - nach gewöhnlicher Einordnung - formelle und materielle Recht zum Teil f u n k t i o n a l die gleichen Aufgaben erfüllen kann und soll. In solchem Falle jedenfalls kann eine unterschiedliche Behandlung der Regelungsbereiche nicht gerechtfertigt werden, ja m.E. überhaupt nicht zulässig sein. [191]

Denn einer prozessualen Lösung kann nicht, um die Anforderungen des Bestimmtheitsgrundsatzes oder andere Folgen zu vermeiden, der Vorzug gegenüber einer materiell-rechtlichen Lösung gegeben werden. [192]

---

188) vgl. z.B. Henkel, Strafverfahrensrecht, S. 17; Kleinknecht/Meyer, StPO, § 337, Rn. 19; Schönke-Schröder-Eser, StGB, vor § 1, Rn. 1; Wessels, AT, S. 19, 43 f.

189) s. z.B. Roxin, Strafverfahrensrecht, S. 6; Henkel, Strafverfahrensrecht, S. 17; Rüping, Das Strafverfahren, S. 11; Schroeder, Festschrift für Peters, S. 425; Geerds, RuS Bd. 315/316, S. 24 und Hassemer, Strafrechtsdogmatik und Kriminalpolitik, S. 85

190) vgl. dazu z.B. Geerds, RuS Bd. 315/316, S. 24 f.; Volk , Prozeßvoraussetzungen, S. 187; Peters, ZStW 68 (1956), S. 379 ff., 394, 397 f. und Schroeder, Festschrift für Peters, S. 417 f. - Diese Überlegung soll aber nicht die Beliebigkeit dieser oder jener Lösung im konkreten Fall bedeuten oder nahelegen; zu deren Unterschieden und Konsequenzen s. etwa Peters, a.a.O., S. 394

Unter rechtsstaatlichen Gesichtspunkten ist es schon lange unerträglich, daß im Bereich des Verfahrensrechts, das doch erst den Grad der Verwirklichung rechtsstaatlichen Gedankengutes widerspiegelt, noch als unbedenklich und zulässig betrachtet wird, was auf materiell-rechtlicher Ebene ohne Zweifel verboten ist. [193)] Ein Ausweichen auf das Prozeßrecht kann damit - wenn es überhaupt angezeigt ist - nur unter Geltung gleicher Anforderungen wie im materiellen Recht zulässig sein. [194)]

Entscheidend ist somit für die Unterstellung einer Vorschrift unter den Bestimmtheitsgrundsatz, ob durch die entsprechende Regelung das "Ob" oder "Wie" der Strafbarkeit betroffen werden kann [195)]; maßgebend ist also die Normbetroffenheit des Adressaten und die Art und Weise der Wirkung einer Vorschrift auf ihn. [196)]
Während dieses Kriterium bei reinen Organisationsvorschriften für Aufbau und Durchführung des Strafverfahrens nicht gegeben ist [197)], wird z.B. bei § 31 BtMG - als einer Regelung über das Absehen von Strafe oder einer Strafmilderung - gerade die Frage des "Ob"

---

191) ebenso Krehl, Geldstrafe, S. 100; diese Gleichstellung wird aber oft nicht einmal erwogen, s. z.B. Henkel, Strafverfahrensrecht, S. 18; Schmidhäuser, ZStW 71 (1959), S. 555 f., mit der Begründung: verschiedene - historisch belegbare - Wertkategorien lägen zugrunde.

192) vgl. Krehl, Geldstrafe, S. 191; anders offenbar Dreher, Festschrift für Welzel, S. 925; vgl. auch Volk, Prozeßvoraussetzungen, S. 266

193) s. auch Kausch, Der Staatsanwalt, S. 161

194) vgl. nochmals die in Fn. 192 und 193 Genannten

195) s. dazu schon oben auf S. 182 f.

196) so zu Recht Krehl, Geldstrafe, S. 104 ff., 114, 189; Naucke, NJW 1968, 2324; Krahl, Bestimmtheitsgrundsatz, S. 68 f.; Michael, In dubio pro reo, S. 105

197) s. Schreiber, Gesetz und Richter, S. 220; Baumann, AT, S. 124; Baumann/Weber, AT, S. 126; Jakobs, AT, S. 56 und Krehl, a.a.O., S. 191

der Bestrafung, also des Ausspruches einer Sanktion bzw. deren Höhe festgelegt und entschieden; die Normbetroffenheit ist also gegeben. Damit kann es nicht zweifelhaft sein, daß die Vorschrift des § 31 BtMG der Geltung des Bestimmtheitsgebotes unterfällt.

3. Die Anforderungen durch Art. 103 Abs. 2 GG: Das Verhältnis zwischen Gesetzgeber und Richter

3.1. Einführung in die Problematik

Die Zunahme ungenauer Begriffsbildungen auf Voraussetzungs- und Rechtsfolgeseite strafrechtlicher Normen kann als andauernde Erscheinung bezeichnet werden; eine Tendenzwende ist nicht in Sicht. [198)]

Oben [199)] wurde auch schon die vage Fassung der Anwendungsvoraussetzungen des § 31 (insbesondere der Nr. 1) BtMG und der sehr weite - durch diese Vorschrift zusätzlich, wenn auch zugunsten des Täters ausgedehnte - Strafrahmen der §§ 29, 30 BtMG in Verbindung mit § 31 BtMG betrachtet.

Ferner ergab sich durch diese Art der Vorschriften über die Möglichkeit eines Absehens von Strafe oder einer Strafmilderung die Tatsache, daß die Entscheidung über die reale Bestrafung des Täters im wesentlichen und mit ansteigender Tendenz vom Gesetzgeber auf den Richter verlagert wird. [200)]

Die dargestellte Problematik betrifft die Anforderungen, die durch den Bestimmtheitsgrundsatz des Art. 103 Abs. 2 GG an eine

---

198) vgl. Naucke, Generalklauseln, S. 3, 12, 15 und passim sowie schon oben das 5. Kapitel des 1. Teiles, S. 49 m.w.N.

199) im 5. Kapitel des 1. Teiles der Arbeit, S. 49 m.N.

200) s. dazu im 5. Kapitel des 1. Teiles, S. 52 Fn. 11 und S. 55

strafrechtliche Norm wie § 31 BtMG gestellt werden. Ebenso kann dadurch der Grundsatz der Gewaltenteilung gemäß Art. 20 Abs. 2 Satz 2 GG [201] eine Beeinträchtigung erfahren.
Die Beantwortung der Frage, ob in der einen und/oder anderen Hinsicht eine Verletzung dieser Grundsätze durch die Vorschrift des § 31 BtMG eingetreten ist, hängt von der grundlegenden Auffassung des Verhältnisses zwischen Gesetzgeber und Richter ab.

3.2. Die vertretenen Auffassungen - Stellungnahme zum Problem des Verhältnisses zwischen Gesetzgeber und Richter

Dieses Verhältnis betreffend ist heute als Ergebnis der Methodendiskussion allgemein anerkannt, daß der Richter nicht als bloßer Subsumtionsautomat fungiert [202], ein Urteil - wie es der Positivismus noch verstand - nicht bloße Gesetzes a n w e n d u n g zum Inhalt hat [203], Subsumtion also nicht aus rein logischer Operation [204] besteht, sondern im Rahmen einer Konkretisierung von abstrakt formulierten Normen notwendigerweise Wertungen in die Entscheidung einfließen müssen. [205]
Auch ist in die Betrachtung des Verhältnisses zwischen Gesetzgeber und Richter die Notwendigkeit der Individualisierung strafrechtlicher Sanktionen [206] miteinzubeziehen, die dem Richter

---

201) s. dazu z.B. Schnapp in v. Münch, GG, Art. 20, Rn. 32 ff.; dessen Ziel ist nach h.M. die Sicherung der individuellen Freiheit vor der Bedrohung durch die Staatsgewalt, indem letztere auf verschiedene Funktionsträger verteilt wird, die eine gegenseitige Hemmung und Kontrolle bewirken, vgl. etwa BVerfGE 3, 247; 9, 279; 22, 111; 34, 59 (st. Rspr.); Herzog in Maunz/Dürig/Herzog/Scholz, GG, Art. 20, III., Rn. 78; nach zunehmender Mindermeinung ist das Gewaltenteilungsprinzip auch als Gewährleistung für die Wahrnehmung der Staatsfunktionen in sachgerechter Form aufzufassen, vgl. z.B. Hesse, Verfassungsrecht, S. 184 ff.; J. Ipsen, Richterrecht und Verfassung, S. 133 ff.; Kausch, Der Staatsanwalt, S. 181

202) Schröder, Gesetz und Richter, S. 14

203) vgl. Kausch, Der Staatsanwalt, S. 143 f.; Schröder, Gesetz und Richter, S. 13 ff.; Lenckner, JuS 1968, 310; Jescheck, AT, S. 102; Esser, Vorverständnis, S. 191, 203; Schreiber, Gesetz und Richter, S. 222 und die weiteren Nachweise schon oben im 5. Kapitel des 1. Teiles, S. 56 Fn. 37 und 38

einen gewissen "Spielraum" einräumt. 207)

Diese Komponenten können und sollen jedoch nicht die Erforderlichkeit steigender Verwendung von Wertbegriffen 208) - hier als Oberbegriff für unbestimmte Rechtsbegriffe, normative Begriffsbildungen und Generalklauseln 209) gebraucht - begründen, die in der Folge noch ungenaueres Strafrecht schaffen würden. 210)

Diese Entwicklungstendenz zu weiterhin ungenauem Strafrecht jedoch wird durch die Rechtsprechung insbesondere des Bundesverfassungsgerichtes, der insoweit ein nicht unerheblicher Vorwurf zu machen ist, gestützt und legitimiert. Es kann sogar gesagt werden, daß diese Rechtsprechung erst die Schaffung ungenauen Strafrechts bedingt 211) und damit für seine Ausbreitung gesorgt hat. 212) Denn wenn zwar einerseits die Notwendigkeit der Voraussehbarkeit für den im Einzelfall betroffenen Täter betont wird 213), andererseits aber auf die Vielgestaltigkeit des Lebens abgestellt wird, der eine strenge, kasuistische Regelung nicht gerecht werden könne 214), weshalb der Gebrauch unscharfer Begriffe im

---

204) Wieacker, Gesetz und Richterkunst, S. 6

205) sog. volitives Element der Rechtsanwendung, vgl. die in den vorhergehenden beiden Fn. Genannten sowie im Hinblick auf die Methodenlehre etwa Kriele, Theorie der Rechtsgewinnung, 1. Aufl., S. 50; Coing, Juristische Methodenlehre, S. 46; Sax, Das strafrechtliche "Analogieverbot", S. 45

206) s. dazu Heinitz, Individualisierung, S. 8; Maiwald, ZStW 83 (1971), S. 679; BGHSt 24, 42 f. und die gesetzliche Regelung über die Grundsätze der Strafzumessung in § 46 Abs. 1 (Satz 2) StGB, dazu LK-G. Hirsch, StGB, § 46, Rn. 13 ff.

207) vgl. etwa Kausch, Der Staatsanwalt, S. 143

208) Die Terminologie ist uneinheitlich, s. z.B. Koch/Rüßmann, Juristische Begründungslehre, S. 201 ff.

209) Zu den möglichen Kategorien vgl. auch Engisch, Einführung in das juristische Denken, S. 108 ff., 120 ff.

210) Nach Drost, Das Ermessen des Strafrichters, S. 24, handelt es sich bei der Verwendung von Wertbegriffen um ein Mittel der Individualisierung des Rechts.

Strafrecht für unvermeidlich angesehen wurde [215), 216)], nimmt es nicht wunder, daß sich - wie viele praktische Fälle belegen [217)] - die durch Art. 103 Abs. 2 GG gestellten Anforderungen nach dieser Auffassung als stark heruntergeschraubte Minimalanforderungen darstellen [218)], die dann im konkreten Falle freilich so gut wie niemals unterschritten werden (können).
So wird eine Verletzung in aller Regel vermieden und dem Gesetzgeber ein "Freibrief" [219)] für ungenaue Strafbestimmungen erteilt. [220)]

Dieser Auffassung des Bundesverfassungsgerichts entspricht im Ergebnis eine Auffassung in der Literatur, [221)] die dem Gesetzgeber nur zur Aufgabe stellt, einen Regelungsrahmen zu schaffen [222)] und die Voraussetzungen für das Ergehen gleichförmiger Verfahrensentscheidungen herzustellen. [223)]
Entsprechend dieser ganz geringen Anforderungen an die Tätigkeit des Gesetzgebers werden demgegenüber dem Richter wegen der so unterschiedlichen Lagerung konkreter Einzelfälle sehr weitreichende rechtsschöpferische Ausgestaltungsmöglichkeiten bei der Festlegung der jeweiligen Individualsanktion zugestanden. [224)]

---

211) Zur Entwicklung der Rspr. des BVerfG s. im einzelnen Geitmann, Bundesverfassungsgericht und "offene" Normen, S. 68 ff.

212) vgl. auch R. Schmitt, Festschrift für Jescheck, S. 226; Naucke, Generalklauseln, S. 18 f.; Hanack, JZ 1970, 41 und Zipf, Kriminalpolitik, S. 99

213) s. z.B. BVerfGE 26, 42; 37, 207; 47, 120; 48, 57 und neuestens - hinsichtlich der Strafbarkeit von Sitzdemonstrationen gemäß § 240 StGB - BVerfG NJW 1987, 44

214) vgl. etwa BVerfGE 14, 251; 28, 183; 32, 318; 45, 370; 47, 120; 48, 56; auch BGHSt 27, 321

215) vgl. BVerfGE 4, 358; 11, 237; 37, 208 und nun BVerfG NJW 1987, 44

Diese Auffassung räumt also dem Ziel der Erlangung einer individuellen Gerechtigkeit gegenüber dem der Rechtssicherheit eindeutig eine Präferenzstellung ein.

Den Gegensatz zu dieser Auffassung stellt eine a n d e r e M e i n u n g s g r u p p e i n d e r L i t e r a t u r dar, die für das Verhältnis zwischen Gesetzgeber und Richter eine klare Trennung und Aufteilung der Kompetenzen im Sinne der vom Wortlaut des Art. 103 Abs. 2 GG festgelegten Gewaltenteilung beibehalten will. 225)

Diese Auffassung, die das Prinzip der Rechtssicherheit in den Vordergrund stellt, da nur auf diese Weise den Forderungen der Voraussehbarkeit und Berechenbarkeit entsprochen werden könne, befürwortet eine möglichst starke Reduzierung der Wertungen durch den Richter. 226) Sie benutzt normative Begriffe nur, sofern durch - auch verfassungskonforme - Auslegung 227) bzw. Konkretisierung durch die Rechtsprechung 228) der Spielraum richterlicher Wertungen beschränkt werden kann.

---

216) zu den einzelnen Argumenten der Rechtsprechung für ungenaue Strafgesetze s. ausführlich Krahl, Bestimmtheitsgrundsatz, S. 279 ff.

217) vgl. jetzt BVerfG NJW 1987, 43 (für § 240 StGB m.v.w.N. auch zur Gegenauffassung) auch insbes. BVerfGE 26, 41 ff., sogar hinsichtlich § 360 Nr. 11 StGB a.F. ("wer groben Unfug verübt,..."); a.A. hinsichtlich dieser Vorschrift zu Recht Schröder, JR 1964, 392; ders., JZ 1966, 649 sowie Lenckner, JuS 1968, 305; gleiche Bedenken bestehen bzgl. § 226a StGB (vgl. z.B. Woesner, NJW 1963, 275; ders., NJW 1964, 3; Geerds, Festschrift für Engisch, S. 418 mit Fn. 49 und Roxin, JuS 1964, 379) und § 118 Abs. 1 OWiG (vgl. dazu Göhler, OWiG, §118, Rn. 3).

218) so auch das von Krahl, Bestimmtheitsgrundsatz, S. 240 ermittelte Ergebnis der stellungbeziehenden monographischen Literatur, die - im Unterschied zur Kommentar- und Lehrbuchliteratur - die Auffassung der Rechtsprechung heftig kritisiert und eine so erhebliche Unterbewertung des Bestimmtheitsgebotes feststellt, "daß von diesem so gut wie nichts übrigbleibe".

219) Schünemann, Nulla poena sine lege, S. 7; vgl. zusammenfassend auch Krahl, Bestimmtheitsgrundsatz, S. 402 ff., 412

220) vgl. zu den Korrekturmöglichkeiten der Rechtsprechung bei ungenauen Strafnormen, durch die das Bestrafungsrisiko des betroffenen Bürgers im Ver-

Eine Verletzung des Art. 103 Abs. 2 GG liegt dieser Meinung nach vor, wenn ein in größerem Maße unbestimmter Begriff vom Gesetzgeber tatsächlich verwendet wird als - entsprechend der ansteigenden Skala [229] vom numerischen und absolut bestimmten Begriff über den deskriptiven [230] Begriff und den normativen Rechtsbegriff bis hin zu der Generalklausel [231] - hätte verwendet werden können [232] oder der Gesetzgeber, obwohl er eine weitere Konkretisierung hätte vornehmen können, die ihm obliegende Wertentscheidung einfach auf den Richter überwälzt. [233]

---

hältnis zum Staat verteilt werden soll, Krahl, Bestimmtheitsgrundsatz, S. 383 ff., zur Bewertung dieser Korrekturversuche S. 388 ff.

221) Die vertretenen Auffassungen werden hier grob in Form der drei wesentlichen Meinungsspektren dargestellt.

222) vgl. Krey, Gesetzesvorbehalt, S. 246 und Leibholz/Rinck/Hesselberger, GG, Art. 103, Rn. 20

223) s. Kausch, Der Staatsanwalt, S. 168, 189; auch Hassemer, Tatbestand und Typus, S. 162

224) s. Krey, a.a.O., S. 246

225) vgl. zu dieser Meinung Schreiber, Gesetz und Richter, S. 230 f.; Lenckner, JuS 1968, 305 und Hamann, Grundgesetz und Strafgesetzgebung, S. 47

226) s. etwa Lemmel, Unbestimmte Strafbarkeitsvoraussetzungen, S. 181; Krahl, Bestimmtheitsgrundsatz, S. 300; Leibholz/Rinck/Hesselberger, GG, Art. 103, Rn. 20; noch weitergehend - für den Ausschluß aller strafrechtlichen Wertbegriffe - Drost, Das Ermessen des Strafrichters, S. 204 f.

227) vgl. Lemmel, a.a.O., S. 202; Schröder, Gesetz und Richter, S. 15; Woesner, NJW 1963, 274; SK-Rudolphi, StGB, § 1, Rn. 13; Krey, Keine Strafe ohne Gesetz, S. 127; Schreiber, Gesetz und Richter, S. 225 f.

228) s. Eser, Strafrecht I, S. 36 und die in Fn. 226 Genannten

229) s. dazu z.B. Schünemann, Nulla poena sine lege, S. 29 f.

230) bei dem oftmals ohne eine Wertung auch nicht auszukommen ist, vgl. z.B. Krey, Gesetzesvorbehalt, S. 45, 101; Esser, Vorverständnis, S. 62 und Schönke-Schröder-Eser, StGB, § 1, Rn. 22

231) zu den unterschiedlichen Begriffsbedeutungen sowie deren Abgrenzung vgl. Engisch, Einführung in das juristische Denken, S. 108 ff., 120 ff.; Geitmann, Bundesverfassungsgericht und "offene" Normen, S. 108 ff.; Lemmel, Unbestimmte Strafbarkeitsvoraussetzungen, S. 44 ff.

Die beiden bisher dargestellten Eckmeinungen vereinigen Vor- wie Nachteile in sich.
Während ein Vorteil der erstgenannten Auffassung darin besteht, die praktische Handhabbarkeit zu gewährleisten [234], obwohl gerade auch vom BVerfG geltend gemacht wird, daß der Bestimmtheitsgrad einer allgemeinen Festlegung nicht zugänglich sei [235], besteht ihr entscheidender Nachteil darin, das Prinzip der Rechtssicherheit, dessen Verwirklichung Art. 103 Abs. 2 GG dienen soll, ganz zu vernachlässigen. [236]
Diese schon deshalb mit Art. 103 Abs. 2 GG nicht zu vereinbarende Meinungsgruppe bewirkt zudem einen von vornherein offenkundigen Mangel hinsichtlich der für die Rechtsbewahrung [237] unverzichtbaren Gleichmäßigkeit der richterlichen Rechtsanwendung [238], wenn die gesetzgeberische Entscheidung nur einen Rahmen, nicht aber die Richtung angibt. [239]

---

232) s. Schönke-Schröder-Eser, StGB, § 1, Rn. 23; Lenckner, JuS 1968, 305; Kohlmann, Staatsgeheimnis, S. 52 ff.; Krahl, Bestimmtheitsgrundsatz, S. 300 verlangt das dem Gesetzgeber "mögliche, optimale Maß an Genauigkeit" im Rahmen seines quantitativen (komparativen) Bestimmtheitsverständnisses, wobei er zumindest Generalklauseln für inakzeptabel hält (s. S. 301); anders aber Lemmel, Unbestimmte Strafbarkeitsvoraussetzungen, S. 102 f.

233) vgl. dazu Schönke-Schröder-Eser, StGB, § 1, Rn. 23; Dürig in Maunz/Dürig/Herzog/Scholz, GG, Art. 103, Rn. 112; Sarstedt, Verhandlungen des 41. DJT, Bd. II, S. 30; Kausch, Der Staatsanwalt, S. 157, 165 ff. (für die weitere Verlagerung um eine Stufe beim Staatsanwalt); kritisch zu dieser Problematik auch Naucke, Gutachten für den 51. DJT, S. 75; ders., Tendenzen, S. 51 und Esser, Vorverständnis, S. 199

234) vgl. Krehl, Geldstrafe, S. 90

235) weil ein einheitliches Ergebnis der Auslegung jenseits einer bestimmten Grenze nicht mehr zu erzielen sei, vgl. BVerfGE 26, 43; 28, 183

236) vgl. Hamann/Lenz, GG, Art. 103, Anm. B 4; Krehl, Geldstrafe, S. 90; Schroeder, JZ 1969, 778

237) vgl. dazu Mangakis, ZStW 81 (1969), S. 1000 und Schreiber, Gesetz und Richter, S. 232

238) s. dazu Claß, Festschrift für Eb. Schmidt, S. 138; Geerds, Festschrift für Engisch, S. 144 und schon oben in diesem Abschnitt S. 181 und in diesem Kapitel, II., S. 170 f.

Die andere angeführte Auffassung, die an sich der Regelung des Bestimmtheitsgrundsatzes am besten entspricht, leidet jedoch darunter, auf der einen Seite den Gestaltungsspielraum des Gesetzgebers, der diesem ohne Zweifel zukommen muß [240), in allzu rigoroser Weise zu beschneiden, falls er z.B. ein normatives statt eines möglichen deskriptiven Merkmals wählte. Zum anderen würde bei Anwendung dieser Meinung die Notwendigkeit der Individualisierung der einzelnen Sanktion wohl zu sehr beschränkt.[241)] Jedenfalls wird eine im wesentlichen rein kasuistische Tatbestandsbildung als zu starre Lösung angesehen und deshalb abgelehnt, weil sie ein gerechtes Ergebnis zumeist ausschließt. [242)] Normative Begriffe, die eine richterliche Wertung erforderlich machen, werden daher auch von dieser Auffassung - allerdings nur unter den genannten beschränkten Voraussetzungen - zugelassen.

Auch wenn diese Auffassung eigentlich dem Ziel des Bestimmtheitsgrundsatzes am ehesten entspricht, kann sie deshalb in diesem Ausmaße keinen Bestand haben, weil ihr weitere Überlegungen, die auch in eine ausgewogenere Betrachtung eingestellt werden müssen, entgegenstehen. [243)]

---

239) vgl. Krehl, Geldstrafe, S. 91 und oben S. 188

240) s. dazu schon oben S. 158 und 169 sowie Lenckner, JuS 1968, 305; Schröder, Gesetz und Richter, S. 29; konkludent wohl auch Lemmel, Unbestimmte Strafbarkeitsvoraussetzungen, S. 102 f.; außerdem ist heute ganz überwiegend anerkannt, daß auf normative Merkmale letztlich nicht verzichtet werden kann, vgl. etwa BVerfGE 45, 363; 48, 48; Schönke-Schröder-Eser, StGB, § 1, Rn. 22 und Schünemann, Nulla poena sine lege, S. 30 f.; dabei kommt es aber ganz entscheidend auf das entsprechende Maß an Normativität an, das eine Begrenzung erfahren muß, vgl. auch Krey, Keine Strafe ohne Gesetz, S. 124

241) vgl. zu der Tendenz der Ausweitung richterlicher Befugnisse im Dienste der Individualisierung des Strafrechts etwa Grünwald, ZStW 76 (1964), S. 8; Warda, Dogmatische Grundlagen des richterlichen Ermessens im Strafrecht, S. 117 ff.; Engisch, Die Idee der Konkretisierung in Recht und Rechtswissenschaft unserer Zeit, S. 204 und Schreiber, Gesetz und Richter, S. 224

242) s. z.B. für die h.M. Kausch, Der Staatsanwalt, S. 145; Schröder, Gesetz und Richter, S. 25 f.; Woesner, NJW 1963, 273; a.A. ist jedoch Sarstedt, Verhandlungen des 41. DJT, Bd. II, S. 50 - Verfehlt demgegenüber Haft, JuS 1975, 484, der den Bestimmtheitsgrundsatz durch reine Kasuistik gefährdet sieht; gegen ihn zutreffend Schünemann, Nulla poena sine lege, S. 30 mit Fn. 105

Wie oben [244] schon ausgeführt wurde, stellt Art. 103 Abs. 2 GG eine spezielle Ausprägung rechtsstaatlicher Grundsätze dar. Diese Feststellung ist insoweit unabhängig von der dogmatischen Herleitung des Gesetzlichkeitsprinzips, als - auch wenn man diese nicht direkt am Rechtsstaatsprinzip festmacht [245] - letztlich rechtsstaatliche Grundsätze die Geltung des Rückwirkungs- und Analogieverbotes sowie des Bestimmtheitsgebotes jedenfalls mitbestimmen. [246]

Die Interessen des einzelnen Täters stellen sich als Forderung nach individueller Gerechtigkeit dar, während mit dem Bestimmtheitsgebot in erster Linie Rechtssicherheit [247] verwirklicht werden soll.

Die bei der hier relevanten Frage zu entscheidende Problematik stellt sich so deutlich als das Gegeneinanderwirken zweier im Rechtsstaatsprinzip vereinigter Postulate [248] dar. [249]

Den Widerstreit zwischen diesen Postulaten hat in erster Hinsicht der Gesetzgeber in sachgerechter Weise (ohne Willkür) zu entscheiden. [250] Dieser kann danach zwar einem Postulat den grundsätzlichen Vorrang einräumen. Dessen unbedingte Verwirklichung jedoch stößt jedenfalls dann auf Grenzen, wenn dadurch das andere Postulat in seiner Bedeutung negiert oder weit über

---

243) s. die soeben genannten Argumente und die folgenden Überlegungen im Text

244) s. dazu S. 179 m.w.N. sowie zusätzlich Mangakis, ZStW 81 (1969), S. 1001

245) zu den vertretenen Auffassungen s. oben S. 179 Fn. 173

246) s. z.B. Dürig in Maunz/Dürig/Herzog/Scholz, GG, Art. 103, Rn. 104

247) vgl. dazu schon oben S. 179

248) zu dieser Möglichkeit s. etwa Kleinknecht/Meyer, StPO, Einl., Rn. 18 sowie schon oben unter I., 5.3., in diesem Kapitel, S. 157

249) Zur Verwirklichung der Rechtssicherheit und der durch sie entstehenden Spannungslage mit (bzw. innerhalb) der Gerechtigkeit s. auch Geitmann, Bundesverfassungsgericht und "offene" Normen, S. 79 mit Fn. 75 und w.N.; vgl. dazu weiterhin Krahl, Bestimmtheitsgrundsatz, S. 284 ff., 287 f., 290 (mit Fn. 819)

250) vgl. BVerfGE 25, 290 und Kleinknecht/Meyer, ebenda

Gebühr eingeschränkt wird.[251] Die einer Komponente absolute Priorität zuweisende Lösung würde - wie die vorgenannten Nachteile der ganz strenge Anforderungen stellenden Auffassung auch schon zeigen - der geforderten Sachgerechtigkeit entgegenstehen, sie wäre willkürlich in der vollständigen Nichtberücksichtigung der gegenläufigen Belange.[252]

Diese Überlegungen zeigen deutlich den Extremstandpunkt dieser Auffassung und sprechen daher zusätzlich gegen sie.

So bleibt letztlich für die Frage des Verhältnisses des Gesetzgebers zum Richter nur eine v e r m i t t e l n d e A u f - f a s s u n g übrig, die in der Lage ist, das soeben Ausgeführte zu beachten.[253]
Dabei ist jedoch dafür Sorge zu tragen, daß das Bestimmtheitsgebot für strafrechtliche Normen - entsprechend seiner ihm vom Verfassungsgeber beigelegten Bedeutung - auch wirklich ausreichende Verwirklichung findet.
Diese Vorgaben sind bei der als vermittelnde Auffassung zu kennzeichnenden Meinungsgruppe erfüllt:
Danach werden gegen die Verwendung von normativen Begriffen und Generalklauseln keine Einwände erhoben, wenn trotz Gebrauches geeigneter und erforderlicher Generalklauseln zur Bestimmung eines "Wertverletzungstypus"[254] die Berechenbarkeit staatlicher Sanktionen als gewährleistet anzusehen ist. Weiterhin ist der Gebrauch von Generalklauseln als zulässig anzusehen, wenn durch die Anfügung kasuistischer Beispielsfälle als Tatbestandsbeschreibung die Richtung für die Konkretisierung der Generalklausel im Wege der Auslegung vorgegeben und damit ihr Anwendungs-

---

251) s. auch schon oben in diesem Kapitel, I., 5.3., S. 158 f.

252) Die Anforderungen an die Bestimmtheit der Norm dürfen also nicht überspannt werden; zum gleichen Ergebnis kommt die Untersuchung von Lemmel, Unbestimmte Strafbarkeitsvoraussetzungen, S. 201; gegen Extrempositionen auch Krahl, Bestimmtheitsgrundsatz, S. 81

bereich abgesteckt wird. [255] Ebenso ist die Voraussehbarkeit und Berechenbarkeit strafrechtlicher Sanktionierung dann zu bejahen, wenn der Anteil der noch hinreichend bestimmbaren Merkmale einer Norm quantitativ überwiegt. [256]
Diese Meinungsgruppe, deren Einzelauffassungen freilich nur alternativ in ihren jeweiligen Voraussetzungen zur Bejahung oft wohl nicht leicht feststellbarer hinreichender Bestimmtheit einer Norm vorliegen müssen, löst auch angemessen die oben [257] geäußerten Bedenken im Hinblick auf das Gewaltenteilungsprinzip des Art. 20 Abs. 2 Satz 2 GG:
Da der Gesetzgeber sich nicht - wie bei der erstgenannten Auffassung - seiner Aufgaben im Bereich der Rechtssetzung durch gänzliche Verlagerung derselben auf die Rechtsprechung entziehen darf, sondern er im konkreten Fall jeweils wenigstens die Richtung an- und vorgeben muß, die dann dem Richter als Leitlinie zu dienen hat, stellen sich auch Bedenken hinsichtlich der Einhaltung des Gewaltenteilungsprinzips nicht mehr.
Das Ziel, den Gesetzgeber - statt ihn von Bestimmtheitserfordernissen nach Vorbild und Praxis des BVerfG freizustellen [258] - dazu zu verpflichten, "Normen mit noch abgrenzbarem Inhalt zu schaffen" [259], ist durch diese Meinung also erreicht. [260]

---

253) Zur Undurchführbarkeit extremer Lösungen s. auch Schröder, Gesetz und Richter, S. 16; Krehl, Geldstrafe, S. 91 f. und Krahl, Bestimmtheitsgrundsatz, S. 81, der das Gebot der gesetzlichen Bestimmtheit als "quantitatives Problem" (s. dazu auch a.a.O., S. 5 Fn. 12 a) auffaßt, dabei jedoch einen strengen, begrenzt relativen Standpunkt vertritt, vgl. Krahl, a.a.O., S. 300 ff. und 399 f.

254) In diesem Sinne Sax in Bettermann/Nipperdey/Scheuner, Die Grundrechte, 3. Bd., 2. Hbbd., S. 1009; zustimmend Warda, Dogmatische Grundlagen des richterlichen Ermessens im Strafrecht, S. 44; ähnlich Tiedemann, Tatbestandsfunktionen im Nebenstrafrecht, S. 208

255) vgl. Hassemer, Tatbestand und Typus, S. 159 und Noll, Festschrift für Germann, S. 170 f.

256) so Schünemann, Nulla poena sine lege, S. 35

257) s. S. 55 f. und 186

258) s. dazu oben S. 187 f. m.N.

259) Krehl, Geldstrafe, S. 91

4. Hinreichende Bestimmtheit des § 31 BtMG?

4.1. Die Frage der Bestimmbarkeit der Voraussetzungsseite dieser Regelung

4.1.1. Betrachtung der Ziffer 1 des § 31 BtMG

Nachdem nun das Verhältnis des Gesetzgebers zum Richter geklärt ist und damit auch die Anforderungen, die der Bestimmtheitsgrundsatz des Art. 103 Abs. 2 GG an eine strafrechtliche Norm stellt, festgelegt sind, gilt es jetzt zu untersuchen, ob die Anwendungsvoraussetzungen des § 31 Nr. 1 BtMG diesen Anforderungen genügen.

Dabei kann die juristische Auslegungs- und Methodenlehre dazu dienen, den inhaltlichen Gehalt eines einzelnen Begriffes oder der gesamten Norm zu eruieren.[261)]
Führt man sich den Wortlaut der Ziffer 1 des § 31 BtMG vor Augen, wird deutlich, daß hinsichtlich mehrerer Teile der Vorschrift und dadurch möglicherweise auch bezüglich der gesamten Vorschrift fraglich ist, ob den Anforderungen des Bestimmtheitsgrundsatzes Genüge getan wurde.[262)]
Neben der "Freiwilligkeit" der "Offenbarung" seines "Wissens" handelt es sich im Kern um die "Wesentlichkeit" des "Beitrages", die näher auf ihre Bestimmtheit zu untersuchen ist.

---

260) Von daher ist diese Auffassung auch derjenigen von der Verteilung des Interpretationsrisikos in für den Täter vorteilhafter Weise (so insbes. Naucke, Generalklauseln, S. 21 ff.) vorzuziehen (so auch Krehl, Geldstrafe, S. 90, 92 und Schünemann, Nulla poena sine lege, S. 34 f.), wobei jedoch nicht außer acht gelassen werden darf, daß diese Auffassung Nauckes auf der Praxis des BVerfG und der h.M. basiert (s. ebenda, S. 21) und dann ein anderer Weg nicht gangbar erscheint; vgl. auch die frühere Stellungnahme von Naucke, Strafbarer Betrug, S. 189, die er jedoch für zur Zeit undurchführbar hält (ders., Festschrift für Engisch, S. 284); zu seinem daher gemachten Vorschlag s. ebenda, S. 286

261) vgl. z.B. Zippelius, Juristische Methodenlehre, S. 39; Larenz, Methodenlehre, S. 195 ff.; Engisch, Einführung in das juristische Denken, S. 63

Bei dem erforderlichen "wesentlichen Beitrag" zur Aufdeckung der Tat über den eigenen Tatbeitrag hinaus handelt es sich eindeutig um einen Begriff, der einer (richterlichen) Wertung bedarf, um sein Vorliegen oder Nichtvorliegen im konkreten Fall zu konstatieren.[263] Da das wertende Element zur Abgrenzung vom unwesentlichen, geringen[264] Beitrag nötig ist, handelt es sich jedenfalls um einen normativen Rechtsbegriff.[265]
Wenn man unter einer Generalklausel den Gegenbegriff zu einer rein kasuistischen Tatbestandsbildung versteht[266], muß man die Ziffer 1 des § 31 BtMG als Generalklausel bezeichnen, da sie in großer Allgemeinheit die Beschreibung der Möglichkeit, die (Straf-) Vergünstigung zu erlangen, enthält.
Versteht man unter einer Generalklausel einen reinen Wertbegriff[267] bzw. eine reine Wertnorm[268], so zeigt spätestens der Vergleich mit Vorschriften wie z.B. § 226a StGB ("die guten Sitten") und § 360 Nr. 11 StGB a.F. ("grober Unfug")[269], daß die Sachlage bei § 31 Nr. 1 BtMG anders zu beurteilen ist.
Denn schon der Wortlaut der Vorschrift selbst macht deutlich, daß ein "wesentlicher Beitrag" nur ein solcher sein kann, der über die Offenlegung des eigenen Tatbeitrages hinausführt, d.h. notwendig weitere Umstände enthalten muß, die die Aufdeckung der Tat ermöglichen, ohne die eine Aufdeckung nicht oder jedenfalls nicht in diesem Umfange möglich gewesen wäre. Solche Umstände können beispielsweise Hinweise auf die an der Tat mitbeteiligten Personen sein, soweit diese bekannt sind oder Hinweise auf Gelegenheiten, bei denen solche Personen möglicherweise festgenommen werden können (z.B. beim Betäubungsmittelweiterverkauf) oder wenigstens Hinweise, die eine Vorstufe dazu darstellen, indem sie

---

262) Weigend, Festschrift für Jescheck, S. 1335 spricht zu Recht von einer vagen Formulierung der Voraussetzungsseite des § 31 Nr. 1 BtMG; s. auch Herrmann, Die Kriminalpolizei 6/1984, S. 36; ganz oberflächlich und damit das Problem verkennend aber Jaeger, Der Kronzeuge, S. 118

263) Zu dieser Voraussetzung eines normativen Begriffes vgl. z.B. Engisch, Einführung in das juristische Denken, S. 111

264) etwa nur Nebensächlichkeiten mitteilenden Beitrag, der für sich allein zur Tataufdeckung nicht ausreicht oder keine weiterhin ermittlungseffektiven Hinweise enthält.

den Ermittlungsbehörden Ansatzpunkte für die Aufnahme einer vielleicht erfolgversprechenden Ermittlungstätigkeit in dieser Hinsicht [270] liefern. Das gleiche gilt in bezug auf die Sicherstellung von Betäubungsmitteln oder die Mitteilung von Örtlichkeiten, an denen Rauschgift üblicherweise verarbeitet, verteilt oder angeboten wird.
Diese insoweit mögliche Konkretisierung von Anforderungen an die "Wesentlichkeit" des "Beitrages" macht zwar eine Wertung im Einzelfall nötig, ermöglicht aber - gerade auch in Abgrenzung zu Vergleichsfällen - auf diese Weise schon die Bestimmung bzw. gewährleistet jedenfalls die Bestimmbarkeit dieser Voraussetzung. An dieser Stelle zeigt sich aber auch, wie - relativ - leicht es für den Gesetzgeber gewesen wäre, der Fassung der Ziffer 1 des § 31 BtMG zwei oder drei kasuistische Beispiele beizufügen, um - jedenfalls, wenn diese keine sowieso unproblematischen Fallbeispiele beträfen - auf dem Wege der sog. exemplifizierenden Methode [271] Richtwerte für die Gesetzesanwendung durch den Richter zu schaffen, die eine weitere Konkretisierung erleichterten und die Vorschrift des § 31 BtMG - im Sinne der hier vertretenen Auffassung - bezüglich des Bestimmtheitsgebotes verfassungsrechtlich unbedenklicher machten.
Diese Überlegung erweist zudem, daß die hier gestellten Anforderungen an den Gesetzgeber keineswegs überspannt oder gar unerfüllbar sind.

Da der Gesetzgeber diesen für solche Fälle hier zu empfehlenden Weg nicht gewählt hat, ist nun zu untersuchen, ob der Anteil der noch hinreichend bestimmbaren Anwendungsvoraussetzungen zumindest quantitativ überwiegt.

---

265) vgl. Engisch, ebenda; s. jetzt auch BGH NJW 1986, 2896 f. (dort auch zur revisionsrechtlichen Nachprüfung der Auslegung unbestimmter Rechtsbegriffe)

266) so etwa Engisch, a.a.O., S. 120; Krey, Gesetzesvorbehalt, S. 81 und Noll, Festschrift für Germann, S. 170 Fn. 18

267) So z.B. Schünemann, Nulla poena sine lege, S. 30 f.

Diese Einschätzung ist zweifellos schwieriger, wobei zu berücksichtigen ist, daß eine exakte quantitative Methode freilich nicht durchführbar ist, sondern dieses Verfahren "nur durch eine mehr oder weniger pauschale Schätzung praktisch realisiert werden" [272] kann. [273]

Neben dem "wesentlichen Beitrag", der nach den durchgeführten Überlegungen als noch hinreichend bestimmbar angesehen werden kann, ergibt sich für die Festlegung des Begriffes der "Tat" im Rahmen des § 31 Nr. 1 BtMG die Frage, ob der prozessuale Tatbegriff der §§ 264, 155 StPO [274] hier anzuwenden ist [275], der sich zwar in der Handhabung auch nicht einfach darstellt, bei dem aber eine inzwischen weit ausdifferenzierte Kasuistik zur Verfügung steht. [276]
Eine Entscheidung dieser Frage wird sich gewiß - bei näherer Betrachtung der Problematik - mit Hilfe der im Rahmen dieser Arbeit gewonnenen Ergebnisse treffen lassen. [277] Einstweilen aber kann der prozessuale Tatbegriff als Orientierungspunkt für die Auslegung auch für den Fall einer anderen Entscheidung aufgrund besonderer Umstände bzw. der angesprochenen Ergebnisse im Rahmen des § 31 BtMG dienen.

---

268) Zum uneinheitlichen Sprachgebrauch hinsichtlich des Begriffes "Generalklausel" s. auch Geitmann, Bundesverfassungsgericht und "offene" Normen, S. 51 f. m.w.N.

269) s. dazu schon oben S. 189 Fn. 217 m.N. Weiterhin zu nennen sind z.B. die "berechtigten Interessen" des § 193 StGB sowie die "schutzwürdigen Belange" des Betroffenen gemäß §§ 41 i.V.m. 11, 23-25, 32 f. BDSG, vgl. Schünemann, a.a.O., S. 31

270) Dies ist zweifelhaft, vgl. einerseits OLG Düsseldorf, Strafverteidiger 1983, 67 und Weider, NStZ 1984, 395; andererseits BGH NStZ 1984, 319

271) vgl. zu dieser Methode Engisch, Einführung in das juristische Denken, S. 122

272) Schünemann, Nulla poena sine lege, S. 36

273) s. zur Durchführung näher auch die Ausführungen unten S. 203 f.

274) vgl. zu diesem Kleinknecht/Meyer, StPO, § 264, Rn. 1; Gollwitzer in Löwe-Rosenberg, StPO, § 264, Rn. 3 ff.; s. dazu kritisch Wolter, GA 1986, S. 143 ff. mit eigenem Lösungsvorschlag auf S. 164 ff.

Als weiterer Ausdruck im Rahmen des § 31 Nr. 1 BtMG, der auf seine Bestimmtheit im Sinne der hier vertretenen Auffassung untersucht werden muß, ist die "freiwillige Offenbarung seines Wissens" zu nennen, der aus mehreren Einzelbegriffen besteht, die getrennt voneinander zu betrachten sind.
Der Begriff der "Freiwilligkeit" im Rahmen einer Regelung über das fakultative Absehen von Strafe oder eine fakultative Strafmilderung lenkt die Gedanken sowohl auf den Begriff der "Freiwilligkeit" in den §§ 98 Abs. 2 und 129 Abs. 6 (Nr. 1) StGB als auch auf diesen des Rücktritts vom Versuch gemäß § 24 StGB, die aber in gleicher Weise bestimmt werden. 278)
Damit sind Anhaltspunkte für die Auslegung des Begriffes der "Freiwilligkeit" in § 31 BtMG gewonnen, selbst dann, wenn sich herausstellen sollte, daß die Bedeutung der "Freiwilligkeit" in § 31 BtMG gegenüber den Vorschriften des StGB aus besonderen Gründen, die in § 31 BtMG angelegt sein müßten, verschieden ist. 279) Insofern wird eine hinreichende Bestimmbarkeit auch für den Inhalt dieses Begriffes zu erzielen sein.
Dabei bleibt allerdings noch fraglich, ob die "Freiwilligkeit" nur auf die weitere Tataufdeckung zu beziehen ist 280) oder ob auch hinsichtlich des eigenen Tatbeitrages eine "freiwillige" Offenbarung nötig ist. 281), 282)

---

275) so Weider, NStZ 1984, 393; ders., NStZ 1985, 481; auch Körner, Strafverteidiger 1984, 217; anders aber BGH NStZ 1984, 414 und BGH Strafverteidiger 1985, 273; s. dazu auch unten I., 3. der Schlußbetrachtung, S. 269 ff.

276) vgl. dazu z.B. Kleinknecht/Meyer, StPO, § 264, Rn. 2, 6 und KK-Hürxthal, StPO, § 264, Rn. 3 ff. (m.w.N. aus der Rspr.)

277) s. dazu in der Schlußbetrachtung, S. 270

278) vgl. z.B. Schönke-Schröder-Stree, StGB, § 98, Rn. 23; Schönke-Schröder-Lenckner, StGB, § 129, Rn. 20; LK-v. Bubnoff, StGB, § 129, Rn. 27; SK-Rudolphi, StGB, § 98, Rn. 17 - Zur Bestimmung des Begriffes der "Freiwilligkeit" s. Schönke-Schröder-Eser, StGB, § 24, Rn. 42 ff. m.w.N.

279) vgl. dazu Weider, NStZ 1984, 397 f.

280) So Weider, NStZ 1984, 398

281) vgl. BGH NStZ 1983, 323; s. aber auch z.B. BGH NStZ 1983, 416 und OLG Hamm NStZ 1984, 79

Zweifelhaft ist ferner insbesondere die Bedeutung der "Offenbarung seines Wissens".
Trivial ist dabei noch, daß der Aufklärungsgehilfe in spe nicht Mitteilungen machen kann, die den Ermittlungsbehörden schon vollständig oder wenigstens zum Teil bekannt sind, wenn er die Vergünstigung, die die Regelung in Aussicht stellt, erhalten möchte.
Unklar ist aber, wie der U m f a n g der Offenbarung beschaffen sein muß. [283] Dabei ist insbesondere zweifelhaft, ob das g e s a m t e Wissen des Täters hinsichtlich der Tat preisgegeben werden muß [284] oder ob es nicht vielleicht ausreicht, wenn nur so viele Mitteilungen gemacht und Hinweise gegeben werden, daß an sich schon ein wesentlicher Beitrag zur Aufdeckung der Tat geleistet wird. In dieser Hinsicht ist sehr fraglich, ob es ausreicht, wenn der Täter nur Angaben hinsichtlich der objektiven Tatseite macht, die subjektive aber im unklaren läßt oder die Anklagevorwürfe gegen seine Person schlichtweg bestreitet. [285]

Diese Unklarheiten lassen sich n i c h t o h n e w e i t e r e s [286] in diesem oder jenem Sinne entscheiden.
Insoweit wie auch in anderer angesprochener oder auch nicht angesprochener Hinsicht müssen hier Fragen offenbleiben, eine endgültige Klärung kann an dieser Stelle (noch) nicht erwartet werden [287] und sollte hier auch nicht erbracht werden; es ging

---

282) Auch diese Auslegungsfrage dürfte sich - nach Anwendung der Methodenlehre - endgültig durch die Endergebnisse dieser Untersuchung (s. dazu S. 230 ff.) entscheiden lassen.

283) vgl. dazu Körner, BtMG, § 31, Rn. 13 f. m.v.w.N. insbes. auch aus der Rspr. des BGH

284) so z.B. OLG Düsseldorf, Strafverteidiger 1983, 67

285) vgl. dazu gerade Körner, BtMG, § 31, Rn. 13 f., der kritisch gegenüber der Rspr. des BGH eingestellt ist; s. dazu auch Weider, NStZ 1985, 481 f. und Jaeger, Der Kronzeuge, S. 135 f. sowie unten in der Schlußbetrachtung der Untersuchung, S. 267 ff.

lediglich darum festzustellen, ob der Anteil der noch hinreichend bestimmbaren Anwendungsvoraussetzungen der Ziffer 1 des § 31 BtMG in quantitativer Hinsicht überwiegt.
Die Erörterung hat gezeigt, daß bei fast allen aufgegriffenen Voraussetzungen der Ziffer 1 des § 31 BtMG entweder (richterliche) Wertungen nötig sind oder zweifelhaft ist, wie diese interpretiert werden sollen.
Zum Teil können dabei Anhaltspunkte aus Voraussetzungen anderer strafrechtlicher Vorschriften oder aus dem Wortlaut des § 31 Nr. 1 BtMG selbst gewonnen werden, zum Teil wird man bei der Konkretisierung auch ohne solche Hilfen auskommen müssen.
Eine endgültige Klärung von Zweifelsfragen kann erst nach vollständiger Durchführung dieser Untersuchung getroffen, aber auch erwartet werden.

Bei einer schon längere Zeit bestehenden Vorschrift (§ 31 BtMG gilt seit 1982) sind auch die Entscheidungen, welche die Rechtsprechung inzwischen getroffen hat, zur Feststellung der Bestimmtheit im Falle des Bestehens einer eindeutigen Entscheidungspraxis heranziehbar.[288)]

Wenn auch diese Entscheidungspraxis zur Erzielung der im Sinne des Bestimmtheitsgrundsatzes notwendigen Berechenbarkeit für den Straftäter beiträgt, könnten doch Zweifel daran bestehen, ob bei der Ziffer 1 des § 31 BtMG gemäß der hier vertretenen Auffassung der quantitativ überwiegende Anteil der Voraussetzungen als genügend bestimmt anzusehen ist. Dies deshalb, weil eigentlich jeder Bestandteil der Voraussetzungsseite dieser Vorschrift seine eigene Problematik aufwirft.

---

286) Der Klärung dieser Fragen dient die gesamte vorliegende Untersuchung, insbesondere die Beantwortung der Frage, ob eine enge oder weite Auslegung im Rahmen des § 31 BtMG zu wählen ist.

287) vgl. zur Bestimmung des Anwendungsbereiches von § 31 BtMG unten die Schlußbetrachtung, S. 263 ff.

288) vgl. Krehl, Geldstrafe, S. 91; davon zu unterscheiden ist die Frage, ob bei Erlaß einer neuen und sofort auf ihre Bestimmtheit hin zu überprüfenden Vorschrift die Entscheidungen der Rechtsprechung als Ersatz

Ausreichend ist jedoch, daß der quantitativ überwiegende Anteil der Merkmale noch hinreichend bestimmbar sein muß. Dies kann nach dem Gesamtbild der obigen Erörterungen noch bejaht werden, w e n n man hinsichtlich der einzelnen Merkmale der Voraussetzungsseite eine einschränkende Interpretation wählt, die gewährleistet, daß eine schleichende Ausuferung des Anwendungsbereiches der Vorschrift verhindert wird und die gerade bei der bestehenden Problematik dafür sorgen kann, daß sich die Konturen des Anwendungsbereiches festigen. Denn es kann die Einschätzung getroffen werden, daß die gerade noch hinreichende Bestimmbarkeit des überwiegenden Anteils der Anwendungsvoraussetzungen des § 31 Nr. 1 BtMG in der Nähe der (fließenden) Grenze zur Unbestimmtheit liegen dürfte.
Somit kann davon ausgegangen werden, daß den Anforderungen des Bestimmtheitsgebotes - unter dieser Voraussetzung - (noch) genügt wird.

Gegenüber der zum Teil geäußerten Kritik [289] an der Bestimmung des quantitativen Übergewichts im Rahmen der hier bemühten vermittelnden Auffassung ist zu entgegnen, daß die Tauglichkeit dieser Meinung an der hier durchgeführten Überprüfung des § 31 Nr. 1 BtMG beispielhaft bestätigt wurde; denn bei dieser Methode geht es schließlich nur darum, die einzelnen Anwendungsvoraussetzungen (die bisher alleine betrachtet wurden) genauer "durchzumustern", um feststellen zu können, ob sie einzeln und letztlich insgesamt als strafrechtliche Norm unter dem Bestimmtheitsgebot des Art. 103 Abs. 2 GG verfassungsrechtlich noch haltbar sind.
Dies ist die übliche Vorgehensweise bei in dieser Hinsicht zweifelhaften Vorschriften, diese Meinung stellt lediglich weiterhin

---

für eine eindeutige gesetzgeberische Entscheidung dienen können, bejahend z.B. LK-Tröndle, StGB, § 1, Rn. 55; verneinend - zu Recht - Schünemann, Nulla poena sine lege, S. 33; Krey, Keine Strafe ohne Gesetz, S. 124 und Krehl, a.a.O.

289) vgl. etwa Schönke-Schröder-Eser, StGB, § 1, Rn. 23a und Zipf, Kriminalpolitik, S. 99

die sinnvolle, eigentlich aber selbstverständliche Voraussetzung auf, daß die Anzahl der nicht mehr bestimmbaren Merkmale (freilich) nicht überwiegen dürfe.
Daneben ist natürlich auch und in besonderem Maße der jeweilige Grad der Unbestimmtheit einer Voraussetzung mit in Betracht zu ziehen; am Ende entscheidet eine Gesamtschau, bei der die noch hinreichend bestimmbaren Anwendungsvoraussetzungen in der Überzahl sein müssen.[290), 291)]
Dies kann hinsichtlich der Ziffer 1 des § 31 BtMG wohl noch bejaht werden.

4.1.2. Betrachtung der Ziffer 2 des § 31 BtMG

Die Voraussetzungsseite der praktisch nur selten relevanten Ziffer 2 des § 31 BtMG[292)] ist im Vergleich zur Ziffer 1 dieser Vorschrift nicht in gleichem Maße problematisch.
Zwar finden sich auch hier teilweise die gleichen Problempunkte wie bei der Ziffer 1 ("Freiwilligkeit", "Offenbarung seines Wissens"), auf der anderen Seite aber ist eine derartige Vorschrift keine gesetzgeberische Neuheit, wie etwa die §§ 87 Abs. 3, 129 Abs. 6 Nr. 2 (129a Abs. 5) StGB belegen, die auch - etwa im Unterschied zu § 98 Abs. 2 StGB - die "Rechtzeitigkeit" der Offenbarung voraussetzen.[293)]

Neben diesen auch bei den genannten Vorschriften des StGB vorhandenen Auslegungsfragen, auf die im Rahmen der Auslegung des § 31 Nr. 2 BtMG zurückgegriffen werden kann, enthält diese Vorschrift keine weiteren wesentlichen Problempunkte mehr, auf die näher eingegangen werden müßte.
Um den Anwendungsbereich der Ziffer 2 des § 31 BtMG zur Erzielung noch hinreichender Bestimmbarkeit der Voraussetzungsseite dieser Vorschrift und dadurch gewährleisteter Berechenbarkeit

---

290) Bei dieser Betrachtung kann freilich auch nicht die Anzahl "eingebauter", aber bedeutungsloser Füllwörter über das quantitativ notwendige Maß zur Bejahung hinreichender Bestimmtheit entscheiden.

für den Straftäter in ausreichender Weise sicher festzulegen, ist allerdings auch hier eine einschränkende Auslegung der Anwendungsvoraussetzungen erforderlich.
Damit kann auch die Vereinbarkeit der Ziffer 2 des § 31 BtMG mit dem Bestimmtheitsgebot des Art. 103 Abs. 2 GG festgestellt werden.

4.1.3. Zwischenergebnis

Die bisherige Erörterung hat - wenn auch nach der hier vertretenen, den Bestimmtheitsgrundsatz des Art. 103 Abs. 2 GG ernstnehmenden, aber vom Gesetzgeber erfüllbaren Auffassung insgesamt noch die Vereinbarkeit der Voraussetzungsseite des § 31 BtMG mit seinen Anforderungen festgestellt werden konnte - deutlich gemacht, daß doch in mancher Hinsicht die noch hinreichende Bestimmbarkeit einiger Voraussetzungsteile des § 31 BtMG zweifelhaft geblieben ist, daneben auch weiterhin Auslegungs- und Streitfragen existieren, die (noch) nicht entschieden werden konnten und insgesamt nur im Wege einer etwas mühsamen, wohlwollenden Gesamtbetrachtung und unter der Voraussetzung einschränkender Auslegung der Anwendungsvoraussetzungen des § 31 BtMG ein positives Ergebnis erzielt werden konnte. [294)]

---

291) Insofern kann diese Lösung auch nicht einfach wegen ihrer "formalistischen Natur" (Zipf, a.a.O., S. 99) kritisiert werden.

292) Ihr Schattendasein wird z.B. auch durch die Kürze der Kommentierung bei Körner, BtMG, § 31, Rn. 28 und durch das Fehlen offenbar jeder Rechtsprechung deutlich; dies bestätigt jetzt auch Jaeger, Der Kronzeuge, S. 114 und 178; es erklärt sich daraus, daß in aller Regel das Interesse an einer Strafvergünstigung erst dann auftaucht, wenn der Täter bereits einer Ermittlungstätigkeit der Strafverfolgungsbehörden unterzogen ist.

293) Zur nur knappen Kommentierung dieser Regelungen vgl. etwa Schönke-Schröder-Stree, StGB, § 87, Rn. 18 ff.; § 98, Rn. 19 ff.; Schönke-Schröder-Lenckner, StGB, § 129, Rn. 20, 23 f.

294) § 31 BtMG fällt damit - jedenfalls von der Voraussetzungsseite her - auch in die "nicht geringe Zone des gerade noch mit Art. 103 Abs. 2 GG zu Vereinbarenden" (Kausch, Der Staatsanwalt, S. 188 f. zu dieser "Zone", allerdings nicht bezogen auf § 31 BtMG).

Diese Tatsachen bestätigen somit das bisher gewonnene Ergebnis einer notwendig einschränkenden Interpretation der Anwendungsvoraussetzungen des § 31 BtMG und eines zurückhaltenden Umganges mit dieser Regelung.
Denn bei einem weiterhin noch vagen Anwendungsbereich der Vorschrift, der nun zusätzlich auch unter dem Gesichtspunkt des verfassungsrechtlichen Bestimmtheitsgebotes offenbar wurde, kann nur eine enge Auslegung dazu verhelfen, Konturen für diesen auszubilden.

4.2. Die allgemeinen Anforderungen des Bestimmtheitsgebotes an die Rechtsfolgenseite - Anwendung auf § 31 BtMG

In diesem Abschnitt sind nunmehr die Rechtsfolgen der Regelung des § 31 BtMG an den Anforderungen des Bestimmtheitsgebotes gemäß Art. 103 Abs. 2 GG zu messen.
Allerdings gelten für die Rechtsfolgen nach allen zum Verhältnis zwischen Gesetzgeber und Richter vertretenen Meinungen geringere Anforderungen [295], da diese in größerem Maße der Wertung des Richters überlassen werden sollen. [296]
Der Grund hierfür liegt ersichtlich darin, im Bereich der Rechtsfolgen den oben [297] für die Voraussetzungsseite der Norm konstatierten gewissen Vorrang der Rechtssicherheit gegenüber der individuellen Gerechtigkeit, der durch die Geltung des Bestimmtheitsgebotes begründet wird, abzubauen und damit der gegenwirkenden Komponente mehr Gewicht einzuräumen.
Dabei soll und darf der Bestimmtheitsgrundsatz freilich nicht das Nachsehen haben [298], eine zu weitgehende Vernachlässigung der

---

295) vgl. z.B. BGHSt 13, 191; LK-Tröndle, StGB, § 1, Rn. 17; Schönke-Schröder-Eser, StGB, § 1, Rn. 25; Schröder, Verhandlungen des 41. DJT, Bd. 1, Hbbd. 2, S. 76; Claß, Festschrift für Eb. Schmidt, S. 132; Stree, Deliktsfolgen und Grundgesetz, S. 23; Geerds, Festschrift für Engisch, S. 422 f.; wohl auch Schmidt-Bleibtreu in Schmidt-Bleibtreu/Klein, GG, Art. 103, Rn. 9; Hamann/Lenz, GG, Art. 103, Anm. B4; a.A. ist aber Kausch, Der Staatsanwalt, S. 164, der "wegen der engen Verzahnung von Tatbestands- und Rechtsfolgenseite" die gleichen Anforderungen an die Rechtsfolgenseite stellt; besonders kritisch auch Schünemann, Nulla poena sine lege, S. 8, 37 f.

Rechtssicherheit ist ebenso wie das Gegenteil nicht möglich und wünschenswert.

Als Rechtsfolgen des § 31 BtMG kommen die Strafmilderung gemäß § 49 Abs. 2 StGB oder das Absehen von der Bestrafung in Betracht. Diese führen dazu, daß die weiten Strafrahmen der §§ 29 und 30 BtMG, die im Falle des § 30 Abs. 1 BtMG sogar - gemäß § 38 Abs. 2 StGB - bis 15 Jahre zeitige Freiheitsstrafe reichen können, zusätzlich in den strafgeringeren Bereich bis zur vollständigen realen Nichtbestrafung des Täters ausgedehnt werden. Für die hier betroffene Fragestellung ist jedoch nicht die weite Strafdrohung [299] der §§ 29 und 30 BtMG relevant; es geht lediglich darum festzustellen, ob der Vorhersehbarkeit der Rechtsfolge im Sinne des Bestimmtheitsgebotes durch § 31 BtMG Genüge getan wird.
In dieser Hinsicht ist vorrangig entscheidend für den Täter, o b die Vorschrift des § 31 BtMG zur Anwendung kommt und ihm dadurch eine Strafvergünstigung (gegebenenfalls in welcher Höhe) zuteil wird. Diese Frage betrifft in erster Linie das dem Gericht eingeräumte Ermessen hinsichtlich der Frage der Anwendung oder Nichtanwendung des § 31 BtMG im konkreten Fall.
Bei diesem handelt es sich nicht um ein freies tatrichterliches Ermessen [300], das als verfassungswidrig - wegen willkürlicher

---

296) Kritisch im Hinblick auf den "rechtsstaatlich bedenkliche(n) Zustand der Strafrahmen des deutschen Strafrechts" - gerade im Vergleich zum österreichischen Strafrecht - Zipf, Kriminalpolitik, S. 99, auch S. 202 (mit Reformvorschlägen); s. auch Geerds, Festschrift für Engisch, S. 423

297) s. S. 193

298) s. dazu auch Kausch, a.a.O., S. 162

299) Die Strafrahmen dürfen, um die Strafgewalt des Staates zu beschränken, nicht zu weit gespannt sein, vgl. auch Schünemann, Nulla poena sine lege, S. 37 f.; speziell zum Strafrahmen bei der Geldstrafe s. Krehl, Geldstrafe, S. 192 ff.

300) Diese Meinung kann heute als überwunden angesehen werden, vgl. LK-G. Hirsch, StGB, § 46, Rn. 2; Bruns, Strafzumessungsrecht, S. 655; jetzt auch Peters, Strafprozeß (4. Aufl.), S. 641 f. (im Gegensatz zur 2. Aufl., S. 569 und auch noch zur 3. Aufl., S. 609)

Bestimmung der Deliktsfolgen - anzusehen wäre. [301] Bei den Regelungen über eine fakultative Strafmilderung oder ein fakultatives Absehen von Strafe, die neben anderen Rechtsinstituten [302] zumeist unter dem Oberbegriff der Strafbemessung oder Strafzumessung im weiteren Sinne eingeordnet werden [303], [304], stellt sich die Entscheidung des Gerichts über die Anwendung einer solchen Regelung - wie bei der Strafzumessung im engeren Sinne [305] - als rechtlich gebundene Ermessensentscheidung [306] oder als Rechtsanwendung [307] dar.

Für die letztere Auffassung sprechen aber die besseren Argumente: Die Erstreckung des Anwendungsbereiches des Bestimmtheitsgebotes des Art. 103 Abs. 2 GG auch auf die Deliktsfolgen fand ihren Grund nicht nur darin, daß eine Rechtsfolge nicht losgelöst vom Tatbestand betrachtet werden kann [308], sondern geschah auch deshalb, weil durch die Erfassung auch der poena einerseits das Gebot notwendiger Gleichheit der Rechtsanwendung gewährleistet wird und andererseits dem Gebot der Voraussehbarkeit und Berechenbarkeit der strafrechtlichen Sanktion für den Täter Rechnung getragen wird. [309]

---

301) Neben einem Verstoß gegen das Rechtsstaatsprinzip des Art. 20 GG wäre auch ein solcher gegen das Bestimmtheitsgebot des Art. 103 Abs. 2 GG (so zu Recht Krehl, Geldstrafe, S. 71 Fn. 298) und möglicherweise gegen Art. 3 GG gegeben, vgl. dazu schon Drost, Das Ermessen des Strafrichters, S. 43; s. auch Warda, Dogmatische Grundlagen des richterlichen Ermessens im Strafrecht, S. 111 f., 175; Dreher, Festschrift für Bruns, S. 163; Engisch, Festschrift für Peters, S. 35; Schröder, Verhandlungen des 41. DJT, Bd. 1, Hbbd. 2, S. 61 und Haag, Rationale Strafzumessung, S. 17

302) wie z.B. den gerichtlichen Entscheidungen gemäß § 47, §§ 56 ff., §§ 59 ff. StGB

303) vgl. etwa Lackner, StGB, § 46, Anm. 3; LK-G. Hirsch, StGB, § 46, Rn. 1b; Dreher-Tröndle, StGB, § 46, Rn. 7; andersherum Bruns, Leitfaden des Strafzumessungsrechts, S. 5, 95, was aber deshalb gerade inkonsequent ist, weil bei diesen Regelungen eher die Präventionsüberlegungen und nicht das Schuldprinzip im Vordergrund stehen; enger SK-Horn, StGB, § 46, Rn. 2; hinsichtlich § 31 BtMG vgl. den 3. Teil, S. 250 f.

304) Diese Einordnung, hier nur als typische wiedergegeben, die offenbar getroffen wird, weil sie die reale Bestrafung oder Nichtbestrafung des

Zur Verwirklichung dieser Gesichtspunkte und zur Gewährleistung des Schutzes der Freiheit des Bürgers vor willkürlicher, unkontrollierbarer Ausübung staatlicher Macht sollte das sicherste und beste Mittel ergriffen und nicht auf halbem Wege rechtlich gebundenen Ermessens stehengeblieben werden. Auch ist mit der Rationalisierung solcher Entscheidungen [310], wenn sie ernsthaft betrieben wird, ein Stück Glaubwürdigkeit an richtige [311] richterliche Entscheidungen gewonnen. [312]
Eine solche "Verrechtlichung" [313] sollte nicht wegen praktischer Schwierigkeiten bei der Handhabung bestehenden richterlichen Ermessens abgelehnt werden. Die praktische Problematik besteht gerade heute - und zwar in einer empirisch belegten weitgehenden Diskrepanz im Bereich strafzumessender richterlicher Ermessensentscheidungen. [314]
Die Ausübung des Ermessens hinsichtlich der Frage der Anwendung des § 31 BtMG im konkreten Einzelfall stellt sich damit als Rechtsanwendung dar. Diese Meinung sorgt effektiv dafür, den Anforderungen des Bestimmtheitsgebotes gemäß Art. 103 Abs. 2 GG insoweit zu genügen.

Täters betrifft, hat freilich keine Aussage über einen besonderen materiellen Gehalt bzw. eine spezielle straftatsystematische Einordnung dieser Vorschriften zum Gegenstand; zu letzterem s. den 3. Teil dieser Arbeit, S. 252 ff.

305) Das ist die Ermittlung der konkreten Höhe der Strafe innerhalb des betreffenden Strafrahmens einer Norm, s. z.B. Lackner, StGB, § 46, Anm. 3

306) so die h.M., vgl. z.B. BGHSt 1, 177; BGH NJW 1977, 1459; 1978, 174; Baumann, AT, S. 659 f.; Jescheck, AT, S. 699; Maurach, AT, S. 851; Zipf, Die Strafmaßrevision, S. 161 ff.

307) So Bruns, Das Recht der Strafzumessung, S. 1, 25, 29, 63, 296; ders., Strafzumessungsrecht, S. 29; ders., Festschrift für Henkel, S. 293; Frisch, Revisionsrechtliche Probleme, S. 325; Krehl, Geldstrafe, S. 70 ff.; Krahl, Bestimmtheitsgrundsatz, S. 63 f.; Grasnick, GA 1986, S. 131, 133; s. auch Warda, Dogmatische Grundlagen des richterlichen Ermessens im Strafrecht, S. 119, 175 ("g e s e t z m ä ß i g ausgeübtes Ermessen", Hervorhebung im Original)

308) s. dazu oben S. 181 m.w.N.

309) vgl. oben S. 181 m.N.

Im Falle einer Strafmilderung gelten die gemäß § 49 Abs. 2 StGB vorgegebenen Richtlinien. Hier kann davon ausgegangen werden, daß der Richter der Sach- und Fallage entsprechend aufgrund der anerkannten Grundsätze der Strafzumessung entscheidet. Wichtig ist es, an dieser Stelle hinsichtlich § 31 BtMG zu vermerken, daß der Tatrichter im Urteil die Gründe für eine Milderung oder diejenigen für das Unterlassen einer solchen, obwohl objektiv die Voraussetzungen der Vorschrift vorlagen, angeben muß.[315)]

Unter diesen Voraussetzungen - insbesondere der von der Bestimmung der Rechtsfolgen als Rechtsanwendung - und wegen notwendiger Individualisierung der strafrechtlichen Sanktionen sind diese für den Täter noch als hinreichend bestimmt anzusehen. Aufgrund des Verweises auf die Vorschrift des § 49 Abs. 2 StGB und der zur Anwendung kommenden bewährten und allgemein anerkannten Grundsätze der Strafzumessung sowie der Auffassung von der Rechtsanwendung ist auch die freilich nur im Ausnahmefall[316)] eintretende Verlagerung der Entscheidung über die reale Bestrafung des Täters vom Gesetzgeber auf den Richter unter dem Gesichtspunkt der Gewaltenteilung gemäß Art. 20 Abs. 2 Satz 2 GG haltbar.

---

310) s. dazu Bruns, Leitfaden des Strafzumessungsrechts, S. 18 f.

311) Der Auffassung von der Rechtsanwendung korrespondiert als Grundlage die m.E. zutreffende Meinung nur einer objektiv richtigen, schuldangemessenen Strafe (Lehre von der sog. Punktstrafe), während der Meinung eines rechtlich gebundenen Ermessens die Schuldrahmen - oder Spielraumtheorie zugrundeliegt, vgl. Krehl, Geldstrafe, S. 72 m.N. zu Vertretern beider Auffassungen (S. 73, 75 f.) sowie unter V. in diesem Kapitel, S. 225 f. m.w.N.

312) vgl. auch Krehl, Geldstrafe, S. 76

313) vgl. Bruns, NJW 1979, 290, 291; Rudolphi, ZStW 83 (1971), S. 775; s. auch Schünemann, Nulla poena sine lege, S. 38; ders., in Pönometrie, S. 78

314) vgl. dazu Zipf, Strafmaßrevision, S. 18; Haag, Rationale Strafzumessung, S. 13 f. und Henkel, Die "richtige" Strafe, S. 3

315) vgl. H.W. Schmidt, MDR 1984, 7 und Körner, BtMG, § 31, Rn. 32

Die Verlagerung dieser Entscheidung auf den Richter im Bereich der Rechtsfolgen bedeutet eine Korrektur des bis dahin gewonnenen Ergebnisses auf dieser Ebene [317] und ist Folge des Einflusses des Gedankens der Spezialprävention. [318]

4.3. Ergebnis

Insgesamt kann festgestellt werden, daß die Regelung des § 31 BtMG den Anforderungen des Bestimmtheitsgebotes gemäß Art. 103 Abs. 2 GG - nach der hier vertretenen vermittelnden Auffassung zum Verhältnis zwischen Gesetzgeber und Richter - n u r unter der Voraussetzung enger Auslegung der Anwendungsvoraussetzungen[319] und u.a. insbesondere unter Zugrundelegung des Verständnisses von der Rechtsfolgen- und Ermessensbestimmung als Rechtsanwendung genügt.
Aus den dargelegten Gründen ist dann auch eine Vereinbarkeit des § 31 BtMG mit den Anforderungen des Gewaltenteilungsprinzips gemäß Art. 20 Abs. 2 Satz 2 GG zu bejahen.

5. Die Heranziehung der juristischen Methodenlehre zur Beantwortung der Frage enger oder weiter Auslegung des § 31 BtMG

An dieser Stelle soll nicht die Gelegenheit versäumt werden, mit Hilfe der juristischen Auslegungs- und Methodenlehre die Vor-

---

316) Fälle des Absehens von Strafe im Rahmen des § 31 BtMG sind bisher nicht bekannt, vgl. Weider, NStZ 1984, 398; Jung, ZRP 1986, 42 sowie BT-Drs. 10/843, S. 16; dies bestätigt jetzt auch die empirische Untersuchung von Jaeger, Der Kronzeuge, S. 111 f.

317) s. dazu schon meine Ausführungen oben im 5. Kapitel des 1. Teiles, S. 52 f.

318) so zu Recht schon Drost, Das Ermessen des Strafrichters, S. 176; s. auch schon oben im 5. Kapitel des 1. Teiles, S. 53

319) vgl. dazu das Zwischenergebnis, oben 4.1.3., S. 205 f.

schrift des § 31 BtMG dahingehend zu untersuchen, ob sie eine enge oder weite Auslegung dieser Norm ergibt.
Dabei soll zum einen festgestellt werden, ob das (bisherige) einheitliche Ergebnis notwendig enger Auslegung dieser Regelung bestätigt wird; zum anderen soll - gerade falls ersteres nicht einträte - dem Einwand vorgebeugt werden, diese Frage anhand der Methodenlehre nicht untersucht zu haben.
Zu diesem Zweck wird hier die traditionelle Methodenlehre zugrundegelegt, die die h.M. [320)] in der Rechtswissenschaft vertritt und anwendet. Im Bereich des Strafrechts werden andere Methoden zur Rechtsfindung gar nicht in Betracht gezogen. [321)]
Diese Tatsache stellt freilich keinen Grund dafür dar, genauso zu verfahren. [322)]
Für den Untersuchungszweck reicht hier [323)] jedoch die Durchführung der vier Auslegungsstufen der traditionellen Methodenlehre aus, wie deren Ergebnis zeigen wird. [324)]
Außerdem stimmen die Vertreter der verschiedenen Auslegungs- und Methodenlehren darin überein, daß die betreffende Norm sowieso zuerst eine möglichst weitgehende Konkretisierung durch die klassischen Auslegungsmittel erfahren solle. [325)] Erst wenn sich danach keine einheitliche Lösung ergeben hat, wird der weiterhin zu verfolgende Weg unterschiedlich beurteilt. [326)]

---

320) vgl. BVerfGE 1, 312; 11, 130; 41, 319; 57, 262; BGHSt 14, 118 ff.; Jescheck, AT, S. 122 ff.; Wessels, AT, S. 11; Bockelmann, AT, S. 19 ff.; Blei, AT, S. 26 ff.; SK-Rudolphi, StGB, § 1, Rn. 28 ff.; Zippelius, Juristische Methodenlehre, S. 39 ff.; Larenz, Methodenlehre, S. 305 ff.; Engisch, Einführung in das juristische Denken, S. 73 ff.; Stern, Gesetzesauslegung, S. 193 ff.; sie geht zurück auf v. Savigny, System des heutigen römischen Rechts, Bd. I, S. 222 ff.

321) Es finden sich nur Andeutungen z.B. bei Jakobs, AT, S. 62 ff. und Maurach/Zipf, AT 1, S. 109 f. sowie eine besondere Zusammenstellung von Auslegungsmethoden für das Strafrecht bei Gössel, Festschrift für Peters, S. 51 ff., die auf einem topischen Auslegungsverständnis beruht.

322) So zu Recht Krehl, Geldstrafe, S. 195 f., der die vertretenen Hauptmeinungsgruppen darlegt (S. 196 ff.), auf deren Darstellung hier verwiesen werden kann, letztlich aber auch - m.E. richtig - der traditionellen Methodenlehre den Vorrang einräumt (S. 204 ff.).

323) s. dazu soeben

Auch soll - obwohl es an sich erforderlich wäre - die umstrittene Frage des Auslegungszieles [327], d.h. subjektive am Willen des historischen Gesetzgebers orientierte Auslegung [328] oder objektive Theorie, die dem objektivierten Willen des Gesetzes maßgebende Bedeutung beimißt [329] oder eine vermittelnde Meinung [330], hier (jedenfalls noch) außer Betracht bleiben, weil bei nicht unterschiedlichen Ergebnissen der Auslegungsschritte sich eine immer einen gewissen Vorrang beanspruchende Zielbestimmung erübrigte und somit die Frage einer Rangfolge der Auslegungsschritte nicht von Interesse wäre. [331]
Auch soll die Wahl eines Auslegungszieles die einzelnen Schritte der Auslegung hier gerade nicht mitbestimmen [332] oder beein-

---

324) s. dazu unten 5.5., S. 219

325) vgl. die Feststellung bei Krehl, Geldstrafe, S. 205 mit Nachweisen für die einzelnen Auffassungen auf S. 196, 200 f., 203 f.

326) s. Krehl, a.a.O., S. 205

327) zu dieser Streitfrage vgl. Naucke, Strafbarer Betrug, S. 183 ff.; Engisch, Einführung in das juristische Denken, S. 85 ff.; Schönke-Schröder-Eser, StGB, § 1, Rn. 45 ff.; Eckardt, Die verfassungskonforme Gesetzesauslegung, S. 18 ff. und Krey, Gesetzesvorbehalt, S. 173 ff.

328) s. dazu als Vertreter derselben Naucke, Strafbarer Betrug, insbes. S. 183 ff.; ders., Festschrift für Engisch, S. 274 ff.; H. Mayer, AT, S. 84; Koch/Rüßmann, Juristische Begründungslehre, S. 181 f.; Stree, Deliktsfolgen und Grundgesetz, S. 26 f.; Engisch, a.a.O., S. 94 ff., 249

329) So die überwiegende Meinung, vgl. z.B. BVerfGE 1, 312 (seither st. Rspr.); BGHSt 10, 159 f.; Peters, Der neue Strafprozeß, S. 65; F. Müller, Juristische Methodik, S. 115; Schwalm, Festschrift für Heinitz, S. 50 f.; Müller-Dietz, Festschrift für Maurach, S. 471; Zippelius, Juristische Methodenlehre, S. 18 ff., 46 ff.; Maurach/Zipf, AT 1, S. 113; Bockelmann, AT, S. 21; Welzel, Lehrbuch, S. 368; Dreher/Tröndle, StGB, § 1, Rn. 10

330) s. dazu z.B. - im einzelnen unterschiedlich - Krey, Gesetzesvorbehalt, S. 183 f.; Larenz, Methodenlehre, S. 301 ff., s. aber auch S. 334; Schönke-Schröder-Eser, StGB, § 1, Rn. 48; v. Savigny, Juristische Methodenlehre, S. 32

331) Zur Bedeutung des Auslegungszieles vgl. Naucke, Festschrift für Engisch, S. 274 ff.; Krehl, Geldstrafe, S. 209 sowie die in den beiden folgenden Fn. Genannten; vgl. für den gegenteiligen Fall auch Krahl, Bestimmtheitsgrundsatz, S. 404

flussen [333]. Das Ergebnis soll gerade ohne solche Präjudizien gewonnen werden.
Diese Vorgehensweise rechtfertigt sich - wie sich später zeigen wird [334] - aus der Besonderheit vorliegender Sachlage.

5.1. Die grammatikalische Auslegung des § 31 BtMG

Für die Ermittlung der Frage enger oder weiter Interpretation der Regelung des § 31 BtMG ist als erstes Auslegungsmittel die grammatikalische Auslegung heranzuziehen. [335]
Mit ihr wird der Wortsinn der Norm im umgangssprachlichen und fachsprachlichen Bedeutungsgehalt ermittelt. Der sich dadurch ergebende Spielraum [336] wird vom Wortlaut für eine weitere Interpretation [337] offengelassen.

Für die Frage enger oder weiter Auslegung des § 31 BtMG gibt der Wortlaut dieser Vorschrift allerdings nichts her.

---

332) Auf diesen Effekt weist Heck, Rechtsgewinnung, S. 68, hin.

333) vgl. auch Koch/Rüßmann, Juristische Begründungslehre, S. 184

334) s. dazu unten 5.5., S. 219 und 6., S. 220 ff.

335) vgl. dazu etwa BVerfGE 1, 312; BGHSt 1, 3; Engisch, Einführung in das juristische Denken, S. 73; Larenz, Methodenlehre, S. 305 ff.; F. Müller, Juristische Methodik, S. 69; Zippelius, Juristische Methodenlehre, S. 39; Blei, AT, S. 26; LK-Tröndle, StGB, § 1, Rn. 42; U. Schroth in Kaufmann/Hassemer, Einführung in Rechtsphilosophie und Rechtstheorie der Gegenwart, S. 193; abgelehnt als Auslegungsmittel wird sie allerdings z.B. von Baumann, AT, S. 154 und Kriele, Theorie der Rechtsgewinnung, 1. Aufl., S. 81

336) s. dazu Koch/Rüßmann, Juristische Begründungslehre, S. 67; Zippelius, Juristische Methodenlehre, S. 43 und Hassemer, Strafrechtsdogmatik und Kriminalpolitik, S. 185

337) d.h. um weitere Gesichtspunkte e r g ä n z t e Interpretation, die nötig sei, vgl. Koch/Rüßmann, Juristische Begründungslehre, S. 166 und Hassemer, Strafrecht, S. 255; zum "Bedeutungsspielraum" s. auch Zippelius, a.a.O., S. 44

Auch die relativ hohen Voraussetzungen, die der Täter erfüllen muß, um eine Strafmilderung oder ein Absehen von Strafe zu erlangen [338], können nicht als Argument für eine Beschränkung des Anwendungsbereiches des § 31 BtMG herangezogen werden, weil sie - im Gegensatz zu vielen Regelungen über eine Strafmilderungsmöglichkeit oder die Möglichkeit des Absehens von Strafe des StGB - gerade zu dem Zweck aufgestellt worden sind, die Aufklärung im Bereich der Betäubungsmittelkriminalität voranzutreiben und den Täter daher bewußt nicht schon etwa für sein freiwilliges und ernsthaftes Bemühen zur Tataufdeckung belohnen wollen. Diese Intention des § 31 BtMG kann und darf im Rahmen der grammatikalischen Auslegung nicht berücksichtigt werden.

Damit läßt dieses Auslegungsmittel die Beantwortung der Ausgangsfrage offen.

5.2. Die systematische Auslegung des § 31 BtMG

Nach dieser Auslegungsmethode, die den gesetzlichen Kontext, in dem die Vorschrift des § 31 BtMG steht, betrachtet, wird einerseits die Stellung dieser Regelung im Gesetz, auch im Vergleich zu anderen Gesetzen im Bereich der Gesamtrechtsordnung beobachtet. [339] Andererseits wird versucht, aus einem Vergleich mit denselben oder wenigstens ähnlichen Normen bzw. Rechtsinstituten einen Erkenntnisgewinn zu ziehen. [340], [341]

---

338) s. dazu oben S. 9 f.

339) vgl. z.B. BGHSt 3, 245; Schönke-Schröder-Eser, StGB, § 1, Rn. 41; Baumann, AT, S. 153; Gössel, Festschrift für Peters, S. 46; Otto, AT, S. 27; Jescheck, AT, S. 122; Zippelius, Juristische Methodenlehre, S. 40, 48 ff.; Kriele, Theorie der Rechtsgewinnung, 1. Aufl., S. 82; Stern, Gesetzesauslegung, S. 206

340) vgl. etwa BGHSt 4, 305; 23, 268; Schönke-Schröder-Eser, ebenda; Stern, ebenda; Engisch, Einführung in das juristische Denken, S. 77; U. Schroth, a.a.O., S. 193

341) Insgesamt ablehnend gegenüber dieser Auslegungsmethode Naucke, Strafbarer Betrug, S. 186; kritisch ihr gegenüber etwa Blei, AT, S. 29; Maurach/Zipf, AT 1, S. 114 und Heck, Rechtsgewinnung, S. 84

Dabei ist freilich auf Unterschiede oder mangelnde Systematik einzelner Rechtsgebiete zu achten, die eine Vergleichbarkeit leicht ausschließen kann. [342)]
Die erste Komponente, die die Stellung des § 31 BtMG "im Gesetz" betrifft, kann hier kein Argument liefern.
Auch die zweite, die auf einen Vergleich mit ebensolchen oder ähnlichen Regelungen abstellt, kann in bezug auf § 31 Nr. 1 BtMG nicht weiterführen, weil eine hinsichtlich der Anforderungen an den Täter in solchem Maße weitreichende Vorschrift nicht existiert [343)] und oben [344)] angeführte Überlegung auch hier nicht durchgreifen kann.
Auch die systematische Auslegung des § 31 Nr. 2 BtMG [345)] kann keine näheren Erkenntnisse zur Beantwortung der Ausgangsfrage liefern, die damit weiterhin offen bleibt.

5.3. Die historische Auslegung des § 31 BtMG

Die historische Auslegungsmethode will die Regelungsabsicht des Gesetzgebers offenlegen. [346)]
Dazu dienen die Entstehungsgeschichte der Vorschrift mit ihren geschichtlichen Bezügen und Zusammenhängen, durch die grundsätzlich verbindliche Ziele und Absichten des Gesetzgebers eruiert werden können, während meist konkrete inhaltliche Vorstellungen des Gesetzgebers nicht auszumachen sind. [347)]

---

342) s. Larenz, Methodenlehre, S. 331; für einen speziellen Fall Burkhardt, JZ 1971, 352 ff.

343) s. dazu schon oben die Einleitung, II., S. 9 f.

344) vgl. soeben S. 215

345) s. dazu auch schon oben 4.1.2., S. 204 f.

346) vgl. Koch/Rüßmann, Juristische Begründungslehre, S. 167 ff.; U. Schroth, a.a.O., S. 194; Zippelius, Juristische Methodenlehre, S. 47; s. auch beispielhaft BGHSt 14, 119 ff.

347) s. dazu weiterhin Jescheck, AT, S. 123; Baumann, AT, S. 152; Gössel, Festschrift für Peters, S. 46; Stern, Gesetzesauslegung, S. 209; Coing, Juristische Methodenlehre, S. 32

Hinsichtlich der Motive des Gesetzgebers zur Einführung des § 31 BtMG darf auf die obigen [348] Ausführungen verwiesen werden.

Die Absicht des Gesetzgebers bestand darin, demjenigen Tatbeteiligten einen besonderen Anreiz in Form einer Strafmilderung oder gar eines Absehens von Strafe zu gewähren, der mit der Preisgabe seines Wissens über andere Tatbeteiligte, Hintermänner bzw. Auftraggeber und Organisationsumstände zur (weiteren) Tataufdeckung beiträgt. Das Ziel des Gesetzgebers besteht darin, durch diese Angaben und Hinweise eine gesteigerte Effektivität der Ermittlungstätigkeit der Strafverfolgungsbehörden in diesem Bereich des organisierten Verbrechens zu erreichen, so daß eher die Möglichkeit bestehe, Rauschgifthandelsorganisationen zu entlarven und aufzulösen und Großdealer "aus dem Verkehr" zu ziehen. [349]

Nach der historischen Auslegungsmethode ergibt sich anhand der Absichten und Ziele des Gesetzgebers erstmals eine Antwort auf die hier zu untersuchende Frage enger oder weiter Interpretation des § 31 BtMG:

Wenn das Ziel des Gesetzgebers darin besteht, mit Hilfe der Mitteilungen des kooperationsbereiten Täters die Strafverfolgungstätigkeit zu effektivieren, muß er die Voraussetzung für möglichst vielfältige und umfassende Angaben schaffen. Diese erhalten die Strafverfolgungsbehörden nur, wenn die Mitteilungen mit der Vergünstigung des § 31 BtMG honoriert werden. Um also die große Menge m ö g l i c h e r Angaben und Hinweise durch den Täter ausschöpfen zu können, ist es im Sinne der Strafaufklärung angezeigt, die Anforderungen zur Erlangung der Vergünstigung des § 31 BtMG herunterzuschrauben. Damit wird eine großzügige und weite Interpretation der Anwendungsvoraussetzungen dieser Regelung notwendig.

---

348) vgl. das 1. Kapitel des 1. Teiles der Arbeit, S. 14 f.

349) vgl. auch Slotty, NStZ 1981, 326 sowie die weiteren Angaben oben im 1. Kapitel des 1. Teiles, S. 14 f.

So wird es beispielsweise in der Rechtsprechung als ausreichend angesehen, wenn der Angeklagte nur den äußeren Geschehensablauf unter Einschluß seines eigenen objektiven Tatbeitrages vollständig schildert, aber die subjektive Tatseite bestreitet. [350), 351)] Zu immer weiterer extensiver Auslegung neigt die neuere Rechtsprechung zu § 31 BtMG. [352)]

Die historische Auslegungsmethode spricht damit eindeutig für eine weite Interpretation der Voraussetzungsseite des § 31 BtMG. Durch dieses Ergebnis ist e r s t m a l s das Gegenteil - nämlich eine w e i t e A u s l e g u n g - im Vergleich zu allen (!) bisherigen Prüfungspunkten, die sowohl die relevanten Maßstäbe des gesamten Strafprozeßrechts als auch diejenigen des bisher untersuchten Verfassungsrechtes umfaßten, eingetreten.

5.4. Die teleologische Auslegung des § 31 BtMG

Mit dieser Auslegungsmethode sollen die Zwecke des Gesetzes, die g e g e n w ä r t i g denkbar und aktuell sind, dargelegt und die betreffende Regelung so ausgelegt werden, daß ihr(e) Zweck(e) erreicht werden. [353)]

Der Zweck des § 31 BtMG, auf dem schon dargestellten Wege eine Effektivierung der Strafverfolgungstätigkeit zu erreichen, um die Rauschgiftkriminalität einzudämmen [354)], der Gegenstand der teleo-

---

350) vgl. BGH NStZ 1983, 416; OLG Hamm NStZ 1984, 79 f.; s. dazu auch meine Stellungnahme in der Schlußbetrachtung der Untersuchung, S. 267 f. m.w.N.

351) Zu weiteren Zweifels- und Streitfragen, die zumeist mit der Beantwortung der Frage notwendig enger oder weiter Auslegung entschieden werden können, vgl. oben 4.1., S. 197 ff. und unten die Schlußbetrachtung, S. 269 ff.

352) vgl. dazu kritisch Körner, BtMG, § 31, Rn. 4, 13 f., 20 m.w.N. aus der Rechtsprechung

353) vgl. z.B. Engisch, Einführung in das juristische Denken, S. 74; Koch/Rüßmann, Juristische Begründungslehre, S. 169; Jescheck, AT, S. 123; Schmidhäuser, AT, S. 36 f.; Zippelius, Juristische Methodenlehre, S. 47; U. Schroth, a.a.O., S. 194

logische Auslegungsmethode ist, fordert auch eine weite, großzügige Interpretation der Voraussetzungen des § 31 BtMG.

5.5. Ergebnis der Auslegung

Die historische und die teleologische Methode der Auslegung stimmen also in ihren Ergebnissen überein, eine w e i t e Auslegung der Regelung des § 31 BtMG zu treffen.

Da die grammatikalische und die systematische Auslegungsmethode auf die behandelte Fragestellung keine Antworten zu geben vermochten, besteht ein insgesamt e i n h e i t l i c h e s Ergebnis.
Interessant an dieser Übereinstimmung historischer und teleologischer Auslegung und dem Vorliegen eines einheitlichen Ergebnisses ist, daß es in diesem Falle keiner Rangfolge innerhalb der Auslegungsmethoden bedarf; ein Vorrang der einen oder anderen Methode ist also hier in keiner Weise ausschlaggebend.
Auch ist die Bestimmung des Auslegungszieles hier insoweit obsolet geworden, als sowohl subjektive wie objektive Theorie oder eine vermittelnde Meinung [355] das Ergebnis nicht bestimmen, ja nicht einmal beeinflussen können.
Besonders bemerkenswert ist daher, daß der oftmals auftretende Widerspruch zwischen historischer und teleologischer Auslegung hier nicht zu verzeichnen ist.
Der Grund dafür liegt in der bei jüngeren gesetzlichen Regelungen (noch) vorhandenen Übereinstimmung der (ehemaligen) Regelungsabsicht des Gesetzgebers mit dem zur Zeit verfolgten Zweck einer Vorschrift.
In solchem Falle ist daher eine Korrektur im Sinne einer Beschränkung teleologischer Auslegung durch die subjektive Theorie auf die vom Gesetzgeber durch den Wortlaut gezogenen Grenzen [356]

---

354) zu den Motiven des Gesetzgebers vgl. oben das 1. Kapitel des 1. Teiles der Arbeit, S. 14 f. und soeben 5.3., S. 217

ebenso überflüssig, wie umgekehrt eine Entfernung von der Regelungsabsicht des Gesetzgebers durch den objektivierten Willen des Gesetzes zur Anpassung der Norm an den sozialen Wandel [357] unnötig ist.

Diese Überlegungen zeigen aber auch, daß im Rahmen der Auslegungsschritte der traditionellen Methodenlehre ein anderes Ergebnis nicht zu erzielen ist.

6. Das Verhältnis zwischen den Anforderungen des Bestimmtheitsgebotes an § 31 BtMG und dem Ergebnis der Auslegung dieser Vorschrift

Das durch die Anwendung der klassischen Methodenlehre gewonnene (insoweit einheitliche) Ergebnis weiter Auslegung des § 31 BtMG widerspricht jedoch dem zuvor erhaltenen Ergebnis, das u.a. durch die Überprüfung der Regelung des § 31 BtMG am Maßstab der Anforderungen des Bestimmtheitsgebotes gemäß Art. 103 Abs. 2 GG das Erfordernis einschränkender Auslegung der Anwendungsvoraussetzungen des § 31 BtMG ergab.

Nur unter dieser Voraussetzung, so hat sich gezeigt, kann die noch hinreichende Bestimmbarkeit dieser Vorschrift bejaht und ihr damit ein ausreichend sicher konkretisierter Anwendungsbereich beigelegt werden. [358]

---

355) vgl. dazu die jeweiligen Nachweise oben S. 213 in Fn. 328, 329 und 330

356) vgl. dazu Krehl, Geldstrafe, S. 223; Krey, Gesetzesvorbehalt, S. 187; Schünemann, ZStW 84 (1972), S. 890 und Larenz, Methodenlehre, S. 331

357) s. hierzu die oben S. 213 Fn. 329 genannten Vertreter der objektiven Theorie

358) s. dazu oben S. 203 f., 211

Das aufgrund der Methodenlehre erzielte Ergebnis widerspricht somit den Erfordernissen, die das Bestimmtheitsgebot des Art. 103 Abs. 2 GG an die strafrechtliche Norm des § 31 BtMG stellt. Eine zu weite Auslegung könnte so den Schutzbereich des Art. 103 Abs. 2 GG aushöhlen. Dies ist bei der grundlegenden Bedeutung [359)] des Bestimmtheitsgebotes für den Normadressaten und wegen dessen verfassungsrechtlicher Garantie durch Art. 103 Abs. 2 GG - zum Schutze der Freiheit des Bürgers - nicht zulässig. [360)]
Die Auslegung einer strafrechtlichen Regelung darf daher nur soweit gehen, wie das Bestimmtheitsgebot es zuläßt. Eine über die durch Art. 103 Abs. 2 GG gezogene Grenze hinausgehende Interpretation strafrechtlicher Normen ist unzulässig und mit diesem Verfassungsgrundsatz unvereinbar. [361)]
Das Bestimmtheitsgebot des Art. 103 Abs. 2 GG steht nicht zur Disposition. Soll dieses wirklich befolgt werden - dies steht außer Frage und dazu ist der Gesetzgeber und die Verfassungsrechtsprechung nachdrücklich aufzurufen -, so muß sich die Methodenlehre daran orientieren [362)]. Ihr wird also eine Grenze durch Art. 103 Abs. 2 GG gezogen.

Die hier durchgeführte Untersuchung belegt damit die Richtigkeit der Meinung, daß sich der Inhalt des Art. 103 Abs. 2 GG nicht

---

359) s. dazu schon oben S. 178 ff.

360) vgl. dazu auch Naucke, Strafbarer Betrug, S. 192; Krey, Gesetzesvorbehalt, S. 214 und Krehl, Geldstrafe, S. 205; s. zum Komplementärverhältnis von Bestimmtheit und Auslegung außerdem Krahl, Bestimmtheitsgrundsatz, S. 362 ff.

361) Insofern handelt es sich um eine verfassungskonforme Auslegung, s. dazu näher unten im 3. Kapitel dieses Teiles, S. 237 f.

362) Keinesfalls kann - wie es etwa die Vertreter einer analogischen Struktur der Rechtsanwendung (vgl. z.B. Sax, Das strafrechtliche "Analogieverbot", S. 148; Haft, Juristische Rhetorik, S. 89; Arthur Kaufmann, Analogie und "Natur der Sache", S. 61; Hassemer, Strafrecht, S. 255) praktizieren - zunächst die ihrer Meinung nach zutreffende Auslegungsmethode gewählt und erst anschließend der Inhalt der Anforderungen des Bestimmtheitsgebotes nach dieser ausgerichtet werden, vgl. dazu Naucke, Strafbarer Betrug, S. 197 ff.; Krahl, Bestimmtheitsgrundsatz, S. 365 ff., 367 f. und Krehl, Geldstrafe, S. 206 Fn. 149; einer solchen Verfahrensweise liegt eine an den empirischen Sozialwissenschaften orientierte Denkweise zu-

nach dem richten kann, was als Auslegung zulässig zu sein scheint [363]; die Interpretation des Bestimmtheitsgrundsatzes kann somit entweder schon die Wahl der Auslegungsmethode [364] oder die des Auslegungszieles [365] beeinflussen oder jedenfalls der getroffenen Auslegung Grenzen setzen.
Die Art zulässiger Auslegung hat sich also an den Forderungen des Art. 103 Abs. 2 GG [366] zu orientieren; sie wird durch den Bestimmtheitsgrundsatz begrenzt. [367]

Das umgekehrte Vorgehen, nämlich das Ausrichten des Inhalts des Bestimmtheitsgebotes an der - meist nur in teleologischer Hinsicht so weitreichenden - Auslegung, würde zur Preisgabe des Schutzes der Freiheit des Bürgers und zum Verlust des notwendigen Maßes an Rechtssicherheit führen [368], der durch Art. 103 Abs. 2 GG ja sogar eine Vorrangstellung eingeräumt wird. Eine solche Vorgehensweise muß daher als (einschränkungslos) unzulässig bezeichnet werden.

---

grunde (so zu Recht Krahl, a.a.O., S. 368), die den Erfordernissen des Bestimmtheitsgrundsatzes entgegensteht, vgl. dazu Naucke, in Hassemer/Lüderssen/Naucke, Fortschritte im Strafrecht durch die Sozialwissenschaften?, S. 29 f. und Krahl, a.a.O., S. 368 Fn. 988

363) vgl. Naucke, Strafbarer Betrug, S. 194, 197

364) s. Krehl, Geldstrafe, S. 206 Fn. 149 und oben Fn. 361

365) s. Naucke, a.a.O., S. 184 ff., der über die verbindliche subjektive Auslegungstheorie den inhaltlichen Gehalt des Bestimmtheitsgebotes gemäß Art. 103 Abs. 2 GG festlegt, da diese nur die richtige Auslegungstheorie sein könne, weil Art. 103 Abs. 2 GG seine geschichtliche Grundlage in dem subjektiv ausgerichteten § 2 PrStGB (s. das Zitat des Wortlautes bei Naucke, a.a.O., S. 184) habe; die objektive Auslegungstheorie ist damit präkludiert.

366) Der Bestimmtheitsgrundsatz wurde hier in materieller Form begründet, indem eine vermittelnde Auffassung vertreten wird, die in der Lage ist, die Vor- und Nachteile der entgegengesetzten Eckmeinungen weitgehend einer Synthese zuzuführen, die - in auch für den Gesetzgeber erfüllbarer Form - den notwendigen Schutz der Freiheit des Bürgers garantiert; s. dazu oben S. 191 ff.

367) s. auch Krehl, a.a.O., S. 206; es handelt sich damit um eine verfassungskonforme Auslegung.

Die Unzulässigkeit extensiver Auslegung im Rahmen des § 31 BtMG wird jedoch nicht nur durch das - wenn auch schon allein entscheidende - Verhältnis des Art. 103 Abs. 2 GG zum Problem noch zulässiger Form der Auslegung belegt.
Es gilt daran zu erinnern, daß alle weiteren bisher erörterten Prüfungsgegenstände des Strafprozeßrechtes (insbesondere die Grundsätze der Öffentlichkeit, der "Waffengleichheit", die Problematik des Rollentausches sowie das Beweiswürdigungsproblem der Glaubwürdigkeit der Aussage des Aufklärungsgehilfen) und des Verfassungsrechtes (vor allem das Rechtsstaatsprinzip) zu einem völlig einheitlichen Ergebnis notwendig einengender Interpretation der Voraussetzungsseite des § 31 BtMG geführt haben.
Eine ausdehnende und großzügige Auslegung dieser Vorschrift hätte - auch und gerade im Rahmen dieser Prüfungspunkte - schon längst zur strafprozeßrechtlichen Unzulässigkeit und zur Verfassungswidrigkeit des § 31 BtMG geführt!
Nur unter der zwingenden Voraussetzung restriktiver Auslegung ist die Regelung des § 31 BtMG also letztlich haltbar.

V. Vereinbarkeit der Rechtsfolgen des § 31 BtMG mit dem im Strafrecht geltenden Schuldprinzip?

Die Vorschrift des § 46 Abs. 1 StGB, die die Grundsätze der Strafzumessung regelt, bestimmt in ihrem Satz 1: "Die Schuld des Täters ist Grundlage für die Zumessung der Strafe." [369), 370)]

---

368) Dies glaubt die Untersuchung - gerade durch diesen Abschnitt - deutlich gezeigt zu haben.

369) vgl. zu dieser Grundlagenformel z.B. Lackner, Festschrift für Gallas, S. 117 ff.; Stratenwerth, Tatschuld und Strafzumessung, S. 1 ff., 13 und zum Verhältnis von Schuld und Strafe Müller-Dietz, Grenzen des Schuldgedankens im Strafrecht, S. 31 ff.

370) zum Problem von Willensfreiheit und Schuldprinzip s. etwa Jescheck, AT, S. 328 ff. m.w.N.; auch Naucke, Strafrecht, S. 248 ff.

Wenn auch lediglich im Rahmen der Strafzumessung gesetzlich bestimmt wurde, daß die Strafe Schuld zur Voraussetzung hat (nulla poena sine culpa) [371], so entspricht es doch allgemeiner Überzeugung, daß das Maß und die Grenzen gerechter Strafe im Schuldprinzip bestehen müssen. [372] Das Schuldprinzip entfaltet somit eine notwendige Schutzfunktion zugunsten des Täters gegenüber repressiven staatlichen Eingriffen übermäßiger Art. [373]
Daß die Schuld des Täters Anlaß der Strafe ist, wird vom Rechtsstaatsprinzip und dem Grundsatz der Menschenwürde gefordert.
Der Grundsatz nulla poena sine culpa ist an der Idee der Gerechtigkeit orientiert und damit verfassungsrechtlich im Rechtsstaatsprinzip des Art. 20 GG und der Menschenwürde gemäß Art. 1 Abs. 1 GG verankert. [374]
Durch die Möglichkeit des Gerichts, im Rahmen des § 31 BtMG von Strafe abzusehen oder diese zu mildern, kann möglicherweise das für das Strafrecht grundlegende Schuldprinzip verletzt werden, indem das Maß der Schuld des Täters unterschritten wird.

Die Frage, ob (und wenn ja, inwieweit) das Maß der Schuld aus spezialpräventiven Gründen unterschritten werden darf, ist lebhaft umstritten. [375]

---

371) Damit ist eine Erfolgshaftung ausgeschlossen, vgl. Jescheck, AT, S. 17 - Das Wesen der Schuld besteht in der "Tatschuld", nicht in der "Lebensführungsschuld", s. BGH NJW 1954, 1416; LK-G. Hirsch, StGB, § 46, Rn. 6 ff.; Jescheck, ebenda; dabei werden die beiden Komponenten des "Tatschuld"begriffes in der objektiven Schwere der Tat und der persönlichen Schuld des Täters gesehen, vgl. dazu BGHSt 20, 266; Zipf, Die Strafzumessung, S. 24, 28 und Schaffstein, Festschrift für Gallas, S. 109 f.

372) vgl. BGHSt 2, 200; 20, 267; BVerfGE 9, 169; 20, 331; 23, 132 f.; Baumann, AT, S. 367 ff.; Bockelmann, AT, S. 216; Maurach/Zipf, AT 1, S. 85; Schmidhäuser, AT, S. 38; Jescheck, AT, S. 17; Bruns, Strafzumessungsrecht, S. 311 ff.; Arthur Kaufmann, Das Schuldprinzip, S. 116 ff., 207; Stree, Deliktsfolgen und Grundgesetz, S. 51; Zipf, Die Strafmaßrevision, S. 47 ff.; anders insbes. Plack, Plädoyer für die Abschaffung des Strafrechts, S. 207 ff.

373) vgl. Lange, Das Rätsel Kriminalität, S. 97 f. und Jescheck, AT, S. 17; insofern ist das Schuldprinzip mit seinen strafbegrenzenden Wirkungen mit dem verfassungsrechtlichen Grundsatz der Verhältnismäßigkeit (Übermaßverbot) kongruent, s. BVerfGE 34, 267 und Bruns, Das Recht der Strafzumessung, S. 93

Nicht zweifelhaft ist dagegen, daß ein reines Schuldstrafrecht mit der Regelung des § 46 StGB nicht zu vereinbaren ist; denn gemäß § 46 Abs. 1 Satz 2 StGB sind die "Wirkungen, die von der Strafe für das künftige Leben des Täters in der Gesellschaft zu erwarten sind", bei der Strafzumessung "zu berücksichtigen". Dies bedeutet, daß eine die Schuld des Täters zur Grundlage nehmende Strafzumessung sich auch an den präventiven Wirkungen der Strafe zu orientieren hat. [376)]

Diese Maßgabe des Gesetzgebers hat auch die hier vertretene Lehre von der sog. Punktstrafe [377), 378)], die mit der Einschätzung von der Bestimmung der

---

374) vgl. BVerfGE 6, 439; 20, 331; 25, 285 f.; 41, 125; 45, 259 f.; 50, 133; 214 sowie Lackner, StGB, § 46, Anm. 1; Jescheck, AT, S. 17, 328 Fn. 1; Dürig in Maunz/Dürig/Herzog/Scholz, GG, Art. 103, Rn. 32; a.A. aber ist Neufelder, GA 1974, S. 304

375) vgl. aus der Rechtsprechung, die dafür eintritt, daß grds. die Strafe der Schuld entspricht, BGHSt 3, 179; 7, 89; 20, 266; 24, 134; BGH NJW 1978, 175; s. auch E 1962, Begründung S. 181; aus der Literatur z.B., überwiegend ablehnend: Bruns, Strafzumessungsrecht, S. 323; ders., Das Recht der Strafzumessung, S. 96; ders., Festschrift für Welzel, S. 746 f.; Henkel, Die "richtige" Strafe, S. 47; Dreher, Über die gerechte Strafe, S. 127 ff.; Maurach, AT, S. 838; Baumann, AT, S. 647; Schaffstein, Festschrift für Gallas, S. 105; Bockelmann, ZStW 75 (1963), S. 388 ff.; Horn, Festschrift für Bruns, S. 177 ff.; Zipf, Die Strafmaßrevision, S. 113; Schwalm, JZ 1970, 489 f.; LK-G. Hirsch, StGB, vor § 46, Rn. 16; befürwortend: § 59 AE; Roxin, JuS 1966, 384 f.; ders., Festschrift für Schultz, S. 473 ff.; ders., ZStW 96 (1984), S. 657; Lackner, Neue Entwicklung, S. 23 ff.; Grünwald, ZStW 80 (1968), S. 96; Schönke-Schröder-Stree, StGB, vor §§ 38 ff., Rn. 18a; Rudolphi, ZStW 86 (1974), S. 79 f.

376) vgl. z.B. Bruns, Das Recht der Strafzumessung, S. 90, 95; Haag, Rationale Strafzumessung, S. 25; Jescheck, AT, S. 700; Krehl, Geldstrafe, S. 77 und Schönke-Schröder-Stree, StGB, § 46, Rn. 5; a.A. sind die Vertreter der sog. Stellenwert- oder Stufentheorie (vgl. z.B. SK-Horn, StGB, § 46, Rn. 4 ff., 21 ff. und Schöch, Festschrift für Schaffstein, S. 259), die jedoch mit der Gesetzeslage nach § 46 Abs. 1 StGB nicht zu vereinbaren ist, s. etwa Schönke-Schröder-Stree, a.a.O.; Lackner, StGB, § 46, Anm. 3c; Roxin, Festschrift für Bruns, S. 186 ff. sowie den obigen Text.

377) Diese wird hier jedoch nicht in der Spielart vertreten, die über die "Verrechtlichung" der Strafzumessung hinausgeht und eine formalisierte, mathematische Berechenbarkeit der konkreten Strafe erstrebt (so - mit unterschiedlichen Ansätzen - v. Linstow, Berechenbares Strafmaß; Haag, Rationale Strafzumessung und Bruckmann, ZRP 1973, 33 f.) und die - zu Recht -

Rechtsfolgen als Rechtsanwendung sinnvoll korrespondiert [379]) und nur die "Richtigkeit" einer einzigen Strafhöhe (als "Annäherungswert" [380])) im konkreten Fall anerkennt [381]), zu beachten. Obwohl dabei nun die Verwirklichung präventiver Gedanken bei der Strafzumessung "zu berücksichtigen" ist, ist die Verwirklichung von (Spezial-)Präventionsgesichtspunkten jedoch in der Weise gemäß § 46 Abs. 1 Satz 1 StGB beschränkt, daß die konkrete Strafe noch einen gerechten Ausgleich der Schuld des Täters darstellen muß. [382])

---

allgemeine Ablehnung erfährt (vgl. z.B. Dreher, in Pönometrie, S. 43; Bruns, Festschrift für Welzel, S. 742; ders., Strafzumessungsrecht, S. 14, 64; Zipf, Die Strafzumessung, S. 77; Reinhard v. Hippel, Festschrift für Richard Lange, S. 285 f.); vgl. in diesem Zusammenhang auch Hassemer, in Gesetzesplanung, S. 107, 119; ders., ZStW 90 (1978), S. 64 ff.; s. dazu ferner auch Bruns, NJW 1979, 289 ff.
- Vielmehr ist die Strafe (praktisch) als "Annäherungswert" zu verstehen (vgl. Bruns, NJW 1979, 290 f.; ders., Das Recht der Strafzumessung, S. 3, 63), der die "Notwendigkeit subjektiver Wertentscheidungen" und die "menschliche Unterschiedlichkeit (Unvollkommenheit)" (Bruns, a.a.O., S. 63) demgegenüber berücksichtigen kann.

378) An abweichenden Ansichten sind zu nennen:
die Theorie vom schöpferischen Gestaltungsakt der Strafzumessung (vgl. insbes. Dreher, Festschrift für Bruns, S. 163; ders., in Pönometrie, S. 46 ff.), die jedoch zu einer rationaleren Strafzumessung nicht beitragen kann (vgl. auch Krehl, Geldstrafe, S. 76 - Bruns, NJW 1979, 290 f. faßt diese nicht als weitere selbständige Theorie auf);
die sog. Stellenwerttheorie (vgl. Henkel, Die "richtige" Strafe, S. 51; SK-Horn, StGB, § 46, Rn. 21 ff.), die jedoch mit der Vorschrift des § 46 Abs. 1 StGB nicht vereinbar ist (vgl. auch Bruns, Festschrift für Dreher, S. 251 ff.; LK-G. Hirsch, StGB, § 46, Rn. 18) und die von der h.M. vertretene sog. Spielraum- oder Schuldrahmentheorie (s. BGHSt 7, 32; 24, 133; 27, 3; Schaffstein, Festschrift für Gallas, S. 101 ff.; v. Weber, Die richterliche Strafzumessung, S. 12), die jedoch sowohl für die Festlegung des Spielraumes bzw. Schuldrahmens als auch für dessen Ausfüllung eine allgemeine Ermessensfreiheit des Richters akzeptiert, die hier abgelehnt wird (vgl. Bruns, NJW 1979, 289 f.; ders., Leitfaden des Strafzumessungsrechts, S. 48 f.; Krehl, Geldstrafe, S. 76, 80 f.).

379) s. dazu schon oben IV., 4.2., S. 210 Fn. 311

380) vgl. Bruns, NJW 1979, 290 f.; ders., Das Recht der Strafzumessung, S. 3, 63 und schon oben Fn. 377 (am Ende)

Andernfalls genössen die - nur im Rahmen gerechten Schuldausgleiches - "zu berücksichtigenden" präventiven Wirkungen eindeutige Prioritätsstellung und würden so die Schuld als Grundlage der Strafzumessung verdrängen. [383)]
Die Präventionsgesichtspunkte sind bei der Lehre von der sog. Punktstrafe, die als gerechte Strafe nur eine einzige Strafhöhe (als "Annäherungswert" [384)]) im konkreten Fall als schuldangemessen betrachtet, in der Weise zu berücksichtigen, daß eine Abweichung von der Schuldpunktstrafe in relativ engen Grenzen zulässig ist, sofern nur die Strafe in ihrem Gehalt noch Schuldstrafe bleibt. [385)]
Die Lehre von der sog. Punktstrafe und § 46 Abs. 1 Satz 2 StGB sind also miteinander vereinbar. [386)]

Daraus ergibt sich auch die Beantwortung der hier relevanten Streitfrage:
Nach der Lehre von der sog. Punktstrafe ist eine Abweichung von der Schuldpunktstrafe nur insoweit möglich, als die Strafe in ihrem Kern noch als Schuldstrafe bezeichnet werden kann. Weiter darf das Maß der Schuld aus spezialpräventiven Gründen also nicht unterschritten werden.
Für die Regelung des § 31 BtMG bedeutet dies, daß die auszusprechende Strafe unter Berücksichtigung (spezial-)präventiver Gründe in ihrem Gehalt noch Schuldstrafe zu sein hat.
Unrichtig wäre es aber, nun zu denken, daß sich aufgrund der hier vertretenen Lehre von der sog. Punktstrafe nur ganz geringfügige Strafnachlässe für den Täter ergeben könnten. Denn bei einer Regelung über das Absehen von Strafe oder eine Strafmilderung wie z.B. § 31 BtMG ist zu bedenken, daß jeweils bestimmte

---

381) vgl. weiterhin Heinitz, ZStW 70 (1958), S. 5; v. Weber, MDR 1949, 390; Eb. Schmidt, SJZ 1946, Spalte 206; Zipf, Die Strafmaßrevision, S. 167 und Frisch, Revisionsrechtliche Probleme, S. 138, 170, 187, 326

382) vgl. BGHSt 24, 132 ff.; BGH NJW 1978, 174 f.; Bruns, Leitfaden des Strafzumessungsrechts, S. 76; ders., Festschrift für Welzel, S. 739, 746; Schaffstein, Festschrift für Gallas, S. 99, 105; LK-G. Hirsch, StGB, § 46, Rn. 12

Gründe bestehen, die die Geltung einer solchen Vorschrift erklären können, wenn auch ein leitendes Prinzip bei diesen fakultativen Strafbefreiungsgründen nicht feststellbar ist. [387)]
Im Falle des § 31 BtMG handelt es sich um eine Regelung, die zu denjenigen Vorschriften gehört, die sich um den Rücktrittsgedanken und den Gedanken der tätigen Reue gruppieren [388)], also auf einer Handlung beruhen, durch die sich der Täter die in Aussicht gestellte Vergünstigung verdient hat, für die er jetzt belohnt wird. [389)]
Diese Einordnung ist bei der Regelung des § 31 Nr. 2 BtMG ganz unproblematisch, da sie z.B. den Vorschriften der §§ 87 Abs. 3, 129 Abs. 6 Nr. 2 StGB im wesentlichen entspricht; sie trifft aber auch bei § 31 Nr. 1 BtMG zu, der nicht nur von der Zielrichtung her mit dem Grundgedanken dieser Vorschriftengruppe übereinstimmt, sondern auch als weiterer Schritt auf dem Wege zu einer echten Kronzeugenregelung gegenüber den §§ 129 Abs. 6 Nr. 1, 129a Abs. 5 StGB anzusehen ist. [390), 391)]

---

383) vgl. nochmals Bruns, Leitfaden des Strafzumessungsrechts, S. 76 und zusätzlich Jescheck, AT, S. 19 mit Fn. 12; a.A. ist das die Ausgangsfrage befürwortende Schrifttum (s. die Nachweise oben in Fn. 375), das jedoch die Strafe dadurch zum reinen Mittel der Prävention umfunktioniert und deshalb mit der gegenwärtigen Gesetzeslage nicht in Einklang zu bringen ist.

384) vgl. die Nachweise oben in Fn. 380

385) vgl. LK-G. Hirsch, StGB, § 46, Rn. 12 und Krehl, Geldstrafe, S. 75, 77

386) vgl. die soeben Genannten; unzutreffend daher Schaffstein, Festschrift für Gallas, S. 104

387) vgl. dazu ausführlich oben das 3. und insbes. das 4. Kapitel des 1. Teiles der Arbeit, S. 23 ff., 36 ff. sowie Naucke, Jura 1979, 429

388) vgl. dazu näher unten im 3. Teil, S. 252 ff.

389) vgl. Jescheck, AT, S. 690

390) vgl. zu dieser Tatsache oben die Einleitung, II., S. 9 f. sowie - richtig - auch Weigend, Festschrift für Jescheck, S. 1334 f.

391) Jung, ZRP 1986, S. 39 Fn. 16 bezeichnet § 31 BtMG ausdrücklich als Fall tätiger Reue; ebenso Körner, BtMG, § 31, Rn. 3; Pelchen in Erbs/Kohlhaas, Strafrechtliche Nebengesetze, Bd. I, Anm. 1; Hügel/Junge, BtMR, § 31,

Eine solche Vorschrift wie § 31 BtMG, die zu der genannten Regelungsgruppe gehört, bewirkt für den Täter eine Schuldminderung bzw. die Kompensation seiner Schuld [392)] durch die freiwillige Offenbarung seines Wissens im Sinne der Ziffer 1 oder 2 des § 31 BtMG. § 31 BtMG wie auch die anderen in Betracht kommenden Regelungen [393)] ermöglichen also die Individualisierung der strafrechtlichen Sanktion. [394)]
Dieser dann noch bestehende Schuldgehalt ist maßgebend für die Beurteilung der Frage, ob die ausgesprochene oder vorgesehene Strafe unter Einbeziehung der Präventionsgesichtspunkte in ihrem Kern noch als Schuldstrafe angesehen werden kann.

Bei Beachtung der vorstehenden Erörterungen wird das insoweit modifizierte Schuldstrafmaß dann im konkreten Falle nicht unterschritten und das Schuldprinzip des Strafrechts durch die Vorschrift des § 31 BtMG nicht verletzt.

Rn. 1; für § 31 Nr. 2 BtMG ebenso Slotty, NStZ 1981, 326; daß es sich um eine Kooperation des Täters mit den Strafverfolgungsbehörden bei der Fahndung handelt, schließt nicht notwendig die hier getroffene Eingruppierung dieser Regelung, die auf einer Leistung des Täters und damit auf seinem Verdienst basiert, aus, anders wohl Hassemer, Strafverteidiger 1986, 551, 553, dem jedoch darin zuzustimmen ist, daß für die hier infrage stehende Tätigkeit der Belastung ehemaliger Tatbeteiligter durch den Aufklärungsgehilfen oder einen Kronzeugen Strafmilderung oder Straffreiheit vorzusehen ausgeschlossen sein sollte.

392) s. hierzu v. Weber, MDR 1956, 705; Krümpelmann, Die Bagatelldelikte, S. 196; Jescheck, AT, S. 690 f.; Maurach, AT, S. 830; Schröder, Verhandlungen des 41. DJT, Bd. I, S. 94; Schönke-Schröder-Stree, StGB, vor §§ 38 ff., Rn. 54

393) vgl. dazu die oben im 4. Kapitel des 1. Teiles, S. 37 Fn. 2, 4, 5 und 6 genannten Vorschriften, zu denen u.a. auch diejenigen gehören, die ein Absehen von Strafe und eine Strafmilderung wegen ihres Bagatellcharakters vorsehen

394) vgl. Jescheck, AT, S. 690 und schon oben S. 53

3. Kapitel: Zusammenfassung der rechtlichen Problematik und Ergebnis

Dieser 2. Teil der Untersuchung "durchleuchtete" die Regelung des § 31 BtMG in ihrem Spannungsverhältnis zu grundlegenden Fragen zunächst des Strafprozeßrechtes und anschließend des Verfassungsrechtes.
Dabei wurde insbesondere die Frage untersucht, ob (und wenn ja, unter welchen Voraussetzungen und Maßgaben) die Vorschrift des § 31 BtMG im gegenwärtigen Rechtssystem überhaupt strafprozeßordnungs- und verfassungsgemäß sein kann.
Denn es hatten sich sehr schnell Bedenken gegenüber dieser Regelung eingestellt [1], die zusammengefaßt als r e c h t s - s t a a t l i c h e P r o b l e m e [2] gekennzeichnet werden können.
Es zeigte sich mit fortlaufender Überprüfung des § 31 BtMG immer deutlicher, daß eine solche auf (angeblich) kriminalpolitischer Notwendigkeit beruhende Vorschrift auf die "schützenden Formen" [3] der Strafprozeßordnung stößt, die - entgegen der Intention des § 31 BtMG - als Schutzbarrieren zugunsten des Beschuldigten wirken.
Konkret wurde offenbar, daß die Norm des § 31 BtMG ein Musterbeispiel für die einseitige Verwirklichung der (vom Bundesverfassungsgericht ins Leben gerufenen) Argumentationsfigur einer "funktionstüchtigen Strafrechtspflege" [4] darstellt, die dementsprechend in die rechtsstaatlichen Garantien des Strafprozeßrechtes und des Verfassungsrechtes einbricht. [5]

---

1) vgl. dazu insbes. das 5. Kapitel des 1. Teiles, S. 58

2) auch und gerade des Strafverfahrensrechts, nicht nur des Verfassungsrechts

3) Zachariä, Handbuch des deutschen Strafprozesses, Bd. 1, S. 145 f.; s. auch Müller-Dietz, ZStW 93 (1981), S. 1203

4) s. dazu schon oben S. 158 ff. m.N. aus der Rechtsprechung und der Literatur

5) vgl. dazu auch schon oben S. 103 mit Fn. 187

Dies ergab die Erörterung in diesem Zusammenhang relevanter prozessualer Problembereiche (insbesondere des Öffentlichkeitsgrundsatzes, des Grundsatzes der "Waffengleichheit", der Rollentauschproblematik und des Beweiswürdigungsproblems der Glaubwürdigkeit der Aufklärungsgehilfenaussage) [6] mit spürbarer Deutlichkeit:
Die Vereinbarkeit des § 31 BtMG mit diesen prozessualen Anknüpfungspunkten ist - bei den mit dieser Regelung einhergehenden Risiken und Wirkungen sowohl für den an der Tat beteiligten Beschuldigten als auch für den Aufklärungsgehilfen [7] - nur im Wege der Beschränkung des Anwendungsbereiches dieser Vorschrift zu erreichen, die der Norm die Einseitigkeit ihrer Belastungsfunktion für den Beschuldigten zu nehmen vermag. [8]
Allerdings ist die Entschärfung der Problematik - bei enger Auslegung der Anwendungsvoraussetzungen - sogar nur durch das Ineinandergreifen der gewonnenen Ergebnisse eingetreten:
Die unzulässige Beeinträchtigung des Gebotes der "Waffengleichheit", die die Wirkungsweise des § 31 BtMG besonders deutlich offenlegte, ist nur dadurch abzuschwächen und mit gewissen Einschränkungen im wesentlichen letztlich nur dadurch aufzulösen gewesen, daß - zusätzlich zu obiger Grundvoraussetzung - der Aufklärungsgehilfe nicht als Zeuge vor Gericht gehört werden darf und seinen Angaben gegenüber den Ermittlungsbehörden lediglich Hinweisfunktion zukommen kann. [9]

Erst aufgrund dieser beiden - unabhängig von der Erörterung der "Waffengleichheit" erhaltenen - Untersuchungsergebnisse und unter der zwingenden Voraussetzung einschränkender Interpretation des § 31 BtMG konnte i n s g e s a m t die Vereinbarkeit dieser Vorschrift mit den Problembereichen des Strafprozeßrechtes bejaht werden. [10]

---

6) s. hierzu oben S. 80 ff., 89 ff., 105 ff., 121 ff.

7) vgl. die Darstellung auf S. 115 f.

8) s. oben S. 136 ff. und Weigend, Festschrift für Jescheck, S. 1348

9) vgl. im einzelnen oben S. 137 f. mit Fn. 342

Diese Ergebnisse stimmen genau mit denjenigen überein, die aufgrund der Überprüfung dieser Regelung am Maßstab des Grundgesetzes [11] sich ergaben: [12]

Eine Verletzung des Rechtsstaatsprinzips, das sich als "einschlägiger" Anknüpfungspunkt insbesondere für die prozessualen Probleme erwies, kann nur auf dem dargestellten Wege und unter den angegebenen Voraussetzungen, also durch die Aufhebung einer zu einseitigen Lösung und die Herstellung größerer Ausgewogenheit der betroffenen Belange, vermieden werden. [13], [14]
Das gleiche gilt insbesondere für den Maßstab des Bestimmtheitsgebotes gemäß Art. 103 Abs. 2 GG, dessen Anforderungen nur unter denselben Voraussetzungen und bei Einhaltung der durch ihn gezogenen Grenzen gerade noch genügt werden konnte. [15]

---

10) so das Zwischenergebnis, VIII. des 1. Kapitels des 2. Teiles, S. 138 f.

11) s. hierzu S. 167, 220 ff.

12) Sie entsprechen damit im konkreten Fall des § 31 BtMG auch dem verfassungsrechtlich gewährleisteten Grundsatz der Verhältnismäßigkeit von Mittel und Zweck (s. dazu z.B. BVerfGE 30, 1; 44, 373; Schäfer, Strafprozeßrecht, Einl., Kap. 6, Rn. 10 ff.; Gentz, NJW 1968, 1600 ff. sowie Kleinknecht/Meyer, StPO, Einl., Rn. 20); denn nur unter den dargelegten Voraussetzungen kann der mit der Regelung des § 31 BtMG verbundene Eingriff in die Rechtsstellung des Aufklärungsgehilfen (und in diejenige des tatbeteiligten (Mit-)Beschuldigten) der Feststellung der Unverhältnismäßigkeit entgehen; dies zeigte sich ausdrücklich und damit besonders deutlich am Untersuchungsmaßstab der "Waffengleichheit" und ihrer verfassungsrechtlichen Verankerung im als Ausprägung des Rechtsstaatsprinzips zu verstehenden Gebot eines fairen Verfahrens (s. dazu oben S. 98 ff., 156 ff.) und jedenfalls konkludent an allen weiteren Untersuchungsmaßstäben.

13) s. I. des 2. Kapitels des 2. Teiles, S. 167

14) Dies gilt jedenfalls für den Fall, daß man im hier betroffenen Bereich rechtsstaatlicher Anforderungen nicht lediglich von leicht erfüllbaren Minimalanforderungen ausgeht, die dann freilich gar nicht oder nur ganz selten unterschritten werden (können); auf solcher Argumentationsebene befindet sich aber - so m.E. die wirklichen Probleme negierend - Jung, Kronzeuge, etwa S. 84: "Rechtsstaatliche Grundsätze gebieten freilich nur, Gelegenheit zu geben, zur Wahrung der Rechte auf den Gang und das Ergebnis der Ermittlungen Einfluß zu nehmen."

15) dazu oben IV. im 2. Kapitel, S. 220 ff.

Zu betonen ist deshalb an dieser Stelle, daß das jetzt endgültige Ergebnis der Untersuchung schon am Ende der Erörterung der strafprozessualen Problembereiche feststand. [16)]

Die Überprüfung der Regelung des § 31 BtMG am v e r f a s s u n g s r e c h t l i c h e n Prüfungsmaßstab des Grundgesetzes ergab inhaltlich das gleiche Ergebnis; obwohl zusätzliche, vorher noch nicht behandelte Untersuchungsmaßstäbe (insbesondere der Bestimmtheitsgrundsatz) erörtert wurden, stellte sich letztlich eine Modifikation des vorläufigen Ergebnisses nicht ein.

Die Tatsache, daß das Ergebnis schon vorher feststand, erklärt sich historisch:

Die Strafprozeßordnung wurde im Jahre 1877 nach der Reformdiskussion insbesondere in der Mitte des vorigen Jahrhunderts geschaffen mit dem Ziel, den Inquisitionsprozeß abzuschaffen und gemäß der Forderung der Aufklärung und des Liberalismus ein Strafverfahren ins Leben zu rufen, das den Schutz des Beschuldigten gewährleistet und ihn vom Untersuchungs o b j e k t zum mit eigenen Rechten ausgestatteten selbständigen Prozeß s u b j e k t macht. [17)]

Der historische Hintergrund belegt also die - freilich auch heute bestehende - Schutzfunktion des Strafprozeßrechts [18)] und erklärt so, daß dieses, das schon viel früher als die Verfassung

---

16) vgl. dazu nochmals das Zwischenergebnis, VIII. des 1. Kapitels des 2. Teiles, S. 135 ff.

17) s. dazu schon oben im 1. Kapitel des 2. Teiles, IV., S. 90 f. m.N. und ferner etwa Müller-Dietz, ZStW 93 (1981), S. 1182

18) vgl. z.B. Peters, Strafprozeß, S. 29 und Roxin, Strafverfahrensrecht, S. 2 ff.

rechtliche Geltung erhielt, die Ergebnisse ganz selbständig zu finden und zu rechtfertigen vermag [19], ohne daß es einer Deduktion aus dem Grundgesetz bedürfte. [20], [21]
Die Offenlegung des historischen Hintergrundes zeigt damit auch das Verständnis, das dem Strafprozeßrecht als Schutzrecht gegenüber angebracht und nötig ist. Diese Schutzfunktion muß auch und gerade heute - wie die Existenz des § 31 BtMG plastisch macht - weiterhin ernst genommen und darf nicht unter der Hand ausgehebelt werden.
Der Schutz und die Rechte des Beschuldigten werden also in erster Linie durch die Strafprozeßordnung festgelegt und garantiert, die im übrigen einen sehr viel genaueren und umfassenderen Regelungsbereich enthält als das "allgemeinere" Grundgesetz [22], das - wie oben [23] schon erörtert wurde - hochabstrakte Begriffsbildungen enthält, die der Konkretisierung bedürfen, in die wertende Elemente notwendig miteinfließen müssen, um die erforderliche Handhabbarkeit zu erreichen.

---

19) Müller-Dietz, ZStW 93 (1981), S. 1182 weist zu Recht darauf hin, daß "neuere Untersuchungen zur damaligen Strafprozeßdiskussion haben zeigen können, daß etliche Begriffe und Topoi, die der heutigen Vorstellungswelt zu entstammen scheinen, frühliberalen Diskussionsbeiträgen bereits geläufig waren. Das gilt etwa für die Rollentheorie, den Grundsatz der sog. Waffengleichheit und..."; s. dazu näher Haber, ZStW 91 (1979), S. 607 f. mit Fn. 35 f. unter Bezugnahme auf H.A. Zachariä, Die Gebrechen und die Reform des deutschen Strafverfahrens (1846), S. 91 ff., 143 ("Partheirollen"), 262 ff., 278 ("Gleichheit der Waffen"); so auch Wulf, Polizeiliche Beschuldigtenvernehmung, S. 13 f. m.w.N. - Zu damaliger Zeit stand das Grundgesetz noch nicht zur (Mit-)Begründung zur Verfügung.

20) Anderer Ansicht sind wohl diejenigen, die das "Verfassungsrecht als v o r g e l a g e r t e u n d b e s t i m m e n d e Prüfung j e d e r Gesetzesanwendung" (Ostendorf, Das Recht zum Hungerstreik, S. 66 (ff.), Hervorhebungen durch M.B.; s. auch Koch/Rüßmann, Juristische Begründungslehre, S. 263 ff. und schon oben S. 140 f. Fn. 1 und 8) begreifen, dabei aber außer acht lassen, daß das Strafprozeßrecht "in aller Regel die verfassungsmäßig gewährleistete Freiheit des Bürgers (sichert)" (Peters, Strafprozeß, S. 29 und Tiedemann, NJW 1967, 1013 f.) und ansonsten das Verfassungsrecht das Strafprozeßrecht, mit dem es grundsätzlich übereinstimmt, regelmäßig nur ergänzt oder erweitert (vgl. Peters, a.a.O. und Roxin, Strafverfahrensrecht, S. 11 f. mit dem insoweit relevanten Beispiel des fairen, rechtsstaatlichen Strafverfahrens). Außerdem kann nur "davor gewarnt werden, die Verfassungssätze i m Ü b e r m a ß für die Gesetzesinterpretation zu bemühen" (Bogs, Die verfassungskonforme Auslegung von Gesetzen, S. 136, Hervorhebung im Original); "der Richter

Wie unterschiedlich die Ergebnisse dabei ausfallen könnten, hängt von der jeweils zugrundegelegten Grundrechtstheorie und Verfassungsinterpretation ab. [24)]

Mit der getroffenen Wahl für die eine oder die andere Auffassung ist das Ergebnis oftmals schon vorbestimmt oder jedenfalls beeinflußt; so wäre es möglich, je nach der vertretenen Auffassung u.U. auch gegensätzliche Ergebnisse zu erhalten.

Dies kann freilich nicht richtig sein:

Im konkreten Fall des § 31 BtMG z.B. könnte die Überprüfung am Maßstab des Grundgesetzes nicht zu einem entgegengesetzten Ergebnis führen, da im Bereich des Strafrechts, bei dem es um die Ausübung staatlicher Macht als Begrenzung persönlicher Freiheit des Bürgers geht, der klassische Bereich der Grundrechte als Abwehrrechte gegenüber dem Eingriff des Staates betroffen ist, so

---

sollte - wenn möglich - sein Auslegungsergebnis statt mit einem hohen, aber oft vagen Verfassungsgedanken schlichter und konkreter mit einem ausgeformten Grundprinzip der betreffenden Teilrechtsordnung begründen, das jenen Verfassungsgedanken verwirklicht" (Bogs, a.a.O.).

21) Dies rechtfertigt auch die zunächst vorgenommene Untersuchung des § 31 BtMG anhand der prozessualen Problembereiche vor der verfassungsrechtlichen Überprüfung der Vorschrift.

22) s. dazu Tiedemann, NJW 1967, 1013 f. (mit Fn. 8); ders., Festgabe für Peters, S. 143, der in diesem Zusammenhang auch feststellt, daß die Rechtsprechung des BGH und des BVerfG sich sehr zurückhält, "wenn es darum geht, die Ordnung der StPO aus dem Verfassungsrecht heraus zu vervollständigen oder zu korrigieren".

23) vgl. hierzu die Vorbemerkung des 2. Kapitels dieses 2. Teiles, S. 141 f.

24) vgl. die Schilderung der wesentlichen vertretenen Grundrechtstheorien bei Böckenförde, NJW 1974, 1529 ff. und die aus diesen resultierenden jeweils unterschiedlichen Konsequenzen für die Freiheit des einzelnen Bürgers gegenüber staatlichen Eingriffen und den Anwendungsbereich und das Verständnis der Grundrechte; dazu auch Marxen, Straftatsystem und Strafprozeß, S. 331 ff.

daß eine liberal-rechtsstaatliche Grundrechtstheorie und Verfassungsinterpretation verfolgt werden m u ß [25], die eine Relativierung der Freiheit des Einzelnen nicht zuläßt. [26]
Aufgrund dieser Überlegungen erweist sich die Richtigkeit nur e i n e r Verfassungsinterpretation für den Bereich des Strafrechts; nur diese Auslegungsrichtung ist möglich und zulässig, lediglich e i n Ergebnis anhand der Überprüfung des Grundgesetzes zutreffend; es besteht dann Kongenialität hinsichtlich des Strafprozeß- und Verfassungsrechts. [27]

Das Verfassungsrecht als Prüfungsmaßstab für die Regelung des § 31 BtMG bestätigte hier, da die zusätzlichen verfassungsrechtlichen Untersuchungskriterien nicht modifizierend wirkten, auch das bisher vorläufige Ergebnis.

Aus den dargelegten Gründen muß davor gewarnt werden, die Auslegung des Strafprozeßrechts vom Inhalt des Grundgesetzes als hierarchisch höherrangigem Recht abhängig zu machen [28], weil so die Gefahr besteht, über eine bestimmte (unzutreffende) Grundrechtstheorie zu fehlerhaften Ergebnissen zu kommen. [29]
Es darf nicht außer acht gelassen werden, daß die Regelung des Strafprozeßrechts viel genauer ist [30] und die "prozessualen Zwischenbegriffe" [31], die nach Tiedemann der "Bestimmung und

---

25) s. dazu auch schon oben die Vorbemerkung zum 2. Kapitel dieses Teils, S. 142

26) vgl. Böckenförde, NJW 1974, 1530 f., 1537; Ossenbühl, NJW 1976, 2101 und speziell für das Strafrecht Marxen, a.a.O., S. 334 und Krehl, Geldstrafe, S. 185

27) zur Entsprechung der Ergebnisse s. schon oben S. 232 ff.

28) vgl. dazu Tiedemann, Festgabe für Peters, S. 143 und schon oben in der Vorbemerkung des 2. Kapitels des 2. Teiles der Arbeit, S. 141 f.

29) s. dazu soeben S. 234 f.

30) vgl. hierzu oben S. 234 mit Fn. 19 und 20

31) Tiedemann, a.a.O., S. 132; darunter fallen etwa die gerichtliche Fürsorgepflicht, das Gebot der "Waffengleichheit", die Rollentauschproblematik, der Gedanke der Prozeßökonomie oder das Verbot des Rechtsmißbrauches, s. Tiedemann, ebenda, S. 132 f.

Auffüllung des Gesetzeszweckes im Strafprozeßrecht" durch den Einfluß der "kriminalpolitischen Auffassungen des Richters" dienen sollen [32], richtigerweise Leitbegriffe und Anknüpfungspunkte für das zutreffende Verständnis des Strafprozeßrechts sind. [33] Anhand dieser Begriffe als Anknüpfungspunkte und Leitlinien kann im Rahmen des richtigen Verständnisses des Strafprozeßrechts, das auf seinem historischen Kontext beruht [34], eine Regelung wie § 31 BtMG auf ihre strafverfahrensrechtliche Zulässigkeit hin überprüft werden, die im Spannungsverhältnis zwischen der Gewährleistung der Rechtsstellung und des Schutzes des Beschuldigten und der Steigerung der Effizienz und Praktikabilität des Strafverfahrensrechts steht. [35]

Die Untersuchung hat ergeben, daß bei der Regelung des § 31 BtMG von einer ausgewogenen Lösung nicht die Rede sein kann, das Pendel vielmehr ganz die Richtung der Erreichung und Sicherung der "Funktionstüchtigkeit der Strafrechtspflege" eingeschlagen hat. Deshalb mußte diese intendierte Einseitigkeit der Wirkungsweise des § 31 BtMG zurückgeschraubt werden, um diese Vorschrift rechtlich überhaupt halten zu können. [36]
Während dies (im Rahmen des prozessualen Bereiches) auf dem schon dargestellten Wege geschah [37], stellt sich dieser Vorgang

---

32) ebenda, S. 132

33) s. dazu schon oben S. 234 mit Fn. 19

34) s. ebenda

35) "Effiziente Fahndung, welche wichtige Grundsätze eines rechtsstaatlichen Strafrechts verletzt, wäre ... langfristig ... zerstörerisch: 'Effizienz' läßt sich von 'Gerechtigkeit' kriminalpolitisch nicht trennen", Hassemer, Strafverteidiger 1986, 550

36) vgl. oben S. 231

37) s. oben die Zusammenfassung am Anfang dieses Schlußkapitels, S. 230 f.

auf der Ebene des Verfassungsrechts in der Sache als verfassungskonforme Auslegung [38] dar. [39]

Diese bedeutet das Gebot zur Auslegung einer gesetzlichen Regelung in der Weise, daß eine Übereinstimmung mit den Grundsätzen der Verfassung erzielt wird. [40]
Die Durchführung der verfassungskonformen Auslegung ist danach auch zur Feststellung der Frage möglich, ob eine Norm einer einschränkenden Interpretation bedarf, um (verfassungs-)rechtlich zulässig zu sein. [41], [42]

---

38) zur Begründung der Zulässigkeit verfassungskonformer Auslegung werden verschiedene Auffassungen vertreten:
einmal wird auf den Gedanken der "Einheit der Rechtsordnung" abgestellt (s. etwa Tiedemann, a.a.O., S. 143; Peters, Der neue Strafprozeß, S. 69 f.; Krey, Gesetzesvorbehalt, S. 69 und Bogs, Die verfassungskonforme Auslegung von Gesetzen, S. 22), der jedoch nur das Verbot verfassungskonträrer Auslegung zu tragen vermag (so zu Recht Krehl, Geldstrafe, S. 229; Burmeister, Die Verfassungsorientierung der Gesetzesauslegung, S. 287). Andererseits wird das hierarchische Element der Rechtsordnung betont, das die Ausrichtung der im Range niederen Vorschrift an der im Range höheren Regelung als Auslegungskorrektive verfolgt (zu dieser vertikalen Normendurchdringung s. z.B. Burmeister, a.a.O., S. 49; F. Müller, Juristische Methodik, S. 66; auch Bogs, a.a.O., S. 17) bzw. weiterhin der Gedanke der Normerhaltung angeführt (so etwa Krey, Gesetzesvorbehalt, S. 70 Fn. 24; ders., Keine Strafe ohne Gesetz, S. 127; s. auch Burmeister, a.a.O., S. 66 und Schack, JuS 1961, 270). - Ablehnend gegenüber der verfassungskonformen Auslegung Burmeister, a.a.O., S. 84, 118, 132; zu deren Grenzen s. etwa Eckardt, Die verfassungskonforme Gesetzesauslegung, S. 53 ff. m.w.N.

39) Bei der verfassungskonformen Auslegung handelt es sich nicht um einen Unterfall systematischer Auslegung (so aber z.B. Bogs, a.a.O., S. 25; Engisch, Einführung in das juristische Denken, S. 241), da sie außerdem auf dem Gedanken der Normerhaltung beruht, die hierarchische Struktur der Rechtsordnung also nicht alleiniges Begründungselement ist (s. Krey, Keine Strafe ohne Gesetz, S. 127; ders., Gesetzesvorbehalt, S. 70 Fn. 24; Schack, JuS 1961, 270) und ihr methodisches Ziel gerade darin besteht, die Übereinstimmung einer Regelung mit den Grundsätzen der Verfassung zu erreichen, also eine Vorgehensweise betrifft, die - im Vergleich zu den allgemeinen Auslegungsmethoden - übergreifender Natur ist (vgl. F. Müller, Juristische Methodik, S. 64, 153; Michel, JuS 1961, 275 und Maurach/Zipf, AT 1, S. 116 f.).

40) So das BVerfG in st. Rspr., vgl. z.B. BVerfGE 2, 282; 8, 34; 14, 72; 48, 45; ebenso BGHSt 13, 116; s. weiterhin Engisch, Einführung in das juristische Denken, S. 83, 239; Eckardt, Die verfassungskonforme Gesetzesauslegung, S. 46 ff., 51, aber auch S. 55, 71 und Krey, Gesetzesvorbehalt, S. 70 mit Fn. 24

Genau darum ging es u.a. bei der Überprüfung der Regelung des § 31 BtMG am Rechtsstaatsprinzip und am Bestimmtheitsgrundsatz des Art. 103 Abs. 2 GG.
Nur unter den genannten Voraussetzungen, insbesondere derjenigen enger, den Anwendungsbereich des § 31 BtMG beschränkender Auslegung konnte die Verfassungsmäßigkeit dieser Vorschrift bejaht werden. [43] Dies zeigte besonders anschaulich die Überprüfung des Verhältnisses zwischen den Anforderungen des Bestimmtheitsgebotes an der Regelung des § 31 BtMG und dem Ergebnis der Auslegung dieser Vorschrift. [44]
Daß es sich zwar in der Sache um eine verfassungskonforme Auslegung handelt, die Notwendigkeit ihrer ausdrücklichen Bezeichnung im konkreten Fall der Überprüfung des § 31 BtMG sich aber nicht stellte, hängt mit der oben [45] schon betonten Besonderheit der hier gegebenen Sachlage übereinstimmender historischer und teleologischer Auslegung bei dieser Vorschrift und dem dadurch bedingten einheitlichen Auslegungsergebnis zusammen, das nicht die Entscheidung für die eine oder die andere sich widersprechende Möglichkeit der Auslegung - als regelmäßiger Anwendungsfall verfassungskonformer Auslegung [46] - notwendig werden ließ.

Die Erforderlichkeit der Beschränkung dieser Vorschrift auch im Rahmen der Verfassung belegt die geschilderte Zielrichtung des § 31 BtMG zu Lasten des Beschuldigten im Strafverfahren.

---

41) vgl. Engisch, a.a.O., S. 83

42) Die verfassungskonforme Auslegung stellt sich in aller Regel (vgl. Eilsberger, JuS 1970, 322 und Bogs, Die verfassungskonforme Gesetzesauslegung, S. 46), aber nicht notwendigerweise als einschränkende Auslegung dar, s. auch Krehl, Geldstrafe, S. 230 Fn. 309

43) s. oben S. 167 f., 220 ff.

44) vgl. dazu oben IV., 6., im 2. Kapitel dieses Teiles, S. 220 ff.

45) s. IV., 5.5., im 2. Kapitel, S. 219 f.

46) vgl. dazu die Nachweise soeben in Fn. 38 ff. sowie bei Koch/Rüßmann, Juristische Begründungslehre, S. 267 f.

Die Existenz einer solchen Vorschrift im deutschen Strafrechtssystem fungiert als Maßskala, an der die Verwirklichung rechtsstaatlicher Belange konkret abgelesen werden kann [47]; sie zeigt außerdem deutlich, daß sich die Steigerung der Effektivität der Strafrechtspflege (jedenfalls von der Tendenz her) nur auf Kosten der Rechtsstellung und des Rechtsschutzes des Beschuldigten durchführen läßt [48]; sie läßt auch befürchten, daß die Grundentscheidung für die zukünftige Entwicklung im Straf- und Strafverfahrensrecht:

Steigerung der Effizienz im Bereich der Strafrechtspflege und Erhöhung des Schutzes der Allgemeinheit oder Ausbau der Rechtsstellung des Beschuldigten [49]

tendenziell zugunsten des Schreckensbegriffes "Funktionstüchtigkeit der Strafrechtspflege" [50] und dessen Funktion zur Erreichung des erstgenannten Zieles offenbar schon gefallen ist. Dieser Tendenz gilt es aber mit Entschiedenheit und unaufhörlich entgegenzuwirken.

---

47) Zur Regelung der "Form des Strafverfahrens als Indikator für die Liberalität des politischen Systems" auch Riehle, KJ 1980, 323; s. weiterhin dazu Müller-Dietz, ZStW 93 (1981), S. 1182 und Roxin, Strafverfahrensrecht, S. 9; zum Illiberalismus im derzeitigen Strafrechtssystem vgl. Marxen, Liberales Strafrecht, S. 259 ff., nach dessen zutreffender Einschätzung sich liberales Gedankengut "allenfalls im kritischen Begleiten" erschöpft, nicht aber "im Gestalten" (S. 263) auswirkt.

48) vgl. dazu allgemein etwa Tiedemann, Festgabe für Peters, S. 149 und Riehle, KJ 1980, 321

49) s. zu dieser Entwicklungsfrage Tiedemann, a.a.O., S. 149 und Riehle, KJ 1980, 316 ff.; zur Stellung des Beschuldigten im Wandel des Strafprozeßrechts vgl. auch Müller-Dietz, ZStW 93 (1981), S. 1185 ff.

50) s. dazu schon oben im 2. Kapitel, I., 5.3., S. 158 ff.

3. Teil: Einordnung der Regelung des § 31 BtMG in das Straftatsystem?

Im 1. Teil der Untersuchung [1] wurde die inzwischen erhebliche Bedeutung des Grenzbereiches zwischen Strafbarkeit und Straflosigkeit, zu dem u.a. auch die große Anzahl von Regelungen über das Absehen von Strafe (oder eine Strafmilderung) gehören [2], für die tatsächliche Bestrafung des jeweiligen Straftäters und damit für den endgültigen Ausgang des betreffenden Strafverfahrens dargestellt. [3]
In diesem Zusammenhang schon wurde die Notwendigkeit offenbar, diese Strafbefreiungsgründe [4] in die Beurteilung eines konkreten Falles miteinzubeziehen, weil das andernfalls gewonnene Ergebnis lediglich vorläufiger Natur bliebe und deshalb wenig aussagekräftig wäre. [5]
Gerade weil diese Strafbefreiungsgründe [6] von der bisher noch überwiegenden Auffassung [7], die - neben der Tatbestandsmäßigkeit, Rechtswidrigkeit und Schuld - zwar eine vierte Kategorie des Straftatsystems anerkennt [8], dieser jedoch lediglich die

---

1) s. oben das 4. Kapitel, II. und III., S. 40 ff.

2) vgl. dazu S. 44 mit Fn. 53 f.

3) "Erst der wirkliche Ausgang des Strafverfahrens entscheidet über den Charakter eines Verhaltens als Straftat", Naucke, Allgemeine Straftatlehre, S. 29; zu seiner Definition der Straftat s. ebenda, S. 39 f.; vgl. auch dens., Jura 1979, 426 ff.

4) zum Begriff schon oben S. 42; auch möglich wäre die Bezeichnung "Strafverzichtsgründe", vgl. Wessels, AT, S. 134; Naucke, Jura 1979, 432 und Fünfsinn, Fahrlässiges Unterlassungsdelikt, S. 244 mit Fn. 87

5) vgl. dazu oben S. 43 m.N. und Hassemer, Strafrecht, S. 230

6) s. nochmals im einzelnen die Zusammenstellung oben S. 44 ff.

7) vgl. zu diesen Fragen des Deliktssystems und den unterschiedlichen Auffassungen die Zusammenstellung von Volk, ZStW 97 (1985), S. 874 (und S. 876 ff.) m.N.

8) Nach a.A. umfaßt das Straftatsystem lediglich drei Stufen, da die von der h.M. in die vierte Kategorie eingestellten Vorschriften zutreffenderweise dem Unrechtstatbestand oder der Schuld zuzuordnen seien, vgl. etwa Bockelmann, Niederschriften über die Sitzungen der Großen Strafrechtskommission,

persönlichen Strafausschließungs- [9] und Strafaufhebungsgründe [10] sowie die objektiven Bedingungen der Strafbarkeit [11] zuordnet [12], außer Betracht gelassen werden, soll nun in diesem Teil der Untersuchung der Frage nachgegangen werden, ob die hier den Gegenstand der Arbeit bildende Vorschrift des § 31 BtMG als eine Regelung über das Absehen von Strafe (oder eine Strafmilderung) in die Struktur des Straftatsystems nach Vorstellung der überwiegenden Meinung eingeordnet werden kann oder ob zu diesem Zweck das Straftatsystem - bejahendenfalls auf welchem Wege - erweitert werden müßte. [13]

I. Beschaffenheit, Aufgabe und Nutzen des Straftatsystems

Zunächst ist jedoch der Ausgangspunkt der folgenden Überlegungen, die Beschaffenheit des zugrundezulegenden Straftatsystems [14] und

---

Bd. 2, S. 331; s. auch Volk, ZStW 97 (1985), S. 874, 903

9) vgl. zum Begriff und zur Abgrenzung Schönke-Schröder-Lenckner, StGB, vor §§ 32 ff., Rn. 127; Naucke, Strafrecht, S. 259; ders., Festschrift für Maurach, S. 203

10) zur Unterscheidung von den Strafausschließungsgründen s. Schönke-Schröder-Lenckner, a.a.O., Rn. 133; Naucke, ebenda

11) zu ihrem Verständnis Dreher-Tröndle, StGB, § 16, Rn. 32; Jescheck, AT, S. 449; Schmidhäuser, ZStW 71 (1959), S. 558; a.A. aber Sax, JZ 1976, 14 ff.; Bemmann, Zur Frage der objektiven Bedingungen der Strafbarkeit, S. 52 ff. lehnt deren Existenz ab; zu den verschiedenen Fallgruppen der objektiven Bedingungen der Strafbarkeit schon oben S. 45

12) Zum Teil erfolgt auch die Mitteilung, daß die objektiven Bedingungen der Strafbarkeit nicht in den (engeren) Verbrechensbegriff passen, vgl. z.B. Lüderssen, ZStW 85 (1973), S. 292, wobei aber der materiell-rechtliche Gehalt dieser - wie auch "verfahrensrechtlicher" - Regelungen nicht verneint wird, s. Lüderssen, a.a.O., S. 316 f.; ders., in Denninger/Lüderssen, Polizei und Strafprozeß, S. 27 ff. sowie in Lüderssen/Sack, Abweichendes Verhalten, Bd. II, S. 219 ff.

13) Für eine Erweiterung des Straftatsystems auch um "Prozeßvoraussetzungen und Bestrafungshindernisse" Naucke, Allgemeine Straftatlehre, S. 11; s. auch Naucke, Jura 1979, 432; Hassemer, Strafrecht, S. 190 Fn. 73, 229 f. und Fünfsinn, Fahrlässiges Unterlassungsdelikt, S. 227 f.; weitergehend noch Marxen, Straftatsystem und Strafprozeß, S. 345; vgl. dazu ferner Lüderssen, in Lüderssen/Sack, Abweichendes Verhalten, Bd. II, S. 219 ff. und Schmidhäuser, AT, S. 802 ff.

dessen Aufgabe, sowie der Nutzen der straftatsystematischen Einordnung des § 31 BtMG als Strafbefreiungsgrund und einer der strafrechtlichen Vorschriften darzustellen, die über das "Ob" und gegebenenfalls über das "Wie" der Bestrafung entscheiden [15], denen aber trotzdem von der herrschenden Meinung kein Platz im Straftatsystem zugedacht wird.

Als Grundlage dient der Arbeit das rechtsstaatlich-praktische a l l g e m e i n e Straftatsystem [16], das - unabhängig von einzelnen Strafzwecken oder kriminalpolitischen Zielen [17] - die Funktion hat, bestimmte Erscheinungen des positiven Rechts zu bewerten. [18]
Das Straftatsystem hat die auch und gerade heute wichtige Aufgabe zu gewährleisten, daß die Voraussetzungen der Bestrafung klar und deutlich festliegen und sie diskutierbar und damit kontrollierbar werden. [19] Es entsteht so "eine Hierarchie der Gründe, die zur Straflosigkeit führen". [20]

---

14) die im einzelnen umstritten ist, vgl. den folgenden Text; zu der Entwicklung der strafrechtlichen Systembildung s. etwa Schmidhäuser, AT, S. 159 ff. und Schünemann, in Grundfragen des modernen Strafrechtsystems, S. 18 ff. jeweils m.w.N.

15) s. dazu schon oben S. 184

16) s. zu diesem Naucke, Allgemeine Straftatlehre, S. 5 ff.; vgl. ferner Fünfsinn, Fahrlässiges Unterlassungsdelikt, S. 4 ff.; s. auch Hassemer, Strafrecht, S. 189 f. (zur Allgemeinheit der Straftatlehre); für eine allgemeine (verfassungsrechtliche) Straftatlehre Marxen, Straftatsystem und Strafprozeß, S. 324 ff.

17) Andernfalls würde die Allgemeinheit in der Übereinstimmung durch die Orientierung des Straftatsystems an nicht mehr allgemein anerkannten Zwecken bzw. Zielen aufgehoben; es bestünde so auch nicht mehr die Möglichkeit, "die einzelnen hinter den deliktstypischen Lehren stehenden Zweckgedanken in ihren ursprünglichen Formen herauszuarbeiten und zu bewerten", Fünfsinn, Fahrlässiges Unterlassungsdelikt, S. 5; s. dazu auch Naucke, Allgemeine Straftatlehre, S. 17 ff.

18) vgl. Naucke, Strafrecht, S. 260

19) Hassemer in einem Diskussionsbeitrag auf der Strafrechtslehrertagung 1985, zitiert nach Gropp, ZStW 97 (1985), S. 951

20) Naucke, Strafrecht, S. 260 f.; vgl. auch Hassemer, Strafrecht, S. 231; zu den Aufgaben des Straftatsystems vgl. Naucke, Allgemeine Straftatlehre, S. 5 ff. und zu dessen Möglichkeiten dens., ZNR 1979, S. 3 ff.

Den straftatsystematischen Kriterien sollen dabei gerade nicht von vornherein einzelne Strafzwecke bzw. kriminalpolitische Ziele beigegeben oder unterlegt werden [21], um nicht sogleich schon eine Auswahl an Bewertungskriterien zu treffen und andere zu präkludieren. [22], [23] Diese Gefahr wäre bei Zugrundelegung einer teleologischen [24] oder kriminalpolitischen [25] Straftatlehre gegeben. [26], [27]

---

21) wie dies die Gegenauffassung befürwortet, vgl. Roxin, Kriminalpolitik und Strafrechtssystem, der Kriminalpolitik und Straftatlehre verbinden möchte ebenso wie Jakobs, Schuld und Prävention; s. außerdem als Vertreter einer teleologischen Straftatlehre Schmidhäuser, AT, S. 139 ff. - Zum Verhältnis von wissenschaftlicher Systematik und praktischer Kriminalpolitik Naucke, ZStW 85 (1973), S. 425 ff.: "Zwischen wissenschaftlicher Systematik und praktischer Kriminalpolitik besteht kein Gegensatz. Die Strafrechtsdogmatik ist bereits Kriminalpolitik, allerdings keine praxisnahe Kriminalpolitik, sondern eine dem aus dem 19. Jahrhundert überkommenen Denkstil der Wissenschaft angemessene Form der Kriminalpolitik" (S. 425). "Der Gegensatz besteht ... zwischen praxisferner, d.h. von zeitnahen Einzelwertungen entleerter Kriminalpolitik (= Dogmatik) und praktischer, in Alltagsfragen wertender Kriminalpolitik" (S. 426 f.); s. aber auch Roxin, a.a.O., insbes. S. 10 ff., 40 ff.

22) vgl. Fünfsinn, Fahrlässiges Unterlassungsdelikt, S. 22

23) Außerdem kann nur eine v o r dem Gesetz liegende Straftatlehre Anspruch auf Beachtung erheben, vgl. Hassemer, Strafrecht, S. 188 ff., 190 und Fünfsinn, Fahrlässiges Unterlassungsdelikt, S. 5 Fn. 22, der zu Recht darauf hinweist, daß nur auf diese Weise die an das Straftatsystem gestellten Erwartungen (s. dazu soeben und anschließend im Text) zu verstehen sind.

24) nach Schmidhäuser, AT, S. 139 ff.

25) nach Roxin, a.a.O. und Jakobs, ebenda wie auch in seinem Lehrbuch (Strafrecht - Allgemeiner Teil), das danach konzipiert ist

26) ebenso Fünfsinn, a.a.O., S. 4 f. und S. 22 sowie Naucke, Allgemeine Straftatlehre, der zu Recht betont, daß in diesem Falle "die vernünftige, ein großes Maß an Unparteilichkeit anstrebende Allgemeinheit der allgemeinen Straftatlehre ... schwächer (würde)" (Naucke, a.a.O., S. 18)

27) Zu dem derzeitigen Diskussionsstand und den Tendenzen s. zum einen Naucke, Allgemeine Straftatlehre, S. 17 ff.; dens., ZNR 1979, 10 ff. und Marxen, Straftatsystem und Strafprozeß, S. 149 ff., zum anderen die Beiträge in Schünemann (Hrsg.), Grundfragen des modernen Strafrechtssystems, in denen von Achenbach (S. 135 ff.), Amelung (S. 85 ff.), Haffke (S. 197 ff.), Rudolphi (S. 69 ff.), Schünemann (S. 1 ff., 153 ff.) und Wolter (S. 103 ff.) - im einzelnen voneinander abweichend - eine Weiterentwicklung des "zweckrationalen" Strafrechtssystems angestrebt wird; zu diesem System und den diesbezüglichen Erwartungen Schünemann, a.a.O., S. 45 ff.; s. dazu Naucke, Wechselwirkungen, S. 187 Fn. 25

Vielmehr muß die Straftatlehre eine allgemeine sein, da sie nur in diesem Falle die Eignung besitzt, der Ungenauigkeit einer strafrechtlichen Regelung, die bei § 31 BtMG gegeben ist [28], mit Hilfe einer genauen straftatsystematischen Arbeitsweise entgegenzuwirken. [29] Andernfalls könnte die fehlende Exaktheit der Vorschrift des § 31 BtMG nicht durch die Anwendung des Straftatsystems begrenzt werden.
Erst dann läßt sich auch die mit der Anwendung des Straftatsystems verbundene Erwartung, "für die Durchsetzung höchster Rechtswerte wie Rechtssicherheit und Gerechtigkeit im praktischen Verfahren" [30] zu sorgen, verwirklichen; denn es muß gerade bei § 31 BtMG als einer Regelung aus dem "Grenzgebiet zwischen Strafbarkeit und Straflosigkeit" [31], das als Einfallstor kriminalpolitischer Zweckmäßigkeitserwägungen [32] zu betrachten ist, einen Vorteil bedeuten, wenn diese - wie die bisherige Untersuchung gezeigt hat - in vielerlei Hinsicht problematische Vorschrift in das allgemeine Straftatsystem eingestellt wird. [33]
Dann wird die Anwendung des § 31 BtMG durch das Straftatsystem, das zwischen der einzelnen strafrechtlichen Regelung und ihrer

---

28) vgl. dazu oben S. 49 ff., 178 ff. und insbes. 196 ff.

29) Denn sonst würde die Gesetzesanwendung gleichfalls ungenau werden, da sie mit einseitig ausgerichteten kriminalpolitischen Zielen, die gerade nicht allgemein anerkannt sind, gekoppelt würde, vgl. auch Fünfsinn, Fahrlässiges Unterlassungsdelikt, S. 22 f., 252; der ungenauen strafrechtlichen Norm kann die allgemeine Straftatlehre lediglich in dem Falle entgegengesetzt werden, wenn "die allgemeine Straftatlehre nicht eine Lehre vom gerade aktuellen Inhalt des positiven Rechts ..., sondern eine Lehre von dem Inhalt ist, den das positive Recht mindestens haben soll", Naucke, Allgemeine Straftatlehre, S. 14 Fn. 6

30) Marxen, Straftatsystem und Strafprozeß, S. 14; vgl. ebenda, Fn. 7 die Zusammenstellung Marxens zu den in der Literatur im einzelnen geäußerten Erwartungen an Einfluß und Aufgabe des Straftatsystems; vgl. aber auch die abschließende Einschätzung Marxens, a.a.O., S. 308, 424

31) Naucke, Jura 1979, 426

32) vgl. hierzu auch Lüderssen, Festschrift für Bockelmann, S. 181 f.

33) s. dazu auch schon soeben S. 243 f.

Anwendung auf den Sachverhalt plaziert ist [34], vermittelt. [35]
Dieser Vorgang stellt eine Ordnung des positiven Rechts - auch der Rechtsfolgenregelungen [36] - her und bereitet so einer vernünftigen Rechtsanwendung den Weg. [37]
Dadurch wird ein sonst nicht zu erlangendes Maß an Gleichmäßigkeit, Rationalität und Sachgerechtigkeit bei der Rechtsanwendung [38] hier des § 31 BtMG, also hinsichtlich des gerade für den Täter bedeutsamen "Wie" der Bestrafung, erzielt.
In rechtsstaatlich-liberaler Hinsicht [39] ist dann eine Basis geschaffen, die - freiheitssichernd für den Bürger - Schutz vor Zufall und Willkür [40] bei der Frage der Anwendung des § 31 BtMG bieten kann.
Den oben [41] im Hinblick auf die Anwendungspraxis des § 31 BtMG dargelegten Bedenken kann dann jedenfalls auch effektiver und einheitlicher Rechnung getragen werden.

---

34) vgl. Naucke, Allgemeine Straftatlehre, S. 6 und passim; ders., Strafrecht, S. 243

35) s. Naucke, Strafrecht, ebenda; Marxen, Straftatsystem und Strafprozeß, S. 100 und Hassemer, Strafrecht, S. 188

36) für deren Einbeziehung zu Recht Naucke, Allgemeine Straftatlehre, S. 28 f.; ders., Strafrecht, S. 336 ff.; ders., Jura 1979, 426 ff. und Fünfsinn, Fahrlässiges Unterlassungsdelikt, S. 227 ff., denn "erst der wirkliche Ausgang des Strafverfahrens entscheidet über den Charakter eines Verhaltens als Straftat ... Eine Allgemeine Straftatlehre, die ... diesem Zustand nicht Rechnung trägt, verfehlt die allgemeinen Kennzeichen von Straftaten", Naucke, Allgemeine Straftatlehre, S. 29; vgl. seine Definition der Straftat ebenda, S. 39 f.

37) vgl. Naucke, Strafrecht, S. 275; ders., Allgemeine Straftatlehre, S. 10, 13, 20

38) vgl. etwa Jescheck, AT, S. 156; Welzel, Lehrbuch, S. 48; ders., JuS 1966, 421; Hassemer, Strafrecht, S. 187; Haft, Strafrecht, AT, S. 1; Wessels, AT, S. 238; Bockelmann, AT, S. 22 und Gimbernat Ordeig, ZStW 82 (1970), S. 405

39) Naucke, Strafrecht, S. 349 weist treffend darauf hin, daß das Straftatsystem der "unentbehrliche Rahmen" ist, der "jeder strafrechtlichen Entscheidung das rechtsstaatliche Klima (übermittelt), in dem die Entscheidung stattfinden soll"; ders., Festschrift für Welzel, S. 764

40) vgl. Welzel, Lehrbuch, S. 1, 48; ders., Festschrift für Maurach, S. 3 ff.; ders., JuS 1966, 421 ff.; auch Gimbernat Ordeig, ZStW 82 (1970), S. 405; s. aber auch Naucke, Festschrift für Welzel, S. 764, der darüber hinaus

Gerade wegen der unveränderbaren Reihenfolge [42] beim Denken in den (verschiedenen) Kategorien des Straftatsystems ist durch die Konturierung eines "Argumentationsschemas" [43] bzw. einer "'Arbeitsanweisung'" [44] ein "großer Gewinn an Rechtsstaatlichkeit" [45] zu erzielen [46], da nicht nur zu einer geordneten gedanklichen Argumentationsstruktur [47] angehalten wird, sondern dadurch auch der gedankliche Nachvollzug der Argumentation erleichtert wie auch deren Überprüfung ermöglicht wird. [48]
Das Straftatsystem würde aber seine Kontrollfähigkeit [49] verlieren, falls es "für die verschiedensten Zwecke verfügbar und damit zu einem beliebig verwendbaren Steuerungsinstrument" [50] abgestuft würde. Die Allgemeinheit und damit die Allgemeingültigkeit des Straftatsystems wäre aufgehoben. Dann könnte es aber auch nicht mehr "als Richtmaß für praktisches Entscheiden" [51] fungieren.

---

auf die strenge Bindung des Straftatsystems gleich einer gesetzlichen Vorschrift hinweist; diese negiert mit seiner Auffassung jedoch Roxin, Kriminalpolitik und Strafrechtssystem, vor allem S. 3 ff.; s. weiterhin auch unten Fn. 46

41) s. dazu den 2. Teil, 2. Kapitel, II., 2., S. 169 ff.

42) vgl. dazu Hassemer, Strafrecht, S. 232

43) Schild, JA 1978, 572; vgl. auch Jescheck, AT, S. 33 und Gimbernat Ordeig, ZStW 82 (1970), S. 406, 408

44) Naucke, Strafrecht, S. 339; ders., Festschrift für Welzel, S. 764; s. auch dens., Festschrift für Dreher, S. 467

45) Schild, JA 1978, 572; s. auch Maurach/Zipf, Strafrecht, AT 1, S. 41

46) vgl. gegen die Kritik von Schmid, in Kritik der Strafrechtsreform, S. 8 ff. (und Nedelmann, a.a.O., S. 20 ff.), in die auch Roxin, Kriminalpolitik und Strafrechtssystem, S. 4 (mit Fn. 12) einstimmt, auch die zutreffenden Ausführungen Gimbernat Ordeigs, ZStW 82 (1970), S. 408: "In einem echten sozialen Rechtsstaat bildet die Dogmatik ein unerläßliches Mittel dafür, daß das Strafrecht unter Kontrolle gehalten wird, daß die Strafe die vorgesehenen Grenzen nicht überschreitet und daß die Strafgesetze auf der Grundlage der Berechenbarkeit und der Rechtssicherheit verfaßt werden" und ebenda, S. 410

47) vgl. Jescheck, AT, S. 33; Gimbernat Ordeig, ZStW 82 (1970), S. 406

48) s. Schick, ZStW 85 (1973), S. 1035; Hassemer, Strafrecht, S. 187; Tiedemann, JZ 1980, 490 f.; Gimbernat Ordeig, ZStW 82 (1970), S. 405; Schild, JA 1978, 572 und Wessels, AT, S. 238

Somit hat sich ergeben, daß die angestrebten Vorteile einer Einordnung des § 31 BtMG in ein Straftatsystem nur dann zu erzielen sind, wenn das rechtsstaatlich-praktische allgemeine Straftatsystem zugrundegelegt wird.
Dann nämlich ist ein auf die Regelung des § 31 BtMG zusätzlich einwirkender rechtsstaatlicher Gewinn durch den Einbezug auch dieser Vorschrift in die genaue Arbeitstechnik des Straftatsystems zu verzeichnen.

II. Möglichkeit der Einordnung des § 31 BtMG in das traditionelle Straftatsystem?

Im folgenden ist nun zu untersuchen, in welcher Weise die Regelung des § 31 BtMG in das überkommene Straftatsystem eingestellt werden kann.

1. Drei oder vier Kategorien des Straftatsystems?

Im Hinblick auf den Aufbau des Straftatsystems ist im einzelnen umstritten, ob er nur aus drei [52] oder jedenfalls aus vier [53] Kategorien besteht und - gegebenenfalls - welche Elemente in die vierte Kategorie einzustellen sind. [54]
Zum einen aus den oben [55] dargelegten verschiedenen Gründen, insbesondere aus demjenigen der rechtsstaatlich notwendigen endgültigen Festlegung des Ergebnisses der Strafbarkeit oder Straflosigkeit des einzelnen Täters, wird hier - insofern kongruent

---

49) s. dazu auch schon oben S. 243

50) Marxen, Straftatsystem und Strafprozeß, S. 153

51) Marxen, a.a.O., S. 424, der das Straftatsystem in dieser Funktion nicht ausreichend verwirklicht sieht.

52) so die Mindermeinung, vgl. die Nachweise oben S. 241 Fn. 8

mit der herrschenden Meinung [56] - jedenfalls eine vierte Stufe im Deliktsaufbau für notwendig gehalten. [57]
Wenn auch - wie oben [58] schon festgestellt wurde - der gemeinsame Nenner der in das "Grenzgebiet zwischen Strafbarkeit und Straflosigkeit" [59] einzustellenden Regelungen in der mangelnden Strafwürdigkeit bzw. dem mangelnden Strafbedürfnis besteht, so handelt es sich dabei doch lediglich um eine Grundstruktur [60], nicht aber um ein diesen Vorschriften zugrundeliegendes allgemeines Prinzip im Sinne nur eines maßgebenden Gesichtspunktes [61], auf den alle Umstände, die - jenseits von Unrecht und Schuld - über die Strafbarkeit bzw. Straflosigkeit des Täters entscheiden, zurückzuführen sind. [62]
Deshalb kann zum anderen an der Etablierung einer vierten Kategorie im Straftatsystem nicht vorbeigegangen werden.
Dabei besteht die Frage nurmehr darin, welchen Umfang diese zusätzliche Stufe im Deliktsystem anzunehmen hat, m.a.W.: ob die Regelung des § 31 BtMG schon in die von der überwiegenden Meinung darunter gefaßten Elemente [63] einzuordnen ist oder ob es dafür einer Erweiterung [64] bedarf.

---

53) so die herrschende Meinung, s. oben S. 241 f.

54) vgl. dazu oben S. 242 Fn. 13 und Volk, ZStW 97 (1985), S. 874

55) vgl. dazu S. 241 f., 245 ff.

56) vgl. dazu etwa die Mitteilungen von Volk, ZStW 97 (1985), S. 874

57) so auch die Mindermeinung, die das Straftatsystem erweitert sehen möchte, s. dazu die Nachweise oben S. 242 Fn. 13

58) s. dazu S. 40

59) Naucke, Jura 1979, 426

60) vgl. auch Fünfsinn, Fahrlässiges Unterlassungsdelikt, S. 230 sowie oben S. 40 mit Fn. 27 ff.

61) vgl. dazu die Ausführungen auf S. 36 ff.

62) so die h.M., vgl. etwa Schönke-Schröder-Lenckner, StGB, vor §§ 32 ff., Rn. 128; Jescheck, AT, S. 445 ff.; LK-H.J. Hirsch, StGB, 9. Aufl., vor § 51, Rn. 187 (ff.); Lackner, StGB, vor § 13, Anm. III 5; SK-Rudolphi, StGB, vor § 19, Rn. 12; anders aber etwa Schmidhäuser, AT, S. 487 f., der bei den

Dafür käme nach überkommener Auffassung hier bei der Einordnungsfrage des § 31 BtMG allein die Gruppe der persönlichen Strafausschließungs- oder Strafaufhebungsgründe [65] in Betracht. [66), 67]

2. § 31 BtMG als Strafzumessungsvorschrift?

Allerdings wird die Vorschrift des § 31 BtMG in der speziellen Literatur - soweit dieses Problem überhaupt behandelt wird [68] - als Strafzumessungsnorm eingestuft. [69]
Das erklärt sich wohl daraus, daß die Rechtsfolge der Tat für den betreffenden Täter festgelegt bzw. durch § 31 BtMG modifiziert wird, so daß es im Falle der Anwendung dieser Regelung zu einer Strafmilderung oder sogar zum Absehen von Strafe kommen kann. Dieses Institut des fakultativen Absehens von Strafe wird zumeist auch unter dem Oberbegriff der Strafbemessung oder Strafzumessung im weiteren Sinne eingeordnet. [70]

Strafausschließungsgründen generell eine Minderung des Tatunwertes annimmt; dem liegt "ein über den Unrechtstatbestand e r w e i t e r t e r T a t b e g r i f f " (Schmidhäuser, a.a.O., S. 488 Fn. 2, Hervorhebung im Original) zugrunde (vgl. zu diesem insbesondere Lang-Hinrichsen, Festschrift für Engisch, S. 353 ff.; s. dazu auch Roxin, Kriminalpolitik und Strafrechtssystem, S. 35 mit Fn. 74).

63) s. dazu oben S. 241 f.

64) gegebenenfalls auf einer nächsten zusätzlichen Stufe (vgl. etwa Hassemer, Strafrecht, S. 229) oder einer umfassenderen vierten Kategorie des Straftatsystems; die Bildung einer neuen straftatsystematischen Kategorie, in die dann alle Strafbefreiungsgründe einzustellen wären, wird erwogen von Naucke, Jura 1979, 432; Lüderssen, in Lüderssen/Sack, Abweichendes Verhalten, Bd. II, S. 219 ff. sowie Schmidhäuser, AT, S. 802 ff.

65) Um eine sog. objektive Bedingung der Strafbarkeit (zum Begriff vgl. die Nachweise oben S. 242 Fn. 11) handelt es sich ersichtlich nicht.

66) Sollte § 31 BtMG in diese Gruppe einzuordnen sein, erübrigte sich die Prüfung weiterer möglicher Einordnungen für das Institut des Absehens von Strafe, die subsidiär infrage kämen, z.B. diejenige als (fakultativer) Strafwürdigkeitsausschließungsgrund (so z.B. v. Weber, MDR 1956, 706; Zickendraht-Wendelstadt, Straffreierklärung und Absehen von Strafe, S. 194) oder eine solche im Rahmen der Korrekturen der Strafbemessung (s. zu dieser Rubrik Naucke, Strafrecht, S. 339 f.), unter die z.B. die Begnadigung zu fassen ist, eine Einordnung, die insbesondere zu Beginn dieses

Zudem handelt es sich bei einem Absehen von Strafe prozessual um einen Schuldspruch ohne Strafausspruch. [71] Der betreffende Täter wird also weder freigesprochen noch wird das Verfahren eingestellt, sondern es erfolgt ein selbständiger Schuldspruch [72], dem aber - anders als regelmäßig - kein Strafausspruch nachfolgt. Das Absehen von Strafe wird daher auch zum Teil als Grenzfall der Strafzumessung bezeichnet. [73] Dieses Verfahrensergebnis liegt also zwischen Freispruch und Bestrafung des Täters. [74], [75]

Jahrhunderts für das Absehen von Strafe verbreitet war (vgl. etwa Birkmeyer, Das Absehen von Strafe nach dem Vorentwurf, S. 8 ff.; Hoehl, GS 91 (1925), S. 153 und Wach, DJZ 15 (1910), Spalte 112; s. auch Hassemer, Festschrift für Sarstedt, S. 77); zu weiteren Einordnungen s. Zickendraht-Wendelstadt, Straffreierklärung und Absehen von Strafe, S. 154 ff.

67) Allgemein wird das Institut des Absehens von Strafe als (fakultativer) Strafausschließungs- bzw. Strafaufhebungsgrund bezeichnet, etwa von H. Wagner, GA 1972, S. 35; Schroers, Absehen von Strafe, S. 23 und v. Weber, MDR 1956, 706, der jedoch die Bezeichnung als (fakultativer) Strafwürdigkeitsausschließungsgrund vorzieht.

68) Eine Einordnung als prozessuale Regelung wird - zu Recht - von keiner Stimme in der Literatur vorgenommen oder erwogen; als prozessuale Regelung könnte - im Unterschied zu § 31 BtMG - eine Vorschrift über die Einstellung des Strafverfahrens gegen den Aufklärungsgehilfen durch die Staatsanwaltschaft anzusehen sein, wenn diese nicht materiell-rechtlichen Charakter trüge; zu diesem Unterschied - freilich ohne die hier vorgenommene Einschränkung - auch Jaeger, Der Kronzeuge, S. 5, 39 und schon oben S. 7 Fn. 23; allgemein auch v. Weber, MDR 1956, 705 und Peters, RuS Bd. 276/277, S. 7

69) so explizit Körner, BtMG, § 31, Rn. 32; ders., Strafverteidiger 1984, 217; Jaeger, Der Kronzeuge, S. 39, 126; auch BGH NJW 1986, 2897; diese Auffassung liegt wohl auch den Ausführungen von Weider, NStZ 1985, 484 f. und Joachimski, BtMR, § 31, Anm. 6 zugrunde; allgemein für das Institut des Absehens von Strafe z.B. Geerds, RuS Bd. 228/229, S. 18; Zickendraht-Wendelstadt, Straffreierklärung und Absehen von Strafe, S. 188 ff.; s. ferner die weiteren Nachweise unten S. 261 Fn. 132

70) vgl. etwa Lackner, StGB, § 46, Anm. 3; LK-G. Hirsch, StGB, § 46, Rn. 1b und Dreher-Tröndle, StGB, § 46, Rn. 7; s. aber weiterhin auch noch oben S. 208 Fn. 303

71) zuerst v. Weber, MDR 1956, 707; ebenso die ganz h.M., vgl. etwa BGHSt 4, 176; 10, 320; 16, 403; H. Wagner, GA 1972, S. 35; Schmidhäuser, AT, S. 803; Maurach, AT, S. 879 und Jescheck, AT, S. 690

72) gemäß § 260 Abs. 4 Satz 4 StPO

Damit ist allerdings gerade noch nicht entschieden, daß die straftatsystematische Eingruppierung des § 31 BtMG nicht möglich sein kann. [76)]

3. Der sachlich-rechtliche Gehalt des § 31 BtMG - Einordnung als (fakultativer) persönlicher Strafaufhebungsgrund?

Nach den oben [77)] getroffenen Feststellungen handelt es sich bei § 31 BtMG und den weiteren Regelungen über das Absehen von Strafe - mit Ausnahme des § 60 StGB [78)] - um Vorschriften, denen als gemeinsamer Nenner der Mangel an Strafwürdigkeit zugrundeliegt. Genauer ist die Regelung des § 31 BtMG in die Gruppe von Vorschriften einzuordnen, die sich am Rücktrittsgedanken und an dem Gedanken der tätigen Reue orientieren [79)], die somit auf einer Handlung des Täters basieren, mit der dieser sich die in Aussicht gestellte Vergünstigung verdient hat. [80)]
Es ist bei § 31 BtMG also ein Fall der tätigen Reue [81)] bzw. des Rücktritts vom schon durch sehr weitreichende Strafbarkeit [82)] vollendeten Delikt gemäß §§ 29 Abs. 1, 2, 4 oder 6 bzw. 29 Abs. 3, 30 Abs. 1 BtMG gegeben.

---

73) vgl. z.B. v. Weber, MDR 1956, 706; Krümpelmann, Bagatelldelikte, S. 236

74) vgl. z.B. Zickendraht-Wendelstadt, Straffreierklärung und Absehen von Strafe, S. 187 f. und schon oben S. 43 m.N.

75) zu der Frage, ob dem Schuldspruch ohne Strafausspruch eigenständige Bedeutung als strafrechtliche Sanktion zukommt, s. unten S. 260 m.N.

76) Denn dies setzte den Ausschluß der Rechtsfolgen (-regelungen) von der Möglichkeit der Eingruppierung in das Straftatsystem voraus, eine Meinung, die auf der Trennung von Straftatlehre und Strafrechtsfolgen beruht; s. dagegen - m.E. zu Recht - die Begründungen von Naucke, Strafrecht, S. 336 ff.; ders., Festschrift für Maurach, S. 199 f.; ders., Jura 1979, 431 f. und Fünfsinn, Fahrlässiges Unterlassungsdelikt, S. 243; vgl. ferner auch schon oben S. 208 Fn. 304 und den nun folgenden Text

77) vgl. hierzu S. 40

78) hier liegt ein mangelndes Strafbedürfnis vor, s. oben S. 40 Fn. 28 m.N.

79) s. dazu schon oben S. 228 f. mit Fn. 391 und w.N.

Über eine Korrektur im Bereich der Rechtsfolgen [83] besteht die Möglichkeit, die an sich aufgrund des Vorliegens aller Strafbarkeitsvoraussetzungen zu treffende Bestrafung des Täters wieder auszuschließen, es erfolgt eine Entkriminalisierung im Einzelfall als Gegenwirkung eines vorher (zu) weit gezogenen Kriminalisierungsfeldes. [84], [85]
Wie oben [86] schon erörtert wurde, werden durch die "Rücknahme der faktischen Bestrafung" [87] Verhaltensweisen von nur geringem, unter einer gewissen Erheblichkeitsschwelle liegendem Schuld- bzw. Unrechtsgehalt, also solche an der Grenze der Strafwürdigkeit [88], ebenso ausgeschieden wie Fälle durch entsprechendes Nachtatverhalten geminderten Schuld- bzw. Unrechtsgehalts.
Aufgrund dieser Überlegungen wird insgesamt deutlich, daß es sich im Falle des § 31 BtMG um eine *sachliche Einschränkung des materiellen Strafrechts* handelt. [89]

Belegt wird der sachliche Gehalt des § 31 BtMG auch im Vergleich mit 24 StGB:
Zwar ist der straftatsystematische Standort des Rücktritts vom Versuch sehr umstritten [90]; § 24 StGB wird aber jedenfalls - so

---

80) vgl. Jescheck, AT, S. 690; zu den verschiedenen Erklärungsversuchen des Rücktrittsprivilegs s. etwa Jescheck, a.a.O., S. 435 ff. und Berz, Formelle Tatbestandsverwirklichung und materialer Rechtsgüterschutz, S. 18 ff. jeweils m.w.N.

81) so ausdrücklich Jung, ZRP 1986, S. 39 Fn. 16; weiterhin Hügel/Junge, BtMR, § 31, Rn. 1; Körner, BtMG, § 31, Rn. 3 und Pelchen in Erbs/Kohlhaas, Strafrechtliche Nebengesetze, Bd. I, Anm. 1; für die Ziffer 2 des § 31 BtMG ebenso Slotty, NStZ 1981, 326; gegen eine solche Begrenzung schon oben S. 228

82) s. hierzu schon oben S. 30 sowie Schünemann, GA 1986, S. 319 f.

83) vgl. hierzu die Ausführungen oben S. 52 ff. m.v.N.

84) vgl. Kausch, Der Staatsanwalt, S. 135, 149 ff.; Drost, Das Ermessen des Strafrichters, S. 117 f. und schon oben S. 55

85) Zu der wechselseitigen Verknüpfung von Tatbestand und Rechtsfolge s. Kausch, a.a.O., S. 160 ff.; Schröder, Gesetz und Richter, S. 22; Stree, Deliktsfolgen und Grundgesetz, S. 22 und BVerfGE 25, 286

von der herrschenden Meinung [91] - als persönlicher Strafaufhebungsgrund in die vierte Kategorie des Straftatsystems eingeordnet.
Der Großteil der Mindermeinung rechnet den Rücktritt vom Versuch - im einzelnen unterschiedlich [92] - sogar dem Schuldbereich, also der dritten Kategorie des Straftatsystems, zu.
Zudem handelt es sich bei § 24 StGB wie bei § 31 BtMG um Fälle der Berücksichtigung entsprechenden Nachtatverhaltens [93], also einer persönlichen Leistung des betreffenden Täters, so daß von einer Wirkungsgleichheit dieser Regelungen auch insoweit gesprochen werden kann. [94]
Abstellend auf den sachlichen Gehalt des § 31 BtMG und den angestellten Vergleich mit dem Rücktritt vom Versuch gemäß § 24 StGB empfiehlt sich somit eine Einordnung als persönlicher Strafaufhebungsgrund. [95]

---

86) vgl. dazu S. 55

87) Hassemer, Festschrift für Sarstedt, S. 68

88) s. dazu auch v. Weber, MDR 1956, 706

89) Den sachlichen Gehalt des § 60 StGB als Fall des obligatorischen Absehens von Strafe (ebenso wie denjenigen des § 153 StPO) bejaht zu Recht Fünfsinn, Fahrlässiges Unterlassungsdelikt, S. (234 f.,) 243 ff.

90) vgl. die Nachweise für die unterschiedlichen vertretenen Auffassungen oben S. 25 Fn. 14

91) vgl. z.B. RGSt 72, 350; Welzel, Lehrbuch, S. 196; Lackner, StGB, § 24, Anm. 1 und Dreher-Tröndle, StGB, § 24, Rn. 3; a.A. ist etwa Roxin, Kriminalpolitik und Strafrechtssystem, S. 35 ff.; ders., Festschrift für Heinitz, S. 273

92) als Schuldtilgungsgrund, Schuldaufhebung, Schuldausschließungsgrund, Schuldminderung oder als qualitative Unrechtsmodifizierung bzw. sogar als negatives Tatbestandsmerkmal, vgl. die Nachweise für die Vertreter der aufgeführten Meinungen oben auf S. 25 in Fn. 14 und zusätzlich Bloy, Strafausschließungs- und Strafaufhebungsgründe, S. 166 ff.

93) Für die materiell-rechtliche Einordnung allen Nachtatverhaltens auch Jakobs in einem Diskussionsbeitrag auf der Strafrechtslehrertagung 1985, zitiert nach Gropp, ZStW 97 (1985), S. 949

94) Die Berücksichtigung der Wirkungsgleichheit aller, wenn auch unterschiedlich ausgestalteten Regelungen des Grenzbereiches zwischen Strafbarkeit und Straflosigkeit liegt auch der Konzeption von Naucke, Jura 1979, 426 ff. und der hier (s. S. 44 ff.) getroffenen Zusammenstellung zugrunde.

Im Vergleich zu § 24 StGB als Fall obligatorischer Strafbefreiung handelt es sich bei § 31 BtMG lediglich um ein im Ermessen des Gerichts [96] stehendes Absehen von Strafe bzw. eine ebensolche Strafmilderung.
Diesem Unterschied der nur fakultativen Strafbefreiung kann durch die Einordnung als f a k u l t a t i v e r persönlicher Strafaufhebungsgrund Rechnung getragen werden.
Gegen die damit getroffene Einordnung kann nicht eingewandt werden, in die vierte Kategorie des Straftatsystems seien keine fakultativen Strafbefreiungsgründe aufzunehmen:
Denn einer solchen Argumentation würden zum einen schon die oben [97] aufgeführten Gründe widersprechen.
Zum anderen haben sich bei der Betrachtung der Rechtsfolgenseite verwandter Regelungen gleich in mehrfacher Hinsicht Unstimmig- und Widersprüchlichkeiten ergeben [98]:
So gibt es bei bestimmten älteren Vorschriften nur die Wahl zwischen Strafbarkeit und Straflosigkeit [99], [100], während neuere Regelungen eine Strafmilderungsmöglichkeit und die Möglichkeit des Absehens von Strafe enthalten. [101] Zugleich befremdet die Nebeneinanderstellung des fakultativen Absehens von Strafe einerseits und der völligen Straffreiheit mit dem Ergebnis des Freispruchs andererseits, die auch nicht überzeugen kann. [102]

---

95) Für eine "deutliche Parallelität" der auf dem Gedanken des Rücktritts bzw. der tätigen Reue beruhenden Absehensregelungen mit den Fällen, die überwiegend als persönliche Strafaufhebungs- bzw. Strafausschließungsgründe bezeichnet werden, auch Schroers, Absehen von Strafe, S. 23 m.N.; Maiwald, ZStW 83 (1971), S. 667 faßt die Fälle des Rücktritts vom formell (schon) vollendeten Delikt ebenfalls unter die Strafaufhebungsgründe; vgl. zudem die weiteren Nachweise unten S. 257 Fn. 111

96) zu dessen richtigerweise zu treffenden Behandlung als Rechtsanwendung vgl. oben S. 208 f. mit den Nachweisen für diese Auffassung in Fn. 307

97) S. 252 ff.

98) s. dazu oben S. 34 ff.

99) vgl. diese Regelungen oben S. 34 Fn. 62

100) Eine Ausnahme davon bildet § 311c Abs. 1 StGB, der lediglich die Möglichkeit zur Strafmilderung enthält, vgl. schon oben S. 34

Festzustellen ist also, daß "die Grenze zwischen obligatorischer und fakultativer Strafbefreiung unklar, teilweise willkürlich" [103] gezogen ist. [104]
Außerdem ist auch nicht einleuchtend, warum in den Fällen der tätigen Reue bzw. des Rücktritts vom vollendeten Delikt nicht - ebenso wie beim Rücktritt vom Versuch - für den Täter Straflosigkeit eintreten soll. [105]
Selbst wenn es in einem ganz besonderen Ausnahmefall im Rahmen der Anwendung des § 31 BtMG sogar zum Absehen von Strafe kommen sollte [106], mithin im Ergebnis für den Täter Straflosigkeit einträte, wäre er - neben dem Schuldspruch (!) - auch noch durch die Kostenregelung des § 465 Abs. 1 Satz 2 StPO [107] beschwert; dies erscheint willkürlich. [108]
Diese Entwicklung hin zu großer "Flexibilität" der Rechtsfolgen [109] bestärkt auch den Eindruck, daß die Täter häufiger bestraft werden, vielleicht auch wenigstens etwas bestraft werden sollen, so daß eine Sanktionierung jedenfalls nicht völlig entfällt, wenn auch eine Strafmilderung gewährt wird, als dies im Falle einer obligatorischen Strafbefreiung im Rahmen des § 31 BtMG der Fall wäre. Bei dieser würde nur festgestellt, ob die Voraussetzungen für die Strafbefreiung vorliegen; dann ginge der Täter - wie bei § 24 StGB - straffrei aus; auch der Schuldspruch entfiele. Dieses Ergebnis ist freilich vom Gesetzgeber gerade im Bereich der Betäubungsmittelkriminalität nicht gewollt. [110]

---

101) so die oben S. 34 Fn. 63 aufgeführten Regelungen

102) s. dazu oben S. 34 f. mit Fn. 67 f.

103) Naucke, Jura 1979, 431

104) Von der "Wesensgleichheit von obligatorischen und fakultativen Strafausschließungs- und -aufhebungsgründen" geht auch v. Weber, MDR 1956, 706 f. aus.

105) diese Auffassung wird zunehmend vertreten, so schon v. Weber, MDR 1956, 707; Schröder, Festschrift für H. Mayer, S. 390; Maiwald, ZStW 83 (1971), S. 668 und Jescheck, AT, S. 690; wohl auch Zickendraht-Wendelstadt, Straffreierklärung und Absehen von Strafe, S. 200 und Schroers, Absehen von Strafe, S. 90; s. auch Schönke-Schröder-Stree, StGB, vor §§ 38 ff., Rn. 54, der jedoch die umgekehrte Anpassung fordert, s. dazu auch schon oben S. 34

Es kann damit zusammenfassend festgestellt werden, daß die Regelung des § 31 BtMG als fakultativer persönlicher Strafaufhebungsgrund anzusehen und in die vierte straftatsystematische Kategorie einzuordnen ist. [111)]

Somit ist festzuhalten, daß sich die Einordnung des § 31 BtMG in den traditionellen Bereich des Deliktssystems hat durchführen lassen, wenn damit auch die an sich von der überwiegenden Ansicht gezogene Begrenzung auf bestimmte typische Vorschriften [112)] gesprengt wurde. Aufgrund dieser Einordnung besteht auch die Aussicht, eine in rechtsstaatlicher Hinsicht unbedenklichere Anwendungspraxis gerade im Hinblick auf die Probleme der Gleichbehandlung [113)] im Rahmen des § 31 BtMG zu erreichen. [114)]

---

106) Ein Absehen von Strafe im Rahmen des § 31 BtMG ist bisher nicht bekannt geworden, vgl. BT-Drs. 10/843, S. 16; Weider, NStZ 1984, 398; Weigend, Festschrift für Jescheck, S. 1338 Fn. 17 und Jung, ZRP 1986, 42; dies bestätigt jetzt auch die Arbeit von Jaeger, Der Kronzeuge, S. 111 f.

107) Zu dieser Folge der Verurteilung gemäß § 260 Abs. 4 Satz 4 StPO vgl. auch BGHSt 4, 176 und Jescheck, AT, S. 691 und S. 447 Fn. 8

108) Schröder, Festschrift für H. Mayer, S. 390 fordert daher zu Recht hinsichtlich der Kostenregelung Gleichbehandlung mit den Fällen des straflosen Rücktritts; jedenfalls ist eine Gleichbehandlung dringend angezeigt, so auch Schönke-Schröder-Stree, StGB, vor §§ 38 ff., Rn. 54; zu den insgesamt zu erhebenden Forderungen im Hinblick auf diese unstimmige und verworrene Gesetzeslage s. meine Ausführungen oben S. 35 f. m.w.N.

109) s. dazu schon oben S. 34 m.N.

110) vgl. auch Weigend, Festschrift für Jescheck, S. 1346 für die Rechtslage in den Vereinigten Staaten von Amerika

111) für Fälle des Absehens von Strafe, die auf der mangelnden Strafwürdigkeit der Tat beruhen, wird diese Einordnung auch bejaht von Fünfsinn, Fahrlässiges Unterlassungsdelikt, S. 244 ff. und Naucke, Jura 1979, 432; s. auch Maiwald, ZStW 83 (1971), S. 667; Schroers, Absehen von Strafe, S. 23; H. Wagner, GA 1972, S. 35, der aber - entweder aufgrund unzutreffender Terminologie (dazu schon oben S. 242 Fn. 9 f.) oder aber als Oberbegriff (so etwa LK-H.J. Hirsch, StGB, 9. Aufl., vor § 51, Rn. 191) - die Einordnung als fakultativer Strafausschließungsgrund vornimmt und schon v. Weber, MDR 1956, 706, der aber die Bezeichnung als fakultativer Strafwürdigkeitsausschließungsgrund vorzieht.

112) nämlich die sog. objektiven Bedingungen der Strafbarkeit und die (obligatorischen) persönlichen Strafausschließungs- und Strafaufhebungsgründe, s. dazu oben S. 241 f.

Diese Ausdehnung der vierten Kategorie des Straftatsystems erweist sich insgesamt als geboten [115], wie die angeführten Gründe deutlich belegen.
Dadurch entsteht schließlich kein offenes Straftatsystem [116]; auch würde eine mögliche Kritik, die das Straftatsystem in Auflösung versetzt sieht [117], hier m.E. zu kurz greifen:
Obwohl nämlich argumentiert werden kann, diese gesetzgeberischen Regelungen zwängen das Straftatsystem zur Reaktion [118], was eigentlich der falsche Weg sei, muß doch die Kehrseite der Einstellung dieser Regelungen in das Straftatsystem im Auge behalten werden, die diese Vorschriften in die Ordnung und die Vernünftigkeit dieser strukturierten, übersichtlichen und kontrollierbaren Arbeitsweise der Strafjuristen einbezieht [119] und dadurch die schon dargestellten (rechtsstaatlichen) Vorteile [120] ermöglicht.
Es handelt sich hierbei freilich um eine Lösung, die sich für die straftatsystematische Berücksichtigung des § 31 BtMG entschieden hat. [121]

---

113) s. dazu oben das 2. Kapitel des 2. Teiles der Arbeit, II., S. 167 ff.

114) vgl. auch Fünfsinn, Fahrlässiges Unterlassungsdelikt, S. 241 (für § 153 StPO) und schon oben S. 246 f. m.N.

115) Belege für diese Auffassung schon oben S. 242 Fn. 13 und S. 249 Fn. 54

116) Zur Option für ein "offenes Strafrechtssystem" s. Schünemann, in Grundfragen des modernen Strafrechtssystems, S. 8 f., 11 ff.

117) vgl. dazu etwa Naucke, Wechselwirkung, S. 187 Fn. 25, der die Ausdehnung des Straftatsystems zu Recht als Folge der Präventionslehre einstuft.

118) vgl. hierzu auch Fünfsinn, Fahrlässiges Unterlassungsdelikt, S. 239; Naucke, Wechselwirkung, S. 187 Fn. 25 und Marxen, Straftatsystem und Strafprozeß, S. 149 ff.

119) s. dazu schon oben S. 245 ff.; deshalb darf die Anwendung des Straftatsystems auch nicht einfach beiseite gelassen werden.

120) vgl. ebenda

121) und damit die angesprochenen Gegenargumente in Kauf nehmen muß; diese erscheinen im Falle lediglich f a k u l t a t i v e r persönlicher Strafaufhebung gerade wegen der oben (s. S. 256) dargestellten zweifelhaften Trennung dieser von der obligatorischen Strafbefreiung aber als abgeschwächt.

Dabei ist es allerdings weiterhin gut möglich, ja geradezu sinnvoll und notwendig, die Ausgestaltung dieser Vorschrift zu kritisieren, der die "Fesseln" des Straftatsystems angelegt wurden. Gerade diese Kritik hat klarzumachen, daß der moderne Gesetzgeber in der jüngeren Vergangenheit immer mehr und auch immer häufiger aus kriminalpolitischen Gründen [122)] von festgefügten dogmatischen Figuren und deren Systematik abgewichen ist [123)] und sich insofern ganz frei, ohne irgendein Bemühen, auf jedenfalls mögliche Übereinstimmung Wert zu legen [124)], bewegt. [125)]
Die Ausschaltung des Straftatsystems durch den Gesetzgeber darf sich nicht fortsetzen, seine Anwendung ist hier - z.B. bei § 31 BtMG - gerade bedeutsam für das praktische Verfahren. [126)], [127)]

---

122) vgl. dazu auch schon oben S. 53

123) Dafür ist exemplarisch auch die Vorschrift des § 113 StGB mit ihrer "besonderen" Irrtumsregelung, vgl. dazu Naucke, Festschrift für Dreher, S. 459 ff.; H.J. Hirsch, Festschrift für Klug, S. 235 ff. und Schünemann, in Grundfragen des modernen Strafrechtssystems, S. 15 ff.; s. ferner etwa die Regelung des § 60 StGB, dazu Fünfsinn, Fahrlässiges Unterlassungsdelikt, S. 246 und Hassemer, Festschrift für Sarstedt, S. 66, der bezüglich dieser Regelung die Einschätzung trifft, daß eher die Bereitschaft bestehe, das überkommene Strafrechtssystem in Frage zu stellen, als § 60 StGB als systemfremd zu eliminieren.

124) s. dazu etwa die Unstimmigkeiten bei den Regelungen über ein Absehen von Strafe (bzw. eine Strafmilderung) oben S. 34 ff. und soeben S. 255 f.

125) so die allgemeine Tendenz des Gesetzgebers, auf die Vernünftigkeit der (allgemeinen) Straftatlehre nicht zu achten, s. dazu Naucke, Allgemeine Straftatlehre, S. 30 ff.; und dies, obwohl die Grundlagen des Straftatsystems übereinstimmend bejaht werden, s. dazu Naucke, a.a.O., S. 7 ff. und Stratenwerth, in Lüderssen/Sack, Abweichendes Verhalten, Bd. II, S. 251 ff.; diese Tendenz ist wohl darauf zurückzuführen,daß auch hier lediglich Effektivitätsgesichtspunkte für maßgebend gehalten werden, vgl. auch Fünfsinn, a.a.O., S. 250

126) Dies zeigt sowohl die Anwendungshäufigkeit des § 31 BtMG, vgl. BT-Drs. 10/843, S. 25 (mehr als 500 Fälle innerhalb der ersten 18 Monate der Geltung dieser Regelung), die auch Jaeger, Der Kronzeuge, S. 165 f. mit Fn. 127, 129 zu Recht als allzu großzügig - gerade auf hinsichtlich ihrer Glaubwürdigkeit zweifelhafte Aussagen - rügt als auch die Feststellung, daß die Strafbefreiungsgründe "den herkömmlichen Rechtfertigungs- und Entschuldigungsgründen den Rang abgelaufen (haben)", Fünfsinn, a.a.O., S. 249; s. auch schon Naucke, Jura 1979, 429 und bereits oben S. 41 mit Fn. 34

Auch hat sich eine wesentliche Veränderung im Bereich der strafrechtlichen Gesetzgebungstechnik durch die Verlagerung der einzelfallbezogenen Entscheidung auf den Richter vollzogen [128], die diesem mit dem Institut des Absehens von Strafe in Verbindung mit der Strafmilderungsmöglichkeit eine stufenlose Entscheidungspalette [129] an die Hand gegeben hat.
Mit dem Absehen von Strafe, das prozessual einen Schuldspruch ohne Strafausspruch bedeutet [130], ist eine neue, besondere Sanktionsform entstanden [131], [132], da im Schuldspruch ein Unwerturteil über die Tat enthalten ist, wenn eine Strafe dann auch nicht verhängt wird. [133] Sie steht zwischen Freispruch und Bestrafung des Täters. [134]

III. Perspektive

Offen bleiben muß hier die Frage, ob die übrigen nicht auf dem Gedanken der tätigen Reue bzw. des Rücktritts vom vollendeten

---

127) Dies gilt ebenso für "verfahrensrechtliche" Lösungen, die oftmals gerade deshalb bevorzugt werden, weil sie als weniger verbindlich angesehen werden, vgl. dazu z.B. Volk, Prozeßvoraussetzungen, S. 265; Peters, ZStW 68 (1956), S. 374 ff., 394 und schon oben S. 183 f. (im Zusammenhang mit dem Bestimmtheitsgrundsatz); Fünfsinn (Fahrlässiges Unterlassungsdelikt, S. 251 Fn. 122) weist zu Recht darauf hin, daß damit zugleich der Grund des Ausweichens auf "verfahrensrechtliche" Lösungen entfiele.

128) vgl. dazu nochmals das 5. Kapitel des 1. Teiles der Arbeit, S. 49 ff. m.N. und Hassemer, Strafrecht, S. 229

129) zwischen Strafbarkeit und Straflosigkeit, vgl. Naucke, Jura 1979, 429 ("stufenloses Zwischengebiet")

130) vgl. v. Weber, MDR 1956, 707; Schmidhäuser, AT, S. 803 und die weiteren Nachweise oben S. 251 Fn. 71

131) vgl. Jescheck, AT, S. 691; A. Schmitt, Untersuchungen zu Wesen und Anwendungsbereich des § 16 StGB, S. 43; zur selbständigen Bedeutung des Schuldspruches als strafrechtlicher Sanktion s. auch die Ausführungen von Waiblinger, Festschrift für Pfenninger, S. 157 ff., 167; Schroers, Absehen von Strafe, S. 87 ff., 90 und H. Wagner, GA 1972, S. 42 ff. m.w.N.

Delikt beruhenden Vorschriften über das Absehen von Strafe auch in die vierte Stufe des Straftatsystems eingeordnet werden können.

Das gleiche gilt für die sonstigen in das "Grenzgebiet zwischen Strafbarkeit und Straflosigkeit" [135] eingestellten Regelungen. [136]

Zur Beantwortung dieser Frage bedarf es einer genaueren Einzeluntersuchung der jeweiligen Vorschrift auf ihren sachlichen Gehalt und die dadurch mögliche straftatsystematische Aufbereitung. [137]

---

132) nach a.A. wird das Institut des Absehens von Strafe allein unter dem Gesichtspunkt der Strafzumessung betrachtet, vgl. dazu etwa BGHSt 16, 400 f.; Bruns, Festschrift für Eb. Schmidt, S. 609; Schröder, Gutachten zum 41. DJT, Bd. I, S. 98 und schon oben S. 250 f.

133) vgl. dazu auch Maiwald, ZStW 83 (1971), S. 669; G. Schmidt, JZ 1966, 93 und Schmidhäuser, AT, S. 803

134) Konsequenz ist aber, daß eine "Sanktion" gegen den Täter (so auch Eser, Festschrift für Maurach, S. 268) verhängt wird, der in jedem Falle durch den Schuldspruch und das damit über ihn gefällte Urteil (vgl. § 260 Abs. 4 Satz 4 StPO) beschwert ist und somit wenigstens etwas "bestraft" wird, (s. dazu schon oben S. 256), wenn diese Sanktion auch z.T. als "vergeistigte" Strafe, die nur symbolischen Charakter habe, eingestuft wird (so z.B. Maiwald, ZStW 83 (1971), S. 680).

135) Naucke, Jura 1979, 426

136) vgl. die Zusammenstellung dieser Regelungen oben S. 44 ff.

137) Diese hat Fünfsinn, Fahrlässiges Unterlassungsdelikt, S. 226 ff. für § 153 StPO und § 60 StGB bereits mit positivem Ergebnis durchgeführt, dem insoweit zugestimmt werden kann; für den sachlichen Gehalt des § 153 StPO ("geringe Schuld") schon Naucke, Festschrift für Maurach, S. 202 f. m.N.; s. dort auch die Stellungnahme Nauckes zu möglichen Einwänden gegen eine straftatsystematische Einordnung des § 153 StPO, mit der er den Nachweis führt, daß sie "wenig gewichtig und eher zufällig" sind, a.a.O., S. 204 ff., 206; vgl. ferner die wesentlichen Konsequenzen, die diese Einordnung mit sich brächte, bei Naucke, a.a.O., S. 208 ff.

Diese Untersuchungen können an dieser Stelle nicht geleistet werden, sie überstiegen bei weitem den Rahmen und das Thema der vorliegenden Arbeit. [138)]
Erst danach kann beantwortet werden, ob auch diese Vorschriften in die bisher übliche, wenn auch nun erweiterte vierte Kategorie im Deliktsaufbau - wie § 31 BtMG - eingeordnet werden können oder ob eine neue straftatsystematische Kategorie geschaffen werden müßte [139)], die umfassend alle, auch die gegebenenfalls einer genauen Einordnung unzugänglichen Strafbefreiungsgründe aufzunehmen in der Lage wäre. [140)]

---

138) Allerdings kann abgeschätzt werden, daß wohl der gesamte Bereich der fakultativen und derjenige der obligatorischen Strafbefreiung in die vierte straftatsystematische Kategorie eingestellt werden kann.

139) In diese Entscheidung spielt freilich - neben der Einstellung zur Rücknahme der Trennung von formellem und materiellem Recht (vgl. dazu z.B. Lüderssen, in Denninger/Lüderssen, Polizei und Strafprozeß, S. 26 ff.; ders., ZStW 85 (1973), S. 292 ff. und Volk, Prozeßvoraussetzungen, S. 257 ff.) und zur Diskussion des Strafwürdigkeits- und Strafbedürftigkeitsbegriffes (s. dazu ausführlich Volk, ZStW 97 (1985), S. 871 ff. und Otto, Gedächtnisschrift für Schröder, S. 53 ff. mit Darstellung des Streitstandes und w.N.) - auch das Verständnis des Verhältnisses von Straftatsystem und Strafgesetzgebung (dazu Naucke, Allgemeine Straftatlehre, S. 12 ff.) und eventuell dasjenige der Beziehung zwischen Straftatsystem und Strafprozeß (s. das gleichnamige Buch von Marxen, insbes. S. 305) mit hinein (vgl. auch Fünfsinn, Fahrlässiges Unterlassungsdelikt, S. 238 f.), das die Entscheidung bedingen kann; zu Teilaspekten s. auch schon oben S. 183 f. und 259 f.

140) Die Bildung einer solch umfassenden neuen straftatsystematischen Kategorie zur Aufnahme aller Strafbefreiungsgründe wird von Lüderssen, in Lüderssen/Sack, Abweichendes Verhalten, Bd. II, S. 219 ff.; Naucke, Jura 1979, 432; Schmidhäuser, AT, S. 802 ff. und Fünfsinn, Fahrlässiges Unterlassungsdelikt, S. 238 f. und 246 f. erwogen.

Schlußbetrachtung

I. Praktische Folgerungen für die Bestimmung des Anwendungsbereiches von § 31 BtMG

Wie schon der Hauptteil [1] der vorliegenden Arbeit mit der Untersuchung der strafprozessualen [2] und verfassungsrechtlichen [3] Problembereiche ergab [4], so präsentierte sich die Regelung des § 31 BtMG auch im Rahmen der straftatsystematischen Einordnungsfrage des 3. Teils [5] als eine Vorschrift, die Probleme aufwirft und Spannungen erzeugt.

In diesem ersten Abschnitt der Schlußbetrachtung sollen nun die insgesamt gewonnenen Ergebnisse verwertet werden, indem zunächst die dadurch sich ergebenden Maßgaben gegenüber der Regelung des § 31 BtMG ins Bewußtsein gerufen werden, so daß ersichtlich wird, unter welchen Voraussetzungen diese Vorschrift überhaupt nur Bestand haben kann.
Diese Feststellungen werden offenbaren, in welchem Maße § 31 BtMG Anwendung finden kann.
Zugleich wird dabei zu überlegen sein, ob und gegebenenfalls auf welche Weise die gewonnenen Ergebnisse für die künftige Anwendung des § 31 BtMG abgesichert werden können.
Damit sollen die Grundlagen für den strafprozeß- und verfassungsrechtlich z u l ä s s i g e n Anwendungsbereich der Vorschrift in grundsätzlicher Art geschaffen und die Richtlinien

---

1) vgl. den 2. Teil, S. 59-240

2) o. S. 59 ff.

3) vgl. S. 140 ff.

4) vgl. dazu insbes. das Zwischenergebnis, VIII. des 1. Kapitels, S. 135 ff. sowie das u.a. zusammenfassende 3. Kapitel, S. 230 ff.

5) vgl. dazu S. 241 ff.

für Fragen der Einzelproblemauslegung in der Praxis vorgegeben sein. [6]
Sodann wird diese Standpunktbestimmung für die Regelung des § 31 BtMG mit der dafür noch zu betrachtenden heutigen Anwendungspraxis dieser Vorschrift durch die höchstrichterliche Rechtsprechung und deren Tendenz verglichen sowie auf insoweit relevante Äußerungen in der Literatur eingegangen.

Daran wird sich zeigen, ob bzw. inwieweit den im einzelnen behandelten Problembereichen dieser Vorschrift bei ihrer praktischen Anwendung im Einzelfall Rechnung getragen wird.

1. Die Ergebnisse der Untersuchung als Grundlagen und Richtlinien

Die gesamte Untersuchung der Vorschrift des § 31 BtMG hat aufgrund deren Anlage und Wirkungsweise die für ihre Aufrechterhaltung unerläßliche Notwendigkeit der einschränkenden Auslegung ihrer Normvoraussetzungen und der dadurch erzielbaren Reduzierung ihres Anwendungsbereiches ergeben. [7]
Dadurch alleine jedoch konnte die Vorschrift - so hat sich gezeigt - der Strafprozeßordnungswidrigkeit wie auch der Verfassungswidrigkeit nicht entgehen. [8]
Erst durch das Ineinandergreifen der im einzelnen erlangten Ergebnisse konnte i n s g e s a m t die durch § 31 BtMG ausgelöste Problematik entschärft werden:
Bestand haben kann die Regelung des § 31 BtMG danach von vornherein nur unter der Voraussetzung, daß das Verbot der Rollenvertauschung eingehalten wird, der (mit-)beschuldigte Aufklärungsgehilfe also nicht Zeuge im Strafverfahren gegen andere Tatbeteiligte sein darf, so daß seinen allein möglichen Angaben gegenüber den Ermittlungsbehörden nur Hinweisfunktion zukommt. [9]

---

6) s. dazu - für die Anwendung beispielhaft - die Behandlung der aufgegriffenen Streitfragen unten S. 267 ff.

7) s. z.B. zusammenfassend S. 130 f. und 231 und passim

Dieses Ergebnis stützt sich - dies gilt es anzumerken - nicht nur auf dieses Verbot, sondern auch und in gleicher Weise - ganz unabhängig voneinander ergibt sich zweimal die gleiche Konsequenz - auf die Überprüfung der Glaubwürdigkeit der Aussage des künftigen Aufklärungsgehilfen. [10)]

Bei Zugrundelegung der Unzulässigkeit der Rollenkumulierung lassen sich auch die gravierenden Bedenken im Hinblick auf die Glaubwürdigkeit der Aussage des Aufklärungsgehilfen und die Beeinträchtigung des Gebotes der "Waffengleichheit" [11)] noch in Grenzen halten.
Diese dargelegten Maßgaben und Richtlinien müssen aber unbedingt eingehalten werden; nur unter diesen Voraussetzungen darf die Vorschrift des § 31 BtMG überhaupt Anwendung finden! [12)]
Durch diese für die Bejahung ihrer Zulässigkeit unerläßlichen Beschränkungen, die sowohl ihre beidseitig belastende Wirkungsweise [13)] zurückdrängen als auch in der Häufigkeit der Anwendbarkeit des § 31 BtMG sich auswirken, wird nur ein sehr begrenzter Anwendungsbereich dieser Vorschrift übrigbleiben; allein auf diese Weise können die ihr innewohnenden, den (Mit-)Beschuldigten unerträglich belastenden einseitigen Vorteile für die Strafverfolgungsbehörden ausreichend neutralisiert werden. [14)]
Die Vorschrift wird unter den mitgeteilten Voraussetzungen den zur Zeit noch möglichen, allein schon durch die unzulässige Praxis der herrschenden Meinung zur Rollenvertauschung bedingten vorrangigen Nutzen für die Ermittlungsbehörden einbüßen [15)], als

---

8) vgl. dazu insbes. S. 137 f. und 231

9) vgl. ebenda

10) s. dazu S. 134 und 137 f.

11) s. dazu oben S. 138 und 231

12) vgl. schon oben S. 139 und 231

13) zum einen für den vielleicht zu Unrecht beschuldigten (angeblichen) ehemaligen Tatbeteiligten, zum anderen für den ihn belastenden Aufklärungsgehilfen besteht ein besonderes Risikopotential, vgl. dazu oben S. 115 f., 136 f.

Verurteilungsgrundlage für den angeklagten Tatbeteiligten zu dienen [16], so daß insgesamt eine deutliche Begrenzung der Anwendungshäufigkeit des § 31 BtMG zu prognostizieren ist.

2. Die Absicherung dieser Ergebnisse in der Strafrechtspraxis

Um diese Ergebnisse der Untersuchung aber auch in der Strafrechtspraxis durchsetzen zu können, erhebt sich nun die weitere Frage nach der Möglichkeit der Sicherung derselben bei Anwendung der Vorschrift des § 31 BtMG. Da zu erwarten ist, daß die Praxis aus Sorge um die - viel zu sehr in den Vordergrund gerückte - Aufrechterhaltung der "Funktionstüchtigkeit der Strafrechtspflege" [17] sich gar nicht erst mit der Problematik auseinandersetzen wird [18], muß dem wirkungsvoll vorgebeugt werden.
Es wird daher de lege ferenda vorgeschlagen, der Regelung des § 31 BtMG als Absatz 2 ein Verwertungsverbot für den Fall der Rollenvertauschung anzufügen; damit wird dann zugleich klargestellt, daß die Aussage des Aufklärungsgehilfen nur als Hinweis für die weitere Ermittlungs- und Beweistätigkeit der Strafverfolgungsbehörden gelten kann. [19]
Allein diese Absicherung kann sich als effektiv erweisen.

Abgesteckt ist damit sowohl die Funktion des § 31 BtMG als auch seine Bedeutung für die polizeiliche Aufklärungstätigkeit im Bereich der Betäubungsmittelkriminalität; die inhaltlichen Beschränkungen bestimmen so den allein möglichen Anwendungsbereich dieser Regelung.
Sie sind bei Problemen der Einzelauslegung zu beachten, für die als Richtlinie die Anwendung restriktiver Auslegung gilt. [20]

---

14) vgl. hierzu oben S. 136 und 230 f.

15) wenn der Aufklärungsgehilfe nicht in die Zeugenrolle einrücken darf, wie dies bisher die Regel ist, vgl. z.B. oben S. 106 Fn. 193 m.N. und passim

16) dies bestätigt deutlich Amelunxen, GA 1986, S. 388, wenn er ausführt, daß eine Strafrechtspflege, die ein diesbezügliches Verwertungsverbot (s. dazu oben S. 114, 164 und unten 2.) hinnähme, "ihre Funktions-

3. Vergleich mit der heutigen Anwendungspraxis des § 31 BtMG: Beispiele aus der höchstrichterlichen Rechtsprechung

Gegenüber der danach zulässigen Anwendung dieser Vorschrift ist in der Rechtsprechung, angeführt durch den BGH, eine deutlich erkennbare allgemeine Tendenz zur Ausdehnung des Anwendungsbereiches von § 31 BtMG festzustellen.[21), 22)]

Dies äußert sich an verschiedenen Auslegungsfragen im Rahmen des § 31 BtMG, von denen hier die folgenden hervorgehoben seien: Hinsichtlich des kontrovers diskutierten Umfanges der Offenbarung des Wissens des Täters vertritt die Rechtsprechung in letzter Zeit eine immer weitergehende Ausdehnung des Anwendungsbereiches der Regelung des § 31 BtMG, indem z.B. die Vorteile dieser Vorschrift auch einem die Vorwürfe der Anklage bestreitenden Angeklagten zukommen sollen, wenn er nur den Tatbeitrag

---

fähigkeit in der Tat aufs schwerste gefährden (würde)", eine in Denkweise und Begründung für die Praxis sicher typische Auffassung; s. weiterhin auch unten Fn. 18

17) vgl. dazu meine Ausführungen oben S. 158 ff. mit umfangreichen Nachweisen

18) typisch z.B. Amelunxen, GA 1986, S. 388, s. dazu schon soeben Fn. 16; auch Herrmann, Die Kriminalpolizei 6/1984, 38, der dafür einen zugleich treffenden, wie aber auch erschreckenden Beleg bezüglich der Glaubwürdigkeitsbeurteilung im Rahmen des § 31 BtMG liefert, s. hierzu schon oben S. 130 f. Fn. 319

19) Dieser Vorschlag bedeutet nicht die Festschreibung einer gesetzlichen Beweisregel, die wegen § 261 StPO unzulässig wäre; s. dazu auch schon oben S. 124 Fn. 282 und S. 133 Fn. 328

20) dazu schon soeben S. 264 f. mit Verweisen auf die obigen Ergebnisse

21) vgl. hierzu insbes. die Kritik von Körner, BtMG, § 31, Rn. 3 (: "Der BGH hat ... den Anwendungsbereich fast uferlos ausgedehnt und damit seine eigenen Warnungen vor Falschbelastungen durch Aufklärungsgehilfen in BGH ... Strafverteidiger 1983, S. 505 entwertet") und Rn. 4, 14 sowie 20; ders., JR 1985, 427 ff. (ablehnende Anm. zum Urteil des BGH vom 31.10.1984 - 2 StR 467/84, JR 1985, 427); ders., MDR 1985, 687 f. (ablehnende Anm. zum Urteil des BGH vom 28.11.1984 - 2 StR 608/84, BGHSt 33, 80); s. jetzt auch Hassemer, Strafverteidiger 1986, 551 und schon Weider, NStZ 1985, 481; deutlich belegt werden die Tendenzen zur Ausdehnung des Anwendungsbereiches von § 31 BtMG und einer zu großzügig gehandhabten Anwendung dieser Regelung im Einzelfall auch durch Jaeger, Der Kronzeuge, S. 137, 144 f. und 166 Fn. 129

etwa von Mittätern offenbart und so Tataufklärung betreibt. [23]
Die Rechtsprechung sieht es damit für die Anwendung des § 31 BtMG als ausreichend an, wenn lediglich der äußere Geschehensablauf unter Einschluß des eigenen objektiven Tatbeitrages des Täters vollständig zutreffend mitgeteilt, die subjektive Tatseite jedoch vom Täter bestritten wird. [24]
Für die Pflicht zur Offenbarung "seines" gesamten "Wissens" aber spricht zunächst der Wortlaut des § 31 BtMG [25], da die Tat ja "über seinen eigenen Tatbeitrag hinaus" [26] aufgedeckt werden (können) muß, was angesichts bestrittener und damit verschleierter, unklarer subjektiver Tatseite wegen unkalkulierbarer Mißbrauchsgefahren nicht bejaht werden kann [27]; denn der tatsächlich zu erzielende Aufklärungseffekt ist in solchen Fällen gerade völlig ungewiß. [28]
Abgesehen von diesen klaren Argumenten können die im Rahmen dieser Untersuchung gewonnenen Ergebnisse einen solchen Streitpunkt - wie auch die anderen Auslegungsfragen des § 31 BtMG -

---

22) Mit der Rechtsprechung stimmt jetzt die Stellungnahme von Endriß/Malek, Betäubungsmittelstrafrecht, S. 225 ff. überein, die jedoch unter fehlerhafter Fragestellung und ohne grundlegende Erwägungen in der Begründung undifferenziert und einseitig die ausufernde Praxis der Rechtsprechung befürwortet; gegen diese sprechen aber eindeutig die Ergebnisse der vorliegenden Untersuchung; s. außerdem die Stellungnahme von Hassemer, a.a.O.

23) vgl. BGH NStZ 1983, 416; BGHSt 33, 80; BGH JR 1985, 427; OLG Hamm, NStZ 1984, 79 f.; ebenso Weider, NStZ 1984, 397; a.A. sind Körner, BtMG, § 31, Rn. 14; ders., Strafverteidiger 1984, 218; ders., MDR 1985, 687 f. (ablehnende Anm. zu BGHSt 33, 80); ders., JR 1985, 427 ff. (ablehnende Anm. zu BGH JR 1985, 427); Herrmann, Die Kriminalpolizei 6/1984, 37; Hügel/Junge, BtMR, § 31, Rn. 3 sowie OLG Düsseldorf, Strafverteidiger 1983, 67

24) s. BGHSt 33, 80; BGH Strafverteidiger 1986, 436; BGH NStZ 1983, 416 und OLG Hamm, NStZ 1984, 79; auch Eberth/Müller, Verteidigung im Betäubungsmittelsachen, S. 72

25) so OLG Düsseldorf, Strafverteidiger 1983, 67; Hügel/Junge, BtMR, § 31, Rn. 3; Herrmann, Die Kriminalpolizei 6/1984, 37 und wohl auch Jaeger, Der Kronzeuge, S. 135 f., der sich jedoch - zu Unrecht - über den Wortlaut mit der Argumentation hinwegsetzt, der tatsächliche Aufklärungseffekt sei entscheidend und dieser hänge nicht von einem umfassenden Geständnis ab.

selbständig und endgültig entscheiden:
Die Tendenz zur Ausdehnung des Anwendungsbereiches des § 31 BtMG durch die Rechtsprechung steht den soeben[29] nochmals dargelegten Voraussetzungen für eine z u l ä s s i g e Anwendung dieser Regelung entgegen; § 31 BtMG darf somit nur bei Offenbarung des g e s a m t e n Wissens des betreffenden Täters einschließlich dessen subjektiven Tatbeitrages angewendet werden.[30]

Ein weiteres Beispiel betrifft die Frage, ob es sich bei der (bzw. den) aufzuklärenden Straftat(en) um solche Dritter handeln muß, die eine Verbindung zu der eigenen Straftat des Aufklärungsgehilfen aufweisen.

---

26) Gleichermaßen interessant wie bezeichnend ist es, daß der BGH (St 33, 80 ff.) diesen Teil des Wortlautes von § 31 BtMG nicht explizit erwähnt und ebenso die bei seiner "Auslegung" drohenden Mißbrauchsgefahren für die vielleicht zu Unrecht belasteten angeblichen Tatbeteiligten verschweigt (dazu im folgenden Text), sondern vielmehr die scheinbare Unzumutbarkeit der Verweigerung einer Anwendung dieser Regelung für die jedenfalls zum Teil täuschende Belastungsperson hervorhebt und als Begründung seiner Ausdehnung anführt. In Wahrheit reicht dem BGH (a.a.O., S. 81) der wirkliche Umfang des Anwendungsbereiches von § 31 BtMG nicht aus; dies gibt er selbst zu, wenn er sein Ergebnis abstützt mit der Bemerkung, daß sonst der "Anwendungsbereich der Vorschrift ... unnötig eingeengt (würde)".

27) Die Überprüfungsmöglichkeit im Hinblick auf die Richtigkeit der Aussage des Aufklärungsgehilfen würde stark eingeschränkt oder sogar ausgeschlossen, die zutreffende Anwendung des § 31 BtMG im Einzelfall wäre Zufall und die Gefahr der Falschbelastung würde dabei zusätzlich in unverantwortlicher Weise erhöht; dies alles nimmt der BGH (s. insbes. BGHSt 33, 80 ff.) scheinbar bedenkenlos in Kauf; s. schon soeben Fn. 26

28) so zu Recht Körner, BtMG, § 31, Rn. 14; ders., Strafverteidiger 1984, 218; ders., MDR 1985, 687 f.; ders., JR 1985, 427 ff.

29) s. hierzu S. 264 f.

30) Die Auffassung der überwiegenden Rechtsprechung, insbes. des BGH und von Teilen der Literatur ist damit nicht haltbar; richtig dagegen Körner, BtMG, § 31, Rn. 14; ders., Strafverteidiger 1984, 218; ders., MDR 1985, 687 f.; ders., JR 1985, 427 ff.; Hügel/Junge, BtMR, § 31, Rn. 3; Herrmann, Die Kriminalpolizei 6/1984, 37; OLG Düsseldorf, Strafverteidiger 1983, 67 und LG Tübingen, dessen Verurteilung durch den BGH (Strafverteidiger 1986, 436) aufgehoben wurde.

Der Lösung dieser Streitfrage durch den BGH liegt offenbar wiederum die Argumentation mit dem kriminalpolitischen Zweck des § 31 BtMG, die Strafverfolgungsmöglichkeiten zu verbessern [31], zugrunde, um so eine über den eindeutigen Wortlaut [32] der Vorschrift ("daß die Tat über seinen eigenen Tatbeitrag hinaus aufgedeckt werden konnte") hinausführende Anwendungsmöglichkeit [33] auch auf rechtlich völlig selbständige, ganz ohne die Beteiligung des Angeklagten begangene bzw. aus dem Verfahren ausgeschiedene Straftaten zu schaffen. [34]
Für die Notwendigkeit einer Verbindung zur eigenen Straftat des Angeklagten spricht zudem der Gedanke des Rücktritts bzw. der tätigen Reue, auf dem die Regelung des § 31 BtMG basiert [35] und der jeweils nur im Zusammenhang mit dessen eigener Straftat gebraucht wird und üblich ist. [36]

---

31) dazu etwa BGHSt 31, 167; 33, 81

32) vgl. Herrmann, Die Kriminalpolizei 6/1984, 37; Weider, NStZ 1984, 393; ders., NStZ 1985, 481; Joachimski, BtMR, § 31, Anm. 3; Eberth/Müller, Verteidigung in Betäubungsmittelsachen, S. 67; Jaeger, Der Kronzeuge, S. 140 f., 191; auch Körner, BtMG, § 31, Rn. 5; ders., Strafverteidiger 1984, 217, der für diese Fälle aber eine analoge Anwendung des § 31 BtMG vorschlägt (dazu unten S. 271 f.)

33) Daß der Verfolgung des eben genannten Zweckes deutliche und unverrückbare Grenzen gesetzt sind, hat die vorliegende Arbeit längst erwiesen, s. dazu etwa S. 136 f., 230 f. und 239

34) s. BGH Strafverteidiger 1985, 415; 1984, 287

35) vgl. dazu oben den 3. Teil der Arbeit, S. 252 (ff.) und schon vorher S. 228 f.

36) Dies gilt jedenfalls für den - der bisherigen Gesetzeslage entsprechenden - Gebrauch solcher Vorschriften, die eine a l l g e m e i n e Strafmilderungsmöglichkeit für ein beliebiges Delikt n i c h t beinhalten; anders jetzt Jakobs (in einem Diskussionsbeitrag auf der Strafrechtslehrertagung 1985, zitiert nach Gropp, ZStW 97 (1985), S. 949), der die Aufforderung ausspricht, sich von dem Gedanken zu lösen, ein Nachtatverhalten müsse eine spezifische Beziehung zu der verletzten Norm aufweisen.

Die Regelung des § 31 BtMG ist vom Gesetzgeber schließlich auch nicht als allgemeine Denunzierungsvorschrift für den gesamten Deliktsbereich geschaffen worden.
Auch diese Frage kann - hält man sich die grundlegende Zulässigkeitsvoraussetzung einschränkender Interpretation für die Anwendung des § 31 BtMG erneut vor Augen - danach eindeutig entschieden werden. Zutreffend ist daher die - mit dem Wortlaut übereinstimmende - Auffassung [37)], die in den vorgenannten Fällen die Regelung des § 31 BtMG als nicht anwendbar ansieht; diese Tat"aufklärungen" können aber gemäß § 46 StGB bei der Strafzumessung berücksichtigt werden. [38)]
Abzulehnen ist damit der Vorschlag Körners, § 31 BtMG in diesen Fällen analog anzuwenden [39)], weil eine in solchem Maße problematische Regelung, die nur mit erheblichen Einschränkungen als strafprozeßordnungs- und verfassungsgemäß angesehen werden kann und zudem eine so erhebliche Gefahr der Falschbelastung Dritter schafft [40)], nicht auch noch in ihrem Anwendungsbereich durch Analogieschluß, der sich gerade hier im übrigen auch zu Lasten des Täters auswirken könnte [41)], eine Ausweitung erfahren darf.[42)]

---

37) Körner, BtMG, § 31, Rn. 5; ders., Strafverteidiger 1984, 217; Weider, NStZ 1984, 393; ders., NStZ 1985, 481; Joachimski, BtMR, § 31, Anm. 3; Herrmann, Die Kriminalpolizei 6/1984, 37; Eberth/Müller, Verteidigung in Betäubungsmittelsachen, S. 67 und Jaeger, Der Kronzeuge, S. 140 f., 191

38) vgl. Körner, Strafverteidiger 1984, 217; Weider, NStZ 1984, 393 und Eberth/Müller, a.a.O.,

39) s. Körner, BtMG, § 31, Rn. 5; ders., Strafverteidiger 1984, 217

40) auf die Körner an anderer Stelle (BtMG, § 31, Rn. 3, 14 und 18) selbst hinweist, dazu auch schon oben S. 267 Fn. 21 m.w.N.

41) Es muß an dieser Stelle nochmals darauf aufmerksam gemacht werden, daß die Regelung des § 31 BtMG dem Täter keinesfalls nur den Vorteil der Strafmilderung einbringen kann, sondern ihr In-Aussicht-Stellen ebenso mit vielfältigen Nachteilen verbunden sein kann (vgl. z.B. oben S. 115 f., 137); dies belegt auch die große Gefahr der Selbstbelastung, wenn sich der Täter "in der Hoffnung auf die in Aussicht gestellte Strafmilderung durch das Eingeständnis weiterer eigener Taten so schwer belastet, daß am Ende auch unter Anwendung des § 31 BtMG die Strafe höher ausfällt, als wenn er geschwiegen hätte" (Jaeger, Der Kronzeuge, S. 150 f.); diese Fälle scheinen nicht mehr nur vereinzelt vorzukommen, wie die Beispiele von Jaeger, a.a.O., S. 151 f. belegen; ebenso schon BT-Drs. 10/843, S. 25; Lundt/Schiwy, BtMR, § 31 und Weider, NStZ 1984, 399

Obwohl oft gemahnt wird [43] bzw. wurde [44], die Vorschrift des § 31 BtMG eng auszulegen und (sogar: sehr) zurückhaltend anzuwenden, zeigte der hier getroffene Vergleich des aufgrund dieser Untersuchung gewonnenen Ergebnisses mit der heutigen Anwendungspraxis der Rechtsprechung sowie auch teilweisen Vorschlägen in der Literatur in Bezug auf die Anwendung des § 31 BtMG, daß diese Absichtserklärungen allenfalls gelegentlich, nicht aber in der erforderlichen Durchgängigkeit eingehalten werden. Dies gilt ohne jede Einschränkung insbesondere für die nunmehrige Rechtsprechung, die eine Trendwende durchgemacht hat. [45]

Diese Entwicklung hat zum einen vielleicht ihre Ursache darin, daß eine grundlegende Untersuchung über § 31 BtMG bislang fehlt, so daß es an einer verbindlichen Richtlinienvorgabe mangelt, die sich aus der Erörterung der hier offengelegten Problemkreise deutlich ergibt; zum anderen scheint es aber auch so zu sein, daß die Rechtsprechung - trotz jedenfalls zum Teil bekannter Probleme, insbesondere der Gefahr der Falschbelastung wirklicher oder vermeintlicher Tatbeteiligter durch den Aufklärungsgehilfen in spe - die Sorge des Gesetzgebers um die Aufklärungsquote im Betäubungsmittelstrafrecht teilt, diese mit § 31 BtMG gesichert sehen möchte und selbst um die Aufrechterhaltung der

---

42) gegen eine Ausweitung des § 31 BtMG z.B. Eberth/Müller, BtMR, § 31, Rn. 2; Jaeger, Der Kronzeuge, S. 193; für die Abschaffung dieser Regelungen etwa Steinke, Kriminalistik 1982, 99; der 8. Strafverteidigertag (Arbeitsgruppe III), vgl. die Mitteilungen darüber bei Stab, NJW 1984, 2808 und die Verbände, vgl. dazu BT-Drs. 10/843, S. 25; auch Weider, NStZ 1984, 392, 398

43) so z.B. Körner, BtMG, § 31, Rn. 3; Weider, NStZ 1984, 392; Slotty, NStZ 1981, 326

44) so noch BGH Strafverteidiger 1983, 64 und 505 f.; s. dazu auch Körner, BtMG, § 31, Rn. 3 und die weiteren Nachweise oben S. 267 Fn. 21

45) vgl. nochmals BGH Strafverteidiger 1983, 64; 505 f. mit z.B. BGHSt 33, 81; BGH NStZ 1983, 416 und BGH Strafverteidiger 1984, 287; 1985, 416

"Funktionsfähigkeit der Strafrechtspflege" [46] im Bereich der Betäubungsmittelkriminalität bangt.

Die vorliegende Untersuchung glaubt einen Beitrag geleistet zu haben zu der Erkenntnis, daß die heutige Auffassung und Tendenz der Rechtsprechung eine Trendwende in die falsche Richtung bedeutet; zudem glaubt sie die unabdingbaren Richtlinien und Maßgaben für den von der strafprozessualen und verfassungsrechtlichen Zulässigkeit her relativ eng begrenzten Anwendungsbereich der Regelung des § 31 BtMG aufgestellt zu haben.
Anhand dieser Zulässigkeitsvoraussetzungen für die Anwendung dieser Vorschrift ist es - wie sich soeben beispielhaft bei der Erörterung wesentlicher Fragen im Rahmen des § 31 BtMG gezeigt hat - möglich, Unklarheiten bzw. Zweifels- oder Streitfragen verbindlich zu entscheiden und damit endgültig zu bereinigen. [47]
Dies läßt sich - wie sich auch gerade an den erörterten, insoweit einschlägigen Literaturmeinungen [48] offenbart hat - aber erst dann widerspruchslos durchführen, wenn - wie hier - die Grundentscheidungen bereits gefallen sind; diese sind dann verbindliche Richtschnur für die zu treffenden weiteren Entscheidungen.

II. Zusammenfassung und Ausblick

Die Untersuchung ergab zu Beginn die Notwendigkeit der Differenzierung zwischen der Regelung des § 31 BtMG und ähnlichen Vorschriften, die die Aufklärungshilfe zugunsten der Strafverfolgungsbehörden honorieren und einer echten Kronzeugenregelung,

---

46) zu dieser vom Bundesverfassungsgericht ins Leben gerufenen Argumentationsfigur und seiner Funktion vgl. oben S. 158 ff. m.v.N.

47) s. dazu oben S. 267 ff.

48) vgl. hierzu ebenda

die eine Z e u g e n aussage der Belastungsperson als Voraussetzung zur Gewährung von Straffreiheit oder Strafmilderung für die g e r i c h t l i c h e Überführung von Tatbeteiligten aufstellt. [49)]

Entgegen anders lautenden Äußerungen wurde mit der Vorschrift des § 31 BtMG nicht erstmals eine derartige Regelung in das deutsche Strafrecht eingeführt. [50)]

Bei der Betrachtung der - auch durch § 31 BtMG - immer weiter zunehmenden Regelungen über das Absehen von Strafe bzw. eine Strafmilderung [51)] ergab sich, daß diese vom Gesetzgeber als Instrument zur Korrektur von im Einzelfall an sich schon verwirkter Strafe durch den Richter eingesetzt werden und so als Ausgleich für einen oftmals zu weit vorgezogenen Strafrechtsschutz gerade im Bereich von Unternehmensdelikten, Gefährdungstatbeständen und auch im Bagatelldeliktsbereich fungieren. [52)]

Diese Vorschriften weisen insbesondere auf der Rechtsfolgenseite [53)] nicht begründbare und unmotivierte, zufällige Unterschiede und Unstimmigkeiten auf, die zu einer Ungleichbehandlung der Straftäter führen (können) [54)]; diese existieren nicht nur mit Blick auf den Gesamtbereich, sondern sind besonders auffällig und untragbar bereits innerhalb bestimmter, begrenzter Teilbereiche solcher Regelungen, etwa im Rahmen der Unternehmensdelikte, bei denen sich die derzeitige Gesetzeslage dadurch auszeichnet, daß einige Tatbestände dieser Deliktsgruppe mit solchen Vorschriften über das Absehen von Strafe bzw. eine Strafmilderung ausgestattet sind, während sie bei anderen fehlen. [55)]

---

49) vgl. dazu ausführlich die Einleitung, II., S. 6 ff.

50) vgl. die Vorläuferregelungen im Militärstrafrecht oben S. 16 ff.

51) s. hierzu das 3. Kapitel des 1. Teiles der Untersuchung, S. 23 ff.

52) vgl. oben S. 26 ff. und S. 52 ff. (Rechtsfolgen-Korrektur)

53) s. dazu vor allem S. 34 ff.

Hier ist der Gesetzgeber zu dringendem Handeln aufgerufen. Dies gilt ebenso für die Unklarheiten und die Zweifelhaftigkeit der Abgrenzung und Unterscheidung von fakultativen und obligatorischen Strafbefreiungsgründen. [56)]

Insgesamt kann die Gemeinsamkeit dieser Strafbefreiungsgründe, denen eine einheitliche gesetzgeberische Konzeption nicht zugrunde liegt [57)], allein in der fehlenden Strafwürdigkeit bzw. dem fehlenden Strafbedürfnis gesehen werden [58)]; diese Erkenntnis macht aufmerksam auf diese Regelungen als wichtigen Teil des allerdings umfassenderen und weiter expandierenden Grenzbereiches zwischen Strafbarkeit und Straflosigkeit. [59)]

Dem inzwischen bedeutenden Grenzgebiet zwischen Strafbarkeit und Straflosigkeit sind - neben § 31 BtMG - auch alle diejenigen weiteren Vorschriften zuzuordnen, die - unabhängig von dem Ort ihrer Kodifizierung und ihrer Ausgestaltung im einzelnen - im Ergebnis dazu beitragen bzw. dazu führen (können), daß der Täter straffrei ausgeht. [60)]

Wegen der Maßgeblichkeit des wirklichen und endgültigen Ausganges des betreffenden Strafverfahrens für den Straftäter [61)] und der in rechtsstaatlicher Hinsicht zu erwartenden Vorteile durch eine Einstellung des § 31 BtMG in das Straftatsystem, das die Ordnung und die Vernünftigkeit der strukturierten, übersichtlichen und kontrollierbaren Arbeitsweise des Strafjuristen gewährleistet [62)], wurde die Möglichkeit geprüft, ob und in welcher Weise diese Vorschrift in das (traditionelle) Straftatsystem eingeordnet werden kann. [63)]

---

54) vgl. oben S. 35 f.

55) s. hierzu oben S. 31 ff.

56) vgl. oben S. 35

57) s. zu diesem Ergebnis oben das 4. Kapitel des 1. Teils, S. 36 ff., 40

58) vgl. S. 40

Zugrunde gelegt wurde dieser Überprüfung das rechtsstaatlich-praktische allgemeine Straftatsystem, das den Vorzug genießt, Aufgabe und Nutzen der Straftatsystematik am besten zu erfüllen, ohne von einzelnen kriminalpolitischen Zielen oder Strafzwecküberlegungen beeinflußt zu werden. [64)]
Die Betrachtung des § 31 BtMG unter straftatsystematischen Gesichtspunkten deckte den sachlichen Gehalt dieser Vorschrift im Sinne einer Einschränkung des materiellen Strafrechts auf. [65)]
Die Regelung des § 31 BtMG stellt einen Fall der tätigen Reue bzw. des Rücktritts vom (schon) vollendeten Delikt dar [66)] und ist - auch im Vergleich mit dem strafbefreienden Rücktritt vom Versuch - als fakultativer persönlicher Strafaufhebungsgrund in die vierte Kategorie des Straftatsystems einzuordnen. [67)]

Die vorliegende Untersuchung betrachtete - in ihrem Hauptteil - die Regelung des § 31 BtMG in ihrem Verhältnis zu und ihrer Verträglichkeit mit hier relevanten grundlegenden Prozeßprinzipien und anderen prozessual bedeutsamen Aspekten [68)] sowie anschliessend mit den einschlägigen Bestimmungen des Verfassungsrechts. [69)]

Auf diese Weise wurde eine umfassende Überprüfung dieser für neuartig im deutschen Strafrecht gehaltenen Vorschrift [70)] im Hinblick auf ihre strafprozeß- und verfassungsrechtliche Zulässigkeit bzw. auf die Voraussetzungen, unter denen § 31 BtMG in dieser Hinsicht noch als zulässig angesehen werden kann [71)], ermöglicht.

---

59) s. die Darstellung dieses Grenzgebietes oben S. 42 ff.

60) s. S. 44 (ff.)

61) vgl. dazu vor allem S. 42 ff. und S. 241

62) s. hierzu oben S. 245 ff., 257 f.

63) vgl. den 3. Teil der Arbeit, S. 241 ff.

64) s. dazu oben S. 243 ff.

65) vgl. oben S. 252 ff.

Die Überprüfung des § 31 BtMG offenbarte eine Regelung, die - in verschiedener Hinsicht und unter mehreren Gesichts- bzw. Anknüpfungspunkten [72] - sich insgesamt betrachtet nur knapp am Rande zur Unzulässigkeit bewegt. [73]
Dies ergibt sich zum einen aufgrund der Anlage und Wirkungsweise des § 31 BtMG eindeutig zu Lasten des mitbeschuldigten Tatbeteiligten; die Vorschrift wirkt so zugunsten der Strafverfolgungsbehörden. [74]
Mit dieser Intention wurde diese Norm vom Gesetzgeber geschaffen, der sich davon eine Intensivierung der Strafverfolgungstätigkeit im Bereich der organisierten Betäubungsmittelkriminalität versprach. [75] Auf diesen Zweck beruft sich heute der BGH, wenn er die Ausdehnung des Anwendungsbereiches von § 31 BtMG zu rechtfertigen versucht. [76]
Entgegen der heute von der Rechtsprechung praktizierten Anwendung dieser Vorschrift ergab die Untersuchung, daß § 31 BtMG in diesem Umfang keinesfalls aufrechtzuerhalten ist. [77]

---

66) dazu S. 228 f. und 252 (ff.)

67) s. oben S. 254, 257

68) im 1. Kapitel des 2. Teiles, S. 59 ff.

69) im 2. Kapitel des 2. Teiles, S. 140 ff.

70) dazu oben S. 16 ff. und schon soeben S. 274 mit Fn. 50

71) zur Untersuchungsaufgabe vgl. oben S. 3 f., 59

72) vgl. dazu den folgenden Text und die entsprechenden Verweise nach oben

73) s. dazu das Zwischenergebnis, VIII. des 1. Kapitels des 2. Teiles, S. 135 ff. und das Endergebnis, 3. Kapitel des 2. Teiles, S. 230 f.

74) vgl. hierzu oben S. 102 f., 136 f. und 230, 239

75) vgl. dazu oben das 1. Kapitel des 1. Teiles, S. 14 f. sowie soeben unter I., S. 270

76) s. dazu die Ausführungen unter I., S. 267 ff.

77) s. hierzu erneut S. 135 ff. und 230 ff. sowie soeben I., S. 263 ff., insbes. S. 266 ff., 272 f.

Vielmehr ist notwendige Voraussetzung für die zulässige Anwendung der möglicherweise aufgrund gewisser Vorteile bei der Aufklärung und Bekämpfung der Drogenkriminalität nützlichen Regelung [78] die Aufhebung der absoluten Einseitigkeit der mit § 31 BtMG verfolgten Ziele unter vollständiger Ausblendung der Schutzposition und der Rechte des (Mit-)Beschuldigten im Strafverfahren. [79]

Aber nicht nur im Hinblick auf die Gewinnung einer Verurteilungsgrundlage gegen den Angeklagten, sondern auch sogar für den belastenden Aufklärungsgehilfen selbst erwies sich die Vorschrift des § 31 BtMG als risikoreich. [80]
Diese Erkenntnis erst legte die intendierte Wirkung des § 31 BtMG ausschließlich im Interesse des Staates offen; die gegebenenfalls eintretende Strafmilderung stellt sich als Nebenprodukt für honorierte Aufklärungshilfe dar.

So tritt mit § 31 BtMG eine Vorschrift in die strafjuristische Alltagspraxis, die allein mit kriminalistischem Zweckdenken zu erklären, nicht aber zu legitimieren ist. [81] Sie versucht ein typisches Mittel zur Verwirklichung und Erweiterung der "Funktionsfähigkeit der Strafrechtspflege" [82] darzustellen [83], das nur den Strafverfolgungsbehörden Vorteile einbringen soll. [84]

---

78) zu den Vorteilen des § 31 BtMG vgl. S. 103 f., 133 f. sowie 135 f.

79) vgl. dazu oben S. 136, 230 und insbes. S. 231

80) s. dazu vor allem S. 115 f., S. 136 f. und 231

81) s. dazu auch Weigend, Festschrift für Jescheck, S. 1348, eine Legitimation wird hier jedoch abgelehnt.

82) zu diesem Begriff, seiner Schöpfung und seiner Funktion ausführlich oben S. 158 ff. und passim

83) vgl. dazu auch schon S.230, 240

84) Neben den schon genannten Vorteilen besteht ein weiterer darin, daß eine Sanktion gegenüber dem Aufklärungsgehilfen in jedem Falle erfolgt, s. hierzu auch den 3. Teil, S. 256 und 260

An den einzelnen Untersuchungsmaßstäben trat diese Konzeption des § 31 BtMG und deren Auswirkungen unvermittelt zutage: Zunächst zeigte sich der ganz erhebliche Machtzuwachs auf Seiten der Staatsanwaltschaft durch die Existenz des § 31 BtMG im Rahmen der Überprüfung dieser Vorschrift am Gebot der "Waffengleichheit" [85]; diesem Machtzuwachs korrespondiert zwangsläufig die Zurückdrängung der Rechte des Beschuldigten. [86]
Diese Verschiebung des "Balanceverhältnisses" zwischen der anzustrebenden grundsätzlich gleichen verfahrensmäßigen Stellung von Angeklagtem (und Verteidiger) auf der einen und Staatsanwalt(schaft) auf der anderen Seite unter Beachtung der unterschiedlichen Prozeßrollen im deutschen Strafverfahrensrecht [87] konnte nicht mehr als unwesentlich beurteilt werden [88]; vielmehr stellte sich hinsichtlich dieser Verschiebung sogar die Frage der prozessualen Unzulässigkeit des § 31 BtMG. [89]
Im Rahmen der Rollentauschproblematik zeigte sich die Unzulässigkeit der Praxis der Rechtsprechung und h.M., den Aufklärungsgehilfen als Hauptbelastungs z e u g e n zur Verurteilung der übrigen Tatbeteiligten einzusetzen [90]; sie stellt ein Mittel dar, eine andernfalls zumeist nicht mögliche Verurteilung doch noch herbeizuführen.
Diese Praxis schränkt den Aufklärungsgehilfen als Angeklagten in seiner Verteidigungsmöglichkeit und seinen Verteidigungsrechten unerträglich ein und setzt ihn zudem der Gefahr der Bestrafung nach §§ 153 ff. StGB aus. [91] Die Beschreibung der Situation

---

85) vgl. die Ausführungen oben S. 99 ff.

86) s. dazu insbes. S. 102 f.

87) Zur Bedeutung des Gebotes der "Waffengleichheit" s. oben S. 89 f. m.v.w.N. in Fn. 133 und 134

88) s. nochmals S. 101 f.

89) vgl. dazu oben S. 104 f. und anschließend S. 135 ff.

90) vgl. dazu oben S. 114 f.

91) s. dazu oben S. 115 ff.

des Angeklagten-Zeugen offenbart in anschaulicher Weise die unhaltbare Übervorteilung solcher Personen. [92)]
Aufgrund der Aussagen dieser Personen werden v o n i h n e n Beschuldigte dann tatsächlich verurteilt. [93)]

Daß diese Verfahrensweise auch unter dem Aspekt der Glaubwürdigkeit dieser Aussagen nach neueren aussagepsychologischen Erkenntnissen gerade im Bereich der Drogenkriminalität außerhalb jeder vernünftigen und verantwortbaren Einschätzung des Beweiswertes solcher Zeugenaussagen liegt, hat die Untersuchung mit besonderer Deutlichkeit ergeben. [94)]
Insbesondere darf zudem die ganz erhebliche Mißbrauchsgefahr durch diese Aussage nicht einfach beiseite gelassen bzw. abgetan werden; unter den gegebenen Umständen jedenfalls kann die Aussage eines Aufklärungsgehilfen a l l e i n überhaupt nicht die Funktion einer Verurteilungsgrundlage erfüllen. [95)]

Diese aufgrund strafprozessualer Kriterien gewonnenen Ergebnisse stellten sich ebenfalls im Rahmen der verfassungsrechtlichen Überprüfung des § 31 BtMG am Maßstab des Grundgesetzes ein. [96)]
Hierfür ist insbesondere das Rechtsstaatsprinzip der Art. 20 und 28 GG als Anknüpfungspunkt zu nennen. [97)]
Daß es sich bei der Vorschrift des § 31 BtMG um eine solche handelt, die gerade noch mit dem Bestimmtheitsgrundsatz gemäß § 1 StGB, Art. 103 Abs. 2 GG [98)] zu vereinbaren ist [99)], belegt erneut [100)] die insgesamt nur mit Mühe zu bejahende Zulässigkeit dieser Regelung. [101)]

---

92) vgl. ebenda

93) Eine Verurteilung darf jedenfalls ohne das Vorhandensein eindeutiger Indizien nicht stattfinden.

94) s. hierzu vor allem S. 128 ff., 131 ff.: der Aussage des Aufklärungsgehilfen kann lediglich Hinweisfunktion zukommen, wodurch auch schon die bisherigen Erkenntnisse über die Aussagen Mitbeschuldigter (s. dazu S. 124 ff.) bestätigt werden.

95) vgl. das Ergebnis oben auf S. 135 sowie ebenfalls S. 138

Daneben kann die strafprozessuale und verfassungsrechtliche Zulässigkeit der Regelung des § 31 BtMG aber letztlich gerade deshalb bejaht werden, weil den Ergebnissen der Erörterung der Problematik der Rollenvertauschung und der Glaubwürdigkeit der Aufklärungsgehilfenaussage mit dem Verbot der Vernehmung des Aufklärungsgehilfen als Zeuge in der Hauptverhandlung bzw. dem sich als erforderlich herausgestellten Verlangen auf den Verzicht der Zeugenvernehmung des Aufklärungsgehilfen (wodurch sich lediglich für die Aussage die Bedeutung eines Hinweises ergibt) Rechnung getragen werden kann [102], ohne daß dadurch die Regelung des § 31 BtMG sinnentleert würde. [103]

Die beschriebene Beeinträchtigung der "Waffengleichheit" wird bei Einhaltung dieser Maßgaben abgemildert, da der Machtzuwachs der Strafverfolgungsbehörden durch den Wegfall eines Belastungszeugen zurückgeschraubt wird. [104]
Zudem ist - unabhängig von diesen Einschränkungen - die Vorschrift des § 31 BtMG nur unter der Prämisse enger Auslegung der Anwendungsvoraussetzungen [105] und damit einhergehenden sehr zurückhaltenden Umganges aufrechtzuerhalten. [106]

---

96) vgl. dazu im 3. Kapitel des 2. Teiles insbes. S. 232 f.

97) s. hierzu im einzelnen oben insbes. S. 152 ff. und S. 167 f.

98) vgl. hierzu S. 178 ff.

99) zu der - aber nicht auf § 31 BtMG bezogenen - "nicht geringen Zone des gerade noch mit Art. 103 Abs. 2 GG zu Vereinbarenden" Kausch, Der Staatsanwalt, S. 188 f.

100) s. dazu schon oben S. 277

101) für den Bestimmtheitsgrundsatz s. insbes. S. 205, 211 und 220 ff.

102) auf welche Weise dies insgesamt genau möglich ist, vgl. oben S. 137 f. und 231

103) die Vorteile der Vorschrift des § 31 BtMG (s. dazu S. 103 f. und 133 f.) können nämlich weiterhin genutzt werden, auch wenn der entsprechenden Aussage des Aufklärungsgehilfen "nur" die Bedeutung eines Hinweises zukommt, s. diesbezüglich oben S. 134

104) s. dazu oben das Zwischenergebnis, 2. Teil, 1. Kapitel, VIII., S. 138 und das 3. Kapitel des 2. Teiles, S. 231

Diese Beschränkungen ermöglichen es insgesamt, den Bedenken insbesondere hinsichtlich der Ausblendung der Rechtsstellung und der Schutzposition des (Mit-)Beschuldigten im Strafverfahren im wesentlichen nachzukommen.[107)]

Erschrecken erregt die Tatsache, daß eine solch problematische, vom Gesetzgeber leider mehr beiläufig und zufällig [108)] eingeführte Regelung wie § 31 BtMG von der Rechtsprechung in einer Weise extensiv angewendet wird [109)], die den (oben [110)] herausgestellten) rechtsstaatlichen Garantien des Strafverfahrensrechts und seiner Schutzfunktion massiv widerspricht.
Die Anwendungspraxis der Rechtsprechung folgt zwar zweifelsohne aus der an sich grundsätzlich zu begrüßenden Intention der Verbesserung der Strafverfolgungstätigkeit zum Zwecke der wirksameren Bekämpfung der Betäubungsmittelkriminalität.[111)]
Allerdings ist zu bedenken, daß solche Regelungen kombiniert auch noch mit einer mindestens extensiven Auslegung im Lichte eines rechtsstaatlich-liberalen Strafrechts deutlich mehr Schaden anrichten als sie Nutzen bringen (können).[112)]
Insofern sind unverrückbare Grenzen einzuhalten, die nicht - auch nicht ausnahmsweise - zu soeben genanntem Ziele durchbrochen werden dürfen. Diese werden insbesondere durch die Strafprozeßordnung gezogen und können an bestimmten Leitbegriffen

---

105) zu dieser Grundvoraussetzung s. insbes. S. 136 (mit weiteren Verweisen) und S. 231

106) s. hierzu außerdem oben unter I., S. 264, 271 ff.

107) Damit wird zugleich auch den Bedenken hinsichtlich der unerträglichen Kombination von Angeklagten- und Zeugenrolle (s. dazu oben S. 279 f.) Rechnung getragen.

108) dies belegt Jaeger, Der Kronzeuge, S. 37; s. dazu auch schon oben das 1. Kapitel des 1. Teiles, S. 16 Fn. 12

109) s. schon oben S. 277 und insbesondere I. der Schlußbetrachtung, S. 267 ff.

110) vgl. zusammenfassend S. 230 f., 233 ff.

111) vgl. dazu schon oben S. 277 die Beweggründe des Gesetzgebers bei Einführung des § 31 BtMG

und Anknüpfungspunkten für das zutreffende Verständnis des Strafprozeßrechts festgemacht werden. [113)]

Danach ergeben sich klare Konturen z.B. für die rechtliche Schutzposition des Beschuldigten, die durch Begriffe wie "Waffengleichheit", Rollentauschproblematik u.a. verdeutlicht werden. [114)]

Diese Konturen der prozessualen Beschuldigtenrechte wurden oben [115)] im Rahmen der Überprüfung des § 31 BtMG anhand der strafprozessualen Untersuchungsmaßstäbe herausgearbeitet; schon sie ergaben das Ergebnis der Untersuchung. [116)]

In jüngerer Zeit ist vermehrt aber auch im Bereiche des Straf- und Strafprozeßrechts die Gegenüberstellung (angeblich) gegeneinander wirkender Belange üblich geworden; eine Entscheidung wird entweder durch eine oftmals schon sehr bedenkliche Güterabwägung dieser Belange vorgenommen [117)] oder es wird sogar bereits von vornherein ein Überwiegen bestimmter Belange propagiert, die die Entscheidung bedingten. [118)]

Diese Verfahrensweise primär des Abwägens der Güter bzw. Interessen ist wohl durch den Einfluß des Grundgesetzes auch auf den strafrechtlichen Bereich entstanden.

---

112) vgl. auch Baumann, JuS 1975, 344

113) vgl. hierzu schon oben im 3. Kapitel des 2. Teiles, S. 237

114) s. ebenda; zur Bedeutung des Strafverfahrensrechts vgl. zudem S. 233 ff.; zum Grundsatz der "Waffengleichheit" s. auch Wulf, Polizeiliche Beschuldigtenvernehmung, S. 13: "Die Entwicklung auch dieses Grundsatzes ist gekennzeichnet vom Bestreben liberaler Zielsetzungen, dem Individuum gegen Zugriffe staatlicher Organe die Möglichkeit zu verschaffen, die ihm zuerkannten subjektiven Rechte nicht ohne jegliche Aussicht auf Erfolg geltend machen zu müssen."

115) s. S. 59 ff.

116) das dann seine Bestätigung in der verfassungsrechtlichen Überprüfung des § 31 BtMG fand, s. dazu S. 232 ff.

117) so etwa hinsichtlich der Einführung einer ursprünglich geplanten, inzwischen aber wieder fallengelassenen sog. "Kronzeugenregelung" für den Bereich der Terroristenbekämpfung (s. zu dieser schon oben S. 5 f. Fn. 16 und S. 10 Fn. 35); Hassemer, Strafverteidiger 1986, 551 spricht zu Recht

Dort ist man es gewohnt, die gegenläufigen Interessen oder Belange - festgemacht an der jeweiligen Grundgesetzbestimmung - miteinander im Wege praktischer Konkordanz [119)] in Einklang zu bringen oder einer Richtung den Vorrang einzuräumen. Dabei ist auffällig, daß Rechtsgütern oder Interessen des Staates oftmals der Vorzug gegeben wird. [120)]
Wenn eine Entscheidung für diese oder jene Belange im Wege der Abwägung getroffen wird, findet regelmäßig zumindest eine Relativierung der gegenläufigen Belange, wenn nicht sogar deren Zurückdrängung statt. [121)]
Die sich im Rahmen des § 31 BtMG in einem Spannungsverhältnis mit der Steigerung der Effizienz und Praktikabilität des Strafverfahrensrechts ganz im Sinne der Aufrechterhaltung bzw. Herstellung umfassender "Funktionstüchtigkeit der Strafrechtspflege" befindende Forderung nach Gewährleistung der Rechtsstellung und des Schutzes des Beschuldigten [122)] wird durch die Tatsache

---

in diesem Zusammenhang von einer "Abwägungsdogmatik", die die Diskussion beherrsche; das Vorgehen im Wege der Güter- und Interessenabwägung wird teilweise auch in der strafrechtlichen Literatur praktiziert, vgl. in diesem Zusammenhang insbes. die Schriften von Jung, Kronzeuge (zusammenfassend S. 100 ff.); ders., ZRP 1986, 38 ff. und Jaeger, Der Kronzeuge (zusammenfassend S. 104 f., 188 ff.: "Abwägung der Vor- und Nachteile"); s. ferner zur Problematik einer Güterabwägung auch Lüderssen, in Denninger/Lüderssen, Polizei und Strafprozeß, S. 94 f. - Zum Abwägungsvorgang innerhalb des Bestimmtheitsgrundsatzes (Art. 103 Abs. 2 GG) durch diesem entgegengesetzte Interessen und Ziele, die jedoch "außerhalb des Argumentationsfeldes" liegen, "in dem über Bestimmtheit gestritten werden kann", s. treffend Krahl, Bestimmtheitsgrundsatz, S. 406

118) vgl. z.B. BVerfG NStZ 1985, 277 und schon oben S. 158 ff.

119) vgl. hierzu insbes. Hesse, Verfassungsrecht, S. 127 f.

120) s. dazu Lüderssen, in Denninger/Lüderssen, Polizei und Strafprozeß, S. 95, dort auch zum liberalen Staatsverständnis und den Folgen für das Verhältnis des Bürgers zum Staat.

121) vgl. dazu schon oben S. 151 für die Regelung des § 31 BtMG

122) vgl. allgemein zu diesem "spezifischen Gegensatz" auch Hassemer/Steinert/Treiber, in Hassemer/Lüderssen, Sozialwissenschaften im Studium des Rechts, Bd. III, S. 59 ff., die zu Recht die Abhängigkeit der Formalisierung der Strafrechtskontrolle von der jeweiligen (partei)politischen

der Abwägung und die damit verbundene Propagierung der überragenden Bedeutung der erstgenannten Belange sowie deren essentiellen Gehaltes für das Gemeinwesen diskreditiert und herabgewürdigt.[123]
Diese Argumentations- bzw. Verfahrensweise muß abgestellt werden:
Die prozessualen Beschuldigtenrechte, deren Existenz und Umfang durch die Strafprozeßordnung festgelegt werden [124], sind nicht im Wege der Güterabwägung veränderbar [125], sie dürfen durch eine solche nicht variabel gemacht werden. Hinsichtlich ihrer Gewährleistung und ihrer Anwendung besteht keinerlei Dispositionsspielraum. [126]
Ein Eingriff in Verfahrensprinzipien oder strafprozessuale Garantien ist nicht mit der "Mehrdeutigkeit des Rechtsstaatsprinzips" [127], also der in ihm angeblich enthaltenen gegeneinander wirkenden Komponenten, zu begründen bzw. zu rechtfertigen; sollte eine solche Maßnahme sogar als grundgesetzkonform angesehen werden, muß sie aber trotzdem noch lange nicht strafprozeßordnungsgemäß sein.

Konstellation betonen und Gründe für die Entformalisierung der Strafrechtskontrolle bezeichnen (s. dazu insbes. Hassemer, Theorie und Soziologie des Verbrechens, S. 25 ff., 151 ff. und 221)

123) Es wird der Anschein erweckt, als ob angesichts der außergewöhnlich hohen Drogenkriminalität und deren Folgen die Rechtsstaatlichkeit des Verfahrens nicht (mehr) so ernst genommen zu werden bräuchte; dagegen auch Hassemer, Strafverteidiger 1986, 551 und - im Zusammenhang mit der V-Mann-Problematik - Lüderssen, Strafverteidiger 1985, 178, der zu Recht auf die dann immer wieder auftauchende "notorische Gegenfrage: 'Wollen Sie mehr Drogentote?'" hinweist; vgl. auch - hinsichtlich des Zeugen vom Hörensagen - die Warnung von Backes, Festschrift für Klug, S. 457 Fn. 33

124) vgl. dazu schon oben im 3. Kapitel des 2. Teiles, S. 233 f., 236 f.

125) s. dazu auch schon oben S. 160 mit Fn. 99; zur Existenz unverfügbarer Grundsätze s. auch Hassemer, Strafverteidiger 1986, 551; zu der Tatsache, daß die Institute der Güterabwägung oder der Verhältnismäßigkeit als Mittel dienen, positiv-rechtliche Regeln einzuschränken bzw. abzuändern vgl. eingehend Naucke, KritV 1986, 204 f.

126) Allein diese Sichtweise entspricht einem liberalen Staatsverständnis, vgl. dazu etwa Lüderssen, in Denninger/Lüderssen, Polizei und Strafprozeß, S. 95 ff.

Die Gefahr - um dies noch einmal ganz deutlich auszusprechen - besteht also darin, mit einer zwar formal auf dem Grundgesetz beruhenden und vorgeblich auch mit dessen Sinngehalt übereinstimmenden [128], also übergesetzlichen, höherrangigen Argumentation die strafverfahrensrechtlichen Garantien und Schutzbarrieren zu überspielen und damit auszuhebeln.
Demgegenüber besteht für die Verwirklichung der "Funktionstüchtigkeit der Strafrechtspflege", um die im heutigen Strafrechtssystem - wie etwa die Beispiele des § 31 BtMG und der "vorbeugenden Verbrechensbekämpfung" [129] mit dem inzwischen systematischen [130] Einsatz von V-Leuten [131] und sog. verdeckten Ermittlungsbeamten zeigen - ganz sicher nicht gebangt zu werden braucht [132], lediglich jenseits der prozessualen Schutzgarantien Raum zur Entfaltung; sie findet an ihnen ihre Grenze.
Würde die Gewährleistung dieser Rechtspositionen eingehalten, stieße zu der ohnehin schon genügend problematischen Regelung des § 31 BtMG nicht auch noch deren unhaltbare Extensivierung durch die derzeitige Praxis der höchstrichterlichen Rechtsprechung.

---

127) s. Lüderssen, in Denninger/Lüderssen, Polizei und Strafprozeß, S. 94 (ff.) zu dieser Erscheinung und ihren Folgen

128) Daß eine solche Argumentation in Wahrheit freilich nicht als verfassungsgemäß anzusehen wäre, wurde im 2. Kapitel des 2. Teiles der Untersuchung, S. 140 ff. belegt; richtigerweise stimmt die Überprüfung anhand des Grundgesetzes mit derjenigen anhand der StPO überein, es besteht Kongenialität hinsichtlich des Strafprozeß- und Verfascungsrechts, s. dazu schon oben S. 236

129) vgl. dazu insbes. den instruktiven Beitrag von Backes, KritV 1986, 325 ff. und den Bericht über den 10. Strafverteidigertag mit dem Thema "Die Polizei - Herrin des Strafverfahrens?" in Strafverteidiger 1986, 271 ff., der einen deutlichen Machtzuwachs auf seiten der Polizei konstatiert (s. dazu auch schon die Mitteilungen über den 8. Strafverteidigertag von Stab, NJW 1984, 2808 und - im Verhältnis zur Staatsanwaltschaft - E. Müller, AnwBl. 1986, 53), deren Aufgaben- und Tätigkeitsbereich inzwischen schwerpunktmäßig von der Strafverfolgung als repressiver Tätigkeit auf den präventiven Bereich vorbeugend-strategischer "Einflußnahme" umgestellt sei; als Rechtfertigung seitens der Polizei werde für das "neue Selbstverständnis der Polizei" die sich "angeblich in den letzten Jahren ... rapide ausbreitende organisierte Kriminalität" genannt (a.a.O., S. 271); für diese Praxis fehlt (fast ausnahmslos) eine Rechtsgrundlage, vgl. Backes, KritV 1986, 327 ff. m.N.; zur Kriminalisierung im Vorfeld einer Rechtsgutsverletzung und ihren Gründen s. auch Jakobs, ZStW 97 (1985), S. 752

Abschließend kann - nach den hier gewonnenen Ergebnissen - von der Einführung einer (echten) Kronzeugenregelung bzw. einer weiteren Regelung über Aufklärungshilfe - etwa im zur Zeit diskutierten, über § 31 BtMG noch hinausgreifenden Umfang im Bereich der Terrorismusbekämpfung [133] - nur eindringlich abgeraten werden.

Die Strafrechtspflege diskreditiert sich selbst, wenn der Staat sich im Rahmen seiner Strafverfolgungsmaßnahmen nicht derart zweifelhafter Praktiken enthält, ein bestimmtes Aussageverhalten durch Strafverzicht oder Strafmilderung zu "erkaufen".

---

130) vgl. z.B. Lüderssen, Strafverteidiger 1985, 178; Schünemann, GA 1986, S. 319 und den Bericht über den 10. Strafverteidigertag, Strafverteidiger 1986, 271

131) Dieser bietet sich für die tägliche Polizeipraxis gerade im Bereich der Betäubungsmittelkriminalität aufgrund weitreichender Vorverlegung der Strafbarkeit (s. hierzu kritisch Schünemann, GA 1986, S. 319 f. und schon oben S. 30) und der damit weit vorgezogenen Eingriffsschwelle für die Polizei besonders an (so auch die Einschätzung des 10. Strafverteidigertages, Strafverteidiger 1986, 273 und diejenige von Jakobs, a.a.O.); zur Tätigkeit des Aufklärungsgehilfen als V-Mann, vgl. Jaeger, Der Kronzeuge, S. 185 f. - Zu der Annahme, daß durch den V-Mann-Einsatz Kriminalität erst gefördert bzw. provoziert werde, weshalb er auch als "staatlich gesteuerte Deliktsbeteiligung" bezeichnet wird (Dencker, Festschrift für Dünnebier, S. 447 ff.; Lüderssen, Strafverteidiger 1985, 179), s. zudem Schünemann, a.a.O., S. 319 und den Bericht über den 10. Strafverteidigertag, Strafverteidiger 1986, 272

132) so auch Hassemer, Strafverteidiger 1982, 278 f.; Prittwitz, Der Mitbeschuldigte im Strafprozeß, S. 237 und schon oben S. 160; vielmehr stellt die Prävention eine "permanente Bedrohung der Rechtsstaatlichkeit" dar, dazu ausführlich Backes, KritV 1986, 340 ff.

133) s. BT-Drs. 10/6286 und dazu die Stellungnahme von Hassemer, Strafverteidiger 1986, 550 ff.

FRANKFURTER KRIMINALWISSENSCHAFTLICHE STUDIEN

Band 1 Peter Böning: Die Lehre vom Unrechtsbewußtsein in der Rechtsphilosophie Hegels 100 S., 1978.

Band 2 Wolfgang Schneider: Kriminelle Straßenverkehrsgefährdung (§ 315c Abs. 1 Ziff. 2, Abs. 3 StGB). Eine kriminologische und strafrechtliche Untersuchung zur Problematik dieser Verkehrsstraftaten unter Berücksichtigung ausländischer Rechte. 342 S., 1978.

Band 3 Lothar Kuhlen: Die Objektivität von Rechtsnormen. Zur Kritik des radikalen labeling approach in der Kriminalsoziologie. 178 S., 1978.

Band 4 Günther Grewe: Straßenverkehrsdelinquenz und Marginalität. Untersuchungen zur institutionellen Regelung von Verhalten. 148 S., 1978.

Band 5 Dieter Haberstroh: Strafverfahren und Resozozialisierung. Eine Studie über Verstehen und Nicht-Verstehen, über Verstanden-Werden und Nicht-Verstanden-Werden und deren Bedingungen in der Hauptverhandlung. 202 S., 1979.

Band 6 Thomas Vogt: Die Forderungen der psychoanalytischen Schulrichtungen für die Interpretation der Merkmale der Schuldunfähigkeit und der verminderten Schuldfähigkeit (§§ 51 a.F., 20, 21 StGB). 182 S., 1979.

Band 7 Andreas Michael: Der Grundsatz in dubio pro reo im Strafverfahrensrecht. Zugleich ein Beitrag über das Verhältnis von materiellem Recht und Prozeßrecht. 214 S., 1981.

Band 8 Ilias G. Anagnostopoulos: Haftgründe der Tatschwere und der Wiederholungsgefahr (§§ 112 Abs. 3, 112 a StPO). Krimialpolitische und rechtssystematische Aspekte der Ausweitung des Haftrechts. 1984.

Band 9 Helga Müller: Der Begriff der Generalprävention im 19. Jahrhundert. Von P.J.A. Feuerbach bis Franz v. Liszt. 1984.

Band 10 Frowin Jörg Kurth: Das Mitverschulden des Opfers beim Betrug. 1984.

Band 11 Martin J. Worms: Die Bekenntnisbeschimpfung im Sinne des § 166 Abs. 1 StGB und die Lehre vom Rechtsgut. 1984.

Band 12 Jong-Dae Bae: Der Grundsatz der Verhältnismäßigkeit im Maßregelrecht des StGB. 1985.

Band 13 Helmut Fünfsinn: Der Aufbau des fahrlässigen Verletzungsdelikts durch Unterlassen im Strafrecht. 1985.

Band 14 Christoph Krehl: Die Ermittlung der Tatsachengrundlage zur Bemessung der Tagessatzhöhe bei der Geldstrafe. 1985.

Band 15 Walter-Hermann Kiehl: Strafrechtliche Toleranz wechselseitiger Ehrverletzungen - Zur ratio legis der §§ 199, 233 Strafgesetzbuch -. 1986.

Band 16 Matthias Krahl: Die Rechtsprechung des Bundesverfassungsgerichts und des Bundesgerichtshof zum Bestimmungsgrundsatz im Strafrecht (Art. 103 Abs. 2 GG). 1986.

Band 17 Patrick Carroll Campbell: § 220a StGB. Der richtige Weg zur Verhütung und Bestrafung von Genozid? 1986.

Band 18 Winfried Hassemer (Hrsg.): Strafrechtspolitik. Bedingungen der Strafrechtsreform. 1987.

Band 19 Felix Herzog: Prävention des Unrechts oder Manifestation des Rechts. Bausteine zur Überwindung des heteronom-präventiven Denkens in der Strafrechtstheorie der Moderne. 1987.

Band 20 Astrid Michalke-Detmering: Die Mindestanforderungen an die rechtliche Begründung des erstinstanzlichen Strafurteils. Zur Auslegung des § 267 StPO. 1987.

Band 21 Lothar Kuhlen: Die Unterscheidung von vorsatzausschließenden und nichtvorsatzausschliessendem Irrtum. 1987.

Band 22 Michael Buttel: Kritik der Figur des Aufklärungsgehilfen im Betäubungsmittelstrafrecht (§ 31 BtMG). 1988.

Printed by
CPI books GmbH, Leck

FSC
www.fsc.org
MIX
Papier | Fördert gute Waldnutzung
FSC® C083411

Kolibri 360 GmbH
Ferdinand-Jühlke-Straße 7
99095 Erfurt, Deutschland
produktsicherheit@kolibri360.de